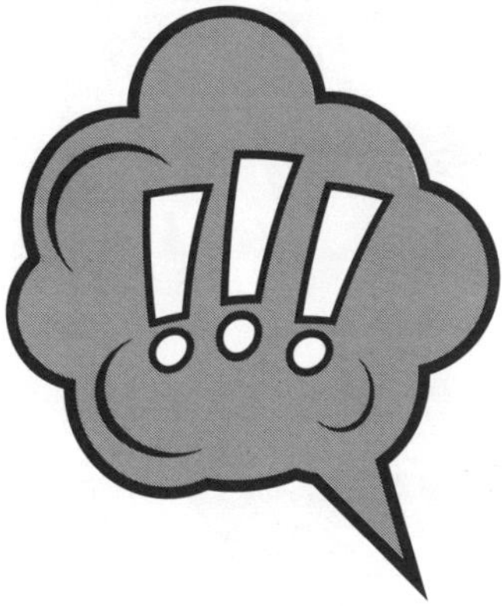

A ESPETACULAR VIDA DE
STAN

DANNY FINGEROTH

LEE

A biografia definitiva do criador de Homem-Aranha, Homem de Ferro, X-Men, entre outros heróis icônicos da Marvel

TRADUÇÃO DE FLORA PINHEIRO

AGIR

Título original: *A Marvelous Life: The Amazing Story of Stan Lee*

Copyright © 2019 by Danny Fingeroth

Publicado mediante acordo com St. Martin's Publishing Group. Todos os direitos reservados.

Direitos de edição da obra em língua portuguesa no Brasil adquiridos pela Agir, selo da EDITORA NOVA FRONTEIRA PARTICIPAÇÕES S.A. Todos os direitos reservados. Nenhuma parte desta obra pode ser apropriada e estocada em sistema de banco de dados ou processo similar, em qualquer forma ou meio, seja eletrônico, de fotocópia, gravação etc., sem a permissão do detentor do copirraite.

EDITORA NOVA FRONTEIRA PARTICIPAÇÕES S.A.
Rua Candelária, 60 — 7.º andar — Centro — 20091-020
Rio de Janeiro — RJ — Brasil
Tel.: (21) 3882-8200

Dados Internacionais de Catalogação na Publicação (CIP)
(Câmara Brasileira do Livro, SP, Brasil)

Fingeroth, Danny
 A espetacular vida de Stan Lee: A biografia definitiva do criador de Homem-Aranha, Homem de Ferro, X-Men, entre outros heróis icônicos da Marvel / Danny Fingeroth; tradução Flora Pinheiro. - 1. ed. – Rio de Janeiro: Agir, 2021.
 488 p.

 Título original: A Marvelous Life: The Amazing Story of Stan Lee
 ISBN 978-65-58370-54-3

 1. Biografia 2. Lee, Stan, 1922 3. Super-heróis – Histórias em quadrinhos I. Título.

21-58621   CDD-920

Índices para catálogo sistemático:
 1. Biografias   920
Aline Graziele Benitez – Bibliotecária – CRB-1/3129

PARA VARDA.

OBRIGADO POR UMA VIDA ESPETACULAR.

SUMÁRIO

Prefácio 9

1. JFK, os Beatles... e Stan Lee 15
2. O filho do costureiro 24
3. O flautista da West 42nd Street 37
4. A psicopatologia dos quadrinhos 61
5. Deslanchar e ficar 88
6. Reunindo forças 98
7. Ressurgindo das cinzas 114
8. Histórias entrelaçadas 133
9. A criação de personagens 160
10. Os laços que unem 186
11. *Boom Boom Boom* 220
12. A revolução no ar 239
13. Na crista da onda 251
14. Tensão nas transições 277
15. Política do poder 295
16. O caos e o rei 316
17. Devoluções e partidas 329
18. Adeus e olá 348
19. *California Dreamin'* 366
20. No rastro do dinheiro 381
21. Sobre o amor e as leis 402
22. O país inexplorado 419
23. Legado 432

Posfácio: últimas notas sobre Stan Lee 449
Agradecimentos 455
Notas 459

PREFÁCIO

Pergunte a qualquer fã de cultura pop quais são seus três quadrinistas favoritos. É muito provável que respondam: Stan Lee.

E então vão parar por aí. Stan Lee é o único quadrinista que a maioria conhece.

Essas mesmas pessoas provavelmente conseguiriam nomear *dez* diretores ou escritores famosos. Talvez até dez pintores. Mas quadrinistas? Só Stan Lee.

O que é estranho, por vários motivos.

Primeiro que Lee era escritor, editor, diretor de arte e editor-executivo de quadrinhos — ou *comics*, como está na moda chamar. E, mesmo com todo esse currículo e a natureza visual das histórias que publicou, Lee não era desenhista profissional (ainda que tivesse um talento acima da média na arte dos rascunhos). Ele *não era* desenhista de quadrinhos.

Sem falar que, embora estivesse envolvido com alguns dos personagens e marcas mais populares e lucrativos da indústria do entretenimento — como o Homem-Aranha, os Vingadores e os X-Men —, Lee não desenvolveu os personagens nem desenhou suas aventuras.

Ele precisava de artistas para isso, e trabalhou junto de pessoas incrivelmente talentosas para criar os heróis mais famosos da Marvel.

Seus parceiros mais notáveis foram Jack Kirby e Steve Ditko. E é de se pensar que, tendo um papel tão relevante para dar vida aos personagens e às suas aventuras, esses dois deveriam ser tão famosos quanto Lee, não é mesmo? Pois não são.

Além da fama associada aos personagens, simplesmente seria lógico pensar que, já que a imagem de Lee passou mais de 75 anos associada à Marvel (que antes era conhecida como Timely, depois como Atlas), ele devia ser um dos donos da empresa; que uma fração de cada ingresso vendido para um dos filmes da Marvel ia diretamente para o seu bolso.

Mas isso também não é verdade. Lee sempre foi *funcionário* da empresa — e era muito bem pago, obviamente, só que não era dono de nem 1% da propriedade intelectual dos personagens que ajudou a criar.

Mesmo assim, querendo ou não, Lee virou o rosto e a voz não apenas dos quadrinhos da Marvel, mas também de toda a indústria de *quadrinhos*.

Essa fama teve início com o enorme sucesso das revistinhas da Marvel entre os anos 1961 e 1970, quando foram criados os personagens mais famosos da marca, parte de uma virada cultural que incluía James Bond, Kurt Vonnegut, Betty Friedan, Mickey Mantle, Muhammad Ali e os Beatles. Foram dez anos de sucesso em uma vida que durou mais de 95, com quase oitenta de carreira.

Então, fica a questão: o que, no começo da vida e nos vinte primeiros anos de carreira de Stan Lee, permitiu sua explosão sem precedentes na cultura pop? E, depois de revolucionar completamente essa cultura... o que restava para ele fazer?

✳✳✳

Lee personificou a clássica história de sucesso norte-americano. Fruto da Geração Grandiosa e filho de judeus imigrantes que viviam na pobreza, Lee, nascido em 1922, sobreviveu à Grande Depressão, serviu no Exército durante a Segunda Guerra Mundial e enfim encontrou seu lugar nos quadrinhos, uma mídia que na época era desprezada, palco da disputa entre golpistas e gângsteres, que batalhavam por cada centavo.

Dotado de uma personalidade carismática e envolvente, além de muita inteligência e criatividade, Lee ascendeu ao cargo de editor-chefe da Timely/Atlas/Marvel, que, nos anos 1940 e 1950, era uma das produtoras de quadrinhos mais prolíficas dos Estados Unidos. Stan Lee tinha um salário respeitável de classe média e morava com a esposa e a filha em uma casa no subúrbio.

Mas estar no topo da cadeia alimentar de uma indústria de entretenimento que, na melhor das hipóteses, era ignorada por qualquer pessoa acima de 14 anos — quando não odiada — era uma faca de dois gumes.

Lee não recebia o respeito dedicado a profissionais como os advogados, e sua carreira não tinha o glamour da de um publicitário ou de um produtor de cinema. Apesar de ter alguma vontade de escrever um romance ou de fazer algo digno de nota — como seu primo, o diretor Mel Stuart (de *Willy Wonka*), ou como o dramaturgo e roteirista Paddy Chayefsky (*Marty*), seu colega de classe —, Lee estava preso à rotina confortável de um trabalho bem remunerado e até interessante.

Então, em 1961, já perto dos quarenta anos, trabalhando havia vinte na indústria dos *comics*, Stan Lee entrou na clássica crise da meia-idade dos norte-americanos.

Entediado, porém levando uma vida confortável, e feliz por ter sobrevivido a uma recente crise no mercado de quadrinhos, Lee (com os cocriadores Kirby e Ditko) criou uma abordagem mais atual e "realista" às histórias de super-heróis — e a ideia agradou aos leitores. Esses novos heróis se comportavam mais como eu ou você nos comportaríamos caso tivéssemos superpoderes. Podiam até tentar fazer a coisa certa, mas suas falhas humanas volta e meia frustravam seus planos.

Lee decidiu reunir essas histórias sob a marca *Marvel*. Claro que, na época, ele não fazia ideia se a popularidade da marca perduraria ou se seria apenas mais uma moda passageira da cultura pop, como os bambolês.

E foi aí que eu entrei.

***

Eu fui um dos *baby boomers* seduzidos pela Marvel dos anos 1960. Já tinha lido muitas histórias e ouvido falar de *Quarteto Fantástico*, o primeiro quadrinho "moderno" da Marvel. Encontrei a revistinha número 4, que anunciava o retorno de um tal de *Príncipe Submarino* do qual eu nunca ouvira falar, mas que Lee, na edição, conseguia convencer que era um evento urgente e importantíssimo.

Fui fisgado logo de cara, e não só pelo *comic* e pelos personagens, mas também pelas pessoas que escreviam e desenhavam aquela história. Afinal, Stan Lee fez questão de ressaltar como todos (inclusive ele) eram especiais — e como *nós*, leitores, também éramos especiais só de ler os quadrinhos! Mergulhei de cabeça nas notícias, fofocas e pérolas de sabedoria nas páginas de cartas dos leitores e nos *Bullpen Bulletins* [Boletins da Redação] que Lee escrevia.

E amei visitar — ou será que ele é quem me visitava? — o criador literário daquelas páginas, mais conhecido como "Stan Lee". Claro que eu já adorava Jack Kirby e Steve Ditko, mas estava evidente que Stan Lee era o supervisor responsável por unir tudo em um só lugar. As palavras, as cores e os desenhos — até os *anúncios* — supervisionados por Lee formavam um mundo imaginário que eu amava.

Depois de um período ausente, retornei àquele mundo de maravilhas. Logo após a graduação, consegui um emprego de editor-assistente em um departamento obscuro da Marvel. Achei que ficaria no cargo por apenas alguns meses, mas me adaptei bem à empresa, e os *comics* — um antigo hobby, que começou por volta dos seis anos — se tornaram minha carreira. Escrevi muitas histórias para a empresa e cheguei a editor-chefe da divisão do Homem-Aranha. (A marca tinha crescido a ponto de virar uma empresa dentro da empresa, lançando, por mês, quase vinte títulos relacionados ao personagem.)

Passei 18 anos na Marvel, trabalhando como editor e escritor. (Às vezes eu era até editor de Stan Lee, o que era bem estranho.) Portanto, entendo um pouco como é estar no lugar de Lee. Além disso, durante esses anos de trabalho e nas décadas que se seguiram, nós dois tivemos muitas conversas formais e informais, de entrevistas (inclusive as novas, para este livro) a almoços. Enquanto escrevia este volume, tentei imprimir o máximo de observações únicas a partir desse ponto de vista mais próximo.

***

Nem preciso dizer que, apesar dos inúmeros altos e baixos, os quadrinhos da Marvel e suas adaptações para outras mídias se provaram muito mais do que uma modinha passageira e agora dominam a cultura pop, tornando Lee mais famoso do que nunca.

Para a maioria, Stan Lee era aquele velhinho sábio e espirituoso que sempre fazia uma aparição nos filmes e seriados da Marvel. Ninguém sabe muito bem o que ele fazia, mas todos tinham noção de que era uma pessoa presente na empresa desde os primeiros dias e um senhorzinho adorável, como aquele parente brincalhão e divertido que só encontramos em casamentos e funerais. Não sabemos bem qual é o grau de parentesco, mas a conversa é sempre divertida e vamos embora com um sorriso no rosto.

Aqueles que conhecem a história dos quadrinhos sabem que Lee foi cocriador do Universo Marvel e principal — e por muito tempo *único* — divulgador das histórias e das pessoas que as compunham. Um sujeito cujo nome figurava sob a legenda de "apresentado por" dos gibis e que passou as últimas décadas envolvido no *show business* em Hollywood.

Muitos dos que trabalhavam com e para ele achavam Stan Lee um chefe incrível, sempre cheio de atividades para delegar, inspirando todos a darem o melhor de si, além de sempre se preocupar com os funcionários e suas famílias. Outros o consideravam um cara bacana, porém cheio de falhas, alguém que gostariam, talvez, que tivesse sido melhor do que de fato foi.

Já um pequeno grupo de profissionais e fãs dos quadrinhos acredita que Stan Lee foi o pior dos vilões, explorando pobres artistas que na verdade faziam todo o trabalho criativo enquanto se colocava à frente de tudo, mesmo não passando de um manipulador sortudo e ardiloso que, por acaso, estava no lugar certo e na hora certa. (Mas devo dizer que 75 anos é muito tempo estando nos lugares certos e nas horas certas!)

Seja lá o que você pensa que sabe sobre Stan Lee — ou mesmo se não o conhece muito bem —, espero que esta biografia dê um pouco mais de dimensão e profundidade ao homem e às suas conquistas e mostre que, não importa qual seja a sua opinião: há mais nessa história do que você imagina.

O movimento iniciado por Lee, que cresceu além das expectativas mais absurdas de todos, tem uma história fascinante, tão estranha e improvável quanto qualquer aventura de mutantes sobre-humanos e homens-aranhas que a Marvel tenha contado.

Se deseja entender a cultura pop dos Estados Unidos — ou seja, compreender de onde vêm as histórias que contamos a nós mesmos para tentar entender quem somos —, um bom ponto de partida é compreender a vida de Stan Lee.

Danny Fingeroth
Maio de 2019

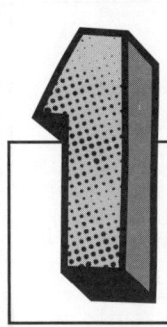

1 JFK, OS BEATLES... E STAN LEE

STAN LEE (...) CONTRIBUIU PARA A REVOLUÇÃO E A MODERNIZAÇÃO DA INDÚSTRIA DE QUADRINHOS NORTE-AMERICANA NOS ANOS 1960 DA MESMA FORMA QUE ELVIS E OS BEATLES REVOLUCIONARAM A INDÚSTRIA DA MÚSICA E TRANSFORMARAM TODA UMA CULTURA.
— "STAN LEE: AN APPRECIATION", *THE BOSTON HERALD*, 13 DE NOVEMBRO DE 2018[1]

JAMAIS PODEMOS PERMITIR QUE ESTA NAÇÃO SE TORNE UMA DITADURA DO... DOUTOR DESTINO!... TEMOS QUE SEGUIR ADIANTE, AVANÇAR SEM VACILAR! E AGORA, SENHORES, SE ME DÃO LICENÇA, É HORA DE BOTAR A CAROLINE PARA DORMIR!
— JOHN F. KENNEDY, PRESIDENTE DOS ESTADOS UNIDOS, NA VERSÃO DE STAN LEE DA EDIÇÃO DE NÚMERO 17 DE *QUARTETO FANTÁSTICO*, AGOSTO DE 1963

Em maio de 1963, Stan Lee proclamou ao mundo que começava a "Era Marvel dos Quadrinhos".

E, de fato, quase todos os gibis que saíram naquele mês anunciavam o fato em negrito, em manchetes enormes:

O GRUPO MARVEL APRESENTA
"A ERA MARVEL DOS QUADRINHOS!"

E isso acabou se tornando mais do que uma jogada de marketing inteligente. Lee e seus colaboradores do departamento criativo estavam envolvidos justamente na criação dessa "Era Marvel" — ou, como é mais conhecida, a década de 1960.

O ano de 1963 talvez tenha sido aquele em que Lee mais inovou em toda a sua vida. Com os parceiros Jack Kirby, Steve Ditko, Larry Lieber (irmão de Lee), Don Heck e alguns outros, Stan Lee reinventava os quadrinhos ao criar personagens que mudariam a cultura pop. Só naquele ano, surgiram o Homem-Aranha, o Doutor Estranho, os Vingadores e os X-Men, sem falar na atenção que o público continuava a dedicar ao Quarteto Fantástico, que Lee e Kirby haviam lançado em 1961.

Lee, que aos quarenta anos continuava jovem e enérgico, ainda que com entradas cada vez mais profundas no cabelo, se dedicava ao máximo a inventar quadrinhos diferentes de tudo o que já se vira. Alguns dos episódios mais hilários incluíam pular nas escrivaninhas e fazer poses de efeito, encenando para os artistas o tipo de ação e poder que queria ver nas histórias. Mas, além de simplesmente demonstrar as poses, seus pulos, gritos e gestos intensos eram um jeito de transmitir sua empolgação aos artistas — e, se tudo desse certo, contagiá-los.

Apesar de todo o entusiasmo, nem mesmo Lee poderia ter previsto que o Homem-Aranha se tornaria o símbolo de toda criança que se sentia deslocada nem que os X-Men fariam com que todos os adolescentes excluídos sentissem que, em algum lugar, havia uma família de pessoas igualmente estranhas na qual conseguiriam se encaixar. Lee não sabia que os hippies maconheiros veriam as histórias de Ditko do Doutor Estranho e presumiriam que os roteiristas estavam tão chapados quanto eles. (E isso quando R. Crumb ainda trabalhava desenhando cartões de aniversário!)

Stan Lee pensava estar apenas produzindo — e escrevendo boa parte de — uma série de histórias em quadrinhos de super-heróis que parecia fazer sucesso entre crianças, adolescentes e — isso sim uma grande novidade — o pessoal da faculdade. Lee tentava conquistar um público mais velho, e chegou até a criar uma HQ chamada *Amazing Adult Fantasy*, cujo slogan era: "A revista que respeita sua inteligência" — e tudo indicava que estava conseguindo.

Lee era conhecido como um sabe-tudo animado que gostava de se divertir com a equipe. O problema era que os grandes cortes de orçamento de 1957 tinham reduzido muito o número de funcionários. Então, para extravasar o jeito brincalhão, e fazendo o que considerava uma última tentativa de continuar na indústria de quadrinhos, Stan Lee começou a empregar essa atitude na contação de histórias e no contato direto com os leitores, o que incluía proclamar a chegada de uma "nova era" para suas séries de quadrinhos.

Essa abordagem divertida, combinada com uma grande capacidade de contar boas histórias e as habilidades dos artistas com quem trabalhou, parecia surtir efeito. A garotada, que adorava o humor irreverente e às vezes um pouco incompreensível de Steve Allen, Jonathan Winters e Ernie Kovacs, parecia fisgada pelas séries de quadrinhos de Lee. As vendas só aumentavam, assim como a atenção das crianças. E Stan Lee sabia muito bem disso, considerando as cartas que jorravam pelo correio e o fluxo constante de pré-adolescentes que tentavam entrar escondidos nos escritórios da Marvel para vê-lo de perto e conhecer os artistas imaginários dos *Bullpen Bulletins*, que, de acordo com a ilusão criada por Lee, estavam só esperando uma visita e um bate-papo.

Mesmo assim, ainda ia demorar alguns anos para que diretores como Federico Fellini e Alain Resnais aparecessem no escritório da Marvel para conversar com Lee; para que estrelas do rock em turnê por São Francisco aproveitassem para dar uma passadinha na redação; para que a revista *Esquire* dedicasse um bom espaço de suas páginas aos quadrinhos da Marvel e a seus fãs; e, com certeza, para que um aluno do curso de letras da Universidade de Princeton apontasse a Marvel Comics como "a mitologia do século XX", ressaltando que Lee seria "o Homero dessa geração". Sobretudo, ainda levaria um ano inteiro até que as universidades começassem a sequer convidá-lo para palestras.

Lee sabia que influenciava as conversas da garotada que se encontrava em farmácias e lanchonetes do colégio. Mas foram dois eventos memoráveis que o fizeram perceber que não estava apenas criando histórias na onda cultural do tempo em que vivia, e sim que causava um impacto na cultura, assumindo uma posição importante no debate.

※※※

Lee já tinha passado por muitos apertos em sua carreira nos quadrinhos e sabia que era melhor não apostar todas as fichas de uma vez só. Estava sempre em busca de trabalhos paralelos, talvez até por algo que o tirasse do mundo pouco rentável das HQs, pegando freelas publicitários e agenciando autores de tirinhas para jornais. Também escrevia para as revistas de Martin Goodman sem relação com os *comics*; tais publicações pertenciam à Goodman's Magazine Management Company, que também abrigava a Marvel. (Além de chefe, Goodman era casado com a prima de Lee, o que ao longo dos anos se provou uma bênção e uma maldição.)

Para a Magazine Management, Lee produzia uma publicação humorística chamada *You Don't Say*. Era uma revista de fotos de celebridades, inclusive políticos, por cima das quais Lee inseria balõezinhos de diálogo cheios de humor. Era um trabalho fácil e divertido que gerava renda extra. Além disso, Lee acreditava que, considerando o nível de humor que ele se empenhava em criar, a publicação poderia até competir com a reverenciada revista *The New Yorker*! E mais: acreditava que a *You Don't Say* tinha o potencial de se tornar um título de grande importância que o permitiria trocar de vez o mercado de quadrinhos por um mais estável, mais apropriado para um adulto.[2]

As duas primeiras edições venderam bem. Na capa da terceira, Lee usou uma foto do então presidente dos Estados Unidos, John F. Kennedy (que inclusive fizera aparições não remuneradas nos quadrinhos da Marvel). A figura reconhecida internacionalmente estava por trás de um pódio, com enormes selos presidenciais estampados tanto no púlpito quanto na parede. A piada para a imagem redundante era um balãozinho saindo da boca de Kennedy com os dizeres: "Permitam que eu me apresente."

Segundo o próprio Lee:

Enquanto a edição estava no prelo, o presidente John F. Kennedy foi assassinado.

Eu não tinha como permitir que aquela revista chegasse às bancas. Todos os exemplares foram destruídos. Fiquei tão mal que nem cogitei continuar a publicar a You Don't Say.[3]

(Parece que ao menos alguns exemplares saíram da gráfica, já que, volta e meia, é possível encontrar um original à venda na internet.)

Flo Steinberg, assistente do escritório, à época recém-contratada, fez questão de ressaltar o efeito daquela tragédia nacional sobre a equipe. Ela contou, lembrando:

O pessoal da Magazine Management sempre tirava sarro da gente [os que trabalhavam com quadrinhos]... Os departamentos só se uniram de verdade quando ficamos sabendo do assassinato do presidente Kennedy. Todo mundo parou o que estava fazendo e se juntou para ouvir as notícias no rádio.[4]

Toda a nação ficou atordoada com o crime, cometido em 22 de novembro. A Marvel tinha incorporado muito da personalidade empática, brincalhona e otimista associada à administração jovem e enérgica de Kennedy. (Assim como Kennedy, Lee e Kirby faziam parte da geração que presenciara a Segunda Guerra. Kirby, inclusive, nasceu no mesmo ano que o ex-presidente, 1917.)

Será que alguém teria se ofendido se a terceira edição de *You Don't Say* tivesse chegado às bancas? Logo depois do assassinato, havia tantas revistas com fotos de Kennedy na capa que a publicação provavelmente não teria atraído muita atenção negativa.

O mais importante aqui é analisar a opinião que Lee tinha do impacto de seu trabalho, a ponto de a revista *precisar* ser impedida de chegar ao público. Mesmo que os leitores que não faziam parte do público antenado na moda — e os inúmeros pré-adolescentes — não tivessem percebido a importância de seu trabalho, *Lee* sabia. (E, nos anos 1940 e 1950, suas publicações de fato atraíam bastante atenção da mídia. Por que não atrairiam *naquele momento*?) De fato, não demoraria para que o mundo passasse a concordar com a visão de Lee sobre a importância dos *comics* da Marvel.

***

Enquanto o país tentava processar e entender o assassinato de seu presidente, Lee — como muitos da indústria do entretenimento — seguiu com seu trabalho, cumprindo prazos e lançando quadrinhos, pavimentando o caminho de sucesso da Marvel.

Durante essa mesma época, havia outra figura de meia-idade muito relevante na cultura pop: Ed Sullivan. Em maior escala, ele também teve que lidar com os mesmos desafios de Lee. Sullivan apresentava um programa de variedades na TV que levava seu próprio nome. E, assim como Lee, teve que descobrir como continuar entretendo o público norte-americano logo após esse trauma nacional.

Sullivan tinha acabado de visitar a Inglaterra, onde testemunhara em primeira mão o crescente fenômeno conhecido como "Beatlemania". Os Beatles não eram apenas uma banda de rock extremamente popular; eram objeto de uma adoração quase histérica e sem precedentes, sobretudo por parte do público de meninas adolescentes. Como a banda de Liverpool também estava começando a fazer sucesso nos Estados Unidos, Sullivan os convidou para três episódios consecutivos em seu programa noturno de domingo, que se passava em Nova York — isso no começo de 1964. Embora especialistas como Dick Clark, guru da música pop, achassem que a banda não tinha muita relevância, Sullivan decidiu seguir seus instintos, que diziam justo o oposto.

Quando estrearam no programa, em 9 de fevereiro, os Beatles já eram febre nos Estados Unidos, assim como na Inglaterra. E, ao fim da série, a banda estava ainda mais famosa. A primeira aparição do grupo virou uma espécie de marco cultural. Assim como aconteceu com o assassinato de Kennedy, os jovens da época usavam o momento como ponto de referência, querendo saber onde as pessoas estavam na hora do programa.

A solução de Stan Lee para o desafio de lidar com o assassinato de Kennedy foi simplesmente seguir com as revistas em quadrinhos. Não houve nenhuma menção direta ao assassinato nas histórias. Talvez Lee sentisse que nada que dissesse seria apropriado. (Em alguns anos, sua atitude de evitar comentários públicos sobre eventos relevantes mudaria drasticamente.) Mas era certo que ele tinha noção do que estava acontecendo na cultura pop — incluindo o fenômeno dos Beatles. Na página de cartas dos leitores do *Quarteto Fantástico* n.º 31, que foi às bancas em julho de 1964, David Grace, um leitor de Liverpool, escreveu:

> *Ficou sabendo que o segundo Quarteto Fantástico passou 13 dias aí nos Estados Unidos? Estou falando dos Beatles! Eles são o nome mais importante da música, assim como as suas histórias dominam a cena dos quadrinhos.*

Ao que Lee respondeu:

> *Obrigado, Dave! Só não sei se essa carta devia ter vindo para o pessoal aqui da redação ou para os Beatles!*

E em *Strange Tales* n.º 130, que chegou às bancas posteriormente naquele mesmo ano, Lee, em parceria com os artistas Bob Powell e Chic Stone, apresentou uma história com o mesmo título do primeiro álbum norte-americano dos Beatles: *Meet the Beatles* [Conheça os Beatles]. Na história, o Coisa e o Tocha Humana, do Quarteto Fantástico, estrelavam uma trama secundária em que conseguiam ingressos para levar as namoradas ao show dos Beatles. Só que, devido aos deveres da vida de herói, não puderam comparecer. A banda chegou a fazer algumas aparições ao longo da trama, então, mesmo com as dificuldades dos protagonistas, os *leitores* puderam "conhecer" os Beatles.

Assim como Ed Sullivan, Stan Lee sabia que a banda inglesa era relevante na cultura pop, mesmo que não entendesse bem o motivo e estivesse ocupado produzindo quadrinhos também culturalmente relevantes naquele momento. Ao contrário dos Beatles, Lee ainda não tinha um público ao vivo que prestigiaria seu trabalho em qualquer palco do mundo. Porém, assim como a banda, que tinha fãs e fã-clubes, Lee conseguia fazer com que seus leitores se sentissem ao mesmo tempo parte de um movimento gigantesco e de uma comunidade secreta de aficionados que acreditavam nas mesmas coisas. O que não era um feito pequeno.

Assim como Sullivan, Lee estava fazendo uma espécie de *curadoria* cultural, mostrando em seus quadrinhos tudo o que o público não sabia que queria até descobrir nas páginas de cada edição. Foi como o roteirista de quadrinhos Dennis O'Neil falou, ao comentar a carreira de Lee nos anos 1960: "Stan passou uns sete anos sem cometer um único erro. Foi um sucesso atrás do outro, e tudo dava certo."[5] Considerando o sucesso fenomenal dos personagens e da empresa em que Lee teve um papel tão fundamental na criação, é justo dizer que o homem estava à frente de seu tempo, mesmo que não compreendesse a grandeza dessa questão no início dos anos 1960.

***

Seriam muitos anos até Stan Lee conhecer alguns dos Beatles pessoalmente — chegando inclusive a fazer negócios com eles —, embora fossem fãs declarados da Marvel.[6] E, com o tempo, Stan chegou até a encontrar presidentes. Mas, enquanto isso, ajudava a moldar a cultura com cada aventura de super-herói, cada resposta às cartas dos leitores e cada manchete hiperbólica.

Junto com artistas-colaboradores, Stan Lee estava criando as *histórias* da Marvel. E, *sozinho*, usava essas histórias — e as personas que criara para si e para os colegas artistas — para estabelecer a Era Marvel. (Um leitor escreveu reclamando que chamar aquele momento cultural de "Era Marvel" parecia presunçoso, já que havia outras empresas no ramo. Ao que Lee respondeu: "Bem, então elas que construam suas próprias eras! Vivemos em um país livre!")[7]

Em retrospecto, era bem evidente que, entre as muitas figuras que moldaram a época, Stan Lee e a Marvel Comics — sinônimos quase desde os primórdios — se tornariam peças importantes no cenário cultural. Embora Kennedy e os Beatles atuassem em plataformas com alcance muito maior que as publicações de Lee, a influência dos quadrinhos que ele produzia era — e é até hoje — inegável.

***

Então, será que Stan Lee estava apenas no lugar certo e na hora certa — ou será que *criou* o lugar e a hora certos para prosperar?

Bem, se você leu até aqui, então com certeza está curioso a respeito de como Lee se tornou essa figura central. Para descobrir a resposta, é hora de recorrer a um dos melhores e mais tradicionais recursos dos quadrinhos: vamos voltar no tempo e revelar...

... a origem secreta de Stan Lee!

2 O FILHO DO COSTUREIRO

> [MEU PAI] NÃO ERA BOM NOS NEGÓCIOS E NÃO TEVE SORTE. (...) ELE NÃO CONSEGUIA EMPREGO. FICAVA EM CASA VENDO OS ANÚNCIOS. EU MORRIA DE PENA.
> — STAN LEE[1]

Stanley Martin Lieber, um menino de nove anos, estava sentado na cadeira na sala escura do opulento cinema de Upper Manhattan, hipnotizado, encarando a única fonte de luz: a tela em que um mundo de sonhos se projetava.

Warren William, astro carismático, interpretava um poderoso promotor no drama policial da Warner Bros., *Pela mão de sua dama*, de 1932. O ator parecia encarar o jovem Stanley, talvez olhando através dele, enquanto resumia o caso de acusação contra um assassino:

> *O eminente advogado de defesa argumentou que este caso é baseado em evidências circunstanciais. O que é verdade.*
>
> *Mas as evidências unem os elos das circunstâncias como uma corrente* forte, *que não pode ser quebrada. Que prende este assassino com o aperto firme de uma serpente constritora e o entrega diretamente nas mãos da lei!*

Encantado com a performance ousada, Stanley decidiu que, quando crescesse, seria advogado. Ou ator. Ou *ambos*.[2]

De um jeito ou de outro, ele queria, assim como Warren William, oferecer ao público a possibilidade de pensar — e *sentir*!

* * *

Não fazia sentido que a família de Stan Lee morasse na 777 West End Avenue quando ele nasceu.

Mas morava.

O prédio, que ficava na esquina da West 98th Street, foi construído em 1910, quando a West End Avenue ainda se transformava no cobiçado endereço da classe média judaica de Nova York. Aos poucos iam surgindo os prédios de luxo, como o 777, substituindo cortiços menores que se enfileiravam ao longo da avenida.

Jack Lieber nascera em 1885 (sem irmãos conhecidos), e sua esposa, Celia Solomon Lieber, a terceira de seis irmãos, nascera em 1890. Apesar de ambos serem judeus da Romênia, tinham imigrado no início do século XX para Nova York, cidade onde se conheceram. O casal não tinha muito dinheiro, embora Jack conseguisse trabalho regular como costureiro durante os quase dez primeiros anos de casamento.[3]

Em 28 de dezembro de 1922, quando Lee nasceu, sob o nome de Stanley Martin Lieber, seus pais, Jack e Celia, não eram o tipo de família que morava no 777. O bairro, longe do metrô da IRT, tinha excelente localização considerando o trabalho de Jack Lieber no centro de moda, que ocupava grande parte dos edifícios de luxo da Sétima Avenida. No entanto, Jack não ganhava muito com seus serviços e não conseguiu mais encontrar trabalho a partir de 1926.[4] O apartamento era pequeno e nada glamoroso. Lee dormia na sala de estar e comentava achar deprimente o fato de sua família sempre ter morado em apartamentos de fundos, onde sua única vista era uma parede de tijolos.[5]

Mas, em um prédio de luxo como aquele, até um apartamento pequeno e escuro era difícil de bancar com o salário de operário de Jack. Stan Lee não se lembrava muito bem do apartamento e declarou: "Acho que meus pais [e eu] moraram lá por pouquíssimo tempo antes de se mudarem. (...) Morei lá quando tinha uns seis meses de vida, então não tenho muitas lembranças."[6]

Talvez os Lieber tivessem um senhorio empático ou um parente generoso — alguns dos parentes de Celia eram bem endinheirados[7] —, permitindo à família que morasse naquele prédio elegante na época em que o primeiro filho nasceu.

De qualquer maneira, não importa como conseguiram pagar pela casa: não durou muito. A família logo se mudou para regiões mais acessíveis de Upper Manhattan — no caso, Washington Heights, onde moraram uma década antes da construção da ponte George Washington. A família passou os vinte anos seguintes trocando de endereço, sempre em bairros mais baratos e de imigrantes do Bronx, como Heights.

***

Nascido no mesmo ano em que Kurt Vonnegut e Jack Kerouac, Lee veio ao mundo em plena Era do Jazz e no período da Lei Seca (e dos bares clandestinos da cultura *speakeasy*), logo no início de uma recuperação econômica do pós-Primeira Guerra. Porém, não parece que sua família estivesse envolvida no glamour da era das melindrosas. Eram pessoas pobres, tentando sobreviver. Lee e o irmão, o escritor e artista Larry Lieber (nascido em 26 de outubro de 1931), também comentavam que os pais passavam por problemas conjugais, quase sempre ansiosos e discutindo por dinheiro.[8]

Se os Lieber já enfrentavam problemas financeiros nos anos relativamente prósperos de 1922 e 1923, é pouco provável que a crise do mercado de ações de outubro de 1929 — quando Stan Lee tinha apenas seis anos — tenha melhorado as coisas. Lee se lembrava de ir à escola primária do PS 173, que ficava na University Avenue, no Bronx.[9] Mas o PS 173, na verdade, era em Washington Heights. Parece mais provável que ele tenha morado no Heights durante o ensino fundamental e se mudado para o Bronx durante o ensino médio, voltando para o Heights algum tempo depois de se formar.

Segundo Jordan Raphael e Tom Spurgeon, em seu livro *Stan Lee and the Rise and Fall of the American Comic Book* [Stan Lee e a ascensão e queda dos quadrinhos americanos]: "O dinheiro era escasso na casa dos Lieber, e a família quase sempre contava com a ajuda financeira das irmãs de Celia, que tinham melhores condições de vida. (...) Jack era inteligente, mas difícil e exigente, lembra Jean Goodman, um parente próximo. 'Ele era muito rigoroso com os meninos...' Celia, por outro lado, era mais calorosa e cuidava muito dos filhos, a ponto de se sacrificar. 'O pai era muito exigente, e a mãe, sofrida. Isso criava um ambiente complicado', declarou Goodman."[10]

Sobre o pai, Lee disse o seguinte:

> *[Meu pai] não era bom nos negócios e não teve sorte. Durante a maior parte de minha vida, não trabalhou. Ele não conseguia emprego. Ficava em casa vendo os anúncios. Eu morria de pena.*[11]

O irmão, Larry, era nove anos mais novo que Stan, então não tinha como falar sobre a vida de Lee com os pais antes de nascer, mas lembrava-se de sua mãe sempre pedir que ele fosse mais como o irmão, a quem comparava ao presidente Roosevelt.[12] Portanto, parece seguro afirmar que Celia Lieber sempre apoiara Stanley.

Com ou sem dinheiro, as crianças sempre se contentam com o que têm. Em uma entrevista de 2002 para o extinto site yesterdayland.com, Lee comentou algumas de suas brincadeiras de criança:

> *Uma coisa que eu lembro (...) era quase oficial essa coisa das temporadas. Por exemplo: tínhamos a temporada de handebol. De repente, todas as crianças do bairro estavam jogando. (...) Depois veio a temporada de hóquei (...) e todos jogávamos hóquei [de patins] no acostamento. E era um perigo, porque os carros não paravam de passar.*[13]

Mas um brinquedo se provou o mais emocionante — e libertador — da vida do jovem Stanley:

> Eu tinha uns dez anos, e não sei de onde meus pais tiraram o dinheiro, mas ganhei uma bicicleta grande e vermelha, de duas rodas. (...) Eu finalmente poderia ir aonde quisesse.[14]

O que Lee não sabia é que foi Ida Davis — mãe de Jean Goodman — quem pagou pela bicicleta, assim como pela pequena cirurgia nos sinos nasais que Stanley teve que fazer em 1934.[15] A ponte George Washington foi inaugurada para o público em 25 de outubro de 1931 (um dia antes do nascimento de Larry), e andar de bicicleta ao longo daquela maravilha da engenharia humana deve ter sido magnífico.

Lee se descrevia como "aluno mediano" que "mal podia esperar para dar o fora da escola. (...) Eu não odiava a escola, mas queria que acabasse logo para que eu pudesse entrar no mundo real, porque nada do que eu estudava despertava meu interesse".[16]

Quando perguntado se gostava de esportes, Lee respondeu: "Sim, mas não sou fanático. Nunca fui do tipo que saía por aí quebrando tudo se meu time perdesse. Ou vencesse."[17] Mesmo assim, Lee se lembrava de morar bem perto de dois dos maiores estádios de beisebol de Nova York — o Yankee Stadium, dos Yankees, e o Polo Grounds, sede do Giants. "Era maravilhoso", contou, afirmando ainda que adorava os dois times.[18]

O maior interesse de Lee era ler (tudo e qualquer coisa); já na cultura pop, gostava especialmente do cinema e do rádio.

Lee lembrava-se de ler volumes populares entre as crianças, como a série de detetives adolescentes *Hardy Boys* [Os irmãos Hardy], a série de Clair Wallace Hayes *Boy Allies* [Aliados] e as aventuras da série *Tom Swift*. Duas de suas séries favoritas, *Jerry Todd* e *Poppy Ott*, são de autoria de Leo Edwards (pseudônimo de Edward Edson Lee, que não tem nenhum parentesco com o nosso Lee). Stan gostava mais desses porque eram mais engraçados. E ressaltou:

> A melhor parte dos livros do *Jerry Todd* era o final. (...) Tinha uma seção em que o autor respondia cartas dos leitores. Eu achava aquilo maravilhoso. Me fazia sentir parte daquela coisa toda, como se conhecesse o autor.[19]

Outros de seus autores favoritos eram H.G. Wells, Sir Arthur Conan Doyle, Mark Twain e Edgar Rice Burroughs. Quando cresceu, descobriu Edgar Allan Poe, Charles Dickens, Edmond Rostand, Omar Khayyam, Émile Zola "e, é claro, Shakespeare. (...) O que é minha Bíblia".[20] "Acho que minha maior influência foi Shakespeare, que tive como um deus. (...) Eu amava Shakespeare. (...) Para mim, era um escritor completo."[21]

Lee também adorava o rádio, uma experiência de comunhão com a família. "Domingo à noite era o momento da família. Comprávamos comida na delicatéssen. Nas boas fases, tínhamos cachorro-quente, feijão e chucrute."[22] E Lee também contou:

> *Domingo à noite ficávamos ouvindo os comediantes. (...) Fred Allen, Jack Benny, Edgar Bergen, Charlie McCarthy, W.C. Fields. (...) E o mais engraçado era que, na hora em que toda a família se juntava para ouvir os programas, as cadeiras ficavam viradas para o rádio. Todo mundo ficava sentado olhando o aparelho como se fosse uma televisão.*[23]

Não é nenhuma surpresa que o jovem Lee gostasse de tirinhas dos jornais e que adorasse as coletâneas, as primeiras de quadrinhos da história. Suas favoritas eram "as de Milton Caniff (...) *Terry e os piratas*. Era o melhor. E também *Ferdinando*. Eu gostava das humorísticas. E das aventuras".[24] Lee também gostava de *The Katzenjammer Kids*, *Skippy*, *Dick Tracy*, *Smitty* e *The Gumps*.[25] Mas, como afirmou no documentário de 2000, *With Great Power*: "Criar histórias em quadrinhos nunca foi meu sonho de criança. Nunca nem pensava nisso."

Lee amava cinema, talvez mais do que qualquer outra forma de entretenimento. No bairro de Washington Heights havia cinco cinemas.[26]

Um de seus filmes favoritos era *Pela mão de sua dama*, de 1932, estrelado por Warren William, cuja atuação "hipnotizou" o jovem Stanley.[27]

A atuação de William no filme foi de fato notável. Ele interpretava um promotor agressivo, Vincent Day, que, sem saber, condena um inocente à cadeira elétrica. Traumatizado, Day se torna advogado de defesa, mas acaba se corrompendo, livrando a vida de criminosos ricos e cheios de culpa. Como você pode imaginar, a vida dele se torna complicada e trágica, bem parecida com os melodramas que, anos mais tarde, encontraríamos nos quadrinhos de Lee.

Apesar de ter afirmado que era fã de diversos astros do cinema — sobretudo Errol Flynn —, em sua autobiografia *Excelsior!*, lançada em 2002, o único filme que mencionou foi *Pela mão de sua dama*, dizendo que ficara impressionado. Depois de assistir, Lee passou a sonhar em ser advogado, chegou até a virar presidente do Clube dos Advogados do Futuro, no ensino médio.[28]

Outro fato relevante sobre o filme, que talvez só tenha causado alguma impressão no inconsciente de Stan Lee, é que a protagonista se chama Celia — como sua mãe. Além disso, Celia foi interpretada por Sidney Fox, uma imigrante judia do leste europeu que veio para os Estados Unidos quando criança e que, antes de estrelar em Hollywood, morava em Washington Heights — isso mais ou menos ao mesmo tempo e na mesma região que a família Lieber.

Não é loucura supor que um rosto conhecido, de alguém do mesmo bairro, em um close estampado em uma telona de três metros e meio, interpretando uma personagem com o mesmo nome de sua mãe tenha causado um impacto tão grande no jovem Lee quanto a ousadia de Warren William, deixando o filme ainda mais significativo.

* * *

Lee não se lembrava de a família ser muito religiosa. Os pais não mantinham uma casa *kosher*, mas, segundo o irmão, Larry,[29] Jack Lieber ia com alguma regularidade à sinagoga. Apesar de não ter tido uma educação judaica muito firme, Lee celebrou seu *bar mitzvah*. Como recordou em 2006: "Meu pai insistiu que eu fizesse o *bar mitzvah*, e tive um curso intensivo para aprender a ler hebraico. Infelizmente, esqueci tudo. A família não tinha muito dinheiro, e eu lembro que a cerimônia no templo foi só com meu pai e eu, e talvez mais umas duas pessoas. E só."[30]

O interesse pelo teatro — e por uma garota em especial — o fez começar a frequentar regularmente a sinagoga de Washington Heights (não se sabe se foi a mesma onde ele celebrou o *bar mitzvah*) na mesma época da comemoração. Lee contou:

> *Houve uma época em que eu queria ser ator, e encontrei um lugar, o Tabernáculo Hebraico de Washington Heights [à época na 161 West Street]. (...) Ali tinha um grupo de teatro, então assumi a vida religiosa para poder entrar no grupo e participar das peças. (...) Mas o importante é que eu gostava de uma garota do grupo. Ainda me lembro do nome dela, Martha. Era uma espanhola loira muito bonita. E eu gostava de ir por causa dela.*[31]

Também não se sabe se o interesse foi correspondido, e, caso tenha sido, em que medida.

***

Como era comum na época, Lee pulou algumas séries da escola, o que permitiu que começasse a trabalhar cedo. Mas também fazia com que quase sempre fosse o mais novo da classe, então tinha dificuldade de se relacionar com os colegas e vice-versa.[32]

Na época do ensino médio de Lee, os Lieber provavelmente moravam no número 1720 da University Avenue, em University Heights, no Bronx. (Décadas depois, o escritor e editor de quadrinhos Len Wein viria a morar no mesmo edifício, ainda na infância.) A avenida e a área em que o prédio fica receberam esse nome por causa da Universidade de Nova York (que hoje é a Bronx Community College). Mais uma vez, a família morava em um apartamento de fundos. Lee cursou o ensino médio na DeWitt Clinton High School, chamada de Clinton, uma instituição gigantesca que se estende por um campus enorme no distrito de Mosholu Parkway. A escola exclusiva para meninos recebia grande parte da população do Bronx, e, em seu auge, teve 12 mil alunos.[33]

O filho do costureiro

A Clinton, com uma mistura de filhos de imigrantes judeus, italianos e irlandeses, assim como vários estudantes afro-americanos, tem uma das listas de ex-alunos mais impressionantes do país, tendo formado jovens que se destacaram nos mais diversos campos. Outros ex-alunos notáveis da época de Lee são o escritor James Baldwin, o dramaturgo Paddy Chayefsky e o fotógrafo Richard Avedon. Além de Lee, outros garotos da Clinton foram parar na indústria de quadrinhos, como Bob Kane e Bill Finger (criadores de *Batman*), Will Eisner (que criou o *Spirit* e foi pioneiro nas *graphic novels*) e Irwin Hasen (artista de *Mulher-Maravilha* e *Dondi*).

Consultando o anuário de seu tempo na Clinton, pode-se ver que Lee era membro de vários clubes, incluindo o Advogados do Futuro.[34] Embora não fosse editor da revista literária da escola, *The Magpie* (Chayefsky assumiu esse papel), foi listado nas páginas da equipe como publicitário.[35]

Foi enquanto trabalhava no escritório da *Magpie* que Lee pregou uma peça nos colegas. Era comum ouvi-lo falando do assunto com orgulho (e uma pitada de vergonha):

> *Eu já devia ser meio doido naquela época, porque lembro que tinha uma revista na escola chamada* The Magpie *(...) e o escritório ficava em uma sala chamada* The Tower *[a torre], que tinha um pé-direito enorme, ninguém alcançava o teto. (...) Pois bem, estavam pintando o teto, e um dos pintores desceu para o almoço e deixou a escada lá. Então eu subi e escrevi "Stan Lee é Deus", no teto. Foi uma das primeiras evidências do meu enorme complexo de inferioridade.*[36]

Curiosamente, quando Lee me contou sobre a brincadeira, em 2017, observou: "Morro de vergonha disso. Mas, até onde sei, ainda está lá no teto."[37]

Quando perguntei se naquela época ele já se apresentava como Stan Lee, a resposta foi: "Não, eu não me apresentava como Stan Lee. Acho que não. Acho que contei a história desse jeito porque agora só penso em mim mesmo como Stan Lee. Mas devo ter escrito Stan *Lieber*."[38]

Quando tinha 15 anos, em três semanas diferentes, Lee ficou em sétimo lugar e ganhou duas menções honrosas em um concurso de "maiores notícias da semana", realizado pelo *New York Herald Tribune*. Isso, por si só, já é um feito e tanto, porém, seja lá por que motivo, anos depois Lee passou a contar que ganhara o primeiro lugar três semanas seguidas. Nenhuma evidência desse triunfo foi encontrada.[39]

***

Em algum momento do ensino médio, Lee foi "iniciado nos mistérios e prazeres do sexo. (...) E um dos meus grandes arrependimentos é que não me lembro do nome da garota com quem perdi a virgindade, filha do dono da loja de doces do bairro".[40]

Embora estivesse ansioso para sair pelo mundo, Lee ainda encontrava tempo para participar da vida extracurricular da Clinton, mesmo mantendo vários trabalhos de meio período. Ele vendia assinaturas do *New York Herald Tribune* para outros alunos, imitando John J. McKenna, um colega que desempenhava o mesmo serviço, só que para o *New York Times*. Também entregava sanduíches para a Jack May's Pharmacy de Manhattan, perto do Rockefeller Center, e se orgulhava de sua eficiência, que lhe gerava mais gorjetas do que os outros entregadores.[41]

Lee costumava falar que trabalhava para o programa de teatro Federal Theatre Project da Work Progress Administration (WPA) na mesma época de Orson Welles (mesmo admitindo que os dois nunca trabalharam juntos e nem sequer se conheceram). Como Welles deixou a WPA em 1937, Lee deve ter trabalhado lá enquanto ainda estava no ensino médio. No entanto, em *Excelsior!*, George Mair, coautor do livro, escreveu que Lee entrou para o Federal Theatre Project "algum tempo depois de concluir o ensino médio". De qualquer forma, Lee se juntou ao projeto por causa de uma garota. Os dois namoraram por um tempo. Depois de aparecer em algumas peças, Lee começou a amar os palcos, mas o salário era tão baixo que foi forçado a desistir. O romance com a garota tinha terminado, o que só facilitou sua saída da WPA.[42]

***

Depois de se formar na Clinton, em junho de 1939, aos 16 anos, Lee trabalhou como lanterninha do Teatro Rivoli, no centro de Manhattan, onde contou ter tido um encontro memorável com a primeira-dama Eleanor Roosevelt:

> Um dia (...) a sra. Roosevelt entrou no teatro. (...) Todos ficamos esperando, torcendo para que ela viesse pelo corredor pelo qual éramos responsáveis, mas a sorte foi minha. Nossa, fiquei tão orgulhoso. Andei pelo corredor com a lanterna brilhando para iluminar o caminho dos pés dela, com a cabeça erguida, os ombros eretos, e a chamei de "sra. Presidente". O que, é claro, foi a coisa errada a dizer. [O certo seria "sra. Roosevelt".] Acabei tropeçando no pé de algum babaca com a perna para fora, e caí no chão. A "sra. Presidente" me ajudou a levantar, passando os braços por meus ombros e perguntando: "Tudo bem, meu jovem?" Dá para imaginar a vergonha que passei.[43]

Depois disso, Lee passou um tempo escrevendo obituários de celebridades para um serviço de notícias (embora às vezes falasse que tinha esse emprego ainda no ensino médio). Achava o trabalho muito deprimente, já que lhe mandavam escrever os obituários de pessoas ainda vivas, e acabou deixando o emprego.[44]

Jean Goodman, prima de Lee por parte de mãe, era casada com Martin Goodman, editor que se destacara publicando uma grande variedade de revistas *pulp*. Martin se tornou uma das pessoas mais importantes na vida de Lee, mas, naquela época, os dois ainda não se conheciam muito bem. Os Goodman é que fizeram a ponte entre o primo e o recém-fundado Programa de Orientação Vocacional da organização comunitária judaica B'nai B'rith.[45] Graças ao programa, Lee conseguiu um emprego escrevendo peças publicitárias para a National Jewish Health, uma clínica de tuberculose em Denver — porém o trabalho era em Nova York. (Lee também lembrava que alguém chamado "Charlie Plotkin", que "estava sempre de suéter", o ajudara a conseguir esse e outros trabalhos com a escrita.)[46]

Lee afirmava que "nunca conseguia entender o que estava tentando fazer [naquele trabalho]. Era para incentivar as pessoas a contraírem tuberculose, para que pudessem frequentar a clínica? Bem, a ideia era convencer as pessoas já infectadas a irem se tratar naquele hospital específico".[47]

O contato de Lee com o Programa de Orientação Vocacional não durou muito, e ele acabou conseguindo um emprego como *office boy* na H. Lissner Co., uma fabricante de calças de Manhattan. Lá, ele se sentia explorado e pouco apreciado pelos supervisores, que nem se davam ao trabalho de aprender seu nome. Foi demitido em um corte de custos por ser mais novo que o outro *office boy*, mesmo afirmando que trabalhava muito mais pesado.

Irritado com a demissão injusta, Lee impulsivamente espalhou alguns grandes lotes de listas de corte, as planilhas com dados sobre diferentes tipos de calça.[48] Por sorte, nunca precisou pedir referências à H. Lissner Co.

Mas, por mais horrível que fosse o trabalho, Lee não podia ficar sem emprego. Teve que encontrar outro, e depressa.

***

Durante a adolescência, enquanto Lee concluía o ensino médio e passava por vários empregos e um ou outro romance, os Estados Unidos estavam saindo da Depressão, mesmo com o mundo parecendo prestes a entrar em erupção novamente. A invasão alemã da Polônia em 1.º de setembro de 1939 — apenas alguns meses após a formatura de Lee na Clinton — desencadeou o início da Segunda Guerra. Os Estados Unidos não estavam no conflito logo no começo, mas sua participação parecia apenas questão de tempo.

No mundo da cultura pop, o ano de 1939 ficou famoso pelos filmes clássicos, incluindo *O Mágico de Oz*, ... *E o vento levou* e *No tempo das diligências*; porém, no mundo menos famoso dos quadrinhos, também foi um ano de grandes acontecimentos. Em 1938, o *Super-Homem* estreou no *Action Comics* n.º 1. No início de 1939, o *Batman* teve sua primeira aparição na *Detective Comics* n.º 27.

Ambos os personagens fizeram um enorme sucesso, e os editores — sobretudo os das revistas *pulp*, que começaram a ver quedas intensas nas vendas — correram para entrar na nova moda dos quadrinhos de super-heróis.

Um dos editores na corrida era Martin Goodman, marido da prima de Lee, que, no verão de 1939, lançou uma linha de quadrinhos pela Timely. A primeira edição foi a *Marvel Comics* n.º 1, que fez enorme sucesso, vendendo quase um milhão de exemplares, com poucas devoluções dos revendedores. A revistinha introduzia, entre outros personagens, o Príncipe Submarino e o Tocha Humana.

A revista *Marvel Comics* n.º 1 e os subsequentes títulos da Timely foram produzidos para Goodman por uma editora externa, a Funnies Inc. Mas Goodman queria uma série de quadrinhos própria, produzida por funcionários e freelancers que trabalhassem diretamente para ele. Para isso, no início de 1940, contratou dois jovens artistas e escritores habilidosos que se destacavam na ainda incipiente indústria dos quadrinhos: o editor Joe Simon e o diretor de arte Jack Kirby.

Em um prédio na West 42nd Street, o edifício McGraw-Hill, os dois produziam quadrinhos de autoria própria e de outras pessoas. No fim de 1940, Simon (com 27 anos) e Kirby (com 23) apresentaram o que seria o maior sucesso da Timely: o *Capitão América* n.º 1. A edição foi à venda em quase todo o país por volta de 20 de dezembro.

E foi logo antes da estreia desse marco na história dos quadrinhos que Stanley Martin Lieber, de 17 anos, bateu à porta de Timely em busca de emprego.[49]

3 O FLAUTISTA DA WEST 42ND STREET

> EU ACHAVA [STAN LEE] O ORSON WELLES DA INDÚSTRIA DE QUADRINHOS. UM RAPAZ JOVEM, BONITO E CHEIO DE ENERGIA.
> — DAVID GANTZ[1], ARTISTA DA TIMELY

Stanley Martin Lieber não era apenas primo de Jean Goodman. Uma reviravolta do destino mais estranha que a ficção fizera com que o irmão de sua mãe — Robbie Solomon — se casasse justo com a irmã de Martin Goodman.[2]

Ou seja: Stanley tinha uma dupla relação de parentesco com o dono da Timely Comics. Além disso, vários dos irmãos de Martin também trabalhavam para a editora — o que não era incomum para empresas de imigrantes ou dos primeiros filhos de imigrantes nascidos nos Estados Unidos. Ao empregarem parentes, garantiam funcionários de confiança e ainda ajudavam a família a encontrar trabalho.

Segundo quase todos os registros, o papel de tio Robbie, qualquer que fosse o título oficial, era ser os olhos e ouvidos de Martin na empresa. O homem fazia questão de saber o que estava acontecendo em cada departamento, o que lhe rendera a reputação de chato e intrometido. No entanto, o que muitos não pareciam compreender é que se intrometer era *justamente* a descrição não oficial de seu cargo.[3]

De acordo com Joe Simon, Solomon levou Lee até ele em dezembro de 1940, no edifício McGraw-Hill, da Timely, na distante West

42nd Street, dizendo: "Olha, o Martin quer que você dê alguma coisa para esse aqui fazer. Bote ele para trabalhar."[4] Mas, segundo Lee, seu primeiro dia de trabalho foi diferente. Goodman pareceu surpreso em vê-lo e até perguntou: "O que você está fazendo aqui?" E Lee nunca descobriu se o chefe estava falando sério.[5]

Lee virou assistente geral de Simon e de Kirby, uma espécie de menino de recados. Ia comprar café e sanduíches, limpava os rascunhos, revisava os textos... o que fosse preciso para manter o escritório funcionando. Como Simon lembrou:

> *A gente quase sempre botava o Stan para apagar os traços a lápis dos desenhos, depois que o nanquim do arte-finalista secava, e para buscar café. O garoto nos seguia para tudo que é lado. Quando o chamávamos para almoçar, ele ficava tentando ser nosso amigo. Quando não tinha o que fazer, se sentava em um canto do departamento de arte e tocava uma flauta ou flautim, o que deixava o Kirby doido. (...) Eu sempre o achei um garotinho fofo.*[6]

Como Stanley desejava ser escritor, o trabalho de assistente na editora de quadrinhos era justamente do que precisava. Para ser enviado pelo correio para leitores e distribuidores a taxas mais baixas, todo periódico precisava ter duas páginas de texto corrido, e era por isso que cada revistinha tinha duas páginas de algum material em prosa. O consenso era de que os leitores em geral não se incomodavam com aquela interrupção na história, pulando as páginas sem nem ler, como fariam com algum anúncio que não lhes chamasse atenção.

Assim, Simon encarregou Stanley de escrever o texto da edição n.º 3 de *Capitão América*. O adolescente escreveu uma história chamada "Captain America Foils the Traitor's Revenge" [O Capitão América frustra a vingança do Traidor]. Só que quem assinava a história não era Stanley Martin Lieber, e sim um tal de "Stan Lee".[7] Lee sempre alegou estar guardando seu nome verdadeiro para assinar o grande romance que estava destinado a escrever. "Eu sentia que... Bem, se ia mesmo virar escritor, ou talvez um grande ator, era melhor deixar meu nome para as coisas realmente importantes."[8] A história contava com duas novas ilustrações de Jack Kirby, sendo então a primeira colaboração entre os dois.

Não demorou para o recém-rebatizado Stan Lee — que só mudou de nome legalmente décadas depois — também começar a escrever roteiros para os quadrinhos. O primeiro foi uma história (desenhada por Charles Wojtkoski) que estrelava um novo personagem, Jack Frost, na primeira edição da *USA Comics*, que foi às bancas no início de maio de 1941. Logo depois veio uma história do *Black Marvel* desenhada por Al Avison e Al Gabriele, na primeira edição do *All Winners Comics*, publicada mais tarde no mesmo mês. No fim desse mesmo mês veio a estreia de "Headline Hunter, Foreign Correspondent" [Caçador de manchetes, o correspondente estrangeiro], uma série escrita por Lee e desenhada por Charles Nicholas (possivelmente um pseudônimo de Wojtkoski), na quinta edição de *Capitão América*. No mesmo número, a dupla também apresentava uma história com o personagem Hurricane, Master of Speed.[9]

Enquanto Lee se estabelecia como escritor — o que representava um adicional de cinquenta centavos de dólar por página ao seu salário semanal de oito dólares —, Simon e Kirby, junto com a Funnies Inc., produziam e expandiam uma série de quadrinhos exclusiva para Goodman. Syd Shores foi contratado como artista interno, e a série cresceu, já na época com mais de seis edições de 64 páginas.

***

Com o crescimento da Timely e de outras editoras, os quadrinhos estavam atraindo cada vez mais olhares, e nem toda essa atenção era bem-vinda. Sterling North, editor literário do *Chicago Daily News*, escreveu, na edição de 8 de maio de 1940 — meio ano antes de Stanley Lieber ser contratado na Timely —, que as histórias em quadrinhos eram como "cogumelos venenosos" na literatura, e culpava seus criadores por um "massacre cultural de cérebros inocentes". A crítica mordaz foi publicada no *The News* e repetida por dezenas de outros jornais. Foi o começo de um movimento antiquadrinhos que teria seus altos e baixos ao longo das décadas, complicando muito a vida de Stan Lee.

Mas, naquela época, as coisas ainda corriam às mil maravilhas na Timely, com *Capitão América*, seu maior sucesso, vendendo quase um milhão de exemplares por edição. A revistinha era tão conhecida que até membros da organização nazista The German American Bund perseguiam os criadores. Simon recordou: "Os apoiadores do nazismo faziam bastante barulho, e eram muitos. Não paravam de mandar ameaças. Chegou ao ponto de precisarmos de policiais de vigia no lado de fora dos escritórios, e até o FBI entrou na história." O prefeito de Nova York, Fiorello La Guardia, chegou a ligar pessoalmente para Simon, garantindo que os quadrinistas receberiam proteção pública.[10]

***

Simon e Kirby tinham um acordo informal com Goodman de que receberiam 25% dos lucros de *Capitão América*. Com isso, deveriam estar ganhando muito dinheiro. Mas Goodman afirmava que as revistinhas não lucravam tanto. O contador da Timely, Maurice Coyne — que também era sócio da MLJ, empresa que mais tarde se tornaria a Archie Comics —, informou aos dois que os lucros estavam baixos porque Goodman deduzia as despesas de toda a linha de quadrinhos das receitas de *Capitão América*. Talvez Coyne tivesse esperança de que, revoltados com a enganação, Simon e Kirby deixassem a Timely para trabalhar na MLJ.[11]

Quando soube disso, Simon entrou em contato com Jack Liebowitz, presidente da National (também conhecida como DC Comics, que publica o *Super-Homem* e o *Batman*), e estabeleceu um acordo para que ele e Kirby fizessem trabalhos freelance para a National enquanto ainda eram empregados da Timely.[12] Simon deve ter imaginado que o único jeito de receber seu dinheiro do *Capitão América* seria se não parasse de aparecer no escritório. Ou, quem sabe, tenha pensado que os dois poderiam ter trabalhado em ambas as empresas, o que não era incomum no ramo dos quadrinhos. De qualquer forma, seria apenas questão de tempo até que seu trabalho, tão característico, aliado a um grande impulso promocional, aparecesse nos títulos da DC, forçando Goodman a confrontá-los.

Lee descobriu o que os chefes estavam fazendo, mas jurou que manteria segredo. Mesmo assim, Goodman descobriu — o que era inevitável. Dois de seus irmãos, assim como Rob Solomon, confrontaram Simon e Kirby e os demitiram — mas ainda insistiram para que ambos terminassem a edição de *Capitão América* na qual estavam trabalhando, o volume n.º 10. Lee sempre afirmou que não tinha entregado os dois, mas, segundo Simon, Kirby tinha certeza de que Stanley contara tudo a Goodman e ainda guardava rancor por isso. Por sua vez, Simon acreditava que Lee tinha de fato mantido o segredo e que, no mundo pequeno e cheio de fofocas dos quadrinhos, qualquer um poderia ter denunciado os dois.[13] Além disso, quando o trabalho da dupla para a DC chegasse às bancas — com seus nomes em destaque —, o mundo todo ficaria sabendo de qualquer maneira.

Goodman colocou o irmão, Abe, como editor temporário de quadrinhos durante alguns meses, depois designou Stanley para o trabalho até que encontrasse um "adulto de verdade".[14] Lee zombou dessa história até o fim da vida, alegando que Martin ainda devia estar procurando esse tal adulto, porque nunca mais colocou ninguém no cargo de editor — com uma exceção intencional e temporária.[15] A primeira vez que Lee foi creditado oficialmente como editor foi na *Capitão América* n.º 12, publicado no início de janeiro de 1942.

Então, no fim de 1941, menos de um ano depois de ser contratado por Simon, Stan Lee, com 18 anos, tornou-se editor de uma linha de quadrinhos que tinha tudo para crescer. Com boa parte do material da linha ainda sendo fornecido pela Funnies Inc., o trabalho de Lee seria quase todo administrativo, não criativo. (O que mudou com o tempo, conforme a Timely deixava de encomendar material pronto e passava a editar internamente, com criadores contratados pela própria marca.) Ainda assim, era uma responsabilidade e tanto para um garoto.[16]

No entanto, além de não sucumbir à pressão, o jovem Lee parecia *prosperar* naquele cenário. Talvez tenha sido porque a indústria de quadrinhos também era muito nova, e ninguém sabia muito bem o que podia ou não fazer. Al Jaffee, escritor e artista que começara a fazer trabalho freelance para Lee naquele ano (e que logo se tornaria parte do lendário "Usual Gang of Idiots" [Grupo dos idiotas de sempre] da revista *Mad*), recordou: "A verdade verdadeira é que Stan era e sempre foi, desde que o conheci, no início de sua carreira, um malabarista. Ele estava sempre com dez bolas no ar."[17] Jaffee também disse que "o que mais me impressionava no Stan era sua atitude de 'deixa comigo'".[18]

Enquanto trabalhavam para aumentar os títulos de super-heróis da Timely, Goodman e Lee também faziam quadrinhos engraçados com animais, no estilo da Disney e de outros desenhos animados populares da época. Lee escrevia muitas dessas histórias, além de inúmeros contos de super-heróis, e editava todas as revistas. Naquela época, o jovem enérgico não parecia ter muita ajuda editorial — se é que tinha alguma.

Quando bateu à porta de Lee com o portfólio do trabalho que fizera como *ghost-writer* para o artista Chad Grothkopf, que Lee já contratava como freelancer, Jaffee recebeu a oferta de trabalhar em uma história de comédia policial chamada *Squat Car Squad*. Jaffee levou o roteiro para casa e improvisou bastante. Ele quebrava a quarta, a quinta e qualquer outra parede que pudesse quebrar, chegando até a desenhar a si mesmo e a Lee invadindo o conto. Como Mary-Lou Weisman escreveu, na biografia *Al Jaffee's Mad Life* [Al Jaffee: Uma vida louca na *Mad*]:

> Al inseriu uma caricatura de si mesmo na história (...) caindo de cara na calçada, com uma onomatopeia enorme. Então foi além (...) fez com que os personagens o culpassem por não seguir as orientações de Stan Lee. "Era como se todos estivessem vivos: os tiras, o artista, o editor... todos nós. Podíamos entrar e sair dos painéis à vontade. Stan amou, e eu me diverti muito. Stan nunca editou meu texto. Nunca determinou o que eu devia escrever."[19]

Lee ficou tão impressionado que manteve Jaffee como escritor e desenhista regular da *Squat Car Squad*. Um pouco depois, o editor quis um novo personagem para uma HQ cômica, e Jaffee lembrou:

Criei o Silly Seal e, depois um tempo, Stan veio me perguntar: "Por que não criamos um parceiro para Silly? Que tal um porco chamado Ziggy?" Achei ótimo, então juntamos os dois, e Lee me deu liberdade para escrever [e desenhar] aqueles dois. (...) A gente nunca planejava as histórias. Não tem muito o que planejar quando se está escrevendo Ziggy Pig and Silly Seal.[20]

E esse era o segredo para Lee conseguir conciliar tantos títulos ao longo dos anos: embora não hesitasse em editar ou fazer algumas mudanças, em geral preferia trabalhar com pessoas em quem confiasse e a quem poderia simplesmente "deixar soltas". Naquela época, antes de haver tanta necessidade de continuidade entre as histórias, a supervisão — sobretudo nos quadrinhos de humor — era bem mais flexível.

Jaffee sugeriu a um colega de escola, o artista David Gantz, que apresentasse seu trabalho para Lee. Gantz passou a trabalhar na arte de quadrinhos humorísticos como *Patsy Walker* [que em edições posteriores foi traduzido no Brasil como *Felina*] e o *Super Rabbit*. Muitos anos depois, Gantz, em seu romance e livro de memórias, *Jews and the Graphic Novel* [Os judeus na indústria de quadrinhos], relembrou esse primeiro encontro com Lee.[21] O artista o descreveu como "um rapaz esbelto com botas de caubói que tentava tocar um flautim, mas sem sucesso". Na cena, Lee o conduzia de seu escritório até onde trabalhavam os desenhistas, ainda tocando o instrumento. Gantz desenhou a si mesmo com um balão de pensamento no qual se lia: "Eu me senti como uma criança seguindo uma versão desafinada do flautista de Hamelin."

Na história, Gantz desenhou Lee voando pelo escritório. ("Não seria bom fechar a janela?" "Sim! Não queremos ser responsabilizados caso ele se perca.") Gantz também retratou Lee interpretando as cenas das histórias com poses exageradas ("O que eu quero é ação, AÇÃO, AÇÃO!") — e muitos outros artistas o veriam fazendo isso ao longo dos anos.

***

Allen Bellman, artista desde os primórdios da Timely, se lembra da equipe trabalhando com super-heróis e aventura no fim de 1942, incluindo o nome dele e de muitos outros que se tornariam famosos no mundo dos quadrinhos, como Mike Sekowsky, Frank Giacoia, George Klein, Frank Carino e Chris Rule. Bellman lembrou que "Stan era um chefe maravilhoso. Era bem-humorado, mas muito rigoroso na edição. Queria a perfeição. Se você desenhasse um copo na mesa em um dos quadros, não podia se esquecer de desenhá-lo de novo no quadrinho seguinte".[22]

Jim Mooney, que foi um dos principais artistas da Marvel e da DC durante décadas, também se lembrou do Lee daquela época, quando os dois trabalharam em uma tirinha humorística chamada *The Ginch and Claude Pennygrabber* [O Trapalhão e Claude Trambiqueiro]. Ele se lembrou de trabalhar na tirinha com Lee empregando o que anos depois passou a ser conhecido como "Método Marvel", com ele e Lee desenvolvendo a história na conversa.[23]

Mooney relatou seu primeiro encontro com Lee:

Cheguei lá, e na época eu era novo e meio arrogante, então Stan perguntou o que eu fazia. Falei que desenhava, e ele perguntou: "Mais o quê?" Eu disse que era arte-finalista, e ele perguntou: "E mais o quê?" Falei que também era colorista, e ele perguntou: "Mais alguma coisa?" Então respondi: "Sim, também sou letrista." Aí Stan perguntou: "Vai dizer que também imprime os quadrinhos?!"

Na mesma entrevista, Mooney observou:

Na Marvel, a sensação era de estar envolvido, de fazer parte da história, especialmente quando eu estava desenhando os quadros ou quando trabalhava no esboço dos roteiros que Stan passava (...) porque a gente sempre podia contribuir. Sempre podia desenvolver o roteiro do jeito que a gente queria.[24]

Enquanto escrevia um monte de histórias de super-heróis, Lee também criou — junto com Chad Grothkopf (com quadros quase todos de Jaffee) — *The Imp* [O Imp], que aparecia nos quadrinhos do *Capitão América*. *The Imp* era uma tirinha cômica estrelada por uma criatura travessa que só falava em rimas (assim como o narrador de suas histórias). A tirinha exibia uma atmosfera jovial e despreocupada, e, para quem lia, parecia que todos os envolvidos estavam se divertindo bastante no processo de criação.

***

O mundo mudou de repente quando as forças japonesas atacaram Pearl Harbor, em 7 de dezembro de 1941, fazendo com que os Estados Unidos entrassem de vez na Segunda Guerra Mundial. Lee se alistou e entrou no Exército em 9 de novembro de 1942.

Talvez antevendo o serviço militar, que o impossibilitaria de trabalhar como escritor e roteirista — e de trazer renda extra para os pais e o irmão, bem como para si próprio —, Lee intensificou o trabalho freelance para a Timely, criando quadrinhos de humor e aventura, incluindo algumas edições de *Os Garotos*, histórias de 45 páginas, consideradas bem longas para a época.

Além dos quadrinhos, ele também trabalhava em algumas outras revistas, escrevendo pequenos textos humorísticos para a *Joker*, a *Stag* e a *Comedy*. Também lançou duas histórias de ficção em prosa na edição de outubro de 1942 da revista *Male Home Companion*, de Goodman, editada por Solomon. Uma das histórias foi creditada a Stan Lee, a outra, a "Stanley Martin".

Questionado sobre a decisão de se alistar, em vez de pedir isenção do serviço ou esperar ser convocado, Lee recordou:

Acho que poderia ter conseguido a isenção, mas (...) era o tipo de guerra em que quem não entrasse era um filho da puta. Era importante demais para não lutarmos. (...)

Eu ia atravessar o oceano, e me ensinaram a fazer instalações elétricas [para a comunicação via rádio] (...) e eu iria antes das tropas, instalar a fiação, para que os batalhões pudessem se comunicar entre si. (...) Achei que (...) seria fantástico. Que estaria fazendo algo importante.

Mas, quando estava no píer, à espera do navio para a Europa (...) alguém me cutucou e disse (...) "Precisamos de você aqui. Os planos foram alterados." Então, nunca fui mandado para o exterior. Me levaram para Long Island, onde ficava a divisão de filmes de treinamento, porque descobriram que eu trabalhava como escritor e roteirista.[25]

Lee tinha contratado seu amigo, o animador Vince Fago, para dirigir o departamento editorial da Timely durante sua ausência, o que se provou uma boa jogada. Além de super-heróis, crescia a tendência de quadrinhos parecidos ou baseados nos desenhos animados de personagens humanos e animais caricatos, com pés enormes, conhecido como *bigfoot-style*. Fago, que tinha experiência justamente nesse tipo de personagem, era perfeito para o cargo. E, o que era tão ou mais importante, não parecia querer que aquele fosse o emprego de sua vida. Como Michael Vassallo colocou:

O forte de Fago eram os personagens de comédia, em especial as trapalhadas de animais engraçados, que precisavam de progressões frenéticas entre os quadros. Seu talento coincidia perfeitamente com a expansão recente da Timely, que começava a fazer quadrinhos humorísticos, lançando as revistas Comedy Comics, Krazy Komics, Joker Comics *e* Terrytoons, *este último com personagens licenciados do estúdio de Paul Terry.*[26]

Lee estava sempre ocupado com suas tarefas (sua função no Exército — compartilhada com apenas oito outras pessoas, incluindo o lendário romancista William Saroyan — era de "roteirista"), mas, depois de sete meses, conseguiu retomar seu trabalho de freelancer para a Timely e até mesmo levar uma vida social. Depois do treinamento básico em Nova Jersey, foi designado para trabalhar em material informativo e de treinamento no Queens. Logo em seguida, ocupou postos semelhantes na Universidade Duke, em

Durham, na Carolina do Norte, e em Indianápolis, em Indiana. Nesta última, ele se lembrava de ter saído com várias mulheres. Uma delas, segundo Lee:

> *Vivia em Indianápolis, e os pais eram muito ricos. (...) Fiquei muito impressionado quando vi a casa em que ela morava. Ocupava uma quadra inteira. Acho que o pai tinha sido um dos empreiteiros — ou talvez o único — da represa Hoover, ou coisa assim. A garota era muito legal, e eu gostava muito dela. Mas não foi uma história de amor.*
>
> *E teve outra por quem eu realmente era apaixonado. Ela trabalhava na lavanderia do Exército. Era ela que recolhia as roupas dos soldados e entregava para quem quer que fosse. Era loira e bonita. Mas tinha um hábito horrível que eu não conseguia suportar. Sempre que ficava irritada, saía resmungando: "Ora, bolas! Ora, bolas!" E eu simplesmente não conseguia me imaginar passando a vida inteira com alguém que falasse coisas como "Ora, bolas!".*
>
> *Então tive outra namorada, essa era de verdade, até achei que fôssemos nos casar quando eu saísse do Exército. Estava prestes a sair, já com vinte e poucos anos, e descobri que ela só tinha 16. Senti que aquilo não seria justo com a menina, então me afastei. Mas foi com quem cheguei mais perto de me casar antes de conhecer Joan.*[27]

Quando não estava namorando, Lee escrevia roteiros para filmes de treinamento e outros trabalhos informativos e educacionais, inclusive para uma campanha de prevenção a doenças venéreas, e ajudou a criar métodos para aumentar a eficiência da equipe de folha de pagamento do Exército. Até escreveu uma música de marcha engraçadinha para o pessoal da equipe. Enquanto servia, depois do breve hiato já mencionado, Lee também continuou com seus trabalhos de freelance para a Timely — chegou até arriscar uma punição por "roubar" a própria correspondência, quando viu, em certa ocasião, que o serviço de correios da sua base estava fechado.[28]

Em retrospecto, Lee não achava que o tempo no Exército tinha influenciado sua vida muito mais do que qualquer outra coisa que tenha feito em seus vinte e poucos anos. "[Quando acabou], só aconteceu de eu estar três anos mais velho", disse. "A pessoa com vinte e poucos anos envelhece três anos e muda de qualquer jeito, não importa se foi do Exército ou não. (...) Cumpri meu tempo de serviço, fiz o que tinha que fazer, voltei para casa e fui atrás de uma garota para casar."[29] Ainda assim, anos mais tarde, ele se recordava orgulhosamente do tempo no Exército e tinha o prazer de aceitar todas as honrarias das associações de veteranos.

Enquanto servia, Lee comprou seu primeiro carro, um Plymouth usado de 1936, que acabou trocando por um Buick preto conversível, também usado, com bancos de couro vermelho e calotas brancas. Segundo ele, o carro glamoroso foi por conta da vida amorosa intensa.[30]

Jim Mooney relembrou uma experiência que teve com Lee durante esse período:

> Trabalhamos juntos quando ele estava na Universidade Duke, na Carolina do Norte. Fui até lá para fazermos um dos quadrinhos dos Terrytoons juntos. O prazo era apertado, e Stan me arranjou um lugar para trabalhar em um laboratório de patologia. Eu estava cercado por frascos de formol com olhos e várias outras partes do corpo. Era um bom incentivo para sair depressa. Acelerou muito meu trabalho.[31]

Dispensado em 29 de setembro de 1945, Lee voltou a trabalhar na Timely, que tinha crescido bastante e mudado para escritórios no 14.º andar do Empire State Building. A operação agora incluía duas salas para os artistas — uma para super-heróis e outras aventuras (os "ilustradores"), e outra para quadrinhos humorísticos e histórias para adolescentes (os "animadores").[32] Além do time de desenhistas e arte-finalistas, Lee também passou a chefiar uma equipe de editores, incluindo Al Jaffee e Leon Lazarus.

Enquanto isso, escrevia inúmeras histórias, quase todas de comédia. Inspirado pelo sucesso do filme *A amiga da onça*, sobre uma jovem excêntrica, Lee começou a escrever quadrinhos como *Millie, the Model* e *Tessie, the Typist*, chegando inclusive a fazer uma adaptação em série e licenciada do próprio filme que serviu de inspiração. (Ele e o artista Dan DeCarlo acabariam assumindo as últimas edições das tirinhas nos jornais.) Direcionando grande parte das histórias para o público feminino, a Timely começou a testar super-heroínas, incluindo a *Venus* e *The Blonde Phantom* [A loira fantasma]. Mas a era dos super-heróis estava chegando ao fim, e nenhuma das duas heroínas durou muito.

***

Foi em 1946 que Lee conheceu e fez amizade com o artista Ken Bald, que viria a consolidar uma bela carreira em tirinhas e em propaganda. Como Bald recordou:

Conheci Stan Lee e nós dois nos demos muito bem, ficamos amigos na hora. (...) Na época, ele era chamado de "garoto maravilha". Era bonito, alto e magro. Stan ficou impressionado quando descobriu que eu era fuzileiro naval. Saíamos juntos com nossas garotas. Stan me dava todos os trabalhos que eu queria, e somos amigos desde então. (...) Stan sempre foi viciado em trabalho. Sempre nos divertíamos muito.[33]

Bald lembrou um incidente especialmente engraçado:

Almoçávamos no Longchamps [um restaurante de Manhattan] uma vez por semana. Certa vez, voltando do almoço, um pássaro passou voando e prrrr! bem no ombro de Stan. Ele ergueu o punho cerrado para o alto e gritou: "Mas para quem não é judeu você canta!" Nossa, eu não conseguia parar de rir. Stan era assim, sempre fazia piada de tudo.[34]

Os Lieber moravam na West 170th Street, em Washington Heights, mas Lee, então com 22 anos, se mudou para um quarto no Alamac Hotel, na esquina da Broadway com a 71st Street, em Manhattan. Ele parecia levar uma vida despreocupada de solteiro, embora um de seus encontros tenha sido um pouco diferente do que esperava. Uma mulher muito atraente o surpreendeu chamando-o, logo que se conheceram, para seu quarto, no mesmo hotel.

> *Nós nos demos bem e acabamos virando bons amigos. Sei que nos demos bem porque ela não quis pagamento. No fim das contas, era uma dama muito cara que, falando com mais delicadeza, estava procurando satisfazer os próprios negócios.*[35]

Segundo Lee, os dois ficaram juntos "por muitos meses". Por sorte, parece que não se esquecera das aulas sobre prevenção de doenças venéreas que apresentara no Exército.

***

Apesar de namorar bastante, Lee sentia que estava pronto para se casar. Em dezembro de 1946, foi a uma festa da Morton Feldman Company, empresa de seu primo. Morty o convidara para sua *soirée* para conhecer uma "linda modelo ruiva" chamada Betty.[36]

Mas foi Joan Clayton Boocock, uma modelo de chapéus, quem atendeu a porta naquele dia. Lee se apaixonou na hora e percebeu que aquela era a mulher por quem procurara a vida toda. Os dois começaram a namorar, e ela logo concordou em se casar. Só havia um problema: Joan já era casada. Era uma noiva da época da guerra, as chamadas *war brides*, e se casara com um soldado americano, Sanford Dorf Weiss, que estava servindo na Inglaterra.[37]

Mas, como a revista *People* publicou, em 1979:

> "Eu só conhecia [meu primeiro marido] fazia 24 horas quando decidimos nos casar", [Joan] disse. "Em muitos aspectos, foi um casamento ótimo, mas, depois de um ano morando juntos, comecei a achá-lo meio chato."[38]

Mas, quando conheceu Lee, Joan o achou empolgante. "Ele estava usando cachecol e um chapéu de aba larga maravilhoso, e citou

Omar Khayyam quando me levou para comer um hambúrguer no Prexy's", contou. "Ele lembrava aquele inglês bonito, o [ator britânico] Leslie Howard."[39]

Joan teve que ir a Reno, como já havia planejado, onde precisaria passar seis semanas até que o divórcio expresso entrasse em vigor. Mas, enquanto estava lá, enviou uma carta para Lee que começava com: "Caro Jack." Stan achou melhor ir vê-la logo, para garantir que nada desse errado.

Por sorte, o relacionamento de Joan com o tal de Jack não vingou. Assim que o divórcio foi finalizado, Lee insistiu que o juiz os casasse ali mesmo. E foi exatamente o que aconteceu. Em 5 de dezembro de 1947, Stan e Joan celebraram seu matrimônio.[40]

(Fato surreal é que, na revista *My Own Romance* n.º 24, em 1952, saiu uma história em quadrinhos chamada "Two Men Love Joan" [Dois homens amam Joan]. Foi ilustrada por Al Hartley. O historiador de quadrinhos Michael Vassallo acredita que o roteiro tenha sido escrito por Stan ou por Joan. A história satirizava o namoro e o casamento dos dois, numa estranha mistura de vida e arte.)[41]

Segundo Larry Lieber, logo depois do casamento em Reno, Stan e Joan também fizeram uma cerimônia para as famílias (possivelmente oficiada por um rabino) na sala de estar dos Lieber.[42] O casal se mudou para um apartamento de cobertura com claraboia em um prédio baixo e pitoresco no estilo *brownstone*, no número 15 da East 94th Street, em Manhattan.

Mas Celia, a mãe de Stan e Larry, que lutava contra um câncer de estômago, faleceu menos de duas semanas depois, em 16 de dezembro de 1947.

Lee relembrou o período:

Quando minha mãe morreu (...) decidimos nos mudar para uma casa. Isso porque Larry, que na época tinha 15 anos e morava com minha mãe, teve que vir morar conosco.[43]

Larry nunca achou que a mudança de Stan e Joan para o número 1048 da rua Broadway, em Woodmere, Long Island, tivesse qualquer relação com ele, dizendo que a mudança para os subúrbios era comum para jovens casais, e foi o que aconteceu com o irmão e a cunhada.[44] Larry, que na verdade tinha 16 anos, não 15, e que estava morando com Rob Solomon e a esposa — Sylvia, irmã de Martin Goodman — para não ter que testemunhar o declínio progressivo da saúde da mãe, lembrou:

> Eu não gostava muito da escola, então queria sair logo. Durante o verão, estudei [fazendo cursos em casa] e me formei no ensino médio [da escola George Washington] com 16 e pouco [em junho de 1948]. Eu morava com a tia Mitzi e o tio Arthur Jeffries, no Bronx [até a graduação]. (...) Depois que me formei, fui morar com Stan e Joan. (...) Eu morei lá (...) por um ano e meio.[45]

Não se sabe bem por que Larry não foi morar com o pai depois da morte de Celia. Larry tinha suas teorias: "Imagino que meu pai não tenha me chamado para morar com ele porque sabia que não nos daríamos muito bem. (...) Ele não me chamou, e ninguém da família sequer sugeriu que eu fosse."[46]

Sempre descrito como difícil, é provável que Jack Lieber não estivesse disposto a cumprir o desafio de ser pai solteiro. Ele não se casou outra vez. Embora fosse raro que Stan falasse sobre a morte da mãe, o evento foi bem traumático para Larry, que na época era adolescente.[47]

***

O relacionamento entre os irmãos sempre fora complicado, e só piorou quando Stan se casou com Joan. Embora elogiasse Stan por ser um bom chefe no tempo em que trabalharam juntos em quadrinhos, ao longo dos anos Larry foi levando na memória inúmeras dores psicológicas que havia sofrido nas mãos dos Goodman, do irmão e da cunhada. Intencional ou não, o tratamento que Larry recebia da família é no mínimo visto como insensível, sobretudo porque os familiares sabiam como suas emoções e seu sofrimento eram intensos.

Por exemplo, depois de se formar no ensino médio, ele fez o trabalho de arte-finalista nas revistas humorísticas de Stan para a Timely — o que rendia um bom dinheiro, ainda mais para um adolescente. Ele lembrou que "claro que o trabalho era bom. Era publicado. Stan nunca reclamou da qualidade". Mas Lieber contou:

> *Eu estava feliz. Chegava a ganhar 110, 120 dólares por semana, então aquilo amenizou um pouco a dor da perda da minha mãe. (...) Só que, depois de um tempo (...) Stan disse: "Vou tirar você dessa função. (...) Se ficar só como arte-finalista, nunca vai ser desenhista."*[48]

As intenções de Lee podem ter sido boas, de querer que o irmão concretizasse sua ambição de se tornar desenhista de quadrinhos, mas ele não afastou Larry do cargo de arte-finalista e lhe deu trabalho como desenhista — ou qualquer outro tipo de trabalho, aliás. Larry ficou sem emprego, e passou um tempo fazendo *paste-ups*, as montagens e colagens de páginas, no departamento de produção da Magazine Management. Ele lembrou que foi justamente por ter sido tirado do trabalho que saiu da casa de Stan e de Joan, em Woodmere, e se mudou para um quarto no hotel Manhattan Towers, na Broadway com a 76th Street.[49]

Alguns anos depois, quando Larry voltou dos quatro anos de serviço na Força Aérea durante e depois da Guerra da Coreia, tendo passado um bom tempo em Okinawa, Stan, acreditando que o irmão tinha o potencial para ser escritor profissional ("Li suas cartas enquanto você estava fora"), ensinou Larry a escrever roteiro de quadrinhos e até foi comprar uma máquina de escrever com ele. Nos anos 1970, quando Larry escrevia e desenhava a tirinha *The Hulk* para o jornal, Stan leu um pouco e elogiou o irmão. "Bem, isso aqui é bom", Larry lembrou-se de ouvir. "É ainda mais dramático do que o *Homem-Aranha* [a tirinha de jornal que Lee escrevia]."[50]

***

De acordo com a pesquisa de Michael Vassallo, Lee não fez nenhum trabalho de roteiro relevante para os quadrinhos entre 1945 e 1947. Nesse período, ele dirigia uma série de revistas de *comics*, além de supervisionar subeditores, incluindo Al Jaffee e Al Sulman.

Além disso, Lee estava aquecendo seus músculos profissionais, testando as águas do mundo da autopublicação. Sob a alcunha de Famous Enterprise Inc., ele lançou um livro de cem páginas chamado *Secrets Behind the Comics* [Segredos do mundo dos quadrinhos]. Nele, descreveu-se como "editor-chefe e diretor de arte da Timely Comics", e, falando de si mesmo em terceira pessoa, acrescentou: "Esteve no comando de mais revistas em quadrinhos do que qualquer outro editor vivo." Depois de listar alguns de seus trabalhos, o livro continuava: "Então pode ter certeza de que Stan Lee sabe o que está escrevendo — e que o que Stan Lee escreve É VERDADE!"

O livro de fato dava dicas úteis sobre como escrever, desenhar e enviar quadrinhos para avaliação, além de mostrar a vida dos bastidores de uma grande editora de maneira razoavelmente precisa, embora um pouco simplificada. Foi ilustrado por colegas de Lee, em especial Ken Bald, mas também Dave Berg (que, mais tarde, viraria colaborador regular da revista *Mad*) e Morris Weiss. O livro também continha a oferta de que, por um dólar, Lee daria um parecer sobre sua história em quadrinhos. Não havia data de validade para a oferta, e, décadas depois, os fãs volta e meia enviavam suas amostras e um dinheirinho. Em 1972, um artista chamado Russ Maheras enviou sua amostra junto com *dois* dólares, para corrigir a inflação. Lee, à época ocupado com seus inúmeros deveres de executivo, enviou um parecer mesmo assim.[51]

Um aspecto inquietante do livro era a recontagem em quadrinhos de como surgiu o Capitão América. Essa versão creditava a ideia original do personagem ao editor da Timely, Martin Goodman, que contratara criadores sem nome para executá-la. A história não mencionava Joe Simon nem Jack Kirby. Embora a biografia tenha sido autopublicada, fica parecendo que Lee tentou reescrever a história a pedido de Goodman, ou que simplesmente decidiu bajular o chefe. Claro que, com Simon e Kirby afastados da Timely havia tanto tempo, surpreendente seria se os dois fossem incluídos no livro. Mas trazer à tona as origens do Capitão América parece ter sido uma escolha editorial esquisita.

***

Lee parecia mesmo estar levando uma vida boa, considerando o casamento recente e os inúmeros projetos dentro e fora do escritório. Como Raphael e Spurgeon observaram, falando de Lee quando ele voltou a escrever histórias em quadrinhos:

> Por um breve período, Stan teve três secretárias sentadas à vista de todo o escritório, a quem ditava histórias simultaneamente. "Eu era bem arrogante, e acho que gostava de me exibir daquele jeito", lembra Lee. "Mas então me perguntei: 'O que raios você está fazendo? Seu exibido! Se fosse outra pessoa, você odiaria o cara!' Então parei."[52]

No mesmo ano em que publicou *Secrets Behind the Comics*, 1947, Lee apareceu na capa da edição de novembro da *Writer's Digest* posando com um cachimbo falso e exagerado no papel de jovem escritor e editor de sucesso. A edição continha um artigo de sua autoria, "There's Money in Comics" [Quadrinhos dão dinheiro], que chamaria a atenção do filósofo e crítico Marshall McLuhan, fazendo-o escrever sobre o assunto em tons um tanto condescendentes em seu livro de 1951, *The Mechanical Bride: Folklore of Industrial Man* [Crochê mecânico: O folclore da era industrial].

Em meados de 1948, Lee tinha voltado a escrever vários quadrinhos, principalmente dos gêneros policial, romance, western e humor. Também naquele ano, Lee quebrou muitos paradigmas para as revistas de Goodman, tornando-se diretor editorial da revista trimestral *Film Album*, com fotos de filmes populares. Ele também editaria, nos anos 1950, a revista *Focus*, que trazia artigos como "Murder at a Nudist Camp!" [Assassinato no acampamento nudista!] e "The Nazis Still Run Germany" [Os nazistas ainda governam a Alemanha].

***

Naquela época, recém-casados e sem filhos, Stan e Joan passavam o tempo com bons amigos, incluindo os Bald e os Mooney, e, ao que parece, também com a família Goodman. Como Raphael e Spurgeon observaram:

> *O filho mais velho de Martin Goodman, Iden, que morava a três quilômetros dos Lee, lembra-se de sempre visitar a casa bucólica em Long Island. "Eu me lembro que era um lugar muito agradável e feliz", disse, acrescentando que os Lee eram sempre "muito generosos e acolhedores". Iden aprendeu a dirigir na frente da casa deles.*[53]

Larry Lieber lembrou que os Lee passavam muito tempo socializando com os Goodman, e que Stan e Joan se importavam muito com a opinião de Jean e Martin a seu respeito.[54]

Quanto aos amigos de fora da família, Lee foi próximo a vida toda de Ken Bald, as famílias reunindo-se com muita frequência. Como Lee disse:

> *Ken Bald era meu melhor amigo. Ele e a esposa saíam comigo e com Joan, e rodávamos a cidade toda. Saíamos para festejar sempre que tínhamos tempo. Formavam um casal maravilhoso. A esposa tinha sido atriz. E eu odiava Ken, porque era lindo demais. Não queria ser visto com alguém assim tão bonito. Lembra de Tyrone Power? Ele era igualzinho. (...)*
>
> *[Ken] era ótimo. Ele sabia desenhar tudo. Tinha sido capitão ou sargento da Marinha durante a Segunda Guerra Mundial, em Iwo Jima. Quer dizer, era um cara de verdade, sabe, e sua esposa era maravilhosa. Joan e eu adorávamos passar tempo com ele.*[55]

A filha dos Bald, Victoria Dollon, disse sobre Stan e Joan:

> *Stan era o homem mais charmoso que já vi na vida. Ninguém conseguia não gostar dele. Ele e a esposa, igualmente encantadora,*

eram muito divertidos, sempre contando histórias sobre as coisas da vida cotidiana, mas com um toque de humor incrível. O humor de Stan era bastante físico, muitas vezes gesticulando e atuando cada personagem, para dar um ar mais dramático. (...) Os dois eram incrivelmente glamorosos e queridos. Joan em especial era cativante. (...)

Meus pais também eram pessoas muito glamorosas, então era um espetáculo sempre que os quatro se reuniam. Eram todos muito bonitos e encantadores. Só me lembro de rir muito. (...) Stan amava crianças e adorava nos divertir. Claro que o adorávamos também.

Acho que eu tinha dez ou 11 anos na época, uma idade muito incômoda. Stan e Joan entraram na nossa garagem num incrível Rolls-Royce prateado. Era inesquecível, de tão lindo. (...) E Joan teve uma ideia genial: íamos todos dar uma volta de carro. Minha mãe, meu pai, minha irmã mais nova e eu nos apertamos e fomos.

Morávamos num subúrbio muito comum, então o Rolls-Royce passando pelas ruas foi um evento. Foi muito divertido, acenávamos pelas janelas, e Stan ia tocando a buzina. Minha parte favorita foi quando Joan, sempre cheia de traquinagens, sugeriu que passássemos na frente das casas das crianças arrogantes da escola e mostrássemos a língua para elas! Foi muito divertido se exibir daquele jeito!

Stan não tinha artifícios. Era o mesmo em público ou na vida privada: amoroso, charmoso, enérgico, divertido e muito especial. Uma pessoa muito genuína.

Stan sempre alegou que era desajeitado demais, o que meu pai adorava confirmar. Lembro-me de ele contando uma história engraçada sobre como tropeçou na calçada de alguma rua em Nova York. Ele caiu mesmo, chegou até a dar uma cambalhota, mas terminou de pé. De acordo com Stan, todo mundo que estava vendo bateu palmas, então ele se curvou em agradecimento, alegando que tinha toda a intenção de fazer aquilo. Claro que ele representou a cena toda, então foi ainda mais engraçado![56]

Outro amigo próximo, Jim Mooney, contou sobre os Lee:

Saíamos para almoçar [quando estávamos solteiros] (...) Depois, no início dos anos 1970, minha esposa [Carol] tinha uma loja de antiguidades, e eu trabalhava lá. E a esposa de Stan, Joan, também tinha uma loja dessas em Long Island, então a gente sempre se reunia e conversava sobre o que comprar ou não — Stan morria de tédio.[57]

E, sobre Mooney e a esposa, Lee falou:

Jim era um dos meus melhores amigos. Um cara simplesmente maravilhoso (...) e tinha uma esposa linda, Carol. Os dois amavam antiguidades. Ele ia com minha esposa pesquisar peças antigas. (...) Eu não tinha o menor interesse em ficar analisando uma maçaneta de porta velha. Mas os dois iam às exposições de antiguidades perto do condado de Woodstock sempre que tinha acabado de chover, e ficava tudo molhado, o chão cheio de poças. Era horrível. E ele e Joan ficavam gritando: "Olha isso, olha aquilo! Encontrei essa dobradiça de uma casa velha!" E eu ficava lá, encharcado, pensando que ia matar o filho da mãe se ele não voltasse logo para casa.[58]

O artista Gene Colan, que mais tarde ficou conhecido por seu trabalho em *Demolidor* e outras grandes séries, começou a trabalhar com Lee no final dos anos 1940. Colan lembrou de Lee:

Quando o vi pela primeira vez (...) Lee estava com uma touca que tinha uma hélice no topo, e a janela estava aberta. Aquela coisa ficava girando sem parar. Não pude acreditar. Sempre nos demos muito bem. (...) Trabalhar com Stan era maravilhoso. Ele fazia várias palhaçadas. (...) Era muito engraçado. Lembrava Jack Lemmon. (...)
Lee é uma das pessoas mais legais que conheci nessa indústria. Não ficava reclamando e não queria botar ninguém para baixo. Não posso dizer o mesmo de outros editores.[59]

Outra figura notável que trabalhou para Lee no final dos anos 1940 foi Harvey Kurtzman, que criou a revista *Mad* na década de 1950. Kurtzman fez pequenas contribuições humorísticas para Lee — especialmente 150 páginas de "Hey Look" que mostravam bem seu senso de humor peculiar. A secretária de Lee, Adele Hasan — que na época namorava Kurtzman, com quem se casaria em 1946 —, falsificou os resultados de uma enquete de popularidade entre os leitores para eleger "melhor participação especial de comédia". Graças aos artifícios dela, "Hey Look!" venceu, o que fez com que Lee passasse mais trabalho para Kurtzman.[60]

Ao que parece, forjar os resultados da votação não gerou nenhum mal-estar entre Lee e a secretária — se é que ele ficou sabendo —, já que os artistas permaneceram amigos até a morte de Kurtzman, em 1993. Há inclusive uma paródia ácida de Goodman e sua revista em uma história chamada "The Organization Man in the Grey Flannel Executive Suite" [O Homem-Empresário vestido de flanela cinza], em seu *Jungle Book*, uma versão do *Livro da selva* que Kurtzman lançou em 1959. Lee não apareceu na sátira.

***

Em 1949, as coisas pareciam estar indo tão bem quanto se poderia imaginar para Stan Lee. Ganhava bem, considerando o salário de editor e de freelancer. Trabalhava com pessoas interessantes e criativas em quadrinhos de sucesso, e alguns de seus trabalhos eram publicados nas revistas de Goodman. E ainda estava envolvido em projetos paralelos, como *Secrets Behind the Comics*. Além disso, ele e Joan tinham se mudado para o subúrbio, um lugar perfeito para um jovem casal que poderia estar pensando em contribuir para a nova geração de bebês.

Claro que fanáticos antiquadrinhos, em particular o psiquiatra Fredric Wertham, não estavam nada satisfeitos com o sucesso da Timely e de outras editoras. Mas não representavam ameaça real. Além disso, os editores tinham formado a Association of Comics Magazine Publishers (ACMP) [Associação de Editores de Revistas em Quadrinhos] em julho de 1948 para proteger a indústria dessas pessoas equivocadas cheias de boas intenções. A Timely tinha até um consultor psiquiatra para rebater qualquer ataque que os Wertham do mundo pudessem fazer.

E, no fim das contas, as coisas estavam assim: as vendas da Timely tinham aumentado, em grande parte graças a Stan Lee e seus talentosos escritores, artistas e editores. Seus empregos pareciam seguros e perenes.

Por isso foi tão chocante quando Martin Goodman mandou Stan Lee demitir todo mundo.

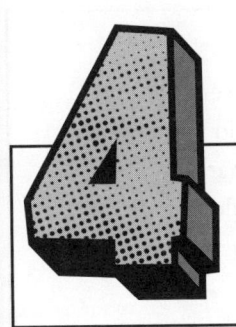

4. A PSICOPATOLOGIA DOS QUADRINHOS

> SOMOS EMPRESÁRIOS, NÃO DEVERIAM NOS REPASSAR A RESPONSABILIDADE DE PROTEGER CRIANÇAS PROBLEMÁTICAS QUE PODEM SER INFLUENCIADAS POR HISTÓRIAS POLICIAIS.
> — STANLEY LIEBER, *THE NEW YORK HERALD TRIBUNE*, 9 DE MAIO DE 1948

Assim como Stanley Lieber, Judith Klein nasceu em 1922, só que no Bronx. Nesse mesmo ano, Friedrich Ignatz Wertheimer imigrou da Áustria para os Estados Unidos a fim de concluir sua formação em psiquiatria na Universidade Johns Hopkins.

Em 1948, as vidas de Stan Lee, Judith Crist e Fredric Wertham ficariam entrelaçadas por circunstâncias relacionadas à ordem surpreendente de Goodman.

***

Por que Martin Goodman mandaria Stan Lee demitir sua equipe de artistas, mesmo com os negócios crescendo?

A história nos trouxe uma explicação que é principalmente econômica.

Para garantir que a empresa sempre tivesse material suficiente para tantos quadrinhos — cerca de setenta títulos por mês —, e porque não gostava de negar trabalho a quem precisava, Lee acumulara um arquivo impressionante de histórias, que poderiam ser incluídas quando e onde fosse necessário. Conta-se que, quando Goodman descobriu todas aquelas páginas arquivadas em um armário — mesmo que, pela lógica, ele já devesse ter notado o acúmulo antes disso —, ficou tão furioso que decidiu demitir todos para usar aquele excesso de papel.

Parando para pensar, a história não faz muito sentido. Se o problema fosse excesso de estoque, teria sido melhor reduzir a equipe ou talvez aumentar temporariamente a quantidade de publicações para usar a arte acumulada. (Afinal, grande parte do excedente tinha sido gerada pelos artistas da casa no decorrer do dia de trabalho, não apenas por freelancers, que apareciam de vez em quando.) Mas e se surgisse uma nova moda que precisassem seguir, o que parecia cada vez mais inevitável? Estariam sem nada.

Outra explicação mais plausível era que alguém da empresa de Goodman — possivelmente o supervisor da contabilidade, Monroe Froehlich Jr. — chegou à conclusão de que a nova legislação tributária tornava mais em conta manter os artistas como freelancers (regime já adotado para a maioria dos escritores), para que trabalhassem de casa. No mínimo, a empresa economizaria no aluguel de espaço para a equipe, sem mencionar os benefícios dos contratos. De certa forma, isso também tornaria a empresa mais capaz de responder depressa às mudanças de mercado, já que contratariam apenas os artistas adequados para as tendências do momento.

Raphael e Spurgeon observaram que "quase todos os funcionários foram dispensados em grupos a partir do Natal de 1949" e que "Lee conseguiu oferecer bastante trabalho freelance para os antigos artistas do *Bullpen* até o fim de 1950 e 1951".[1]

Foi a preocupação com as mudanças do mercado que fez com que Goodman encerrasse contrato com a distribuidora, Kable News, e abrisse sua própria empresa de distribuição para os *comics* e demais revistas.[2] Como Raphael e Spurgeon observaram: "Quando abriu a Atlas News Company [empresa distribuidora], que tinha o respaldo financeiro dos 82 títulos mensais que Stan Lee e sua equipe produziam na divisão de quadrinhos, eliminando o intermediário,

Goodman conseguiu aumentar os lucros. Assim, também conseguiria responder muito mais depressa às mudanças de mercado e aos números de vendas, sempre se alterando."[3]

Havia um fator muito importante nas "mudanças de mercado", e era bem maior que a questão usual das preferências dos leitores: o ataque contínuo aos quadrinhos, que vinha desde o editorial da Sterling North de 1940 (e que antes disso tivera outros momentos, já que o problema começara logo nas primeiras tirinhas dos jornais). Porém, a partir do fim dos anos 1940, passara a ter como líder o psiquiatra Fredric Wertham, o mais ferrenho de um número crescente de críticos.

Goodman, Froehlich e Stan Lee perceberam que o movimento contra os *comics* tinha impactado a percepção pública da Timely e que precisavam se adaptar depressa aos novos tempos para sobreviverem a qualquer possível golpe desse movimento. Dezenas de estados aprovaram leis antiquadrinhos, e houve até queima pública de gibis pelo país, inclusive em Binghamton, Nova York, a apenas algumas horas de carro dos escritórios da maioria das editoras, em Manhattan.

Diversas editoras faliram ou estavam prestes a fechar as portas, e, com as mudanças estruturais, Goodman não apenas sobrevivia à crise: com menos empresas produzindo para um público ainda considerável, os quadrinhos da Timely *prosperavam*. O público ainda consumia milhões de gibis de todos os tipos — embora não comprassem mais tantos quadrinhos de super-heróis.

***

Alguns anos antes, com o fim da Segunda Guerra Mundial, a moda dos super-heróis diminuíra um pouco, mas as revistas em quadrinhos continuavam populares como nunca, se não mais. A mídia ia crescendo e se diversificando, com todos os gêneros representados. Claro que sempre haveria gêneros mais ou menos populares. No fim da década de 1940 e início de 1950, havia quatro gêneros no topo da popularidade.

Havia quadrinhos de romance, uma invenção recente de Simon e Kirby para a Crestwood Publications, mas logo adotado por toda a indústria. Havia quadrinhos policiais, com títulos como *Justice Traps the Guilty!* [A justiça prende os culpados!] e CRIME *Does Not Pay* [o CRIME não compensa]. Havia quadrinhos de terror, sempre tentando chocar os leitores. E havia também os quadrinhos de guerra, que ganharam muita popularidade durante a Guerra da Coreia.

A linha EC Comics, do editor William M. Gaines, era conhecida pela qualidade dos roteiros e da arte. Lee estudou bastante os quadrinhos da EC, ainda mais quando Goodman o encorajou a imitar o que estava funcionando para aquela empresa. E, como Raphael e Spurgeon observaram, Lee ficou fascinado pela maneira como a EC "estabelecera uma identidade para todos os quadrinhos da marca, mesmo tendo, assim como a Atlas, sempre trabalhado com vários gêneros".[4]

No entanto, o que a EC e algumas outras editoras faziam era testar os limites do que o público aceitava com suas histórias de crime e terror. Um exemplo extremo, agora clássico, foi a história "Foul Play" [Jogo sujo] da EC, na revista *Haunt of Fear* n.º 19, de junho de 1953, sobre uma partida de beisebol em que os jogadores usavam partes do corpo de um personagem odiado — a cabeça como bola, o intestino como as linhas no chão, que definem a base. Muitos dos quadrinhos policiais enfatizavam a violência brutal e apresentavam *femmes fatales* extremamente sexualizadas. Histórias como essas eram aproveitadas pelos críticos e se tornavam objeto de escrutínio negativo da mídia.

A Timely/Atlas de Goodman (a empresa passou a ser conhecida pelos dois nomes, embora a Atlas tecnicamente fosse apenas o nome da franquia de distribuição) foi a mais prolífica imitadora da EC, e com quadrinhos de melhor qualidade. Isso se deu em parte graças ao fechamento de muitas outras editoras, o que disponibilizava mais artistas qualificados no mercado. Embora seus quadrinhos de crimes e terror raramente fossem tão chocantes quanto os da EC e de algumas outras, a Timely competia em pé de igualdade.

Havia tentativas de banir ou regulamentar os quadrinhos — sobretudo os policiais e de terror — nos governos locais de todo o país.

Embora Lee tomasse cuidado para que suas revistas não tivessem representações de violência e sanguinolência tão intensas quanto as de algumas dos outros editores, os quadrinhos ainda podiam ser bastante chocantes, pelo menos aos olhos dos críticos. Entre os antiquadrinistas, o mais proeminente foi o psiquiatra Fredric Wertham.

Wertham militava por várias causas, e, em 1954, sua pesquisa foi usada como evidência dos efeitos negativos da segregação e a favor da integração escolar no processo histórico de Brown contra o Conselho de Educação. Ele também dirigia uma clínica psiquiátrica popular no Harlem.

Trabalhando com crianças negras e pobres em sua clínica do Harlem, Wertham se convenceu de que os problemas que muitos dali enfrentavam eram, se não causados, ao menos agravados pela forma como a violência e a misoginia eram retratadas na cultura popular, sobretudo nos quadrinhos.

Ao contrário de outros oponentes das HQs, que as atacavam por um viés religioso e/ou conservador, Wertham era um progressista liberal que acreditava que os quadrinhos, como subcultura "secreta" a que as crianças tinham acesso por apenas dez centavos de dólar, poderiam causar danos aos jovens impressionáveis — e em níveis que os pais nem sequer poderiam imaginar. Embora parecesse sincero em suas preocupações, Wertham precisava de publicidade para divulgar a tese, e não tinha vergonha de correr atrás de exposição. Ele se tornou um intelectual público, lançando artigos sobre suas preocupações acerca dos quadrinhos em muitas revistas populares. Suas ideias foram muito bem recebidas entre os adultos preocupados com o notável aumento — tanto em número quanto em nível de brutalidade — na criminalidade juvenil, também conhecida como "delinquência juvenil".

(Nos últimos anos, a historiadora de quadrinhos Carol Tilley descobriu o que muitos suspeitavam: Wertham costumava fingir e falsificar dados para atingir os resultados desejados.)[5]

***

Curiosamente, as atividades antiquadrinhos de Wertham eram noticiadas por uma jovem repórter que entrevistara Stan Lee pelo menos uma vez.

Judith Klein, filha de um outrora próspero comerciante de peles de Nova York que perdera tudo durante a Grande Depressão, frequentou a escola Morris, no Bronx, e a Faculdade Hunter, em Manhattan. Depois disso, obteve seu título de mestrado na Escola de Jornalismo da Universidade Columbia. Em 1945, foi trabalhar para o *New York Herald Tribune* como repórter de artigos gerais. Em 1947, casou-se com o profissional de relações públicas William Crist, assumindo seu sobrenome. Como Judith Crist, galgou o posto de uma das críticas de cinema mais famosas de todos os tempos. Mas, em 1947, ainda uma jovem repórter, foi designada para cobrir as pautas de Fredric Wertham. Como ela relembrou, em 2008:

> *Eu era repórter de Acontecimentos da Sociedade [do Herald Tribune] (...). A editora era Dorothy Dunbar Bromley, uma colunista de destaque na época (...) e parece que ela havia lido ou ouvido falar de Wertham. Então, me enviou para entrevistá-lo em seu apartamento. (...) Lembro que ele tinha bons argumentos [contra os quadrinhos] (...) e publiquei a entrevista. (...)*
>
> *Eu admirava parte do trabalho dele (...) tinha alguns de seus livros. O texto mais memorável acho que se chama "Medea in Long Island" [A Medeia de Long Island], ou coisa do tipo (...) sobre uma mulher que matou os filhos em algum lugar de Long Island. Ele compara o caso com o complexo de Medeia, e por aí vai. Um texto fascinante e verdadeiramente inesquecível sobre uma Medeia moderna.*[6] *[O texto se chamava "The People vs. Medea" [O povo vs. Medeia], e apareceu originalmente no Harper's Bazaar de janeiro de 1948.]*[7]

Outro fã dos escritos de Wertham sobre assassinos insanos era Stan Lee. Como ele lembrou:

> *Quando eu era criança, lá pelos 13 anos, li um livro [Dark Legend] de um psiquiatra (...) e achei maravilhoso. Abordava algumas ques-*

tões realmente importantes. (...) Anos depois, descobri que era o mesmo dr. Wertham que atacava os quadrinhos. Não sei como ele foi ficar tão doido.[8]

Dark Legend foi publicado em 1941, então Lee já tinha 18 anos e trabalhava na Timely quando foi lançado. Mas o fato é que ele se lembrava do livro mais de sete décadas depois de tê-lo lido.
Judith Crist recordou:

[Wertham] era muito impressionante. E também muito charmoso (...). Nós mantivemos certo contato. (...) Acho que ele me enviou um exemplar da sua coletânea de ensaios, ou coisa do tipo. (...) Acho que ele era um completo egoísta. Não via muito além dos próprios princípios. Não era o tipo de homem que eu considerava admirável, mas ficou na minha memória.[9]

Ao que parece, Crist ficou mesmo impressionada e encantada, mesmo que não o considerasse tão admirável assim. De qualquer forma, por qualquer motivo que seja — talvez apenas por ser uma jovem repórter cujos instintos pedissem para seguir com a matéria —, o *Herald Tribune* publicou inúmeras de suas reportagens sobre Wertham e suas atividades antiquadrinhos.

Em 28 de dezembro de 1947 (25.º aniversário de Lee), Crist escreveu um artigo sobre Wertham para o *Herald Tribune*, com a manchete: COMIC BOOKS ARE CALLED OBSCENE BY N.Y. PSYCHIATRIST AT HEARING [Em audição pública de N.Y., psiquiatra acusa histórias em quadrinhos de obscenidade]. E no subtítulo: "Dr. Wertham Says They Present 'a Glorification of Sadistic-Masochistic Sexual Attitudes'; He Defends Nudist Society's Magazine." [Dr. Wertham diz que o conteúdo dos quadrinhos é "uma glorificação das atitudes sexuais sádicas e masoquistas", enquanto defende a revista da *Nudist Society*.]

O artigo relata que Wertham, testemunhando a favor dos editores da revista nudista *Natural Herald*, acusada de obscenidade pelo Departamento de Correios de Washington, D.C., declarou que a revista estava longe de ser obscena. O artigo continuava, com um salto absurdo da lógica:

> *Mas, declarou o psiquiatra, se a obscenidade deve ser avaliada por sua lascívia ou por seu efeito de estimular sexualmente uma pessoa comum, então, sugeriu, é hora de voltarmos a atenção da justiça às histórias em quadrinhos, que definiu como "definitivamente prejudiciais, culpadas de incutir atitudes erradas sobre sexo e violência".*

Para o *Herald Tribune*, Crist também cobriu o simpósio Psychopathology of Comic Books [A psicopatologia das histórias em quadrinhos], conduzido por Wertham na Universidade de Nova York, em 19 de março de 1948. Outros palestrantes do simpósio incluíam os críticos culturais Gershon Legman e a parceira de pesquisa de Wertham, Hilde Mosse. Na plateia — mas sem chance de fala — estavam membros da indústria de quadrinhos, incluindo o cartunista Harvey Kurtzman, que na época criava pequenas histórias humorísticas para Lee, na Timely. Wertham comparou a presença dele lá a "produtores de bebidas alcoólicas em um simpósio sobre alcoolismo".[10]

***

Talvez o artigo mais conhecido de Crist — e Wertham — sobre quadrinhos tenha sido publicado na edição de 27 de março de 1948 da revista *Collier's*. O texto foi intitulado "Horror in the Nursery" [Horror no berçário]. ("Fiquei um pouco surpresa com a manchete", refletiu Crist, em 2008, indicando que o tom era mais lúgubre do que o pretendido.)[11] Com a reportagem, Crist deu espaço a Wertham em uma revista popular no país inteiro, inclusive com fotos de atores mirins "torturando" uns aos outros com base em ações supostamente encontradas nas revistas em quadrinhos. No texto, Wertham — por meio de Crist — definiu vários pontos que considerava relevantes para a causa. Para citar apenas alguns exemplos, ele disse:

> *As histórias em quadrinhos estão intencionalmente acabando com a consciência moral da juventude. Apresentam a violência como sedutora e cruelmente heroica. (...) Se os responsáveis se recusam a limpar o mercado de quadrinhos (...) é hora de criar uma legislação para retirar essas revistas das bancas e lojas.*[12]

Embora Wertham não defendesse a censura de quadrinhos para adultos, sem dúvida desejava que essas revistas não existissem e que houvesse regulamentação para a venda a crianças menores de 15 anos. Sobre os psiquiatras que defendiam os quadrinhos, disse:

> *Ver alguns psiquiatras infantis apoiando os quadrinhos não é comprovação de que sejam mídias saudáveis, e sim de que a psiquiatria infantil está doente.*[13]

Em 9 de maio de 1948, um artigo do *Herald Tribune* intitulado "Controversy Over 'Crime' Comic Books Grows" [Cresce a controvérsia sobre os quadrinhos "policiais"], Crist cobriu as tentativas do governo local de regulamentar os quadrinhos em Detroit, Indianápolis e outras cidades. Na matéria, ela observou que:

> *A maioria dos editores [com quem conversei] enfatizou sua integridade pessoal, assim como Stanley Lieber, responsável por cinco dos títulos proibidos [de quadrinhos policiais].*

Stan Lee, usando o nome verdadeiro (que ainda era seu nome legal) para a entrevista com Crist, disse:

> *Não estamos vendendo livros sobre peitos e sangue. Somos empresários, não deveriam nos repassar a responsabilidade de proteger crianças problemáticas que podem ser influenciadas por histórias policiais. Somos muito rigorosos na autocensura.*

Não se parece muito com o Stan Lee afável com chapéu de hélice que os colegas vieram a conhecer. Talvez Lee/Lieber ainda não tivesse aprendido a encantar os repórteres. Ou talvez tenha sido justamente a declaração mais polêmica e cruel que parecera mais atrativa para um artigo sobre a influência perniciosa dos quadrinhos.

***

Em outubro de 1948, cinquenta cidades tinham adotado medidas para proibir ou censurar os quadrinhos.[14] Como outras empresas, a Timely contratou um especialista para combater a atenção negativa. Nesse caso, foi o dr. Jean Thompson, "psiquiatra do Departamento de Orientação Infantil do Conselho de Educação da Cidade de Nova York", como declarou o editorial, nas edições de novembro e dezembro de 1948 das revistas em quadrinhos. (Esta obra e três editoriais subsequentes se referiram à empresa como Marvel Comic Group, nome usado algumas vezes ao longo dos anos antes de virar permanente, na década de 1960.)

Os editoriais eram todos assinados como "Editores da Marvel Comic Group". O historiador Michael Vassallo acredita que foram escritos por Stan Lee, porém "certamente sob a direção de Martin Goodman".[15] Parece provável que uma comunicação tão importante com os leitores tenha sido produzida pelo chefe editorial.

O primeiro editorial, escrito em uma linguagem amigável, porém séria, afirmava:

> *Queremos ajudá-lo a proteger seu direito de comprar e ler suas revistas favoritas, contanto que não contenham nenhum material que possa ser prejudicial para você.*

O texto prosseguia com a explicação de que o dr. Thompson fora contratado para "garantir que nossas histórias não contenham nenhum material que possa causar objeções em seus pais, professores ou amigos".

O segundo editorial, nas revistas de janeiro a março de 1949, é menos casual e mais específico. Em referência a um artigo de Wertham na *Saturday Review of Literature*, declarava que:

> *Um tal de dr. Wertham quer discutir o problema da delinquência juvenil nos Estados Unidos e atribui a culpa de alguns dos casos a revistas em quadrinhos. (...)*

Assim, os inimigos dos quadrinhos foram concentrados em uma só pessoa: o dr. Wertham.

Após citar a resposta muito eloquente de David Pace Wigransky, de 14 anos, ao artigo de Wertham, em uma edição posterior do *Saturday Review* ("Em nenhum desses casos ficou provado que a leitura de gibis foi a causa da delinquência"), Lee prosseguiu com a pergunta:

> *Por que não dar crédito aos quadrinhos pela boa influência que exerceram sobre milhões de crianças saudáveis e normais, em vez de apenas culpá-los pelos poucos delinquentes?*

No terceiro editorial, nas revistas de abril e maio de 1949, Lee tentou outra abordagem, fazendo o possível para estabelecer os quadrinhos como um passo natural da evolução da grande literatura:

> *Que esses críticos de hoje olhem para a história. Eles precisam decidir se querem ser lembrados como seus pares do século XX, que chamaram* Robinson Crusoé *de "desleixado".*

A raiva por trás das palavras do editorial é palpável. Lee estava pedindo a Wertham, Legman e outros acadêmicos e intelectuais com opiniões negativas a respeito dos quadrinhos que levassem em conta como a história os julgaria. O que foi bastante audacioso para um garoto de 26 anos cuja credencial mais avançada era um diploma de ensino médio em uma escola pública de Nova York.

O quarto e último editorial, nos quadrinhos da Marvel/Timely de junho e julho de 1949, enquadrava o argumento da empresa em um discurso apaixonado, porém melancólico, com o escritor quase suspirando enquanto lamentava:

> *Os adultos devem um pedido de desculpas a vocês, jovens, porque não fizemos do mundo um lugar muito seguro e pacífico para se viver. (...)*

E seguia com a reflexão de que, ao menos nos quadrinhos, os mocinhos sempre venciam. E apontava:

> *Assim como existem pessoas boas e más, programas de rádio bons e ruins, filmes bons e ruins, também há literatura boa e ruim (...) Os quadrinhos, com suas muitas imagens, são apenas mais um tipo de literatura.*

Os quadrinhos, prosseguia o editorial, são "um patamar no caminho da apreciação dos livros que resistiram ao teste do tempo".

Aqui, Lee gastava seus últimos recursos de defesa, dizendo aos leitores que o mundo podia às vezes ser um lugar ruim, mas, ao menos nos quadrinhos, ao contrário da vida real, os mocinhos sempre vencem. Que alguns quadrinhos são "bons" — embora ele confunda "bom", no sentido de "agradável", com "bom" de "benéfico" — e que *comics* são apenas parte da "nossa vasta herança literária", não a única coisa que deve ser lida.

Não dá para acusá-lo de não ter tentado.

Embora seja difícil mensurar o efeito desses editoriais, pode-se dizer que foram no mínimo um dos fatores que levaram a empresa a manter-se ativa nos oito anos seguintes, enquanto vários concorrentes fechariam as portas.

Curiosamente, a voz nos editoriais é familiar, é a voz editorial que Lee vinha desenvolvendo desde seu primeiro trabalho — aquela história em prosa da *Captain America Comics* n.º 3 —, que floresceria como voz da Marvel e de Stan Lee nas respostas às cartas dos leitores e nos *Bullpen Bulletins* das revistas da década de 1960.

***

Enquanto a luta de Wertham contra os quadrinhos ganhava força, a vida continuava para Stan Lee, sua família e sua empresa.

Lee ainda supervisionava dezenas de quadrinhos por mês e escrevia várias histórias por semana. Mesmo — ou talvez especialmente — após as demissões de 1949, ainda havia muito trabalho a ser feito. Porém, com algumas exceções, Lee contratava os artistas como freelancers. Novos nomes que logo se tornariam conhecidos dos leitores de quadrinhos começaram a surgir. Embora ainda houvesse alguns veteranos dos anos 1930 e 1940 — principalmente Carl Burgos e Bill Everett —, também havia vários artistas jovens demais para terem participado dos primeiros anos da febre dos super-heróis, artistas que tinham acompanhado as histórias na infância ou na adolescência e que estavam ansiosos para entrar em campo. Para os mais entusiastas, no entanto, os quadrinhos ainda eram uma maneira de ganhar dinheiro rápido, um caminho para impulsionar carreiras de ilustrador ou publicitário.

Ainda assim, foi a época em que artistas como John Romita, Joe Maneely, Gene Colan, Dick Ayers e Joe Sinnott começaram a aparecer. Até Jerry Robinson, famoso pelo trabalho em *Batman* nos anos 1940, trabalhou para a Timely de 1950 a 1960. Sobre trabalhar para Lee, ele lembrou:

> *Acho que ele devia conhecer meu trabalho em* Batman *ou alguma outra revista, porque já chegou dizendo: "Caramba, eu adoraria trabalhar com você!" (...) Ele me atraiu de volta para os quadrinhos, já que eu não andava muito interessado neles. (...) Tivemos um relacionamento muito bom durante aqueles [dez] anos. E ele era um editor muito tranquilo. Acho que confiava muito no meu trabalho, então eu nunca precisava que ele revisasse nada.*[16]

Em algum momento do período em que Robinson trabalhou para Lee, ele apresentou o editor a um de seus alunos da Escola de Cartunistas e Ilustradores (que não demorou para passar a se chamar Escola de Artes Visuais), Steve Ditko.

***

Durante esse período de cerca de seis meses, de 1949 a 1950, Stan Lee dispensou os artistas da antiga equipe, embora não tenha demorado a contratá-los, só que como freelancers. Foram mandados embora até criadores mais confiáveis, que já tinham atuado como editores. Lee considerava muitos deles amigos, pessoas cujas famílias conhecia e com quem se importava. Ele lembrou o período de cortes como "dias sombrios".[17] Um exemplo foi Al Jaffee, que editava quadrinhos para adolescentes e passou a apenas escrevê-los e desenhá-los.

Mas, ainda que sempre estivesse à sombra da destruição iminente, a Timely vivia um tempo de prosperidade. Editoras menores estavam fechando, mas a empresa de distribuição de Goodman lhe permitiu agarrar o mercado das editoras que estavam saindo de campo ou passando por severas reduções. (Goodman também reduziu os pagamentos dos freelancers como parte dessa estratégia de sobrevivência.) Stan Lee supervisionava mais de setenta títulos.[18]

A lista de artistas que trabalharam para Lee no período entre 1950 e 1957 é incrível, com quase todos que eram ou ainda se tornariam gigantes dos quadrinhos, como John Romita, Gene Colan, Stan Goldberg, Joe Sinnott, Jerry Robinson, Bernard Krigstein, Al Feldstein, Al Jaffee e muitos outros. Algumas das memórias deles podem nos dar uma ideia de como eram aqueles tempos e do papel de Lee na época.

Goldberg, o chefe da equipe de coloristas, era amigo dos Lee. E, mesmo na recessão, Lee tentava expandir seus horizontes. Segundo Goldberg:

> *Quando íamos visitá-los (...) Stan chamava: "Vamos lá em cima!" Era onde ele trabalhava. "Quero discutir algumas ideias." E eram ideias que tentaríamos transformar em tirinhas de jornal. (...) Por exemplo, uma tirinha sem continuidade e de um só quadro (...) que chamamos de "Doc". Era sobre um médico muito camarada. (...) [Não foi vendida para nenhum jornal, mas] conseguimos usar quase 75% do material que criamos para "Doc" em revistas médicas.*[19]

A esposa de Goldberg, Pauline, recordou:

Stan [Goldberg] (SG) dizia que sempre almoçava com Stan Lee (SL). Lee o arrastava pela cidade para comprar todos os jornais e conferir as tirinhas. (...) SG disse que, quando voltava ao escritório, estava exausto, com as pernas doendo [Stan Lee era famoso pelas longas caminhadas]. (...) SL sempre foi muito bom para SG. Sempre aumentava o salário sem que ele sequer pedisse. Além disso, sempre opinava sobre o trabalho de SG, o que era mesmo muito bom para ele, pois sentiu que realmente melhorou como profissional. SG sempre foi muito grato, sempre fez questão de dizer isso. Sempre sentiu que devia sua carreira a SL.

Também me lembro de ir à casa dos Lee para depois jantarmos no bairro de Hewlett Harbor, em uma noite de neve, e encontrei SL parado no bar de sua casa, usando blazer azul e calça branca, muito distinto. Parecia que estava em um navio [ancorado] em uma ilha do Caribe. (...) [Stan e Joan] eram muito carismáticos. Eram feitos um para o outro.[20]

O artista Joe Sinnott, que começou a trabalhar para Lee em 1950, lembrou:

Stan sempre gostou de coisas exageradas. Ele realmente subia na mesa e mostrava a pose que queria. (...) E levava o trabalho a sério. (...) Acho que não dava para encontrar um editor melhor. [E] ele escreveu histórias bem interessantes (...) e fáceis de desenhar, considerando o aspecto visual [de contar a história].[21]

O artista Bernard Krigstein passaria a ser considerado uma "lenda" por seu trabalho para a EC, sobretudo em "Master Race", uma história escrita por Al Feldstein. Entre 1950 e 1957, Krigstein fez mais de setenta histórias para Lee na Timely/Atlas — muito mais do que fez para a EC ou qualquer outra editora, e com mais liberdade criativa.[22] Mesmo assim, não foi um dos que guardaram boas lembranças de Lee. Eles encerraram a parceria pelo que poderia ser chamado educadamente de "diferenças criativas".

Um artista que gostava de trabalhar com Lee e que era correspondido nesse aspecto, além de ser seu amigo, era Joe Maneely, que fazia lindos desenhos para quase qualquer gênero, inclusive humor. Ele desenhou e fez a arte-final de suas próprias histórias numa velocidade extraordinária. Ele e Lee também faziam uma tirinha razoavelmente bem-sucedida, a *Mrs. Lyons' Cubs* [Os filhotes da sra. Lyons].

John Romita juntou-se à Atlas em 1949 e, dessa época até 1957, desenhou mais de duzentas histórias para Lee. Gene Colan também produziu a mesma quantidade de trabalho durante esse período. Ambos se tornariam os pilares da Marvel nos anos 1960.

Carl Burgos, que tinha criado o Tocha Humana em 1939, estava na equipe do escritório, desenhando muitas histórias, mas também trabalhando como editor de capa. A arte de muitas das capas da Atlas da década de 1950 era consistente porque, naquele período, Burgos retocou quase todas — um processo que Vassallo, cuja pesquisa esclareceu o papel dele no escritório, chamou de "Burgonizar".

∗∗∗

Em abril de 1950, Joan Lee deu à luz uma filha, Joan Celia Lee, que mais tarde foi apelidada de "JC", para diferenciá-la da mãe. Quando perguntado a respeito de a paternidade ter mudado seu modo de ver a da vida, Lee lembrou, em 2017:

Não, isso não mudou nada na minha perspectiva de vida. Só me deixou com menos tempo para escrever, porque eu tinha que passar mais tempo com minha filha.[23]

Sobre a adaptação do marido à vida de pai, Joan Lee disse:

Quando minha filha nasceu, [Stan] sempre arranjava tempo para levá-la aos parques e carrosséis. Não importava o quanto trabalhasse, Stan sempre tinha tempo para ela e para mim. Sempre arranjava tempo para passar [com JC]. A gente até chegava a se preocupar de sermos próximos demais. Quando passarmos para o Desconhecido, ela sentirá muita falta de nós, porque é louca pelo pai (...) e pela mãe.[24]

Mais tarde, naquele ano, na edição de outubro de 1950 da revista *Focus*, editada por Lee, apareceu um artigo — creditado a "Stanley Martin" — intitulado "Don't Legalize Prostitution" [Não legalize a prostituição].

É um texto interessante, e não apenas por ser uma peça rara de não ficção escrita por Lee para uma publicação da Magazine Management — e a *Focus* era uma das poucas revistas que Goodman editava —, mas também porque Stan parece ter usado as informações sobre ISTs que provavelmente havia aprendido durante a campanha de prevenção contra doenças venéreas que fez para o Exército.

A opinião exposta no artigo — de que legalizar a prostituição tendia a aumentar, não a diminuir, a incidência de doenças venéreas, um argumento para que o ofício permanecesse na ilegalidade — poderia ou não ser o que Lee pensava na época, mas o certo é que ele embasou seu argumento em dados muito fortes (e algumas afirmações sem fundamento). Embora Lee tenha escrito ficção e humor para as revistas de Goodman ao longo dos anos, esse foi um dos poucos — talvez o único — texto de não ficção baseado em pesquisas.

***

Larry Lieber, que trabalhava na produção da Magazine Management, voltou aos quadrinhos, primeiro trabalhando como arte-finalista de quadrinhos humorísticos e títulos para adolescentes, depois desenhando e fazendo a arte-final de pelo menos uma história, "Cop on the Beat", lançada na revista *All True Crime* n.º 44, de maio de 1951. Lieber logo se juntaria à Força Aérea dos Estados Unidos e serviria um tempo em Okinawa, sendo dispensado em 1955.

***

Foi em 1952 que Martin Goodman começou a fazer a própria distribuição dos quadrinhos e revistas, criando a Atlas. (Os quadrinhos de Timely desse período são conhecidos como *Atlas Comics*, já que o logotipo da Atlas era a única marca consistente que aparecia nas capas.) Talvez ele e o contador da empresa, Froehlich, estivessem preocupados com a possibilidade de que, com toda a publicidade negativa das HQs, os distribuidores não dessem a atenção de que precisavam. Nesse caso, seria melhor tomar o controle do processo (embora isso não explique por que também fazer a distribuição das revistas). Em teoria, Goodman agora também conseguiria reter uma porcentagem maior dos lucros dos quadrinhos (e das revistas), o que se tornava especialmente importante porque os varejistas — mais uma vez, devido à publicidade negativa das HQs — passaram a encomendar lotes menores ou a parar completamente a revenda. De qualquer forma, a opção pareceu funcionar, e os quadrinhos e revistas continuaram a prosperar.

Nesse mesmo ano, os Lee se mudaram para uma nova casa, "uma antiga garagem de carruagens remodelada em Richards Lane, no bairro de Hewlett Harbor, em Long Island. (...) Desapropriada de um clube privado da década de 1920, frequentado por quem os historiadores locais descrevem como 'as famílias mais proeminentes e ricas da ilha'".[25] Stan e Joan sempre preferiam comprar a casa mais antiga e acessível em um bairro muito sofisticado.[26] Como na residência anterior, a nova casa não ficava longe da propriedade opulenta de Martin Goodman.

Em 1953, Joan Lee deu à luz outra filha, a quem ela e o marido batizaram de Jan. No entanto, a criança morreu com menos de uma semana de vida. Joan refletiu:

> *Nossa única grande tragédia foi a perda de nossa filha. Ela viveu apenas alguns dias, e não podíamos mais ter filhos. Talvez seja por isso que Stan, Joan e eu sempre fomos tão grudados. Fora esse evento trágico, tive uma vida muito abençoada.*[27]

Quando o médico revelou que Joan não poderia mais ter filhos, o casal tentou adotar, mas o estado emocional da esposa após a morte de Jan foi motivo de receio para as agências de adoção, que também se incomodaram com o fato de Stan ser judeu e Joan pertencer à Igreja Episcopal. Com isso, os dois desistiram de tentar expandir a família.[28]

***

Em 1953, apesar da falta de interesse por super-heróis nas bancas (dos heróis mais famosos, apenas Super-Homem, Batman e Mulher-Maravilha ainda apareciam com frequência), a série de TV *Superman* foi um grande sucesso. Goodman e Lee decidiram, então, reviver os três principais heróis da Timely em vários títulos. John Romita — então com vinte e poucos anos e estabelecendo o estilo que o tornaria uma estrela dos quadrinhos nos anos 1960 — desenhou as histórias do Capitão América desse relançamento. Carl Burgos, criador do Tocha Humana, trabalhou outra vez nele junto com o novato Dick Ayers. Bill Everett também retomou sua criação, o Príncipe Submarino. Esse revival duraria menos de um ano, a não ser pelo Príncipe Submarino, que se manteve até 1955, com a perspectiva de uma adaptação para a TV que mantivesse a versão impressa viva. No entanto, a série nunca se concretizou.

Naquele ano, apesar de escrever algumas poucas histórias de super-herói, Lee preferiu se limitar ao humor e aos westerns, pontuados por algumas histórias de mistério, terror e guerra.

Na edição n.º 29 de *Suspense*, lançada em abril de 1953, Lee e Maneely — em um ataque velado a Wertham — publicaram "The Raving Maniac" [O maníaco desvairado]. Na história, um homem exaltado e descabelado invade o escritório do editor de quadrinhos para repreendê-lo por imprimir histórias de terror. O editor é a cara de Stan Lee, que responde ao sujeito frenético mostrando o jornal do dia, com a apavorante manchete NOVA BOMBA ATÔMICA PODE DESTRUIR A TERRA! e dizendo: "Pelo menos os leitores sabem que nossas histórias são ficção! Quando deixam a revista de lado, podem se esquecer do que aconteceu! Mas dá para morrer de medo só de ler as manchetes do jornal!" Continuando o argumento, ele diz que se o sujeito não gosta das histórias...

Então não leia! Ninguém está obrigando! Essa é uma das maravilhas desta grande nação: todo mundo é livre para fazer o quiser, desde que não faça mal a mais ninguém!

Um momento depois, atendentes de uma instituição não especificada aparecem para tirar o "maníaco desvairado" dali. O editor volta para casa no fim do expediente, feliz em ver a esposa (que se parece com Joan Lee) e a filha. A história termina com o editor contando à criança uma história para dormir que começa assim:

Era uma vez um homenzinho muito agitado, sem nada com que se preocupar, que entrou no escritório de um editor para reclamar de algumas revistas (...)

Depois, Lee editaria e escreveria as histórias das oito primeiras edições de uma nova série de terror e fantasia chamada *Menace*, que estreou em março de 1953. Talvez por querer mostrar que ele — e a Atlas — poderiam competir com a EC em pé de igualdade, Stan assumiu o título como uma espécie de projeto. Na série, sua voz editorial surgia nos momentos de informalidade, falando com os leitores no início e no fim de muitas histórias. A série, seu projeto de estimação, passaria pelas mãos de seus artistas favoritos, incluindo Joe Maneely, Bill Everett, Russ Heath, Joe Sinnott, John Romita, Gene Colan e George Tuska.

A *Menace* n.º 7 incluía "The Witch in the Woods" [A bruxa na floresta], outra história contra os antiquadrinhos, feita por Lee e Joe Sinnott. Era sobre um pai preocupado que impede o filho de ler histórias em quadrinhos e decide, em vez disso, ler um conto de fadas para o garoto. Mas o conto de fadas se mostra perturbador demais para o pai bem-intencionado, que é incapaz de terminar a história. O garoto exige: "Vamos lá, pai... Conta! O que aconteceu?"

Apavorado, suando em bicas, o pai responde: "Não consigo! É horrível demais! Estou até passando mal!"

Então a criança conclui, numa síntese brilhante:

Minha nossa, pai... você devia ler uns quadrinhos... Esses contos de fadas são muito violentos!

Também em 1953 e 1954, Lee e Goodman, imitando a bem-sucedida revista *Mad*, da EC — que começou como livro em cores que copiava outros quadrinhos e tirinhas —, publicaram três cópias de curta duração: *Crazy*, *Wild* e *Riot*. Os historiadores de quadrinhos não conseguem determinar se Lee escreveu alguma das histórias dessas revistas, mas, como editor, ele decerto escolheu alguns de seus artistas favoritos para a publicação, incluindo John Severin, Joe Maneely, Russ Heath, Dan DeCarlo e Al Hartley. As três séries de humor, no entanto, terminaram em meados de 1954.

Na mesma época, a cruzada de Fredric Wertham ganhava força, e ainda mais com a publicação do livro antiquadrinhos mais vendido, *Seduction of the Innocent* [Sedução dos inocentes], lançado em abril de 1954. O senador Estes Kefauver assumiu a briga contra a delinquência juvenil e sua possível ligação com os quadrinhos. Foram realizadas audiências públicas em Washington, D.C., ainda enquanto *Seduction* causava alvoroço na mídia.

Os editores de quadrinhos enviaram representantes às audiências, que tinham o próprio Wertham de testemunha, mas o único editor a depor foi William M. Gaines, da EC, cuja fala em 21 de abril de 1954 foi considerada um fiasco, afundando-o junto com a própria editora e a indústria como um todo. Gaines teve que defender uma capa da EC que mostrava a cabeça decepada de uma mulher, alegando que era "de bom gosto".

Como Joe Simon recordou, ele, Kirby e suas famílias assistiam juntos à audiência pela TV. E lembrou que, ao ver o testemunho de Gaines, disse: "Sabíamos que estávamos com problemas."[29]

Foi Froehlich, não Goodman, quem testemunhou diante do comitê em nome da Timely. Gaines tentara convencer os senadores de que os quadrinhos de terror da EC eram apenas piadas — mesmo sendo condescendente com seus interrogadores —, mas o testemunho de Froehlich foi profissional, diminuindo o valor dos quadrinhos policiais e de terror da Timely, alegando que só publicavam aquele tipo de história para se manter na competição com outras editoras. Ele observou que também tinham publicado quadrinhos bíblicos ("Nosso editor foi até a Escola de Teologia da Universidade Yale em busca de orientação"), mas que foram um fracasso de vendas.

Mantendo-se longe de argumentos com fatos e números, Froehlich assumiu um discurso um tanto poético:

> *Se a violência em si tivesse sido proibida de toda a literatura, eliminando tudo que fosse tabu, estranho ou louco, será que Mary Shelley teria escrito* Frankenstein? *Será que Shakespeare teria escrito* Macbeth?[30]

Embora Froehlich tenha encantado o comitê, a Timely/Atlas entrou na pilha das outras editoras. A estratégia de invocar Shelley e Shakespeare se mostrou insuficiente quando um membro do comitê exibiu um exemplar da *Strange Tales* n.º 28, de Goodman, observando que "em cinco histórias, 13 pessoas têm mortes violentas".[31]

***

Em resposta à atenção do governo, os editores formaram a Comics Magazine Association of America (CMAA) [Associação de Revistas em Quadrinhos da América], substituindo a ACMP, e instituíram o Comics Code [Código dos Quadrinhos], um conjunto de diretrizes internas de censura para a indústria. Sem querer ingressar na CMAA e incapaz de ganhar força no mercado com a linha de quadrinhos New Direction — sobretudo porque muitos distribuidores e varejistas desconfiavam da EC —, Gaines acabou transformando a bem-sucedida revista *Mad*, editada por Kurtzman, em uma publicação maior em preto e branco, e o formato o livrava do código. A *Mad* se tornou um enorme sucesso, salvando a empresa de Gaines. Lee, sempre amante do humor, apresentou a resposta da Timely, a *Snafu*.

O título era um acrônimo impertinente e de origem militar para Situation Normal All Fucked Up (ou Fouled Up, para os mais sensíveis) [Situação Normal, Tudo Fodido (ou Ferrado)]. A *Snafu* era toda escrita por Lee, exceto por algumas aparições de seus artistas. Os créditos para a primeira edição eram: "O projeto inteiro foi quase todo cuidadosamente ESCRITO e EDITADO por STAN LEE."

Entre os outros créditos cômicos estão "Founded by Irving Forbush" [Fundada por Irving Forbush] e "Losted by Marvin Forbush" [Perdida por Marving Forbush] — esses nomes engraçados [Forbush pode ser traduzido como "Fuleiro", e Irving Forbush veio a se tornar o *Forbush Man*, que no Brasil foi traduzido como *Homem-Fuleiro*] que Lee usou poderiam ter sido retirados de alguma apresentação humorística da *vaudeville* judaica, e é possivelmente a primeira menção impressa a Irving Forbush, um nome a que Lee recorreria ao longo dos anos para evocar esse humor mais iídiche, a língua germânica adotada pelos judeus, escrita com os caracteres hebraicos. Não há registros de o nome Marvin Forbush ter sido usado outra vez.

Para a segunda edição, Lee recorreu outra vez ao iídiche, com o crédito: "Toda essa *mashuguna* ["besteirada", em iídiche] foi ESCRITA e EDITADA por STAN LEE, o risonho."

Além de Stan receber a alcunha de "risonho", todas as pessoas listadas nos créditos da edição também tiveram apelidos carinhosos — mais tarde, Lee ficaria famoso por apelidar seus cocriadores da Era Marvel. Algumas das alcunhas usadas na *Snafu* n.º 2 incluem: Martin Goodman, o festeiro; Monroe Froehlich Jr., o animado (sobre quem observou que "Irving Forbush ficaria orgulhoso" — talvez por ter um nome igualmente engraçado e que parecia judeu?); Joe Maneely, o alegre; e Johnny Severin, o empolgado. Curiosamente, o nome da irmã de Severin aparece na página de créditos como "A responsável pela PRODUÇÃO é a doida da MARIE SEVERIN". Marie ingressara havia pouco tempo na Timely, logo após a intensa redução de produção da EC, onde fora colorista-chefe. Ela viria a se tornar uma das principais artistas da Marvel nos anos 1960.

Uma revista humorística como a *Snafu* — que competia com a *Mad*, do amigo e ex-artista da casa Harvey Kurtzman — era perfeita para Lee. Embora o humor seja subjetivo, podemos ressaltar algumas das piadas mais famosas das edições:

A primeira edição (de novembro de 1955) tinha uma seção intitulada "Cheesecake". A página continha sete fotos pudicas de modelos femininas em trajes de banho ou equivalente, e, na parte inferior, uma legenda dentro de uma seta, que dizia: "Vire a página para ver o maior cheesecake* do mundo!" A página seguinte tinha apenas uma foto de — talvez você já tenha adivinhado — um enorme cheesecake.

A terceira edição (de março de 1956) tinha uma seção chamada "You Don't Say!" [Não me diga!]. Era um título recorrente para Lee, usado inclusive na revista *Fumetti* (de fotos cômicas), publicada nos anos 1960. No caso da *Snafu*, era uma matéria de duas páginas com oito fotos de uma jovem de cabelo castanho curto conversando com o além e fazendo "comentários típicos de uma garota". Sob cada comentário, porém, estava escrito "o verdadeiro pensamento da nossa garota *Snafu*".

Por exemplo, uma legenda dizia: "Ah, Nancy, você *precisa* mesmo ir tão cedo?" Porém, abaixo, o pensamento da garota era: "Se eu passar mais um minuto com essa chata insuportável vou DAR UM BERRO!" A "garota" nas fotos (todas com desenhos criativos como plano de fundo) é ninguém menos que nossa Joan Boocock Lee, porém não creditada. Ela também aparece como modelo de um maiô casto e simples na mesma edição, numa matéria chamada "Eles que comam cheesecake!", onde é identificada apenas como "uma das oito delícias". Essa edição não tem nenhuma foto de torta, mas cada foto tem uma legenda bem-humorada.

A terceira edição tem uma coluna de cartas, mas todas parecem falsificadas e apenas para efeito humorístico. Uma das menores é:

---

* "Cheesecake" é uma gíria para fotos de softcore porn: imagens de mulheres em poses sugestivas, porém razoavelmente cobertas por roupas. Começou a ser usada na época das pin-ups. (N. da T.)

Caro Stan:
Potrzebie!
De Karvey Hurtzman
(endereço retido por medo de retaliação)

É difícil determinar quantos leitores compreendiam essas piadas internas. (Além da brincadeira com o nome de Kurtzman, *potrzebie* era uma palavra sem sentido usada na Mad em momentos de exaltação.) De qualquer maneira, a terceira edição da *Snafu* foi a última.

A publicação foi seguida por mais três edições (n.º 4-6) da *Riot*, no formato tradicional de quadrinhos em cores, todas com créditos de escrita atribuídos a Lee. Essas edições publicavam paródias e cópias de tirinhas, histórias em quadrinhos, filmes e muito mais. Dois destaques foram os quadrinhos de Lee e Maneely, "The Seventeen-Year Itch" [A crise dos 17 anos] e sua sátira de *Dennis the Menace*, chamada de "Pascal the Rascal" [Pascal, o Patife].

***

Em 1956, Larry Lieber, dispensado da Força Aérea havia um ano, estava desenhando — e talvez escrevendo — histórias em quadrinhos de romance para a Timely/Atlas. Ele morava com os Goodman e estudava na Art Students League, a Liga de Estudantes de Arte, em Manhattan.[32]

Nesse mesmo ano, Jack Kirby, depois de encerrar a parceria com Joe Simon, trabalhava de freelancer na DC. Precisando de mais renda, retomou contato com a Timely/Atlas pela primeira vez desde o desentendimento dele e de Simon com Goodman, em 1941. Lá, fez algumas histórias curtas de ficção científica e três edições dos quadrinhos do *Garra Amarela*, personagem inspirado em Fu Manchu. Foi provavelmente todo o material que escreveu e desenhou para a Timely. Não demoraria para que Kirby — e todos os outros artistas — encerrassem bruscamente os trabalhos com a Timely.

Embora as vendas da Atlas tenham sido razoavelmente boas, era inevitável que a disposição antiquadrinhos no país afetasse as receitas da empresa. Os pagamentos dos freelancers eram reduzidos com certa regularidade. De acordo com Raphael e Spurgeon: "Amedrontado com o declínio nas vendas de quadrinhos e os potenciais efeitos das audiências no Senado e do Comics Code, Goodman fechou a Atlas News [sua franquia de distribuição] em novembro de 1956, assinando um acordo com a maior distribuidora de quadrinhos [e revistas no geral] de meados da década de 1950, a American News."[33]

Mas a American News, por sua vez, também estava vivendo um desastre financeiro. O "festeiro" Martin Goodman — aconselhado pelo "animado" Monroe Froehlich (que talvez tenha conseguido interpretar os sinais do declínio quando se dirigiu ao comitê do Senado, em 1954) — tinha tomado o que Raphael e Spurgeon chamaram de "a pior decisão comercial de sua carreira. (...) A American News saiu do mercado no início de 1957, deixando Goodman numa busca desesperada por outro distribuidor".[34]

A história é vaga sobre os motivos de Goodman não ter simplesmente tomado as rédeas da situação, pedindo desculpas aos atacadistas e varejistas que deixara na mão, e restabelecido a própria distribuidora.

Quaisquer que fossem as razões, Goodman mudou a distribuição para a gigante Independent News (IND), subsidiária da National Periodical Publications/DC Comics. Porém, receoso do hábito de Goodman de inundar o mercado, a IND limitou a distribuição da Timely a oito quadrinhos por mês (que ele cumpria com 16 lançamentos bimestrais). De repente, as publicações de Goodman foram reduzidas em 80% por mês.[35]

Lee parou de distribuir trabalho para os freelancers, tentando usar o material acumulado. Mais de uma vez, teve que dizer aos artistas que não tinha trabalho disponível. Segundo relatos, ele ia ao banheiro vomitar após cada recusa.[36]

Entre os muitos freelancers com quem Lee encerrou contrato estava John Romita, a quem Lee avisou por meio de um telefonema de sua secretária, talvez por medo de um confronto direto com um homem que estimava muito. Romita lembrou:

Achei que nunca mais fosse trabalhar com quadrinhos. (...) Quando Stan cancelou meu trabalho em uma revista de western no meio da história, pensei: "É isso." Nunca fui pago pelo que já tinha feito e disse a [minha esposa] Virginia: "Se Stan Lee ligar, diga a ele que vá para o inferno."[37]

Ela não precisou se dar ao trabalho.
Lee já estava lá.

5 DESLANCHAR E FICAR

> "ESPERO QUE GOSTE DESSA TIRINHA!" DEVE SER UMA DAS FRASES MAIS DESNECESSÁRIAS QUE JÁ ESCREVI... MAS ESPERO MESMO!
> — STAN LEE, EM UMA CARTA DE 3 DE OUTUBRO DE 1957 A ROBERT COOPER, SUPERVISOR DAS TIRINHAS DO CHICAGO SUN-TIMES, ENVIADO JUNTO COM AMOSTRAS DE MRS. LYONS' CUBS

O ano de 1957 foi o começo do fim. Mais uma vez.

Depois de as trombetas anunciarem o início da cruzada antiquadrinhos e com a crescente competição por tempo e atenção da TV, já fazia pelo menos um ano que Stan Lee estava atrás de uma saída daquele mundo — ou pelo menos de uma maneira de complementar o que ganhava com o trabalho fixo. Porém, com quatro quintos dos quadrinhos em que trabalhava sendo cancelados de uma hora para outra, a necessidade de renda extra se tornou muito mais urgente.

Mesmo que não houvesse ameaças a seu trabalho na Atlas, pode-se argumentar que Lee começara ao menos a tentar expandir seus horizontes com a publicação do livro *Secrets Behind the Comics*, de 1947, e com suas tentativas de publicação de tirinhas.

O primeiro trabalho nessa área foi curto: um mês escrevendo as tirinhas *Howdy Doody* [Olá, como vai?] (que apareceram nos jornais logo no início de 1951), com arte de Chad Grothkopf, baseadas em um programa de TV infantil homônimo. Depois disso, participou de outra breve tirinha de 1952 chamada *My Friend Irma* [Minha amiga

Irma] — um spin-off das séries homônimas de rádio e TV. Lee foi uma escolha óbvia para o trabalho, pois já escrevia as histórias em quadrinhos da personagem, que contavam com ilustrações de Dan DeCarlo. Bem, essas empreitadas eram de contratos curtos.

Mas a "Implosão da Timely", como ficou conhecida a época das demissões, foi um alerta. O trabalho nos bastidores das revistas, um conforto que Lee considerava garantido, podia não ser tão seguro assim. Ele precisava de novos planos, e depressa.

***

Quando falou sobre esse período em que trabalhava praticamente sozinho no escritório, Lee contou que se sentia uma espécie de "chama piloto", esperando para ver *se* e *quando* a linha de quadrinhos iria expandir.[1] Alguns, incluindo Bruce Jay Friedman (antigo editor da empresa, que futuramente se tornaria um lendário romancista e roteirista), cujo escritório ficava ao lado do de Lee, achavam que Goodman não se sentia confortável de demitir um parente, então tentava humilhá-lo até que ele pedisse demissão — e seria mais fácil se Stan compreendesse logo as indiretas e saísse.[2]

Embora Lee fizesse trabalhos pontuais de escrita e edição para as revistas de Goodman, dedicar-se mais a essa atividade parecia fora de questão. Em 2017, questionado sobre isso, disse: "Acho que eu teria gostado [de editar as revistas], mas nunca me passaram o trabalho. E nunca pedi. Acho que Martin queria me manter nos quadrinhos. Não queria que eu fizesse mais nada."[3]

Assim, ele foi ficando, e Martin parecia disposto a deixá-lo na empresa. Mas Stan também traçou seus próprios planos para o caso de o chefe decidir que não havia nenhum bom motivo para mantê-lo. Sua vida de freelancer começou a se intensificar nesse período, e Lee passaria o resto da vida — mesmo após o indiscutível sucesso da Marvel — trabalhando em projetos externos, talvez sempre à espera de uma ligação informando que o pior acontecera. Ele nunca se recuperou da sensação de incerteza depois daquele último abalo na empresa.

Durante esse período, foi contratado para escrever quadrinhos promocionais para a rede de hamburguerias Bob's Big Boy. A pequena divisão de quadrinhos licenciados (ou seja, feitos por contrato para outras empresas) começou como um setor da Timely Illustrated Features, mas passou para a produção independente do escritor e artista freelancer — e futuro funcionário e executivo da Marvel — Sol Brodsky. Antes de Sol, muitos roteiros eram de Lee, e a arte vinha de diversos nomes conhecidos, como Bill Everett e Dan DeCarlo. Depois que os quadrinhos da Marvel deslancharam, Lee continuou fazendo roteiros para Brodsky, seu amigo e colega.

Pela Timely Illustrated Features, Lee também escreveu "almanaques" especiais, conhecidos como *fun books*, para a empresa Birds Eye. As histórias foram feitas com Maneely e, em 1958, ganharam o prêmio de Best Tie-In Sales Premium Plan, oferecido pelo Premium Industry Club, e o prêmio Key of Achievement, oferecido pelo Student Marketing Institute, que parabenizaram a ação pela "excelente atividade destinada a alcançar, influenciar e vender a juventude americana", segundo carta de 30 de abril de 1958 de Edward Tabibian, gerente de promoção de vendas da Birds Eye.[4] Não é um Oscar, mas é melhor do que *nenhum* prêmio.

Ainda assim, o Santo Graal de muitos criadores de quadrinhos era o contrato de tirinhas de jornal. O potencial de ganhos — e de angariar respeito da mídia — era muito maior para os autores de tirinhas famosas. Cartunistas como Al Capp e Milton Caniff eram considerados — e depois se descobriu que era verdade — celebridades que cobravam tanto quanto os astros do cinema. Como muitos profissionais da indústria de quadrinhos, Lee ansiava por um espaço nesse meio. O quase fechamento da empresa onde trabalhava era apenas uma motivação a mais para que tentasse alcançar o estrelato das tirinhas.

Lee trabalhou com vários artistas em propostas para os jornais. Com ajuda de sua agente, Toni Mendez, fez parceria com vários artistas e apresentou inúmeras propostas, algumas bem-sucedidas. Mesmo apostando nos gêneros populares da época, Stan fazia questão de deixar sua marca nos roteiros. A tirinha *Willie Lumpkin*, feita com DeCarlo, contava a história de um carteiro e os personagens esquisitos com quem ele interagia. (Willie Lumpkin mais tarde se tornaria o nome de um personagem secundário recorrente do *Quarteto Fantástico*, e Lee chegou até a interpretá-lo no filme homônimo de 2005.) A tirinha alcançou sucesso moderado, o que também aconteceu com a comédia infantil suburbana *Mrs. Lyons' Cubs*. Não é nenhuma surpresa que a personagem principal, Sra. Lyons, fosse feita à imagem de Joan Boocock Lee. (Como vimos ao analisar a *Snafu*, Lee sempre recorria à imagem da esposa, fosse para sessões de fotos glamorosas, fosse como representante da "garota típica", assumindo papéis tanto de casada quanto de solteira.)

Um artigo da revista *Editor & Publisher* de dezembro de 1957 promovia a estreia da tirinha *Mrs. Lyons* — que apareceria nos jornais pela primeira vez em 10 de fevereiro de 1958 — e de seus criadores. Sobre Lee, o texto dizia: "Stan, diretor de arte e editorial de uma editora em Nova York, é autor de mais de mil revistas em quadrinhos, escreveu e produziu revistas especializadas para o governo e a indústria e trabalhou como escritor freelancer, publicitário e redator." Ele foi descrito como "alto, com estilo típico da Madison Avenue, e dono de um sorriso imenso e cativante".

Sobre a *Mrs. Lyons*, Lee afirmava que, embora tivesse pesquisado muito sobre os Cub Scouts, os escoteiros mirins, "não é uma tirinha pedante. O tom não é nem um pouco maçante ou cheio de si".

O artigo continuava, com uma confissão franca:

"Acho que não deveríamos admitir, mas essa não é nossa primeira tentativa [no mundo das tirinhas]", afirmou Joe. *"Stan e eu exploramos várias ideias que não chegaram a lugar algum."*

"Sim", concordou Stan. *"Eu me lembro de uma ideia que nós dois adoramos, mas que nunca nem saiu do papel. Colei os originais na parede do quarto da minha filha e esqueci."*

E, assumindo um tom dramático, o texto trazia a reflexão: "Os dois ainda são jovens. Esta é a hora, a oportunidade. É pegar ou largar. Dá para entender como Stan Lee, escritor, e Joe Maneely, artista, se sentiram."[5]

***

Tirinhas de sucesso podem deixar os criadores literalmente ricos e famosos, como aconteceu com *Ferdinando*, de Al Capp, ou *Terry e os Piratas*, de Milton Caniff. Mesmo assim, tirinhas de menor alcance, como a *Mrs. Lyons' Cubs*, geram uma boa renda, ainda que não seja nada extravagante. Por isso, Lee continuou tentando outros projetos enquanto trabalhava como editor e roteirista de quadrinhos. Ao longo de sua carreira, ele sempre se apegou à segurança do trabalho fixo.

No início de 1958, enquanto escrevia e editava gibis e a tirinha *Cubs*, Lee e sua agente, Mendez, tentavam emplacar *For the Love of Linda* [Pelo amor de Linda], uma tirinha em parceria com Vince Colletta, no estilo das novelas, sobre uma jovem de Manhattan que herda o jornal de uma cidadezinha. Apesar da prosa ágil de Lee e da fama artística de Colletta, a tirinha não decolou.

Curiosamente, embora um dos cabeçalhos timbrados das cartas oficiais de Lee dos anos 1950 o proclamasse "editor-chefe e diretor de arte da Timely Comics", há outros da mesma época que listavam apenas seu nome e o endereço do escritório da Timely, mas sem o cargo ou um título. E, nas várias cartas de Mendez que acompanhavam os pedidos de análise das tirinhas, Lee é citado como "editor e diretor de arte da Magazine Management Co.". Fica evidente que o cargo de editor-chefe e diretor de arte de uma empresa de quadrinhos só servia como credencial em determinadas situações. E essa presença intermitente do título faz ainda mais sentido se somado aos relatos de Lee sobre como, nos coquetéis e eventos de adultos, sempre evitava deixar claro o tipo de trabalho que fazia, alegando que as pessoas sempre se afastavam quando descobriam que as tais "revistas infantis" eram, na verdade, gibis.[6]

É fato que nunca saberemos quantas ideias de tirinhas foram descartadas depois de alguns rabiscos em pedaços soltos de papel, mas os arquivos de Toni Mendez contêm muitos documentos fascinantes sobre as ideias de sucesso e as várias tirinhas que não deram certo.

Nascida em Nova York e considerada muito talentosa em sua área de atuação, Mendez era a primeira escolha para os cartunistas e quadrinistas em busca de agenciamento. Sua vida na indústria do entretenimento começou como dançarina do famoso grupo The Rockettes, na Radio City Music Hall, mas ela só passou a agenciar cartunistas e roteiristas (além de autores de prosa) em 1946 — e se manteve no mercado até sua morte, em 2003, aos 94 anos. Mendez também ajudou a fundar a National Cartoonists Society [Sociedade Nacional de Cartunistas] e era tia de Cynthia Weil, que escreveu — em parceria com o marido, Barry Mann — músicas clássicas do pop, incluindo "We Gotta Get Out of This Place" e "On Broadway". Os volumosos arquivos de Mendez ficam guardados na Billy Ireland Cartoon Library and Museum, na Universidade Estadual de Ohio. Seus muitos clientes incluíam Milton Caniff, Rube Goldberg, Ernie Bushmiller e Stan Lee.

Como membro de várias organizações de cartunistas e de trabalhadores da mídia (incluindo a National Cartoonists Society, o Newspaper Council [Conselho de Jornais] e a Academy of Television Arts and Sciences [Academia de Artes e Ciências da Televisão]) e a enorme quantidade de títulos no currículo, Lee conseguiu convencer Mendez a representá-lo, pleiteando as tirinhas que ele criava em parceria com outros vários artistas. Um dos primeiros contratos que Mendez arranjou para Lee era de uma tirinha chamada *Clay Murdock, V.P.* A criação, em parceria com Colletta, era sobre o vice-presidente de uma empresa de publicidade. Mendez parecia bem animada com o trabalho de Lee. Em uma carta para Philip Steitz, diretor de pesquisa editorial do Chicago's Publishers Syndicate, empresa de distribuição de tirinhas de Chicago, escreveu: "Lee é um indivíduo muito singular; tenho certeza de que você vai gostar de trabalhar com ele."

De 1956 a pelo menos 1961, Mendez enviava pacotes regulares com amostras de tirinhas em nome de Lee — isso mesmo enquanto disputavam na justiça (Lee que se juntara a DeCarlo, artista de *Willie Lumpkin*) em um processo por royalties. Em uma espécie de prenúncio do "processo amigável" de Lee contra a Marvel, em 2002, ele e Mendez mantiveram relações cordiais mesmo em um período em que, tecnicamente, eram adversários. Em uma carta de 1960, Lee apontou, em um contrato, a cláusula específica feita justamente para manter seu direito de processá-la, encerrando a missiva com uma piadinha: "Se advogados recebessem por palavra, o meu seria o mais bem pago de todos!" Essas correspondências cordiais entre os dois se mantiveram até pelo menos medos dos 1970 e 1980.

As duas tirinhas mais bem-sucedidas de Lee — *Mrs. Lyons' Cubs* e *Willie Lumpkin* — figuraram em campanhas publicitárias nos próprios jornais onde apareciam.

Por exemplo, em um livreto com as histórias da *Mrs. Lyons' Cubs*, editado pela agência de distribuição que escolhia as tirinhas do *Chicago Sun-Times*, a sra. Lyons — sósia de Joan Lee — aparece sorrindo para o título da tirinha, com uma imagem dos jogadores do Cubs, time de beisebol homônimo, dando risada logo abaixo. No texto, somos informados de que aquela será "uma tirinha diária, com uma página no jornal dominical, perfeita para todo tipo de público. Não importa se você é jogador de beisebol ou mãe de menino: a risada é garantida!". Além disso, consta que a tirinha foi "aprovada pelo Conselho Nacional dos Escoteiros da América — os Lions Cubs".

No livreto, há ainda a informação de que aquela é "a *única* história em quadrinhos aprovada pelo Conselho Nacional dos Escoteiros da América", junto de uma reprodução da carta que concede essa aprovação, datada de 30 de outubro de 1957, assinada por Rebel Robertson, diretor de relações públicas dos Escoteiros da América. (Algumas cartas nos arquivos de Mendez indicam que, como havia sido dito na entrevista da *Editor & Publisher,* Lee e Maneely obtiveram essa aprovação por terem feito uma extensa pesquisa sobre o escotismo, para que acertassem cada detalhe — mas isso só depois de errarem bastante.)

Vários anos depois, Joan Lee teve uma participação instrumental na lenda do surgimento da Marvel Comics, mas também participou ativamente da promoção de *Mrs. Lyons' Cubs*. Em um movimento publicitário que os escoteiros — alegando motivos éticos — não podiam fazer e que a distribuidora não parecia disposta ou capaz de levar adiante, Joan ligou para líderes de tropas escoteiras de todo o país, informando-os da existência de *Mrs. Lyons' Cubs*. De acordo com as cartas ainda em registro, Joan convenceu vários deles a comprar os jornais locais onde a tirinha aparecia ou, quando não havia distribuição na cidade, a pedir aos jornais que a publicassem.[7]

***

Apesar de venderem bem, o sucesso das tirinhas era limitado. Com isso, Lee não podia abrir mão do trabalho formal na editora nem da renda de escritor freelancer. Stan Lee teria apreciado muito a oferta de um cargo fixo em uma ou mais das revistas de Martin que não estavam relacionadas a quadrinhos, mas a proposta nunca aconteceu.[8] O que faz sentido, já que Lee não se encaixava no perfil dos funcionários das revistas para adultos, todos graduados e pós-graduados em universidades da Ivy League — Goodman gostava de se gabar da equipe de classe alta, apressando-se em ressaltar que, apesar da formação cobiçada, optavam por trabalhar para ele, que nem sequer se formara no segundo grau, em uma fábrica de revistas populares.

(Também parece possível que Lee, embora muito inteligente, criativo e dedicado, tivesse alguma forma de DDA ou TDAH, o que o tornava mais adequado para um fluxo interminável de trabalhos curtos, em vez de projetos que exigiriam atenção prolongada.)

Outra possibilidade é que Goodman de fato acreditasse que a indústria de quadrinhos voltaria a crescer e que — se não abandonasse o barco, humilhado — Lee seria o homem certo para gerenciar esse retorno glorioso ao mercado. Além disso, mantê-lo no cargo pouparia dramas familiares. A essa altura, os Lee já moravam em Hewlett Harbor, perto dos Goodman, e as famílias se encontravam socialmente — Stan e Martin, inclusive, iam e voltavam juntos para o trabalho.

Havia, além disso, a possibilidade de que Goodman sentisse que seu dever familiar estava cumprido com a oferta de um trabalho estável e seguro, e que o prestígio (ou falta dele) do cargo em questão não era problema seu. Lee já tinha cogitado procurar emprego fora da influência de Goodman, mas sentia que o histórico de trabalhar com quadrinhos fosse malvisto no mercado. Ele se imaginava indo a uma editora como a Simon & Schuster e dizendo: "Ah, eu editava quadrinhos. E aí, o que podem me oferecer?" E ficava muito inseguro para se aventurar fora da asa de Goodman.[9]

Lee chegou a declarar que também trabalhou em vários outros materiais além de quadrinhos e tirinhas, mas o registro de sua participação nessas outras mídias é muito vago. Ele lembrou:

> *Eu escrevia programas de rádio. (...) Não posso mencionar os títulos, porque eram publicados sob o nome de outras pessoas. (...) Fui ghost-writer de vários programas de televisão. E de tirinhas de jornal. Escrevi* Howdy Doody. *(...) Fiz algumas peças publicitárias.*[10]

Quaisquer que tenham sido os trabalhos externos, parece que Lee não ganhou o suficiente para sentir que poderia deixar a — frágil — segurança de seu cargo na Timely. Convencido de que não tinha escolha, ele perseverou. Ainda assim, continuava pleiteando ideias de tirinhas e de outros projetos.

***

Quando o estoque de material da Timely/Atlas começou a esgotar, e os problemas de distribuição da empresa foram resolvidos com a criação da Independent, Lee passou a ter mais o que fazer no escritório, já que enfim fora autorizado a encomendar novas histórias. Editar de oito a dez histórias por mês — aproximadamente duzentas páginas de material a cada trinta dias — era uma carga de trabalho respeitável para qualquer editor de quadrinhos, sobretudo porque Lee também escrevia muitos dos roteiros. De fato, seria uma quantidade quase perfeita para um editor disposto a fazer mais do que dar uma olhada superficial no material que parava em sua mesa, analisando a possível publicação com mais tempo e cuidado. Naquelas circunstâncias, um editor/escritor esperto poderia até começar a pensar em temas e caracterizações e, possivelmente, descobrir alguma estratégia de marketing e publicidade.

E, com uma equipe de artistas que incluía talentos como Jack Kirby, Steve Ditko, Don Heck e o incrivelmente ágil e talentoso Maneely, talvez a Timely, a Atlas ou fosse qual fosse o nome da empresa (muitos artistas só a chamavam de "empresa do Stan Lee") pudesse criar histórias com um pouco mais de substância, talvez até algum significado.

Claro que esse era o tipo de coisa de que apenas os mais sonhadores, como o lendário Will Eisner, costumavam falar — e o próprio Eisner deixara de produzir quadrinhos regulares em 1952, encerrando até mesmo a tirinha cômica e muito respeitada *The Spirit* [*O Spirit*, que mais tarde figurou em quadrinhos da DC também publicados no Brasil]. Eisner passara a produzir quadrinhos educativos para militares, corporações e agências governamentais, e o pagamento lhe proporcionava um bom estilo de vida. A mudança na carreira lhe ofereceu mais tempo com os filhos pequenos e meios financeiros para uma agradável vida no subúrbio, longe da agitação das ruas de Nova York em que ele, assim como Lee, crescera. Se aquele era um trabalho bom o suficiente para um gênio como Eisner, quem seria Stan Lee para aspirar mais?

Assim, Lee se manteve na posição. Em meados de 1958, as coisas na Timely/Atlas começaram a entrar em processo de recuperação. A empresa sobrevivera à crise, e ele finalmente pôde oferecer mais trabalhos aos freelancers. Enquanto isso, a *Mrs. Lyons' Cubs* alcançava algum sucesso.

Mas, em 7 de junho de 1958, viria uma nova mudança — repentina e dramática — na vida de Stan Lee.

Naquele dia, Joe Maneely faleceu. Durante uma viagem de trem de Manhattan para casa, em Nova Jersey, Maneely, que estava sem os óculos — tinham quebrado —, deu um passo em falso e caiu entre os vagões com o trem ainda em movimento.

Além da dor da perda, houve grandes repercussões profissionais para Lee. Maneely ilustrava o *Mrs. Lyons' Cubs* e inúmeros outros quadrinhos, e um abismo terrível se abriu de repente em seu mundo.

E, como que por sugestão divina, foi nessa mesma semana que Jack Kirby decidiu visitar o escritório da Timely/Atlas.

6 REUNINDO FORÇAS

> EU ESTAVA PRESTES A DESISTIR. ESTAVA REALMENTE
> ENTEDIADO COM O QUE VINHA FAZENDO.
> ISSO FOI POR VOLTA DE 1960.
> — STAN LEE, PARA O JORNALISTA
> LEONARD PITTS JR., EM 1981[1]

Não é de surpreender que ninguém saiba bem como foi a história, se Lee chamou Jack Kirby para discutir os novos quadrinhos ou se Kirby foi até o escritório da Timely querendo explorar as possibilidades depois da morte de Joe Maneely.

Já antes do desastre de distribuição com o American News, Kirby voltara a escrever e desenhar para a Timely, entre 1956 e 1957, indicado e apoiado pelo artista Frank Giacoia. Durante o período de escassez de trabalhos, ele criou para a Archie e a DC Comics, e ainda manteve uma tirinha chamada *Sky Masters of the Space Force* [Mestres celestiais da força do espaço], inspirada na corrida espacial. Mas aquelas portas já tinham se fechado, ou pelo menos estavam prestes a se fechar. Kirby precisava de trabalho, e já era de conhecimento geral que Lee mandara algumas das tarefas de Maneely para Steve Ditko, então parecia haver trabalho disponível.[2]

Anos mais tarde, Kirby viria a dizer que a empresa estava prestes a fechar as portas e que, quando foi conversar em busca de trabalho, encontrou Lee chorando, sem saber o que fazer, já com os móveis da editora prestes a serem recolhidos para garantir o pagamento de dívidas, e que foi a sua chegada o divisor de águas.[3] Lee negou que tenha sido visto chorando e que a empresa estava à beira da ruína. Talvez Kirby tenha achado que a tristeza de Stan com a perda do amigo tivesse outra causa.

De qualquer forma, tanto por precisar de mais alguém para dar conta do grande volume de trabalho quanto pela admiração genuína pelos talentos de Kirby, Lee imediatamente o empregou. Juntos, os dois criariam histórias de ficção científica inspiradas nos filmes de monstros da época, como *O mundo em perigo* e *A bolha assassina*, além de westerns e de outros gêneros. Esses quadrinhos eram anunciados na capa, quase sempre assumindo o título de histórias principais de revistas como *Tales to Astonish* [Histórias de espanto] e *Strange Tales* [Contos estranhos], e tinham títulos como "I Discovered the Secret of the Flying Saucers" [Descobri o segredo dos discos voadores] e "The Thing Called... It!" [A coisa chamada... Isso!].

E foi justamente desses quadrinhos comerciais que seguiam um mesmo modelo — e também dos quadrinhos de humor e romance que já eram produzidos, é claro — que surgiu a amálgama idiossincrática de ideias e personalidades que revolucionou o cenário da cultura pop. Mas, antes disso, naquela época, a prioridade era a sobrevivência individual e da empresa.

* * *

Embora fosse raro Lee contratar novos escritores freelancers depois da tragédia das demissões, houve uma exceção para seu irmão, Larry. Depois de sair da Força Aérea, em 1955, Larry teve diversos trabalhos para o *New York Times* e a Magazine Management, principalmente fazendo os *paste-ups*, as montagens e colagens das páginas para impressão. Decidido a alimentar a ambição de seguir os passos de seu ídolo, Kirby — que volta e meia lhe dava conselhos sobre desenho, inclusive dizendo para ele não se preocupar tanto com a anatomia —, Larry fizera diversos cursos na Art Students League e no Pratt Institute.[4] Os irmãos chegaram até a criar uma breve tirinha, *Jack and Jill*, sobre um casal do subúrbio, com roteiro de Stan e arte de Larry. O projeto acabou engavetado porque Larry era muito lento em completar a arte.[5]

Então, como não encontrava quem escrevesse as histórias exatamente como ele queria, Lee recrutou a ajuda do irmão mais novo. Larry não se considerava um bom roteirista, mas Stan insistiu, argumentando que as cartas que ele enviava para casa enquanto trabalhava para a Força Aérea eram muito bem escritas e que, com base nisso, poderia ensiná-lo a escrever roteiros de quadrinhos.[6] Larry começou com os roteiros de romance, mas depois de um tempo Lee delegou para o irmão a escrita de muitas das histórias de monstros que foram desenhadas por Kirby.

Larry, desenhista por natureza, pegava os rascunhos de trama de Lee e os dividia em esboços de cada quadrinho. Ele adicionava os diálogos, então traduzia os desenhos em um texto para cada quadro, entregando os "roteiros finais" para Kirby desenhar.[7] Larry continuou escrevendo para Kirby por um bom tempo, tendo feito aventuras do início da Era Marvel para personagens como o Thor, o Homem-Formiga, o Homem de Ferro e o Tocha Humana. Claro que não se sabe muito bem se essas ideias iniciais eram criação exclusiva de Stan ou se eram fruto de suas conversas com Kirby, mas Larry sempre imaginou que fossem criações do irmão.[8]

Um fato é indiscutível: a partir de 1958, Jack Kirby criou muitas histórias, de muitos gêneros, com e para Stan Lee. Ele foi o principal artista da época que definiu a aparência dos quadrinhos de ação e aventura da empresa de Goodman. Apesar de Kirby não ter cargo oficial, a identidade visual dos quadrinhos era justamente sua arte. A parceria de Lee e Kirby (às vezes contando com a presença de Lieber) resultou em muitas histórias empolgantes, mesmo que às vezes bobas, de ficção científica e faroeste. Só que ainda levaria um tempo até que essas histórias evoluíssem. Stan Lee e Jack Kirby ainda não eram STAN LEE & JACK KIRBY, mas estavam chegando lá.

***

À medida que surgiam mais trabalhos, Lee, que precisava de gente para fazer quase toda a parte de desenho, foi estabelecendo um grupo exclusivo de artistas competentes com quem podia contar para trabalhos pontuais. Além de Kirby, havia Don Heck, Dick Ayers, Paul Reinman, Joe Sinnott e Steve Ditko — sem falar de Larry Lieber, que, como mencionado, também fazia diversos roteiros. Lembrando-se do grupo, Heck comentou: "Era uma coisa da Marvel que eu achava legal. Stan juntou um monte de gente competente fazendo tudo aquilo, e eram todos bem diferentes. Acho que era principalmente eu, Ditko, Kirby e Dick Ayers."[q]

Heck parece ter entendido um dos principais aspectos que tornavam o trabalho com Lee — ou seja, com a Timely/Atlas — tão atrativo para os artistas. Embora "achar legal" não pareça muito um elogio, a verdade é que havia uma diferença significativa em relação à concorrência. A outra principal empresa para artistas de ação e aventura, a National Comics, era estruturada e administrada com uma eficiência corporativa, e os escritórios editoriais da mesma empresa se comportavam como concorrentes. Um artista que trabalhasse para algum editor da DC era proibido de procurar ou aceitar trabalhos de outro.

E, naquela época de escassez, alguns editores da National empregavam seu poder tratando os freelancers com práticas humilhantes e condescendentes — ou seja, nada "legais". Uma história famosa é de um editor que rejeitou um roteiro dizendo que "não servia nem para limpar a bunda", mas logo em seguida repassou o enredo para outro escritor, apresentando a ideia como sua. Havia rumores de editores requisitando "pagamentos" para liberar trabalhos tanto na DC quanto em outros lugares. A editora produzia obras impressionantes, histórias que certamente atendiam à necessidade de entreter as crianças e muitas vezes iam além, mas não era uma empresa que promovesse inovação ou que empolgasse seus colaboradores. Era projetada para manter as vendas estáveis, e tinha um grupo leal de criadores veteranos com contrato de exclusividade. A National tinha um diretor editorial, Irwin Donenfeld, mas ele se concentrava nos assuntos gerais — como, por exemplo, definir o que fazia uma capa vender mais —, deixando os feudos editoriais por conta própria.

Já na Timely/Atlas pós-demissões em massa, havia apenas Stan Lee — com algumas aparições pontuais de Martin Goodman, claro, mas ele costumava deixar que Lee tratasse com os freelancers. Embora até fosse capaz de soltar um ou outro conselho grosseiro ou de dar críticas pesadas disfarçadas com sutilezas, Lee incentivava e adorava o trabalho de seus artistas. Além disso, era conhecido por não guardar ressentimentos. Se ficasse com raiva, em geral era por algum detalhe específico do momento. Heck se lembrava de Lee como um cara fácil de trabalhar. "Nunca tive problemas com ele."[10]

Claro que a DC de fato pagava um valor bem mais alto que a Timely/Atlas. E, ao contrário do que Stan fazia, era pouco provável que, na entrega de algum trabalho, um editor da DC fosse tentar convencer o freelancer a se sentar por alguns minutos para fazer correções de arte urgentes — e gratuitas — no trabalho de algum outro artista já prestes a ir para a gráfica.

Por sorte, Lee podia se aproveitar de sua natureza amigável e acolhedora. Sempre que preciso, empregava toda a força de sua personalidade extravagante para fazer com que os artistas se sentissem especiais, sentissem como se o próprio Stan — e, por consequência, a própria empresa — gostasse muito de estar com eles. Muitos relatam que a presença de Lee era empolgante e energizante. Se, como Heck disse, Lee conseguiu um monte de "gente dedicada" a trabalhar com ele, foi em grande parte porque conseguiu *fazê-las* se importar com as histórias que criavam. Ao longo da carreira, Lee parece ter inspirado muitas pessoas a darem seu melhor, fosse *por* ele ou *apesar* dele. Além disso, Lee era conhecido por não fazer os artistas esperarem muito pelos próximos trabalhos. Ele recompensava a lealdade dos freelancers — e, considerando que a empresa pagava menos do que muitas outras, era bem inteligente já ter mais trabalhos engatilhados.

***

Lee nunca desistiu do emprego na editora, mas também não parou de empenhar tempo e energia em projetos paralelos ambiciosos, incluindo vários outros lançamentos de tirinhas para jornais. A linha de quadrinhos de Goodman podia até estar se recuperando, mas não tinha o futuro garantido. Tendo deixado a glória do Empire State Building para trás, o editorial passara para duas salinhas nos escritórios da Magazine Management, no número 655 da Madison Avenue. Levando em conta essas mudanças, Lee continuou a trabalhar em seus outros projetos.

Ele recrutou Al Hartley, artista de quadrinhos humorísticos da Timely, para ocupar o lugar de Maneely na arte da *Mrs. Lyons' Cubs*, mas a tirinha não resistiu por muito mais tempo, tendo sido impressa pela última vez em 27 de dezembro de 1958.

Toni Mendez ainda tentou emplacar a ideia de Lee de um livro chamado *Art Script*, que acrescentava legendas engraçadas às obras de arte clássicas (e de domínio público). Anos depois, um conceito semelhante foi bem-sucedido nas mãos de outras pessoas, mas, na época, o projeto não deu certo.[11]

Em 1959, também sob a influência de Mendez, Lee fez um acordo com o Bettmann Archive para produzir um livro dando legendas divertidas a gravuras do século XIX curadas pelo próprio Bettmann. O volume provavelmente seria intitulado *Look Back in Laughter* [Relembrar e rir], mas a ideia não foi aceita por nenhuma editora — a proposta foi enviada para agências de venda de tirinhas como a World Publishing Company e a Scribner's. Mendez também tentou lançar uma coluna de Lee chamada Stag Line [O solteirão], que parece ter sido o projeto de uma "versão masculina de Dear Abby", uma famosa coluna em que uma conselheira sob o pseudônimo de Abby responde às cartas e dúvidas dos leitores.[12]

Em abril de 1959, Lee e Russ Heath se juntaram para criar "L'il Repute" [Má fama], uma tirinha adulta de cunho mais sexual. Mendez tentou vendê-la para distribuidoras como a McGraw-Hill e a Simon & Schuster, entre outras. "Acredito que a arte deslumbrante teria resultado em um trabalho muito bonito e engraçado", escreveu o historiador de quadrinhos Ger Apeldoorn (responsável por estabelecer uma cronologia lógica e crível para o material de Lee nos arquivos de Mendez) na revista *Alter Ego* n.º 150. Ele ainda diz que "talvez tenha sido um pouco ousado para a época. Não como assunto (pois muitos livros apresentavam prostitutas como personagem principal), mas é que ninguém fazia uma arte tão sexy quanto a de Russ Heath".

Também houve o projeto de um livro de colorir chamado *Cartoonists Cookbook* [Livro de receitas dos cartunistas], em que Lee tentou juntar o trabalho de vários artistas afiliados à Sociedade Nacional de Cartunistas, mas nunca saiu do papel.

Então veio *Willie Lumpkin*.

***

Tudo começou como uma parceria de Lee e Dan DeCarlo em *Barney's Beat* [A vida de Barney], uma tirinha de humor policial sobre um tira camarada. O projeto foi evoluindo (contra os instintos de Lee) para charges de um único quadro, depois virou uma tirinha sobre um carteiro do interior que comentava eventos e personalidades locais. O Publishers Syndicate pareceu querer emplacar a ideia, criando folhetos e outros materiais promocionais.[13]

"Você vai rir! Vai amar! E vai gostar das pessoas que encontrar (…) no Maravilhoso Mundo de Willie Lumpkin", anuncia a manchete na capa de uma das brochuras que anunciavam as novidades à venda no mercado. O Publishers Syndicate também criou diversos anúncios que podiam ser usados para preencher o espaço extra de qualquer artigo. Pelo menos um jornal — o *Oklahoma City Times* — realizou um concurso promocional chamado "Quem é o carteiro mais simpático?" (Alerta de spoiler: houve *dois* vencedores! Um deles recebeu um título de ação de cem dólares, o outro ganhou dois pares de sapato.) A tirinha estreou em 7 dezembro de 1959.[14]

O Publishers Syndicate lançou um artigo promocional intitulado "Men Behind Willie Lumpkin" [Os homens por trás de Willie Lumpkin], criado para apresentar Lee e DeCarlo como típicos moradores do subúrbio, os "caras de sempre" dos anos 1950 que almejavam subir na vida. O texto citava Lee: "Se as pessoas gostam de *Willie Lumpkin*, acho que é porque tentamos falar sobre coisas engraçadas e bem familiares para os leitores, já que passam por muitas dessas situações no dia a dia." Um pouco mais para a frente, no texto, vemos a seguinte reflexão de Lee: "Quando criança, eu queria ser o de sempre: bombeiro, policial, artista de circo, estrela de beisebol... Então claro que virei escritor!" E o artigo conclui: "Embora tenha virado um suburbano típico, Stan faz questão de ressaltar, com orgulho, que pertence ao seleto grupo de 'nova-iorquinos nativos', que, segundo ele, já está quase extinto."[15]

Apesar de ter aparecido em mais de cinquenta jornais, muitos de grande distribuição, *Willie Lumpkin* terminou em 28 de maio de 1961, depois de 18 meses. A vida curta foi, em parte, causada pela recessão nacional, que fez com que os jornais reduzissem as tirinhas — *Willie*, assim como *Mrs. Lyons' Cubs*, não estava destinado a uma vida longa.

***

Embora tenha manifestado publicamente que apreciava fazer *Mrs. Lyons' Cubs* e *Willie Lumpkin*, Lee admitiu, anos depois, que as tirinhas não eram o que gostaria de fazer:

> *"Willie era inicialmente (...) sobre um policial [da cidade]. (...) Levei a ideia para o Publishers Syndicate. (...) Mandaram mudar o personagem para um carteiro (...) de uma cidade pequena. (...) Achei que eles sabiam mais sobre o assunto do que eu (...) mas a tirinha [só] durou cerca de um ano. [Até que] um dia eu disse: "Aposto que, se eu fizesse uma tirinha sobre os escoteiros, seria aceita (...)." [A ideia] pegou (...) e fiquei preso com uma tirinha que não era bem o que eu queria.*[16]

Após o cancelamento das duas tirinhas, Lee parece ter mudado a atenção que não era dedicada à Timely/Atlas para a autopublicação de pequenos livros de comédia, retomando o que começara em 1947 com o *Secrets Behind the Comics*.

Golfers Anonymous [Os golfistas anônimos] e *Blushing Blurbs* [Manchetes chocantes], ambos publicados em 1961, foram produzidos sob o selo de Lee na Madison Publishing. *Golfers Anonymous* — que levava o subtítulo de "A Hilarious Look at Life on the Links" [Um olhar cômico sobre a vida nos campos] — consistia em desenhos (que Apeldoorn afirma provavelmente serem de Stan Goldberg) e fotos com legendas bem-humoradas. *Blushing Blurbs* — com o subtítulo "A Ribald Reader for the Bon Vivant" [Leituras impróprias para um *bon-vivant*] — consistia em fotos atrevidas — a foto de capa era Joan Lee se passando por uma prostituta de rua — também acompanhadas de legendas engraçadinhas. Segundo a autobiografia de Lee, os livros venderam bem, cerca de dez mil exemplares cada, mas ele nunca insistiu para que fizessem mais impressões.[17]

Além disso, os arquivos sobre Lee na Universidade de Wyoming indicam que havia outro projeto em andamento, o *My Own Executive Doodle Book* [O livro de rabiscos do executivo] (que talvez pudesse se chamar *A First Reader for the Thoughtful Executive* [O livro básico do executivo atencioso]), escrito e desenhado pelo próprio Lee. Os *doodle books*, ou livros de rabiscos, eram publicações com ideias e espaço para os leitores desenharem. Eram bem populares na época, e a ideia de Lee parece ter sido uma tentativa de capitalizar em cima da tendência. Segundo Apeldoorn, o livro talvez até tenha sido publicado em 1962, mas, até o momento em que escrevo este texto, nenhum exemplar foi localizado.

Considerando as evidências disponíveis, a partir desse ponto, durante os dez anos seguintes, parece que qualquer atividade de Lee fora dos quadrinhos ficou confinada à editora de Goodman, como a *You Don't Say!*, uma revista de fotos divertidas que saiu em 1963. Ainda assim, não seria surpreendente descobrir que Lee continuou investindo em tirinhas de jornal e títulos autopublicados, mesmo que não haja nada nos arquivos de Mendez durante esse período. Qualquer outra empreitada só foi documentada a partir de meados da década de 1970.

***

De volta aos quadrinhos, o período de 1957 a 1961 é, em retrospecto, conhecido como o prelúdio da Era Marvel. Na época, é claro, nenhum dos envolvidos — nem mesmo os leitores, quase todos do começo da geração dos *baby boomers* — tinha ideia do evento que tomaria suas vidas sem grandes anúncios (o que depois seria compensado com anúncios até demais). Ninguém percebeu, mas Lee e seus colaboradores estavam esperando que os *boomers* se tornassem leitores sofisticados o suficiente para apreciar o fenômeno que a Timely ainda nem sabia que proporcionaria. Essa geração de leitores recebe esse nome por causa da taxa incrivelmente alta de nascimentos — o *boom* dos bebês — que começou por volta de 1945, quando os militares que voltavam da Segunda Guerra Mundial passaram a formar suas famílias. O período durou até cerca de 1964, mas o ápice foi em 1957, que teve mais nascimentos do que em qualquer ano anterior da história dos Estados Unidos.

A Timely se esforçava para sobreviver, mas a National seguia firme e forte. Essas editoras ainda resistiam — talvez simplesmente porque tantas outras tenham declarado falência. A DC apostou no lançamento de versões atualizadas de seus super-heróis, começando com o Flash, em 1956. Aos poucos, a aposta ia dando retorno. O editor Julius Schwartz teve sucesso em suas versões renovadas do Flash, do Lanterna Verde, do Átomo e do Gavião Negro. Em 1959, o Flash e o Lanterna Verde — junto com o Super-Homem, o Batman e a Mulher-Maravilha, cujos quadrinhos nunca pararam de ser produzidos — se juntaram ao Caçador de Marte, lançado em 1955, e formaram a Liga da Justiça da América, um time que foi grande sucesso de vendas.

O ano de 1957 também marcou o início da corrida espacial, com o satélite Sputnik, da União Soviética, superando os Estados Unidos, que só lançaram o Explorer 1 no ano seguinte. A ameaça nuclear também pairava na mente de todos enquanto progredia a corrida armamentista contra a URSS. Esse ano também trouxe o começo de uma recessão, que exacerbou os problemas de distribuição de Goodman. O otimismo da Era Eisenhower foi eliminado pelo medo de que a grande jornada de todos pudesse, a qualquer momento, ter um fim violento e irrevogável.

O ano de 1959 trouxe o lançamento da série de TV *Além da imaginação*, de Rod Serling, que estreou em 2 de outubro. Lee se inspirou nos programas curtos similares ao de O. Henry, acreditando que o tipo de história cabia bem no estilo artístico de Steve Ditko, nascido na Pensilvânia. Grande parte da produção de ficção científica e fantasia da Timely já seguia a escola de reviravoltas e finais surpreendentes — resultado de uma influência cultural generalizada que envolvia Poe, os quadrinhos de terror da EC e até as séries de rádio da década de 1930. Mesmo assim, séries de TV como *Além da imaginação* e *Alfred Hitchcock Presents* deram um tom completamente novo às histórias carregadas de ironia que a Atlas já distribuía. Lee e Ditko viraram mestres de histórias assustadoras e curtas, com cerca de cinco páginas, que traduziam as ansiedades da época, com uma narrativa — graças à arte singular de Ditko — em um estilo ao mesmo tempo moderno e muito antigo. Muitas das histórias foram criadas no que ainda viria a ser chamado de "Método Marvel": discussões curtas sobre o roteiro, que logo era rascunhado, então acrescentavam-se os diálogos, aí era só fazer o trabalho de arte-final e de colorismo.[18] Tal método viria a ser fonte de muita controvérsia na vida de Lee.

✳ ✳ ✳

Devido à última grande crise de distribuição, três anos antes, em 1960 Lee ainda não conseguia fornecer trabalho o suficiente para manter os artistas ocupados. Kirby, que fora praticamente expulso da National depois de uma disputa jurídica com o editor Jack Schiff, encontrou trabalho junto com Joe Simon na Archie Comics, e os dois criaram The Fly [A Mosca] e o Private Strong [Soldado Forte]. Mas os chefes de Simon, buscando um estilo supostamente mais elegante, como o que se via na produção da DC, eram tão críticos com o traço mais apressado de Kirby que ele, frustrado, deu o fora.[19] Sua tirinha de jornal, *Sky Masters*, fonte de desentendimento com Schiff, que intermediara a venda, tinha sido finalmente cancelada. Com isso, Kirby precisava de mais trabalho para sustentar a família em crescimento, e Lee fez o que pôde para ajudar. Já Ditko, enquanto trabalhava para Lee, continuava produzindo para a Charlton Comics, uma editora de Connecticut que pagava ainda menos que a Timely.

A Timely/Atlas continuou seguindo as tendências. Acompanhando o sucesso dos filmes e programas de TV de faroeste, sobretudo a incrível audiência da série *Rawhide*, com Clint Eastwood, que estreou no outono de 1959, Lee se juntou com Kirby para apresentar uma nova versão de um antigo personagem de faroeste da Timely, o Rawhide Kid, que no Brasil ficou conhecido como Billy Blue. O retorno do personagem veio na revista *Rawhide Kid* n.º 17 (que, apesar da numeração, era a primeira edição), de agosto de 1960. A essa altura, Kirby já estava de volta à Timely havia algum tempo, e já fizera inúmeras histórias com Lee, mas essa foi sua primeira colaboração em um novo personagem *contínuo*.

Quase um ano depois, em *Amazing Adventures* n.º 1, lançada em junho de 1961, a dupla Lee-Kirby — contando com arte-final de Ditko — tentou um novo super-herói: o Doutor Druida, ambientado em um universo mágico. Não se sabe ao certo se Lee fez os roteiros inteiros ou se apenas passou resumos curtos para Larry, mas não há dúvida de que Kirby fez a arte dos quatro primeiros volumes. Apesar de ter se perdido nas várias narrativas da revolução de super-heróis da Marvel dos anos 1960, o Doutor Druida foi o primeiro dedo da Timely para testar as águas de super-heróis da época. O personagem não obteve o sucesso inicial necessário para se manter como presença fixa, mas talvez o abandono precoce do Doutor Druida (que foi posteriormente apagado da linha do tempo da Marvel) tenha algo a ver com o fato de ele ser um médico caucasiano que se transformava em um feiticeiro asiático sem qualquer motivo aparente — estranho até para os padrões de 1961. Talvez a vida do Druida tenha sido curta simplesmente porque ele nunca sequer figurou em uma capa de revista, o que já era indicativo da falta de confiança no sucesso do personagem. De qualquer forma, Kirby fez os quatro primeiros episódios do Doutor Druida, e o quinto — lançado na *Amazing Adventures* n.º 6 — foi desenhado por Paul Reinman.

Na sétima edição, o título da revista foi alterado para *Amazing Adult Fantasy* [Incríveis fantasias adultas], tornando-se uma publicação apenas de contos no estilo Lee-Ditko inspirados em *Além da imaginação*. Lee tinha decidido que a revista, ainda uma antologia, seria o playground para ele e um de seus colaboradores favoritos criarem histórias supostamente mais sofisticadas (ou seja, "adultas") do que as das outras. O slogan da publicação era "A revista que respeita sua inteligência". Versões cômicas de Lee e Ditko aparecem, brincando com as percepções dos leitores, na história da edição n.º 12, "Something Fantastic?" [Algo fantástico?]. Esse tipo de quebra de paradigmas em todos os gêneros passou a ser a marca de Lee, que costumava se colocar dentro dos quadrinhos junto com o artista da própria história — o que aconteceu mais de uma vez em *Millie, the Model* —, quase sempre em uma versão fictícia dos escritórios da editora, o suposto local onde a equipe criativa passava os dias fazendo quadrinhos e lidando com malucos, fãs e os personagens principais de cada aventura.

Ao contrário da maioria das revistas em quadrinhos, *Amazing Adult Fantasy* tinha sumário e mensagens do editor/escritor, textos dirigidos diretamente ao público, cujo linguajar também presumia que o leitor fosse mais sofisticado do que a média — ou seja, que talvez tivessem 15 anos, em vez de dez.

***

Enquanto isso, a chegada dos anos 1960 trazia mudanças grandes e pequenas pelo mundo todo.

John F. Kennedy tornou-se presidente dos Estados Unidos em janeiro de 1961. O incidente da Baía dos Porcos, em abril daquele ano, sua primeira provação no comando, foi um tremendo fiasco. Enquanto isso, Kennedy pouco a pouco aumentava o envolvimento dos Estados Unidos no Vietnã, sem deixar dúvida de suas intenções. Longe das atenções norte-americanas, a URSS concluiu o primeiro voo espacial tripulado, lançando o astronauta Yuri Gagarin em órbita em 12 de abril de 1961 e devolvendo-o em segurança para a Terra pouco depois. A corrida espacial já estava a toda, e os Estados Unidos estavam perdendo! E, como em uma demonstração de que a Segunda Guerra Mundial não tinha terminado de verdade — e que nunca terminaria nos quadrinhos —, o nazista Adolf Eichmann, capturado em Buenos Aires no ano anterior por agentes do Mossad, foi julgado em Israel, em 1961, pelos crimes horrendos que cometeu no Holocausto, e foi executado em 1962.

Na cultura popular, 1961 foi o ano da competição para o melhor batedor dos Yankees, time de beisebol de Nova York, com uma disputa acirrada entre Mickey Mantle e Roger Maris. Maris quebrou o famoso recorde de Babe Ruth naquele outono, mas demorou mais jogos do que o previsto para conseguir, o que manchou sua reputação para sempre. Vários quilômetros ao sul do estádio dos Yankees, um jovem cantor de folk chamado Bob Dylan começava a ganhar atenção. Os cinemas exibiam uma pluralidade de filmes, como *Amor, sublime amor*, *O grande amor de nossas vidas* e *Ano passado em Marienbad* (dirigido por Alain Resnais, que mais tarde se tornaria amigo íntimo de Lee). Na TV, além dos grandes sucessos de faroeste como *Rawhide* e *Paladino do Oeste*, a audiência amava programas como *The Dick Van Dyke Show*, *The Many Loves of Dobie Gillis* e *77 Sunset Strip*. Aos poucos a geração dos *baby boomers* criava uma identidade cultural e de mercado.

No mundo dos quadrinhos, os editores começavam a perceber o interesse por narrativas mais densas e introspectivas. O Super-Homem, por exemplo, começava a desenvolver uma história, com o homem de aço de fato refletindo sobre o significado e as repercussões de ser o último sobrevivente do planeta Krypton, coisa que mal se dera ao trabalho de notar antes. (Mais ou menos na mesma época, ele descobriria que não era realmente o último de sua espécie nem o único sobrevivente, mas, mesmo assim, sua história levantou o importante argumento de que as sagas de super-heróis poderiam ter um pouco mais de profundidade.)

Também havia quadrinhos como *Our Army at War* [Nosso exército em guerra], da DC — com o novo personagem Sgt. Rock —, com histórias sobre a Segunda Guerra Mundial, o que foi muito bem aceito pelo mercado do momento: os filhos dos veteranos de guerra queriam ler aventuras sobre versões idealizadas de seus pais. E o mundo real também aparecia nas histórias dos super-heróis da DC do início dos anos 1960, com os personagens encontrando versões suas da era da guerra, que viviam em um mundo paralelo, a "Terra 2". Essas versões eram bem mais velhas, mas continuavam formidáveis inimigos do mal. "Flash of Two Worlds" [o Flash de dois mundos], uma história inovadora da DC, lançada em 1961, estabeleceu um elo entre o Flash dos quadrinhos e sua versão da década de 1940. Isso gerou o reavivamento de vários heróis da DC que tinham feito parte da vida dos pais dos leitores. As crianças de dez anos foram afetadas por uma onda de nostalgia, uma saudade dos quadrinhos publicados antes mesmo de nascerem. Algo estava mudando. Algo na DC gerava nos escritores a vontade de aprofundar as histórias. Talvez tenha sido a perspectiva mais madura dos criadores e editores que tinham chegado à meia-idade. Ou, quem sabe, fãs mais velhos famosos, como Jerry Bails e Roy Thomas, tivessem despertado uma sensação de identidade e história para esses heróis.

Na Timely/Atlas, a história era parecida com a de grande parte da equipe editorial e criativa da DC: Stan Lee, então com 38 anos, e Jack Kirby, com 43, também eram veteranos da Segunda Guerra. Lee servira nos Estados Unidos, trabalhando em material de propaganda, já Kirby presenciara a brutalidade do combate. Os dois também tinham amadurecido e encaravam a vida com uma nova perspectiva. Também tinham histórias poderosas para contar, cheias de emoções complexas. E perceberam que também queriam passar algumas lições de vida para a geração seguinte.

Mas não estavam trabalhando na DC Comics. Suas histórias eram publicadas nos quadrinhos sem nome de Martin Goodman, uma editora sempre avessa aos riscos das inovações de mercado e que quase saíra do ramo fazia pouco tempo. Uma empresa comprometida em evitar riscos para garantir a própria sobrevivência. De qualquer ponto de vista razoável, Lee e Kirby pareciam estar seguindo o caminho mais sensato possível: produziam histórias simples, baseadas em gêneros populares dos filmes e da TV.

Kirby aceitava todo o trabalho de desenho que conseguia. E recebia quase tudo de Stan Lee, que lhe passava o máximo de tarefas que pudesse. Lee, por sua vez, se ocupava de construir uma carreira variada, em parte porque não queria se entediar com o próprio trabalho, mas principalmente para garantir que não precisaria depender de nenhuma fonte de renda específica. Apesar dos ônus e bônus de trabalhar para um parente, seu emprego diário lhe proporcionava o luxo de poder atribuir a si mesmo todo o trabalho de redação freelancer que conseguisse aceitar. Apesar disso, os acontecimentos dos últimos anos tinham deixado claro que aquela situação de emprego não era nem um pouco estável.

Lee tinha um bom currículo — ainda que nada espetacular — com tirinhas de jornal, além de poder contar com uma agente que confiava em seu trabalho a ponto de sempre pleitear suas ideias com as agências distribuidoras. Além disso, tinha alguma experiência com autopublicação, o que poderia voltar a fazer caso surgisse o desejo ou a necessidade.

Era um currículo extraordinário? Não. Mas não era nada mau para alguém que quase perdera o emprego, poucos anos antes. Lee tinha uma base sólida sobre a qual podia planejar seus próximos passos, além de opções e contatos que talvez fossem úteis quando decidisse exatamente o que faria. O que era ótimo, já que estava determinado a dar o fora do mundo dos quadrinhos.[20]

***

Até que, um belo dia, no início de 1961, Martin Goodman sugeriu que seria uma boa ideia tentar voltar a fazer histórias de super-heróis.

7 RESSURGINDO DAS CINZAS

> AS IDEIAS DOS NOVOS PERSONAGENS DOS ANOS 1960 SÓ SURGIRAM PARA MIM PORQUE CRIÁ-LOS ERA MINHA RESPONSABILIDADE. (...) SONHEI COM O QUARTETO FANTÁSTICO E ESCREVI UM RESUMO DO ROTEIRO. PASSEI A IDEIA PARA JACK KIRBY, QUE FEZ UM TRABALHO MARAVILHOSO.
> — STAN LEE, EM DEPOIMENTO GRAVADO DE 13 DE MAIO DE 2010 NO JULGAMENTO DA *MARVEL WORLDWIDE INC. CONTRA KIRBY ET AL.*

> EU CRIEI O QUARTETO FANTÁSTICO. EU CRIEI O THOR. EU CRIAVA O QUE FOSSE PRECISO PARA VENDER AS REVISTAS. STAN LEE NUNCA TEVE TINO EDITORIAL. UM HOMEM COMO ELE JAMAIS CONSEGUIRIA INOVAR — ALIÁS, TAMBÉM NÃO CONSEGUIRIA REPETIR NADA DE BOM DO PASSADO.
> — JACK KIRBY, *THE COMICS JOURNAL* N.º 134, FEVEREIRO DE 1990

A história que Lee repetiu tantas vezes conta que, no início de 1961, ele estava prestes a deixar o emprego quando Martin Goodman o chamou em seu escritório. Em uma conversa com Roy Thomas em 1998, Lee afirmou que ia se demitir naquele mesmo dia, mas Goodman sugeriu que deveriam fazer histórias de super-heróis, o que despertou seu interesse o suficiente para que adiasse o pedido de demissão.[1] Goodman acabara de descobrir o sucesso de vendas da *Liga da Justiça da América*, da DC Comics — havia o boato de que ele ouvira um executivo da DC se gabar durante um jogo de golfe, mas não é verdade. Seja lá como Goodman descobriu, o fato é que um editor tão obcecado com as tendências do mercado como ele faria questão de saber o que vendia nas bancas e como a concorrência estava se saindo.

Acompanhando o ressurgimento lento, mas constante, da glória dos super-heróis, com a repaginação do Flash e do Lanterna Verde e a formação da Liga da Justiça (sem falar das histórias do Super-Homem, do Batman e da Mulher-Maravilha, que nunca chegaram a ser canceladas), Goodman notou a tendência do mercado, que se voltava outra vez para os super-heróis, mas agora organizados em *equipes*. Claro que o teste com o Doutor Druida, no início daquele ano, parecia não levar a nada, mas talvez um quadrinho sobre alguma equipe de heróis se saísse melhor com o público.

Com isso, Goodman instruiu Lee a produzir uma história sobre um time de super-heróis, sem dúvida presumindo que Stan desenterraria os velhos personagens da Timely, talvez adicionando um ou dois novos, e que juntaria uma boa equipe, como aconteceu com o *Esquadrão Vitorioso* dos anos 1940. As crianças tinham suas vontades e seus desejos. Se gostavam de times de super-heróis, então a editora faria um.

Só que Lee não queria simplesmente ressuscitar os antigos heróis da Timely. Não temos como saber seus motivos, mas é preciso levar em conta que ele se lembrava bem do fracasso de 1954, a última vez em que tinha tentado relançar algum personagem. Lee relembrou o dia em que contou para Joan a respeito de sua mais recente tarefa, e disse que ela o aconselhara (como parece ter feito várias vezes ao longo de suas conversas sobre trabalho) a tentar fazer algo diferente, a parar de reclamar de ser forçado a seguir com a velha fórmula de sucesso e ver o que conseguia criar de novidade. O pior que poderia acontecer seria a demissão — o que parecia improvável, visto que Lee era parente do chefe, e a tentativa de história seria apenas uma das muitas revistas lançadas por ano. Sem falar que ele já andava dizendo que queria sair do trabalho. Lee contou que criou os personagens, escreveu um esboço da história e o entregou ao "artista mais talentoso e confiável" com quem podia contar, Jack Kirby.[2]

***

Nas várias versões do relato de Lee sobre essa história, Martin ora parece empolgado com a ideia de retomar os super-heróis, ora parece neutro e desapegado dos personagens, como se só estivesse tomando mais uma de tantas decisões de negócios. Em algumas versões, Martin chamava Lee para uma reunião; em outras, ia diretamente ao escritório do editorial de quadrinhos. Embora as diferenças sejam sutis, parecem refletir como Lee se sentia a respeito de Martin e dos quadrinhos em geral no momento em que contava a história. Curiosamente, em *todas* as versões, Martin é um participante ativo, dando a Lee a ordem de reviver os super-heróis. As maiores variações se encontram na parte de Lee estar de fato literalmente prestes a pedir demissão ou estar apenas cumprindo suas tarefas, sem nenhum plano específico de deixar a empresa. Por exemplo, como Lee contou, em 2010:

> *Martin Goodman me pediu para criar um time de heróis depois de descobrir o da National Comics, que estava vendendo bem. Fui para casa e pensei na ideia, querendo fazer algo diferente dos quadrinhos de super-heróis da época. Não queria nenhuma dupla identidade, nada de segredos.*
>
> *E queria que fossem o mais realista possível. Em vez de morarem em Gotham ou em Metrópolis, queria que vivessem em Nova York (...).*
>
> *Queria tudo bem real, que os relacionamentos deles fossem reais. Em vez de uma garota que não sabia que o namorado era um super-herói, queria que, além de saber, eles estivessem noivos, prestes a se casar. E que ela também tivesse um superpoder.*
>
> *Esse tipo de coisa, entende? Queria tentar isso. Então, escrevi uma breve sinopse e, naturalmente, liguei para Jack, que era nosso melhor artista, perguntando se ele aceitava fazer. Ele pareceu gostar da ideia.*

> Jack pegou a sinopse e desenhou a história, acrescentando suas próprias ideias, todas geniais.[3]

Sobre ter recebido uma cópia do roteiro original, Lee comentou:

> Discutimos as ideias, acrescentamos alguns toques e fizemos pequenas mudanças. Mas esse foi o começo de tudo.[4]

Como Lee recordou, ele discutiu os personagens com Kirby antes ou depois — talvez antes *e* depois — de escrever o roteiro. Kirby desenhou a primeira edição, escrita por Lee e provavelmente com arte-final de George Klein, que fazia muitos trabalhos como freelancer para a DC e de vez em quando se aventurava na Timely. E o resto, como se costuma dizer, é história — ou pelo menos uma versão dela.

A versão de Kirby sobre a criação do time é muito diferente (além de inconsistente, variando muito conforme ele a repetia). É claro que as visões e versões opostas são, até hoje, fonte de muitos conflitos.

Em poucas palavras, Kirby tem vários depoimentos afirmando que já chegou para Lee com a ideia completa e a primeira edição pronta, e que Lee, desesperado para manter o próprio emprego, ficou muito empolgado com a oportunidade de publicá-la. Kirby afirmou que já fazia algum tempo que pedia a Goodman para voltar a publicar histórias de super-heróis, pois notara que a moda estava de volta. "Sempre acreditei muito no potencial dos super-heróis, sempre soube que eles poderiam voltar à tona — e com muita força", contou Kirby ao pioneiro dos quadrinhos, Will Eisner.

> Tive que lutar muito pelos super-heróis. (...) Tive que recriar toda a série [da Timely]. Senti que, na editora, não havia mais ninguém qualificado para isso. Stan Lee foi apenas uma ferramenta para que eu alcançasse meus objetivos. Ele era meu contato com Martin.

E, na mesma conversa, disse ainda: "Não foi Stan Lee quem escreveu. Eu escrevi."[5]

Seja lá quem teve a ideia, o fato é que o novo time de heróis era composto por Reed Richards (o "Sr. Fantástico", com corpo elástico); Ben Grimm ("O Coisa", com força sobre-humana); Susan Storm (a "Mulher Invisível", que, como diz o apelido, ficava invisível quando quisesse); e Johnny Storm (o "Tocha Humana", que tinha controle sobre o fogo). Esses quatro personagens eram o núcleo do que viria a ser conhecido como Universo Marvel, e estrearam na primeira edição da revista *Quarteto Fantástico*.

Antes de romper com a DC e voltar para a Timely, Kirby desenhara e participara do roteiro de *Desafiadores do desconhecido*, um quarteto de aventureiros que, como no caso dos novos heróis da Timely, tinham adquirido seus poderes depois de uma colisão da nave espacial em que estavam. Há quem aponte a semelhança das origens dos quartetos como prova de que a versão de Kirby está mais próxima da verdade.

De fato, o *Quarteto Fantástico* tem alguma semelhança com os *Desafiadores* de Kirby (criados em parceria com Joe Simon), mas também se assemelha a outros times de heróis dentro e fora dos quadrinhos, incluindo a *Liga da Justiça* e o *Esquadrão Vitorioso*, da Timely. Outra versão do Tocha Humana já tinha aparecido em algumas revistas, e o Sr. Fantástico lembrava os clássicos Homem-Borracha e Homem-Elástico, criados como paródia dos "homens de borracha" dos circos e das exposições de bizarrices de antigamente. A Mulher Invisível era mais uma das muitas personagens invisíveis na história da ficção. O Coisa não tinha uma aparência muito diferente dos monstros que Lee e Kirby produziam juntos vários anos antes. As manchetes de jornais foram uma inspiração óbvia para a corrida espacial representada na história. (Existe até a teoria de que a batalha contra o Toupeira, na segunda metade da primeira edição do *Quarteto Fantástico*, já era uma história da Timely/Atlas guardada nos arquivos e que foi adaptada para o novo time de heróis, embora Lee tenha negado.)

O que é estranho, e talvez mostre que o *Quarteto Fantástico* não estava nos planos de nenhum dos dois, é que a arte da primeira edição é indiscutivelmente inferior ao trabalho que Kirby fizera naquele mesmo mês em *Billy Blue* e na história do monstro Orrgo, em *Strange Tales* [Contos estranhos]. Mesmo assim, Stan Lee — editor, escritor e diretor de arte — e o próprio Goodman permitiram que a revista fosse às bancas. Chega a parecer que o quadrinho foi feito exatamente com a atenção que os cocriadores acharam que deviam dedicar a uma tarefa extra, dada por um editor que não tinha mais o que fazer além de criar revistas novas só por causa de um palpite, enquanto os dois se acabavam de trabalhar para dar conta dos títulos já existentes. É como se Lee e Kirby dissessem: *Pronto, aqui está o time de super-heróis que você queria, Martin. Não sei se reparou que não temos nenhum personagem importante como o Super-Homem ou o Batman, mas você é o chefe, então aqui está o que pediu. Um time de super-heróis de uma editora que não publica nenhuma história famosa de super-heróis há anos. Pode arquivar junto com o Doutor Druida.*

E aqui estamos: com o início do *Quarteto Fantástico*, vem a época mais significativa — e a mais cheia de ambiguidades — das histórias de Lee e da Marvel. É o período que todos gostariam de conseguir colocar em uma ordem cronológica detalhada, de ter um relato inequívoco do que "realmente aconteceu". Porque, apesar de vários raios de sucesso terem caído perto da dupla Lee e Kirby, que já havia trabalhado em tantas histórias, era a primeira vez que os acertava em cheio.

Durante os dois anos seguintes, foram criados — ou, em alguns casos, repaginados — os principais heróis do Universo Marvel. E algumas perguntas imploram por respostas: como isso aconteceu? Como uma editora pequena, por mais que contasse com bons profissionais, ainda por cima com Lee, Kirby e Ditko no comando — um time de gente com experiência de sete a vinte anos em quadrinhos —, de repente lançou todo um panteão de ícones na cultura pop? Personagens que, hoje, quase seis décadas depois da criação, geram mais interesse e renda do que qualquer um teria sonhado? Todos querem examinar a magia do momento, saber quem fez o que, dissecar cada palavra e imagem de cada história para poder ver exatamente quem criou quais partes do panteão da Marvel — e, no processo, reconhecer e recompensar cada criador de maneira justa.

Claro que não há respostas óbvias. Grande parte do trabalho com quadrinhos é solitário, em mesas, pranchetas e máquinas de escrever (que, mais tarde, viraram computadores), embora os escritores e os artistas discutam as colaborações com antecedência. Muito do trabalho começa na cabeça dos criadores, durante o tempo livre, e depois é trazido à vida no papel. Algumas coisas surgem espontaneamente, com pouca ou nenhuma premeditação. É raro ter o processo criativo documentado — não há muito motivo para tal.

Os quadrinhos podem até ser examinados e analisados, e a evidência restante de material digitado e desenhado pode ser vista e dissecada, mas, no fim das contas, a verdade permanece um mistério, não importa a quantidade — e o fervor — de gente convencida de que sabe as respostas.

É como Mark Evanier, biógrafo de Kirby, escreveu:

Entre aqueles que trabalhavam com a dupla na época, havia uma visão unânime: o Quarteto Fantástico fora criado por Stan e Jack. Não parecia apropriado dividir os créditos, nem na ideia nem nas maravilhas que ainda estavam por vir.[6]

E, segundo Raphael e Spurgeon:

Quando (...) os novos quadrinhos da Marvel conquistaram a fama, quem criou cada personagem e o quanto cada pessoa colaborou se tornaram questões importantes, tanto no aspecto legal quanto no ético. Mas (...) conforme a nova fórmula de revistinhas tomava os escritórios da Marvel (...) a melhor maneira de garantir a qualidade da nova série de super-heróis, criada às pressas, era que os envolvidos contribuíssem com suas ideias na hora em que surgiam.[7]

Quando o Quarteto Fantástico estreou, parecia uma espécie de continuação do primeiro super-herói "moderno" da Timely/Atlas, o Doutor Druida, mas feita sem vontade. Quem sabe? Talvez Goodman também tenha sugerido a criação de revistinhas de super-heróis na época, e o Doutor Druida tenha sido uma resposta passivo-agressiva para acabar logo com aquele capricho do chefe, de modo que os editores pudessem continuar o trabalho com os quais já haviam se comprometido.

De fato, no mesmo mês em que surgiu *Quarteto Fantástico*, a empresa também lançou cinco quadrinhos de fantasia, dois de faroeste, três títulos de romance e um de comédia — 12 quadrinhos no total, demonstrando que a restrição de oito títulos por mês imposta pela Independent News estava mais relaxada. A um olhar mais atento, de fato parece que quase todas as outras publicações daquele mês foram feitas com mais empenho e entusiasmo. Mas, obviamente, havia uma faísca de sucesso enterrada naquela primeira revistinha feita às pressas.

***

A relativa falta de empenho na primeira edição de *Quarteto Fantástico*, bem como seu potencial, foram notados por pelo menos um fã — alguém com bom conhecimento sobre o mercado e a história da empresa. Em artigo para o fanzine *ComiCollector*, Roy Thomas, de 24 anos, professor de inglês do ensino médio de Missouri, escreveu:

> *Apesar das falhas — e esta primeira edição traz erros gritantes —, o* Quarteto Fantástico *pode se tornar um dos melhores quadrinhos da atualidade, na opinião deste crítico.*[8]

Thomas elogiou o Coisa, chamando-o de "paladino pavoroso da justiça", e completou: "Neste tempo de super-homens bonitos demais, precisamos de algo para nos lembrar de que a bondade do coração e a aparência física não estão relacionadas."

De fato, Thomas (que, é claro, mais tarde virou escritor e editor da Marvel, onde trabalhou por muitos anos) tinha sentido o que deve ser o elemento mais inovador e apaixonado da edição de estreia de *Quarteto Fantástico*: o Coisa. Enquanto Reed Richards — muito parecido com o Ward Cleaver de Hugh Beaumont, da série de TV *Leave It to Beaver*, dos anos 1950 — falava como um cientista de filme de ficção científica dos anos 1950, e Johnny e Sue Storm tinham padrões de fala de quadrinhos bastante estereotipados, o Coisa, que antes da mutação se chamava Ben Grimm, evoluía no decorrer da história, quase como se Lee estivesse desenvolvendo sua personalidade junto com o roteiro. No início da revista, o Coisa tinha uma fala mais formal. Por exemplo, depois que um policial em pânico mirou nele e errou o tiro, ele disse: "His first shot missed... but he'll not get another chance." [O primeiro tiro foi errado... mas ele não terá outra chance.]

Porém, já no fim da primeira história, na página 13 (das 25 totais), Ben declara, numa fala muito mais coloquial: "I ain't Ben anymore — I'm what Susan called me — THE THING." [Não sou mais o Ben. Sou o que Susan me chamou. A COISA.] Mais tarde na história, quando a equipe luta contra o vilão da revistinha — o Toupeira —, o Coisa derrota um monstruoso guerreiro de pedra. Ao ver isso, Sue comemora que Ben matou o vilão. Ben, então, responde: "What did you expect? I'm the Thing, ain't I?" [Esperava o quê? Eu sou o Coisa, não sou?]*

Ou seja: no espaço de uma única revista, o personagem evoluiu depressa, deixando de lado a fala formal e sombria e assumindo o discurso à la William Bendix/Broderick Crawford pelo qual passou a ser conhecido. Analisando o balão de fala mais de perto, pode-se ver que na frase original "I'm the Thing, ain't I?" há um espaço extra entre a contração *ain't* e *I*. É possível especular que Lee pode ter escrito *aren't I*, uma contração menos informal, ou talvez até *am I not*, que seria uma fala ainda mais formal, justamente pela falta de contração. Se isso aconteceu, não foi traduzido pelo letrista e arte-finalista, então talvez Lee tenha notado que o desenvolvimento de personalidade do personagem exigia que sua fala passasse a ser mais informal.

---

* A distinção só é clara no original, em inglês. Na primeira fala, temos o "He'll not", em que o pronome pessoal "He" contrai com o futuro "will", fazendo "he'll", mas o negativo, "not", permanece de fora.

No exemplo seguinte, ele usa "I ain't", uma contração muito mais informal da frase "I am not", com o verbo "am" contraído junto do negativo "not". O último exemplo é uma repetição da contração em uma situação ainda mais específica. Em vez de usar as opções mais gramaticalmente corretas "am I not?" ou "aren't I?", ele opta pela contração informal "ain't I?". (N. da T.)

Kirby também parece ter dado mais atenção — assim como o arte-finalista George Klein — ao Coisa do que aos outros personagens. Ben foi desenhado com mais intensidade, personalidade e humor do que outros, e fica claro que Kirby, tanto quanto Lee, pareceu se identificar com o personagem, personalizando mais o traço do Coisa mesmo nesta primeira aparição. E essa identificação de Kirby só aumentaria nos anos seguintes, a ponto de ele se tornar o alter-ego do personagem em uma história de 1978 — que também apresentava Lee no papel do Sr. Fantástico, o líder do time.

Um pouco mais tarde, em sua resenha do *ComiCollector*, Thomas opinou: "Com um pouco mais de imaginação nas histórias e na arte — e talvez a adição de um quinto personagem, como o Sub-Mariner (...) acho que o quadrinho poderia ser digno de grande circulação."[9]

É claro que a série recebeu esse "pouco mais de imaginação". A mudança começou no número 2 e se firmou de vez no número 3. Com isso, o editorial parecia entender o que era o Quarteto Fantástico e qual seria seu potencial — e o que mais havia na primeira edição era potencial. Como se em rebelião contra os roteiros muito fixos e cheios de continuidade da DC Comics na época, o *Quarteto Fantástico* n.º 1 é puro caos. A história é confusa e bagunçada, mesmo supondo que Kirby a tenha de fato desenhado com base no esboço de trama que recebera de Lee (um dos poucos que existem no histórico de trabalhos da dupla), descrevendo 13 páginas de apresentação e origem do grupo. (A sinopse pode ser encontrada em vários lugares, incluindo a edição n.º 358 do *Quarteto Fantástico*.) As instruções de Lee no resumo foram:

> *A história pode abrir com uma reunião do Quarteto Fantástico. Quando começa, a legenda informa ao leitor que vamos voltar algumas semanas no tempo para ver como tudo começou (...)*

A partir daí, o roteiro é um flashback sobre a origem do grupo. Porém, a história publicada, desenhada por Kirby, tem as oito primeiras páginas no *presente*. Reed Richards dispara um sinal de alerta, convocando o restante da equipe para a sede (em Central City, em um prédio sem nome). Então, sem nenhuma menção na sinopse de Lee, temos uma cena introdutória para cada um dos outros três membros da equipe.

Vemos Susan Storm fugindo de um chá da alta sociedade, assustando os transeuntes, derrubados pela passagem destrambelhada da Mulher Invisível. Vemos o Coisa — disfarçado com sobretudo, chapéu e óculos escuros — tentando comprar roupas para o enorme corpanzil, depois avançando pelas ruas e pelos esgotos a caminho da reunião. Por fim, vemos Johnny Storm, que consertava um carro antigo em uma oficina mecânica, explodindo em chamas e zunindo pelo céu em direção à fonte do sinal, perseguido por aviões da Força Aérea cujos pilotos não sabem quem ou o que ele é. A rota aérea, de acordo com a legenda da narrativa, o leva à reunião em "menos de uma hora", sabe-se lá por quê. Os aviões disparam mísseis nucleares contra ele, que é salvo no último minuto por um alongamento do Sr. Fantástico.

As apresentações dos personagens são emocionantes, ainda que não façam muito sentido, e duram sete páginas. Finalmente, na página 9, entramos no flashback de Lee, onde conhecemos a origem do grupo, descobrindo sobre o voo espacial trágico, lançado às estrelas durante a corrida para "vencer os comunistas". Bombardeados por raios cósmicos — como mais de um estudioso observou, Reed, um gênio da ciência, "se esqueceu" de levantar os escudos apropriados da espaçonave —, eles são transformados no Quarteto Fantástico e juram usar seus poderes para ajudar a humanidade. O juramento ocorre na página 13.

Na página 14, de volta ao presente, Reed conta ao grupo sobre o misterioso desaparecimento de usinas atômicas em todo o mundo. Então partimos, na página 15, para a "África Francesa", onde um buraco se abre no chão, sugando outra usina e liberando um monstro — o verde gigante visto na capa da edição — que aterroriza um grupo de soldados. Comandado por seu mestre — o Toupeira (ou Homem-Toupeira, como era chamado nessa primeira aparição) —, o monstro retorna ao "núcleo da Terra".

A história então volta para a sede do Quarteto Fantástico, onde a equipe descobre sobre este último roubo de usina. Contra toda a lógica, Reed descobre que a fonte do problema está na Ilha Monstro. O grupo voa em seu jato particular até a ilha, cujo nome sem dúvida é um impeditivo para turistas curiosos, e lá batalham contra — adivinhe só? — dois monstros. Johnny e Reed são capturados pelo Toupeira, que, em seguida, relembra a própria origem e como descobriu aquela ilha.

Em uma cena final climática de duas páginas, composta por 15 painéis muito apertados, a equipe escapa dos monstros. O Tocha, então, usa sua chama para "causar um deslizamento, selando essas criaturas para trás" — porém, na arte, parece que ele assa os monstros ainda vivos no subsolo. O grupo descobre que Reed deixou o Toupeira fugir — dizendo que "Ele ficou para trás. Nunca mais incomodará ninguém!" —, então os quatro voam para longe, encarando o futuro em um dos painéis menos empolgantes já desenhados por Jack Kirby.

Dizer que a edição foi feita às pressas é um eufemismo. A história não tem coesão e é cheia de inconsistências, com desenhos desanimados e narrativa indiferente, não importa se o roteiro é de Lee, de Kirby ou de ambos. As outras histórias da dupla que foram às bancas no mesmo mês, como as de *Billy Blue* e *Strange Tales*, eram muito superiores em arte e roteiro. Como o leitor Bill Sarill escreveu sobre a história, em uma carta publicada na coluna de cartas da edição n.º 3:

> Acabei de ler o Quarteto Fantástico [n.º 1] e devo admitir que estou decepcionado. Espero coisas melhores da dupla Lee-Kirby. Jack faz artes muito melhores do que aquilo. (...) A história também sofre da "Síndrome do Monstro", para parafrasear Jean Shepard [sic], que dominou a maioria, se não todos, os quadrinhos da empresa por um tempo.

Sarill obviamente era fã da editora, e não um leitor casual, já que conhecia os trabalhos de Lee e Kirby. E é preciso destacar como a Timely aceitou publicar uma crítica negativa como essa na coluna principal de cartas do leitor. Embora Lee tenha dito muitas vezes que sabia que o *Quarteto Fantástico* tinha sido um sucesso devido ao repentino dilúvio de correspondências, o fato é que as primeiras colunas de cartas continham mensagens de funcionários e freelancers da editora, incluindo Sol Brodsky, Stan Goldberg e Jim Mooney — algumas piadinhas nas cartas tornam isso bem evidente para os poucos leitores cientes de quem as escrevera. As outras cartas publicadas vinham de fãs conhecidos da editora, como Ronn Foss e o próprio Thomas. No entanto, curiosamente, Lee escolheu publicar a carta de Sarill, permitindo que o precioso espaço de resposta ao leitor (essencialmente, uma página promocional disfarçada) levasse uma mensagem que acusava ele e Kirby de não terem feito um bom trabalho — muito pior do que evidenciar algum erro de ortografia ou de cor.

Igualmente interessante é a resposta de Lee, que não procurou defender a dupla, e sim dizer, literalmente: "Viu como somos justos? Damos tanta atenção às críticas quanto aos elogios!"

É claro que imprimir a carta de Sarill também permitiu que Stan colocasse o nome do escritor e radialista Jean Shepherd em um quadrinho de super-heróis, uma maneira subliminar de dizer aos leitores que este quadrinho — assim como a própria Marvel e o editor da revista — era diferente do que se via por aí. Usar o nome de um ícone como Shepherd em resposta a uma crítica brutal era indicativo de que, embora não fosse o *Paris Review*, algo naqueles quadrinhos fazia valer a pena a leitura, não importava o que Bill Sarill pensasse. (Shepherd, aliás, já tinha popularizado a exclamação "Excelsior!" antes de Lee adotá-la.)

***

Como acontecia mesmo em alguns dos trabalhos posteriores de Lee e Kirby, feitos com mais esmero, as cenas mais importantes de ação nessa primeira revista do *Quarteto Fantástico* não são mostradas, e sim — para surpresa de todos — descritas em legendas, um indicativo de que Lee estava determinado a contar uma história diferente, em alguns aspectos, da que acabou sendo desenhada. Kirby, que deu seu próprio ritmo à narrativa — o que quase sempre resultava em obras impactantes e muito expressivas —, acabou deixando muito da história para as últimas páginas, com numerosos painéis pequenos em vez do que o leitor esperava: *mais* páginas com painéis *maiores*, mostrando a ação explosiva que as legendas descreviam.

Embora seja improvável que as crianças de 1961 estivessem lendo com atenção o bastante para notar esse detalhe, quando analisamos a revista em retrospecto, a questão parece o equivalente em quadrinhos a dois capitães lutando pelo controle do timão de um navio. A luta de Lee e Kirby pelo controle da narrativa persistiu pelos dez anos seguintes — porém, quase que por milagre, a disputa resultava em obras excelentes.

Ainda assim, como Thomas e outros previram, a história trazia algo a mais, apesar da natureza caótica da narrativa — talvez até *por causa* dela. Como Raphael e Spurgeon observaram:

> *Os vinte anos de falta atenção e de desprezo criativo pelos super-heróis agiram em favor de Kirby e Lee. Até as menores mudanças que os dois faziam pareciam radicais e ousadas.*[10]

O que aconteceu foi que os dois autores seguiram seus instintos de se preocupar menos com a lógica e a consistência da narrativa e mais com o impacto emocional da história que estavam escrevendo e desenhando. Para Kirby, era imperativo retratar, através da arte, os sentimentos dos personagens e a intensidade da narrativa. Para Lee, pensar em *como* os personagens diziam as coisas que queriam dizer, com que intensidade expressavam seus pensamentos, sentimentos e personalidades era tão ou mais importante do que a própria narrativa, e era o que fazia uma história de sucesso. Os acadêmicos podem explicar essa dinâmica de criação como dialética, uma luta contínua dos dois criadores pelo domínio da narrativa. Os leitores de quadrinhos da época, incluindo muitos estudantes universitários, só diziam que era *maneiro*.

***

Thomas, com todo o seu interesse e entusiasmo, era um tipo de leitor relativamente raro. Ele e o editor da *ComiCollector*, Jerry Bails, assim como outros adultos fãs de quadrinhos — alguns dos quais liam e escreviam fanzines —, não eram numerosos o suficiente para criar e sustentar o interesse em determinada revista ou editora. Além de revisitar as alegrias de ler os quadrinhos de sua infância com o olhar adulto, esses fãs se dedicavam igualmente — talvez até *mais* — a conferir as novidades das publicações de super-heróis. Com isso, é compreensível que estivessem mais interessados nos heróis da DC, já consagrados. O editor da DC, Julius Schwartz, dava muita atenção a esses fãs, inclusive fornecendo informações privilegiadas. Lee também fazia isso. Mas, naquela época, esses especialistas não causavam muito impacto nas vendas. Mesmo que não tivessem influência para convencer o público a dar uma chance às histórias do Quarteto Fantástico, esses fãs *tinham* a capacidade de influenciar os editores no que se refere ao conteúdo — como visto pela sugestão de Thomas, de devolver o anti-herói Príncipe Submarino, da era de ouro da Timely, aos quadrinhos.

Mas, como Goodman já tinha previsto, se a revista *Liga da Justiça*, da DC, era popular, talvez uma criança que visse o *Quarteto Fantástico* em uma banca de jornal estivesse disposta a apostar um centavo em um novo time de super-heróis. Ao mesmo tempo, a capa indicava que os novos personagens talvez já fossem heróis conhecidos — havia, por exemplo, uma chamada: "Juntos pela primeira vez nesta revista incrível." Além dos amantes de super-heróis, talvez o público que gostasse dos outros quadrinhos da Timely — sobretudo dos títulos de fantasia, ficção científica e monstros — também estivesse disposto a investir um centavo de dólar em uma nova distração para o mês de agosto, com o fim das férias se aproximando.

O *Quarteto Fantástico* n.º 1 foi para as bancas em 8 de agosto de 1961, chegando a algumas outras regiões um pouquinho mais tarde, mas mais ou menos na mesma época. Era o tempo da Guerra Fria e da corrida espacial. O russo Yuri Gagarin tinha sido o primeiro homem a ser lançado ao espaço, naquele mesmo ano, em 17 de abril. Alan Shepard se tornou o primeiro *estadunidense* no espaço em 5 de maio, seguido em 21 de julho por Gus Grissom. Menos de uma semana após o lançamento do *Quarteto Fantástico* n.º 1, as tensões entre os soviéticos e o Ocidente tomaram forma física com o início da construção do Muro de Berlim, separando a Alemanha capitalista da parte controlada pelos soviéticos. Ciente das manchetes e do *zeitgeist*, o espírito da época, qualquer criança que visse a capa da revista em alguma banca poderia querer comprar aqueles quadrinhos, com histórias sobre norte-americanos corajosos disparando para o espaço.

Mas convencer as crianças a darem uma chance à nova revista era só uma parte da questão. Para criar um quadrinho de sucesso, era preciso convencê-las também a *comprar a edição seguinte* e *contar aos amigos* sobre a história. O editor precisava de uma história que convencesse as crianças a consumir a revista *também* pela recomendação dos amigos. Ei, custa só um centavo! É só um chocolatinho a menos na semana. Custa o mesmo que uma bala! Por que não tentar?

E o que Thomas e os outros fãs mais velhos viram nos quadrinhos também deve ter sido evidente para muitos dos leitores menos ávidos. Em uma carta de 29 de agosto de 1961, Lee escreveu a Bails: "A julgar pelos primeiros relatórios de vendas, acho que temos um título de sucesso em nossas mãos!"

E continuou:

Quanto ao futuro do Quarteto Fantástico, TEREMOS:
UNIFORMES
NOVO TRATAMENTO (de arte) DO TOCHA HUMANA
NOVOS PERSONAGENS NAS PRÓXIMAS EDIÇÕES
(Talvez você veja o Príncipe Submarino outra vez. Ou o Capitão América... Fique de olho!)

Lee concluiu a carta dizendo:

Foi de propósito que decidimos (...) não atribuir MUITOS superpoderes aos personagens, pois sentimos que esses efeitos servem apenas para atrair os leitores MAIS NOVOS, e estamos tentando (talvez em vão?) atingir um público um pouco mais maduro e mais sofisticado.[11]

Lee e Bails também trocaram cartas sobre a *Amazing Adult Fantasy* n.º 7 — uma versão repaginada da *Amazing Adventures* —, que tinha sido publicada no mesmo mês de estreia do *Quarteto Fantástico*. Cada edição da *AAF* continha várias histórias curtas de fantasia com finais surpreendentes, todas escritas por Lee e desenhadas por Ditko. As histórias não eram muito diferentes das que apareciam em várias revistas da linha, mas o estilo de arte de Ditko, muito distinto, deu à *AAF* uma aparência única. O marketing da publicação, direcionando-a para leitores mais inteligentes — assim como o uso da palavra "adulto" no sentido de *maduro*, em vez de *pornográfico* —, foi importante para definir que o público era *especial*. Essa sensação de ser excepcional simplesmente por ler os quadrinhos e se interessar por aqueles assuntos mais importantes se tornou um dos principais aspectos da abordagem de Lee para criar e promover a marca Marvel.

Bails escreveu para Lee que a *AAF* "é excelente e provavelmente venderá bem". Ele também observou que "os fãs estão reclamando de não encontrarem as revistas nas bancas locais". Quantos fãs? Bem, mais adiante na mesma carta, ele afirmou que havia "cerca de quinhentos fãs ativos", o que provavelmente significava que cerca de quinhentas pessoas assinavam suas revistas *ComiCollector* e *Alter Ego*. Sobre as mudanças que Lee prometeu, ele ainda acrescentou: "Quase todos os meus correspondentes já clamavam por essas mudanças antes mesmo de lerem a crítica de Roy."

Então, entre o desejo de criar uma história em quadrinhos à sua maneira e a vontade de alcançar um público maior e mais sofisticado, Lee intuiu que o sucesso da publicação não dependeria apenas de crianças ou dos fãs nostálgicos e mais antigos, mas também dos leitores casuais, um pouco mais velhos (ou jovens mais inteligentes), que buscassem algo mais profundo. *Quarteto Fantástico* e *Amazing Adult Fantasy* foram os primeiros passos nessa jornada de explorar as possibilidades e potencialidades do mercado.

***

Consciente ou não do que fazia, Stan Lee estava desenvolvendo uma estratégia de marketing para suas publicações que também o atingia diretamente, que lhe proporcionava uma garantia de sobrevivência dentro de uma empresa pequena em um mercado de nicho. Aos 38 anos, passava por uma clássica crise de meia-idade. Além de desejar mais desafios, *precisava* ampliar o currículo, para o caso de querer (ou de ser forçado a) sair do emprego. Seus empreendimentos com autopublicação e tirinhas de jornal tinham sido razoavelmente bem-sucedidos, mas não a ponto de permitir que ele largasse o emprego. E, mesmo que não fosse sair da Timely, Lee precisava melhorar sua posição por lá. Goodman lhe passava alguns trabalhos de edição e redação para revistas que não eram de quadrinhos, mas não eram suficientes para que Stan mudasse de vez para o outro setor. Embora passasse por uma fase de estabilidade, o mercado dos quadrinhos tinha sofrido muito recentemente. Quanto tempo aquela bonança duraria?

Lee estava acostumado ao estilo de vida suburbano de classe média que o emprego e os trabalhos autônomos proporcionavam a ele e à família. Queria sair do mercado dos quadrinhos, mas precisava do emprego. Manter o estilo de vida e partir para outro setor editorial era seu sonho, sua maior "fantasia adulta". Em conversa com o historiador David Hajdu sobre sua situação antes de *Quarteto Fantástico*, Lee contou:

> *Eu odiava [trabalhar com quadrinhos naquela época]. Estava sempre prestes a desistir, pensando "Vou passar só mais uns meses aqui, talvez mais um ano, para juntar um dinheiro, então peço demissão". Mas nunca conseguia juntar dinheiro o suficiente, e, sempre que pensava em desistir, recebia um aumento ou me pediam mais publicações, e a coisa toda ficava um pouco mais interessante. E eu gostava de trabalhar com os artistas. Fiz muitos amigos.*
>
> *Então [o pensamento] estava sempre em algum lugar da minha cabeça: "Talvez eu saia no próximo ano." Nunca senti que aquele era um trabalho adulto, de alguém que quisesse chegar a algum lugar na vida. Eu escrevia essas histórias... o próprio Martin*

> *Goodman sempre achou que fossem para criancinhas ou para adultos mais infantiloides.*[12]

Assim, com *Quarteto Fantástico* e *Amazing Adult Fantasy*, Lee estava começando a transformar sua vida e o mercado, mas sem sair do lugar. Como sempre, daria ao chefe o que ele queria — neste caso, uma parte dos lucros da tendência do mercado de super-heróis —, mas também cultivaria um público mais maduro e sofisticado. Estava fazendo quadrinhos para pessoas com consciência política, gente culta o bastante para saber quem era Jean Shepherd. Tentava fazer com que seus quadrinhos não fossem apenas histórias infantis, e sim algo que inserisse as revistas na cultura do povo dos Estados Unidos.

Lee podia não ser formado em uma universidade de elite da Ivy League, como os escritores que Goodman contratava para suas revistas comerciais. Podia não ter mais que o diploma de ensino médio da DeWitt Clinton. Mas por que não poderia aspirar a coisas maiores e melhores, como seu colega de escola Paddy Chayefsky? Talvez, se associasse seu nome a trabalhos mais sofisticados, alguma editora "de verdade" poderia procurá-lo. E, se a estratégia não funcionasse, que diferença faria? Lee não tinha nada a perder.

Não era bem um plano para sua carreira ou sua linha de quadrinhos, mas era um *começo*. Talvez pudesse levá-lo a algum lugar.

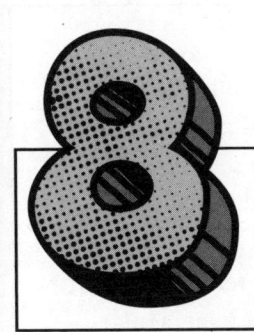

8 HISTÓRIAS ENTRELAÇADAS

> UM DOS DIAS MAIS FELIZES DA MINHA VIDA FOI QUANDO DESCOBRI QUE STEVE ESTAVA DISPONÍVEL — E DISPOSTO — A ENCARAR O HOMEM-ARANHA COMIGO.
> — STAN LEE, EM SUA INTRODUÇÃO PARA O LIVRO *THE ART OF DITKO*, DE 2013

O *Quarteto Fantástico* foi caindo nas graças do público — desenvolvendo também a voz narrativa da dupla Lee e Kirby —, mas a Timely/Atlas/Marvel continuou lançando histórias de faroeste, humor e terror enquanto tentava capitalizar ainda mais em cima da tendência ressurgente de super-heróis nos quadrinhos. Isso levou à criação do Incrível Hulk, de Lee e Kirby, que apareceu pela primeira vez em uma revista homônima de maio de 1962 — o que significa que começou a ser vendida em meados de fevereiro. *Incrível Hulk* substituiu a franquia *Teen-Age Romance* [Romance adolescente] na programação limitada de Goodman. Foram apenas seis edições bimestrais contando a saga do tímido cientista Bruce Banner, que, com a exposição à radiação gama, se transformava em uma máquina de destruição e fúria. Além disso, o tratamento do personagem ia mudando a cada edição. Ainda levaria alguns anos para que o Hulk se tornasse um sucesso.

(Lee só passaria a chamar a encarnação moderna da empresa de Marvel Comics nos quadrinhos de maio de 1962, mas uma caixinha com as iniciais MC já aparecia nas capas da empresa em algumas revistas de junho de 1961 — a partir do mês seguinte, julho, as iniciais já apareciam em todas as edições de histórias em quadrinhos. Ainda assim, ninguém nunca foi capaz de confirmar se essas duas letrinhas inocentes de fato seriam um logo da Marvel Comics ou se tinham algum outro significado obscuro, talvez voltado para os distribuidores ou varejistas.)

Um personagem mais bem-sucedido — ainda que tenha levado algum tempo para perceberem seu sucesso — foi o Espetacular Homem-Aranha. Ele estreou na edição final de *Amazing Fantasy* (que perdera parte do título, *Adult*, em uma reformulação), de agosto de 1962. O personagem desapareceu por sete meses antes de ressurgir em uma revista própria, montada quando Lee e Goodman descobriram o sucesso daquela primeira aparição. O processo de criação do Homem-Aranha, talvez o personagem mais icônico da história da empresa, foi muito parecido com a criação dos outros super-heróis da Marvel dos anos 1960 — ele inclusive existia no mesmo universo. Os outros personagens foram criados principalmente pela dupla Lee e Kirby; porém, o Homem-Aranha, embora tivesse recebido a contribuição dessa dupla, teve como cocriador Steve Ditko, que ficou responsável pela arte do personagem. A presença de Ditko deixou o Homem-Aranha, como foi observado na primeira página de sua história de origem, "apenas um pouco (...) diferente!".

A origem do personagem, contada na sua primeira aparição, em *Amazing Fantasy* n.º 15, foi recontada inúmeras vezes em muitas mídias. É assim:

Peter Parker, um adolescente excluído, porém genial, é picado por uma aranha saturada de radiação. A mordida o concede poderes de aranha, que Peter decide usar para ganhar muito dinheiro para os tios, que o criaram desde que ficara órfão, ainda muito novo. Depois da decisão egoísta de não impedir um criminoso que poderia ter detido com muita facilidade, Peter fica arrasado quando o mesmo ladrão assassina seu amado tio Ben. Ao capturar o criminoso, Peter percebe que "com grandes poderes vêm grandes responsabilidades", e promete dedicar a vida a combater o crime e a garantir, tanto quanto possível, que ninguém mais sofra perdas como a sua.

A história da origem do Homem-Aranha foi um marco da cultura pop, resultado das habilidades combinadas de Lee e Ditko. Para muitos, é a origem perfeita para um super-herói, superando até a simples elegância do início traumático do Super-Homem e do Batman, um o ex-único sobrevivente de um planeta, o outro o único sobrevivente de uma família.

Desde sua primeira aparição na *AF* n.º 15, o Homem-Aranha vivia no ensino médio, como uma metáfora da vida norte-americana moderna e como um cenário literal e figurativo de um campo de batalha da adolescência. Como Kurt Vonnegut observou: "O ensino médio nos traz mais do cerne da experiência norte-americana do que qualquer outra coisa que eu possa imaginar."[1] E, durante esses primeiros anos, o Homem-Aranha demonstrou exatamente isso.

***

Embora Lee e Kirby tivessem temperamentos diferentes, a origem de ambos era comum aos criadores de quadrinhos da época: eram filhos de famílias judias pobres de Nova York. Suas experiências e origens em comum eram tão relevantes no trabalho da dupla quanto suas personalidades contrastantes. Como observou o historiador Mark Alexander: "Lee e Kirby tinham formação judaica proletária. Ambos eram trabalhadores rápidos e incansáveis, capazes de produzir uma grande quantidade de histórias de qualidade sem nunca perder um prazo. Fora isso, eram diametralmente opostos de todas as formas possíveis."[2]

O temperamento de Steve Ditko também era muito diferente do de Lee, mas sua origem não poderia ser mais distinta da de Lee ou Kirby. Como observou o crítico Greg Rowland:

> *Enquanto Stan Lee e Jack Kirby refletiam aspectos da psique judaica de Nova York, Ditko era de uma pequena comunidade tcheco-americana (de Johnstown, PA). De fato, o trabalho de Ditko está impregnado da paranoia de uma pequena nação da Europa Central,*

sempre atormentada por impérios de todos os lados (o bigode de escovinha de J. Jonah Jameson não é coincidência).[3]

A visão de mundo de Kirby também parecia ser muito moldada pelas experiências em combates e conflitos, seja nas ruas do Lower East Side, seja nos campos de batalha da Europa na Segunda Guerra Mundial. Nem Lee nem Ditko parecem ter tido uma infância cheia de brigas de rua, e, apesar de ambos terem servido nas Forças Armadas, a experiência deles por lá, ao contrário da de Kirby, não envolveu qualquer forma de combate.

De fato, parece que, apesar de todas as diferenças, a experiência de vida que Lee e Ditko trouxeram para o super-herói adolescente Homem-Aranha foi a do ensino médio norte-americano. Antes de explorar o sucesso do Homem-Aranha, é preciso analisar um pouco alguns aspectos dos anos de ensino médio de seus criadores.

***

A foto do afável e sorridente Stanley M. Lieber no anuário da DeWitt Clinton High School de 1939 acompanha uma lista dos clubes e comitês de que ele participava, quase dez a mais do que qualquer outro garoto da página — a escola do Bronx era só para garotos. Lee se formou com 16 anos, tendo pulado uma ou duas séries.

Sempre enérgico, parece possível que Stanley realmente tenha pertencido a todas essas organizações, mas talvez algumas das participações fossem apenas desejos que nunca chegaram a sair do papel. Parece plausível que ele tenha sido presidente do Public Speakers Club. E faz sentido que tenha sido membro do Clube de Xadrez. Mas será que foi mesmo editor do *Law Journal* da DeWitt Clinton? Realmente pertencia ao Clube de Francês? Embora Stan tenha mencionado seu desejo de ser advogado, não era conhecido por suas habilidades com o francês. Sobre o assunto, o próprio Lee já comentou: "Criei muitos clubes [no ensino médio]. Criei a Law Society (...) e acho que criei também um clube de debate. Mas eu nunca ficava muito tempo."⁴ Então, ao que parece, Lee era bastante ativo, mesmo que apenas em curtos períodos.

De muitas maneiras, a parte menos relevante é delimitar a que clubes Lee de fato pertenceu. O fato de ele querer que as pessoas *acreditassem* que era ativo nessas dezenas de organizações é tão ou mais significativo do que ele ter ou não sido membro — ou do que todas elas terem ou não existido! (Curiosamente, porém, não há atividades esportivas listadas junto aos clubes e participações de Lee, apesar de a DeWitt Clinton ser uma escola conhecida pelo sucesso de seus times.) Seu objetivo, impresso ao lado da foto, é: "Alcançar o topo — e lá FICAR!" (Seu colega de classe Daniel Licker, por sua vez, lista como objetivo "Virar engenheiro aeronáutico".) Ao que parece, cada graduando deveria escolher uma frase para sua apresentação. A de Lee era "Junte-se à Marinha, para que o mundo possa *me* ver!" — uma brincadeira com o slogan de recrutamento da Marinha, "Junte-se à Marinha para poder ver o mundo!". O apelido listado junto ao nome de Stan Lieber foi, sem surpresa, "Gabby".

A maioria dos outros meninos na página lista alguma faculdade junto com seus feitos e citações. Não está claro se é para onde esperavam ir ou se já tinham sido aprovados. No entanto, não há nenhuma faculdade citada junto à foto de Stanley Lieber — o que talvez fosse um pouco estranho para o editor do *Law Journal* e presidente da Law Society, não?

***

A foto de 1945 no anuário do ensino médio de Stephen J. Ditko em Johnstown, Pensilvânia, exibe um jovem bonito de 17 anos, com um meio-sorriso, e é acompanhada de um texto que não lista clubes nem contém frases espirituosas, embora os de seus colegas tenham. Seu apelido é: "Steve." Seus planos para o futuro: "Indeciso."

No ensino médio, Ditko "se juntou a um clube de adolescentes que esculpiam aeromodelos de madeira balsa para treinar observadores de aviões — adeptos do *plane spotting*, atividade que ficou famosa na Segunda Guerra — na identificação de aeronaves inimigas".

Isso certamente parece o tipo de atividade nerd com a qual Peter Parker teria se envolvido. Além disso, "a escola que Ditko usou na ilustração [de *Homem-Aranha*] era sua escola de Johnstown, com as mesmas pequenas ameias com embrasuras. O personagem de Flash Thompson existia na turma de artes industriais de Ditko — um *bully*, que batia nos outros alunos e roubava seu dinheiro do almoço".[5]

É bem evidente que Ditko também tem fortes lembranças do ensino médio.

Depois da escola, Ditko serviu no Exército dos Estados Unidos na Alemanha do pós-guerra, então voltaria para casa para seguir com sua carreira artística, e acabaria estudando na New York's Cartoonists and Illustrators School [Escola de Cartunistas e Ilustradores de Nova York] — que hoje se chama School of Visual Arts [Escola de Artes Visuais] — junto com Jerry Robinson, conhecido por seu trabalho nos primeiros quadrinhos do Batman, mas que teve uma carreira ainda mais ilustre em tirinhas de jornal e muito mais. Robinson disse que Ditko era "muito dedicado, sempre quieto e reservado. (...) Estudou comigo por dois anos, quatro ou cinco dias por semana, cinco horas por noite. Foi muito intenso". Foi Robinson quem apresentou Ditko a Stan Lee, que estava visitando a turma em busca de novos talentos.[6]

Sua carreira nos quadrinhos foi interrompida por um surto de tuberculose, que o obrigou a retornar a Johnstown até que se recuperasse. Ditko voltou a Nova York para retomar a carreira em 1955, e, como Lee, trabalhou até o fim de sua vida. Ditko fez seu primeiro trabalho para Lee em 1956, desenhando 17 histórias em um período de seis meses. Eram sobretudo quadrinhos de fantasia e ficção científica, mas ele também desenhou uma história em *2-Gun Western* n.º 4 [Faroeste de duas armas], publicado em maio de 1956, sua primeira colaboração com Lee como escritor — ou, pelo menos, a primeira assinada pelos dois.

***

Embora não se deva tirar muitas conclusões de um retrato — literal e figurativo — de um período formativo na vida da pessoa, como o ensino médio, parece que, no registro dos anuários, havia certos sinais da personalidade dos homens que aqueles adolescentes se tornariam.

No retrato do jovem Stanley Lieber — ansioso para que todos soubessem de suas realizações, e não tão preocupado se haveria uma pitada de exagero —, a essência do adulto já está ali: um personagem inteligente, espirituoso e socialmente apto, ansioso para agradar, provavelmente muito divertido, mesmo que às vezes um pouco chato. Por outro lado, a foto de Stephen Ditko revela alguém que sabe de algo que não sabemos e que não sente a necessidade de nos impressionar com uma lista de realizações. Já basta que *ele* tenha ciência dos próprios feitos.

Embora Lee sempre tenha falado com orgulho sobre a DeWitt Clinton e seus ilustres ex-alunos, ele declarou: "Eu não odiava a escola, mas queria que acabasse logo para que eu pudesse entrar no mundo real, porque nada do que eu estudava despertava meu interesse."[7] Não é um sentimento incomum, embora Lee também tenha dito que, se pudesse se dar ao luxo de ir para a faculdade, teria, talvez, estudado "literatura, jornalismo, redação... algo assim".[8] Ele frequentou a City College of New York, uma faculdade pública, por um breve período, porque uma garota de quem gostava estudava lá. Mas, quando terminaram, ele abandonou o curso.

Para Lee, assim como para muitos outros profissionais dos quadrinhos com educação formal relativamente limitada e a necessidade urgente de ingressar no mercado de trabalho, o ensino médio cumpria o papel que a faculdade ou a escola de arte poderia ter para as futuras gerações de criadores de quadrinhos. Um lugar onde descobriam suas identidades, exploravam e descartavam as possibilidades; onde formavam suas futuras personalidades.

Para os profissionais da geração de Lee, escolas de ensino médio — como a DeWitt Clinton, no Bronx; a High School of Music & Art, em Manhattan; e a Glenville High School, de Cleveland — eram a Harvard, a Princeton e a Yale dos quadrinhos. Eram instituições de ensino cujos fantasmas, bons e ruins, os assombrariam para sempre. Para esses garotos da classe trabalhadora, o mundo de sonhos da faculdade — acessível apenas àqueles com mais recursos, ou talvez com um desejo ardente de seguir a vida acadêmica — acabaria sendo o ensino médio. Como Lee não estudara de fato na faculdade, os momentos mais relevantes de crescimento pessoal que vivera no ensino médio influenciaram sua vida como grandes pontos de virada, inspiração e história. Professores notáveis, como Leon B. Ginsberg (que o ensinou que o humor quase sempre facilita a compreensão), e colegas de escola memoráveis, como John J. McKenna (orador e vendedor nato), sempre apareciam em suas lembranças.[9] Da mesma forma, a metáfora do ensino médio, com seus Andy Hardy, Archie Andrews e Ferris Bueller, é bem marcante na cultura pop norte-americana do século XX.

***

A mágica das histórias de super-heróis dos quadrinhos é, pelo menos em parte, permitir que uma criança ou adolescente que as leia imagine ser não apenas um adulto, mas um adulto com poderes e habilidades surpreendentes — e sabedoria para usá-los. Talvez o ponto de maior evidência nesse sentido tenha sido o personagem original do Capitão Marvel de 1940 (publicado por Fawcett), que literalmente se transformou de um garoto chamado Billy Batson em um super-herói adulto.

Super-heróis meninos ou adolescentes como Robin, o Garoto Prodígio, do Batman, e Bucky Barnes, do Capitão América, em geral eram *parceiros* de heróis adultos. Remetiam à fantasia do irmão mais velho ou do pai heroico, talvez até de algum amigo adulto legal com quem o jovem pudesse conversar, que o orientava na carreira imaginária de aventureiro fantasiado — e que ele até conseguia salvar, de vez em quando.

Stan Lee odiava esses parceiros.

Como disse, em entrevista sobre o Homem-Aranha: "Eu odiava os adolescentes nos quadrinhos, porque eram sempre os ajudantes. E sempre senti que, se eu fosse um super-herói, nada me faria andar com um adolescente para cima e para baixo."[10]

Ao longo dos anos, houve alguns super-heróis infantis, como o Superboy, o Capitão Marvel Júnior e o Kid Flash, versões crianças ou adolescentes de um herói adulto, com identidades dependentes das de seus mentores. Mas, na maioria dos casos, um super-herói era um adulto tanto na identidade secreta quanto na vida civil, seguindo a ideia de que, no fim das contas, nenhuma criança quer ser criança e ter que se sujeitar às ordens e aos caprichos dos adultos. O misticismo que cerca a história de um super-herói é justamente a possibilidade de o leitor se sentir indiretamente adulto, com responsabilidade para tomar decisões importantes e afetar as situações. Além disso, muitos super-heróis traziam uma fantasia *dupla* para agradar aos leitores: embora o aspecto do herói fosse, é claro, imbuído de poderes extraordinários ou contasse com uma tecnologia incrível, as identidades civis também eram de adultos bem-sucedidos — quando não eram ricos, eram profissionais respeitados, cumprindo o papel social de médicos, advogados, cientistas, policiais, playboys bilionários e assim por diante. Não havia heróis de destaque desempregados ou que trabalhassem como zeladores ou ajudantes de garçom. Mesmo tímido, Clark Kent era o principal repórter de um grande jornal metropolitano.

O que nos leva de volta ao Homem-Aranha.

***

Como Lee recordou: "Achei que seria interessante fazer com que o adolescente fosse o verdadeiro herói. O que aconteceria se um jovem se visse cheio de poder? Então pensei que seria ainda mais interessante se fosse um garoto normal, com os problemas de vários adolescentes."[11]

O desenho da história, a princípio, ficou a cargo de Kirby, mas reviravoltas complicadas levaram Lee a designar Ditko como artista. O Homem-Aranha não se encaixava nos moldes dos super-heróis adultos ou crianças. Peter Parker não tinha dinheiro nem fama.

E os leitores entenderam isso. Um deles, Dan Fleming, disse, sobre o Homem-Aranha, em uma carta impressa no *Amazing Spider-Man* n.º 5:*

> *É bom ter um garoto "pobre" com poderes, em vez dos milionários loucos que já vemos por aí há tantos anos.*

Peter Parker tinha muito em comum com o adolescente Stan Lieber. Peter ainda estava *se desenvolvendo*. A tia May e o tio Ben, sua amada família, não tinham dinheiro sobrando, mas adoravam o garoto e chegaram até a comprar um microscópio que ele cobiçava, mesmo sem ter como pagar — o que nos remete aos pais de Lee comprando uma bicicleta nova com a qual não podiam arcar sem ajuda de um parente. E, embora Lee fosse bem extrovertido (o que Peter logo se tornaria), também era, como Peter, viciado em livros.

Peter Parker era um cara comum, um adolescente típico que, como todas as pessoas "típicas", se achava muito diferente — ou pelo menos esperava que fosse. Era um órfão; fora criado por parentes amorosos, mas que, no fim das contas, *não eram* seus pais. Havia um elemento trágico em sua vida antes mesmo de os leitores o conhecerem. Ele era muito inteligente, até mesmo genial, mas muito inseguro. Muitas vezes incompreendido, Peter afastava os colegas por quem mais queria ser aceito.

Foi preciso uma picada de aranha radioativa e a perda de uma terceira figura paterna amada, o tio Ben, para Peter ter a chance de mudar tudo isso. Só que virar o Homem-Aranha criou tantos ou mais problemas quanto resolveu. De certa forma, ampliava as adversidades que Peter sentia que a vida lhe lançava. E o que se tornou irresistível para os leitores foi observá-lo lidando com as mudanças na vida, com os sucessos e fracassos como adolescente, sobrinho, colega de classe e super-herói. Outro atrativo era o senso de humor de Peter, que ele explorava abertamente sempre que se escondia por

---

* No Brasil, foi publicada em uma revistinha em série de coletâneas com o título de *Homem-Aranha*, junto de outras versões do mesmo herói. (N. da T.)

trás da máscara com desenho de teias, mas que ia se revelando cada vez mais enquanto não estava em seu traje. Embora volta e meia quase lhe custassem a vida, os superpoderes o deixaram mais confiante — ou talvez tenham apenas revelado uma confiança que já estava ali o tempo todo. De repente, Peter desenvolveu vida amorosa e social. Será que isso tudo teria florescido sem aquela mutação? Os poderes tinham criado aquele homem, ou o homem já existia, só passara a sustentar os poderes?

Quaisquer que sejam as respostas, Lee e Ditko tinham criado — e seguiram criando, ao longo das edições — um personagem em constante *desenvolvimento*, tanto na identidade secreta quanto na vida civil. Peter Parker se comportava e reagia às situações da maneira que muitos jovens pensavam — ou *desejavam* — reagir. Estava longe de ser perfeito, mas *nunca parava de tentar*. Reclamava e se inquietava, mas sempre acabava fazendo a coisa certa. Seus criadores tinham descoberto uma combinação única, que se tornaria o modelo para um novo estilo de super-herói: Peter era a melhor versão de nós, mas sem perder os problemas ou as falhas que acometem a todos. Ele — assim como você — *superou* (com muita luta) seus problemas e suas falhas. E, assim como você, tinha que superar tudo de novo, várias vezes.

***

Em uma entrevista de 1975 com Steve Chapman para o *Harvard Crimson*, Lee falou sobre seus dias no WPA Federal Theatre Project. Chegou a mencionar por que deixara a organização, que pagava salários muito baixos. Teria sido fácil culpar a Grande Depressão, alegando que precisara ajudar a família. A mudança de vida, da pobreza para a riqueza, é uma das narrativas favoritas das pessoas bem-sucedidas, sobretudo das que cresceram pobres durante a Grande Depressão.

Mas Lee deu um toque especial e pessoal ao assunto. O que ele disse (em um tom muito casual e prático, como sempre costumava fazer para apresentar suas perspectivas reveladoras) foi:

> *Não tinha como ganhar dinheiro naqueles dias (...) e eu tinha uma família para sustentar, então saí buscando todo tipo de trabalho de redação.*[12]

Aquilo não tinha sido para complementar a renda da família. Não tinha sido para ajudar em casa. Tinha sido para *sustentar* a família.

Lee nunca hesitou em falar sobre o desemprego constante do pai, que passava horas angustiado à mesa da cozinha, lendo anúncios de emprego, saindo em busca de trabalhos que nunca conseguia, voltando para casa deprimido e derrotado. Mas, mesmo assim, aquela afirmação foi muito impactante, pois trouxe a noção de que a família era *mais* do que apenas pobre, estava além da fase de "passar por dificuldades" — o filho mais velho se sentia na obrigação de trazer dinheiro para casa, para que a família pudesse *sobreviver*.

"Eu tinha uma família para sustentar."

E, enquanto assumia as finanças da casa (junto com qualquer ajuda — que ele aparentemente não estava ciente — de outros parentes), a mãe morreu. Além das repercussões emocionais para ele próprio, Stan passara a conhecer, através dos olhos do irmão mais novo, o efeito da morte traumática de um pai em um adolescente. Talvez a morte da mãe não tenha sido tão teatralmente dramática quanto o assassinato do tio Ben, mas certamente para Larry — que falou muito desse trauma — trouxe mudanças significativas.[13]

Stan Lee talvez tenha demorado a descobrir o que era um grande poder, mas certamente aprendeu cedo demais o que era ter grandes responsabilidades.

∗ ∗ ∗

Apesar de ambientado no início da década de 1960, o mundo ditkoniano de Peter Parker é um misto da imaginação coletiva dos tempos da Grande Depressão. Com estilos de roupas que lembram mais os anos 1930 do que a década de 1960, e ruas de Nova York que poderiam muito bem ter saído da pintura *Nighthawks*, de Edward Hopper

— e das paisagens urbanas de êxtase opressivo dos ídolos de Ditko, Will Eisner e Jerry Robinson —, a arte da revistinha era cheia de angústia e desespero. Talvez Ditko não tenha testemunhado o mesmo tormento emocional diário de Lee, mas sua vida não era livre de problemas. Não deve ter sido fácil passar boa parte de 1955 lutando contra a tuberculose, numa época em que a doença ainda era temida, incapacitava e matava (sob os cuidados da mãe, que deu vida ao amor da tia May), logo quando a carreira começava a decolar.

Com o Homem-Aranha, Lee e Ditko conseguiram expor o segredinho da adolescência: nem tudo são flores — na verdade, *quase nada* é. Claro que há momentos de alegria e triunfo, mas a maior parte é um esforço confuso de descobrir quem se é (ou quem se pode ser) e depois tentar planejar alguma estratégia para se tornar essa pessoa. Juntos, Lee e Ditko conseguiram contar a verdade sobre a adolescência — a verdade tecida entre as tramas da história de um garoto talentoso da Grande Depressão, por mais que ficasse evidente que ele estava vivendo na era atômica.

Os vilões do *Homem-Aranha* também foram forjados desse mesmo metal ditkoniano, apesar de terem sido cocriados por Lee. Eram estranhos e malucos, com muito mais problemas do que Peter Parker, que era apenas neurótico: o Abutre, o Doutor Octopus, o Homem-Areia e o Lagarto têm anomalias físicas que poderiam ter saído diretamente das páginas de *Dick Tracy*, de Chester Gould, com as reviravoltas das histórias de horror como *Frankenstein* e *Além da imaginação*.

***

Não é de surpreender que existam várias histórias sobre a criação do Homem-Aranha. A mais próxima da verdade é uma amálgama das versões de Lee, Ditko, Kirby e até Joe Simon: ao que parece, antes ou depois de Lee decidir criar um super-herói adolescente relacionado a insetos, Kirby tentara lhe vender a ideia de um Homem-Aranha, que na verdade era uma versão renovada do Homem-Mosca, um personagem que ele e Simon tinham criado para as revistas de aventura da Archie Comics, em 1959. Ditko viu as páginas no escritório de Stan e comentou que eram muito parecidas com a origem do Homem-Mosca, que Lee afirmou nunca ter lido. A história, então, foi rejeitada, mas Lee ainda queria dar voz à sua ideia inicial.[14]

Mas a história dessa criação tem inúmeras versões. Lee escreveu, em seu livro *Origins of Marvel Comics* [As origens dos quadrinhos da Marvel]:

> *Eu já estava havia algum tempo brincando com a ideia de fazer uma tirinha com (...) o personagem principal adolescente, em vez de apenas o (argh!) parceiro de algum herói adulto! (...) Uma tirinha em que nada seria de acordo com a fórmula: as situações, o elenco e o relacionamento entre os personagens seriam incomuns e inesperados!*[15]

Lee ainda continuou, ressaltando que entregara a Kirby um roteiro para a origem do Homem-Aranha.

> *Mas (...) quando vi as primeiras páginas que Jack havia desenhado, percebi que tínhamos um problema. (...) Por mais que tentasse, ele parecia incapaz de criar um personagem realmente sem glamour.*[16]

Uma versão alternativa da mudança de artistas seria que Kirby tinha pensado que, se não podia seguir com sua ideia inicial, preferia simplesmente deixar o projeto de lado. Afinal, ele já desenhara muitos personagens magrelos, como Steve Rogers, o Capitão América antes de virar super-herói. Não importa muito a versão que escolhermos seguir: como principal artista da casa, Kirby ainda era o motor que mantinha a linha de quadrinhos de Goodman. Haveria mais personagens para desenvolver, sem falar no trabalho com aqueles com os quais ele já se comprometera.

Mas Lee não queria abandonar a ideia de um super-herói adolescente com poderes de aranha. Então, passou o roteiro para Ditko, que, além das histórias de fantasia em parceria com Lee, também desenhava um super-herói que ele mesmo criara, o Capitão Átomo, da Charlton Comics. Ditko sabia fazer super-heróis, sabia fazer coisas estranhas e sabia retratar a prosaica vida cotidiana com artes dramáticas e intensas. E Lee sabia que era disso que seu herói aranha precisava. Como Raphael e Spurgeon observaram: "O maior mérito de Ditko foi a autenticidade emocional que ele investiu no personagem, o tormento que imprimiu na existência do Homem-Aranha." Raphael e Spurgeon ainda comentaram que o título se tornou "uma análise emocional brutal e divertida das frustrações de ser um adolescente — uma perspectiva tão distante da realidade de Archie Andrews e os jovens da Riverdale High quanto é possível dizer que Dustin Hoffman, em *A primeira noite de um homem*, está de Andy Hardy, personagem de Mickey Rooney".[17]

Ditko se lembrava das coisas de maneira diferente, ainda que suas memórias e as de Lee parecessem convergir. O artista relatou que Lee havia descrito para ele a história de cinco páginas do Homem-Aranha de Kirby, ao que ele respondera que soava exatamente como o personagem da Archie Comics que Kirby fizera em parceria com Simon: o Homem-Mosca. E Ditko contou que foi naquele momento que Lee tirou Kirby da série e passou-a para ele.[18]

***

Ao longo dos anos, e até pelo ímpeto de reduzir o número de caracteres de uma reportagem, muitos jornalistas creditaram Lee como o único criador do Homem-Aranha. A esse respeito, Ditko escreveu, em sua coluna "Tsk! Tsk!", publicada no *The Comics!* [Os quadrinhos!], de julho de 1999:

> *Com base em quais* fatos *algumas pessoas* falam, escrevem *e* afirmam *que o Homem-Aranha é criação de* um homem só?

Logo abaixo, sob a cópia da manchete "O Homem-Aranha de Stan Lee", há um retângulo vertical com os dizeres:

> **HOMEM-ARANHA**
>
> SINOPSE DE UMA OU DUAS PÁGINAS PARA O ARTISTA DESENHAR 21-24 PÁGINAS DE HISTÓRIA/ QUADROS DE ARTE.
>
> (O DIÁLOGO DEVE SER ADICIONADO A PARTIR DO ROTEIRO DOS ESBOÇOS DOS QUADROS.)

Ao lado, há um retângulo do mesmo tamanho sob os dizeres "O Homem-Aranha de Steve Ditko". Dentro desse segundo retângulo, há um desenho sem falas do Homem-Aranha como o conhecemos, atirando teias, fazendo reluzir seu Sinal-Aranha, a cabeça cercada por linhas onduladas do "sentido aranha", o rosto dividido: metade Parker, metade herói — uma aparência completamente inventada por Ditko.

Logo abaixo da obra, o artista escreveu:

SERÁ QUE O PERSONAGEM DOS QUADRINHOS DA MARVEL É CRIAÇÃO *DE UM HOMEM SÓ*? OU FOI CRIADO *EM CONJUNTO*?[19]

A partir disso, podemos deduzir que Ditko sentia que, embora ele e Stan tivessem criado o personagem juntos, Steve merecia a maior parte do crédito? Parece uma interpretação plausível, mas não fica claro. Em outro artigo, Ditko escreveu:

> *Stan queria que eu tirasse o Peter Parker/Homem-Aranha das teias e do teto... queria que eu mudasse as poses imitando* aranha, *mudasse a ação.*
>
> Por quê? Stan temia que os "juízes" do Comics Code, a associação norte-americana que prezava pelos padrões dos quadrinhos,

rejeitassem *a história porque Peter Parker (...) poderia ser visto pelos jovens consumidores como algo não humano (...) o que causaria todo tipo de problemas mentais e comportamentais. (...)*

Eu disse (...) que deveríamos esperar até as autoridades reclamarem (...).

Ninguém reclamou.

Ditko concluiu o artigo (de uma série), dizendo:

Ninguém "criou" o Homem-Aranha da Marvel sozinho.[20]

Em sua própria tentativa de esclarecer as coisas, Lee muitas vezes creditava Ditko publicamente como cocriador. Em 1999, em resposta à aparente raiva do artista, Lee escreveu uma carta aberta à comunidade, na qual dizia:

Sempre considerei Steve Ditko cocriador do Homem-Aranha.

Longe de ficar agradecido, Ditko se irritou com o que julgava ser um suposto recurso legal implícito na frase "Sempre considerei". Segundo ele, isso servia para diluir a questão sem de fato dar créditos pela cocriação.[21]

Na tentativa de ser conciliatório, Lee expandiu diversas vezes a declaração da carta de 1999, mas nunca de modo que satisfizesse a ira de Ditko. Por exemplo, em 2004, Lee disse a Tom DeFalco:

Estou disposto a afirmar que ele é o cocriador. (...) Embora o Homem-Aranha tenha sido ideia minha, Steve acredita que uma ideia é apenas isto: ideia. Não é nada até que se desenvolva completamente. O Homem-Aranha precisava de Steve para deixar de ser ideia e virar arte no papel. (...) A verdade é que não tenho o menor problema em dizer que nós dois criamos o Homem-Aranha juntos. (...) Mas, no meu coração, ainda sinto que quem apresenta a ideia original é quem a criou de fato, sobretudo se tiver desenvolvido o nome, a personalidade e os truques por trás do personagem.[22]

E, no documentário de 2007 de Jonathan Ross, *In Search of Steve Ditko* [Em busca de Steve Ditko], Lee e Ross tiveram a seguinte conversa:

> ROSS: *Você acredita mesmo que ele foi cocriador [do Homem-Aranha]?*
> LEE: *Estou disposto a dizer isso.*
> ROSS: *Não é o que estou perguntando, Stan.*
> LEE: *Não, mas essa é a melhor resposta que posso dar.*
> ROSS: *Então, na verdade, é um "não"?*
> LEE: *Eu realmente acho que o criador é o cara que sonhou com a coisa. Primeiro você sonha, depois passa para qualquer um desenhar.*
> ROSS: *Mas, se tivesse sido desenhado de outra maneira, talvez não fosse um sucesso.*
> LEE: *Então eu teria criado algo que não teve sucesso.*

Portanto, embora Lee estivesse disposto a ceder o status de cocriador a Ditko, parecia que, segundo sua própria definição, ele de fato se considerava o único criador do Homem-Aranha, já que foi "quem teve a ideia". Esse conceito parecia funcionar para George Lucas, por exemplo, que é considerado o criador de *Star Wars* e de seus personagens, e para Gene Roddenberry, criador dos personagens de *Star Trek*. Portanto, Lee não achava irracional sentir que, de acordo com as regras — ao menos as de Hollywood —, ele era o único criador do Homem-Aranha.

Sobre essa disputa, o biógrafo de Kirby, Mark Evanier, que trabalhou em momentos diferentes com e para Kirby e Lee — sendo ele próprio um veterano de Hollywood —, disse:

> *Stan costumava dizer, e acho que estava completamente errado: "Se eu dissesse: 'Vamos fazer um programa de TV chamado* The A-Team*', então fui eu que criei, não importa o que alguém possa dizer." E eu sempre respondia: "Não, Stan, não funciona assim. Só quem recebe crédito de criador na TV é a pessoa que escreveu*

o piloto." E ele retrucava: "É mesmo?" E depois repetia a mesma ladainha. Era como se não tivesse me ouvido.[23]

Ditko escreveu, em um ensaio de 2008 intitulado "Roislecxe" (*Excelsior* de trás para a frente):

> Lee criou e executou sua ideia [para o Homem-Aranha] em uma sinopse. Essa sinopse é criação dele. Mas sua participação na criação termina aí, apenas com as palavras. (...) Lee tem o direito de afirmar que foi o criador da sinopse do Homem-Aranha. Que isso foi criação dele. (...) A sinopse das ideias de um escritor não é como a planta de um arquiteto, com todos os detalhes necessários (...) para erguer a estrutura desejada.[24]

Outro pronunciamento muito interessante, e que passou quase que despercebido pelo público, encontra-se na introdução escrita por Lee para *The Art of Ditko* [A arte de Ditko], de 2013 (editado por Craig Yoe):

> Bem, por que sou qualificado para escrever esta introdução? (...) Porque Steve Ditko e eu cocriamos um dos super-heróis mais populares do mundo. (...) Um dos dias mais felizes da minha vida foi quando descobri que Steve estava disponível — e disposto — a encarar o Homem-Aranha comigo.

Sem nenhuma hesitação. Nenhum suposto recurso de interpretação.
"Steve Ditko e eu cocriamos."
Se Ditko respondeu a essas palavras, não se sabe.
Ao ler os escritos de Ditko na antologia de 2008, *The Avenging Mind* [A mente dos vingadores], fica claro que a discordância entre os dois era puramente filosófica, envolvendo interpretações ou lembranças dos fatos. Ditko parecia simplesmente acreditar que não podia confiar em Lee, aparentemente porque os dois não compartilhavam dos mesmos princípios filosóficos. E essa crença era tão po-

derosa que, embora reconhecesse que houvera a cocriação do personagem, ele parecia sentir que o papel de Stan tinha sido mínimo. O desprezo que Ditko sentia por Lee é bem evidente, e ele dava pouca ou nenhuma importância às suas contribuições como roteirista, editor, diretor de arte e, sim, corroteirista de muitas das histórias do Homem-Aranha que fizeram juntos — até que Lee concordasse em dar a ele o crédito total dos roteiros.[25]

De muitas maneiras, a discordância entre Lee e Ditko pode ser resumida ao que Lee disse que "sente" e ao que Ditko afirmou "provar" em seus textos. Assim como funcionava com a dupla Lee e Kirby, os dois criadores do Homem-Aranha combinaram experiência de vida, talentos, interesses e obsessões para criar um fenômeno único da cultura pop. E, como acontece com o caso de Kirby e Lee, quem observa de fora sempre discutirá, tanto quanto os próprios criadores, sobre quem fez o quê. E, claro, além desses desentendimentos, os advogados e tribunais é que podem determinar quem recebe qual crédito oficial e qual recompensa financeira.

Quanto a este último aspecto, Lee foi bem compensado — muito além das taxas iniciais de redação e edição que recebeu. A parte de Ditko da fortuna do Homem-Aranha nunca foi revelada, e é objeto de boatos e especulações.

***

Embora os painéis e quadros das edições posteriores do *Homem-Aranha* (provavelmente todas a partir do n.º 18) tenham sido totalmente traçados por Ditko — mas ainda roteirizados e, portanto, "interpretados" por Lee —, tudo indica que as primeiras edições foram colaborações no sentido canônico da palavra, talvez com o mesmo tipo de interação que gerou o início do *Quarteto Fantástico*. Mas é praticamente impossível não notar a voz de Lee em Peter Parker e em seu alter ego, não importa quais partes das versões de Lee e Ditko sejam consideradas.

Como Raphael e Spurgeon observaram, as primeiras aventuras do Homem-Aranha se tornaram uma maneira de "esmiuçar as questões do amadurecimento e da necessidade de se tornar mais confiável, além de explorar todas as possíveis falhas espetaculares que se esperam de um jovem". Ainda acrescentaram que o Homem-Aranha de Lee e Ditko "vivia quase sempre em seu próprio mundo, um lugar desagradável, cheio de pessoas podres e rancorosas e colegas ingratos que não conseguiam ver além dos óculos de Peter Parker".[26]

Peter Parker teve que explorar um mundo adulto, um mundo para o qual a vida falhara em prepará-lo — e de muitas maneiras. Como Stanley M. Lieber, Peter Parker se tornou o chefe de sua família. Não é de admirar que esse personagem adolescente não tenha escolhido se chamar *Garoto*-Aranha ou *Menino*-Aranha, e sim *Homem*-Aranha, e que tenha optado por cobrir o rosto, mantendo a ilusão de que era de fato adulto. (Ditko assumiu os créditos pelo aspecto visual, o que parece sensato.) Mesmo que parecesse e soasse como um adolescente, o mundo que Peter habitava — um mundo cheio de forças que tentavam destruí-lo — precisava acreditar que ele não era mais um menino. E, se estivesse sobrecarregado com as responsabilidades de um adulto, Peter seria o herói mais adulto possível.

Mas toda essa angústia com certeza foi atenuada. Apesar da melancolia da arte e da escrita, havia a sensação de que, de alguma forma, ser o Homem-Aranha era *divertido*. Nesse sentido, parecia-se bastante com a realidade de ser adolescente. É verdade que as vitórias do Homem-Aranha eram entremeadas de drama e tragédia, mas eram vitórias de verdade, algumas até *agradáveis*! E, embora sua história de origem o faça parecer um pária sem amigos, a primeira edição de sua revista homônima (publicada sete meses após sua estreia em *Amazing Fantasy* n.º 15, mas com todas as evidências de ter sido planejada para publicação logo após a estreia) mostra Peter como o sujeito excêntrico da turma, mas definitivamente como *parte* do grupo — o que é bem diferente de não ter amigos. Peter é ridicularizado e menosprezado por seus companheiros, mas todos parecem sentir que ele está, de alguma forma, *conectado* ao grupo.

E, embora a colega de classe bonita e popular, Liz Allen, em geral pareça preferir a companhia do fortão Flash Thompson, ela concorda em sair com Peter (mas ele acaba furando o encontro por causa de suas obrigações de super-herói). E a secretária de J. Jonah Jameson, Betty Brant (que tem a idade de Peter — sim, ela abandonou a escola por motivos financeiros e foi trabalhar para Jameson), também parece ter uma quedinha por nosso protagonista. Betty está, essencialmente, no mesmo nível de Peter, e é junto com ela — que não o conhece como um nerd esquisito, e sim como um fotógrafo freelancer intrépido, sempre correndo riscos para obter fotos "impossíveis" do Homem-Aranha e de seus inimigos mortais — que Peter floresce em sua própria identidade, amadurecendo como um quase adulto que consegue se virar em um trabalho adulto dominado pelo mal-humorado Jameson. Aliás, é com Jameson que Peter afirma seu lugar no mundo, fazendo-o pagar pela mesquinharia e fazendo piada contínua do chefe — afinal, o editor que odeia o Homem-Aranha paga ao Homem-Aranha por fotos do Homem Aranha.

É aqui que a história de vida de Lee realmente assume um papel fundamental na mitologia do Homem-Aranha, apesar do trabalho de roteiro de Ditko. Talvez seja porque os dois criadores não foram tão diferentes quanto imaginavam.

Embora não esteja claro quais empregos tediosos e mal pagos Lee teve ainda na escola e de quais se ocupou no período entre a graduação e o início da carreira na Timely (fora alguns trabalhos de redação freelance), ele sempre parecia acabar em lugares onde era tratado feito criança ou idiota. Esses cargos subordinados a chefes caprichosos e abusivos — sobretudo o trabalho na fábrica e distribuidora de calças — evocam exatamente o tipo de relacionamento de trabalho que Parker tem com Jameson — exceto as partes mais satisfatórias, em que Parker é mais esperto do que o chefe ou até prega peças, como prendê-lo no teto. (Embora a história de Lee sobre derrubar o contêiner de bilhetes de corte chegue bem perto disso.) É a fantasia de vingança de todo escravo do salário, e o que ajusta um pouco o equilíbrio de poder — mas, no fim das contas, é Jameson quem tem o dinheiro, o poder e a influência. Mesmo assim, mais por vingança do que pela realização de seus desejos, Lee começa a mostrar como Jameson é superficial, fazendo-o admitir, em um solilóquio clássico de *O Espetacular Homem-Aranha* n.º 11, por que é tão obcecado pelo Homem-Aranha. Mesmo se Ditko tiver inventado a cena, foi Lee quem colocou as palavras na boca de Jameson: "O Homem-Aranha representa tudo o que não sou! Ele é corajoso, poderoso e altruísta! A *verdade* é que eu o invejo! (...) Mas *nunca* poderei chegar ao nível dele! Então tudo o que me resta é derrubá-lo, porque — meu Deus — morro de *inveja*!"

(E, é claro, dar a Peter um inimigo que é um editor de periódico egoísta e manipulador, que muda de ideia por qualquer coisa, era o cenário perfeito para Lee satirizar o mercado editorial — sobretudo Martin Goodman — e até a si mesmo como chefe.)

De um jeito ou de outro, o adolescente no cerne de Peter Parker — e de Stan Lee — nunca foi esquecido. A saga do Homem-Aranha é a história de um jovem que vivia em uma bolha de amor que fora quebrada com um golpe repentino e traumático, e que então precisou lidar com as repercussões múltiplas e simultâneas de um evento tão real. Peter teve que lidar com a morte do tio (pela qual se culpa, do mesmo modo que o filho de um pai desempregado talvez possa se culpar pelos problemas da família) e suprir as necessidades financeiras da tia idosa, pagando por suas crises de saúde constantes, o que sem dúvida remonta à batalha da mãe de Lee contra o câncer, que acabou lhe tirando a vida. A existência de Peter Parker é um trauma após o outro, um eco da jornada difícil de Stan (e de Larry).

Mas, paradoxalmente, preservado pela força do caráter — ainda que cheio de neuroses —, Peter Parker ama a vida e tenta descobrir as melhores maneiras de aproveitar ao máximo o presente inesperado de seus poderes sobre-humanos. O trauma do assassinato do tio o afasta de uma carreira promissora no *showbiz* — algo que o próprio Lee sempre cobiçara — e o faz ingressar em uma carreira de super-herói fantasiado — por mais que seja um herói que gosta de chamar atenção. Peter se torna um vigilante fantasiado que luta contra o crime com muita extravagância, certificando-se de que todos saibam que estava lá — inclusive inventando um sinal de aranha reluzente que emite do cinto. Será que é muito diferente de subir em uma escada e escrever "Stan Lieber é Deus" no teto?

E, no entanto, como Peter Parker, Stan Lee também fazia muitos comentários amargos sobre a vida. "Acho que deveria ter saído desse negócio há vinte anos", disse, ao repórter Ira Wolfman, em 1978. "Queria fazer filmes, ser diretor ou roteirista..."[27]

Da mesma forma, no fim de muitas de suas aventuras com roteiro de Lee, Peter Parker se pergunta se as perdas pessoais que sofre por ser o Homem-Aranha valem a pena. Já em *O Espetcular Homem-Aranha* n.º 4, de 1963, ele se perguntou:

> *Será que sou mesmo como um viciado, desperdiçando meu tempo em busca de fama e glória? Estou mais interessado na aventura de ser o Homem-Aranha do que em ajudar as pessoas? Por que eu faço isso tudo? Por que não simplesmente desisto?*

O Homem-Aranha, na melhor das hipóteses, passa por grandes altos e baixos, levando o leitor junto. E mais: apesar da pretensão de ser uma história séria, o "teioso" geralmente se envolve em ações e comportamentos que nada têm a ver com sua famosa equação de equilíbrio entre poder e responsabilidade. Ele é o Homem-Aranha por diversos outros motivos. Precisa ganhar dinheiro para sustentar a tia. Mas também gosta de ser o Homem-Aranha porque é divertido andar de teia em teia pela cidade, dando surras em bandidos. Além disso, ele gosta de vender fotos de si mesmo para o inocente Jameson. O escritor e editor de longa data do Homem-Aranha, Tom DeFalco, observou que, como uma pessoa real, Peter Parker tem inúmeras motivações e racionalizações para explicar por que faz o que faz.[28] De fato, conforme descrito pelo narrador (Lee!) no último quadro da edição n.º 9, o Homem-Aranha é "o super-herói que *você* poderia ser!".

* * *

Por mais confusos que sejam, os escritos de Ditko deixam claro que — assim como Lee ou Kirby — o artista e cocriador do Homem-Aranha também tinha a necessidade de entrar na mente dos personagens nos quais estava trabalhando. De alguma forma, a mistura de necessidades, obsessões, neuroses e talento criativo de Lee e Ditko imbuiu o Homem-Aranha de uma sensibilidade que era simultaneamente "deles" e, ainda assim, muito distintamente da *Marvel* — embora fosse muito diferente do universo expandido da Marvel, construído para as criações de Lee-Kirby, com que o Homem-Aranha apenas compartilhava espaço.

Enquanto em seus textos posteriores, mais objetivistas (seguindo a escola de Ayn Rand), Ditko se enfurecia contra o que via como vontade fraca ou ética comprometida (sobretudo quando percebia que esse tipo de pensamento vinha de Stan Lee, o que era frequente), as imagens (se não as ideias) que forneceu em suas colaborações deram a Lee a base de que o autor precisava para imbuir o Homem-Aranha de uma capacidade de comportamento mais matizado, por vezes até contraditório, carregado de *dúvidas* — algo que Ditko provavelmente nunca quis que o herói tivesse. Peter Parker, como foi publicado, era um personagem cheio de contradições. Orgulhoso e envergonhado. Poderoso e fraco. Concentrado e disperso.

No entanto, é difícil ler os textos raivosos de Ditko sobre Lee sem achar que, pelo menos em parte, foram causados por alguma decepção pessoal com Stan como amigo e colega; é difícil não notar uma espécie de sentimento de traição ou decepção pessoal, assim como os desacordos criativos, filosóficos ou financeiros que os dois poderiam ter. Da mesma forma que acontece com seus sentimentos sobre Kirby, a confusão e a decepção de Lee com as dificuldades do relacionamento com Ditko parecem estar relacionadas tanto ao arrependimento e à raiva de perder um amigo quanto a qualquer outro conflito de atitudes ou opiniões sobre o trabalho que fizeram juntos.

***

Embora seja possível afirmar que o Homem-Aranha foi um trabalho combinado, autobiográfico e idiossincrático de seus criadores, o personagem também — talvez justamente por causa dessa combinação — ressoou entre os leitores. Em alguns fãs, a personalidade do Homem-Aranha parecia trazer à tona as contradições típicas de Peter Parker. Uma carta de Doug Storer, de Butte, Montana, publicada em *O Espetacular Homem-Aranha* n.º 8, começava com um texto muito elogioso:

> Sua última e mais importante criação, O Espetacular Homem-Aranha, superou tudo que já vi nas bancas. (...) Tudo sobre o Homem-Aranha pode e deve ser discutido no superlativo.

Mas a carta seguiu um caminho diferente:

> No entanto, há uma coisa que me incomoda no personagem. Com o tempo, ele talvez se torne "apenas mais um herói". Pode me chamar de pessimista, mas já vi isso acontecendo, e nada impede que aconteça outra vez. (...) Veja bem, estou muito preocupado com o futuro desta que se tornou minha revista favorita.

Storer não apenas gostava ou sentia empatia pelo Homem-Aranha. Assim como a tia May, ele *se preocupava* com Peter. Lee e Ditko tinham inventado algo — alguém — que de fato tocava as pessoas.

Outro exemplo está na página de cartas da edição n.º 12, quando Jodene Green Acciavatti, de Brookline, Massachusetts, implorou:

> Por favor, não mudem o Homem-Aranha. Ele parece tão humano. Sei que as pessoas podem ser tão irritantes quanto os colegas de escola dele. (...) Peter está ocupado demais para se adequar ao código pessoal deles, e acaba sendo desprezado por ser diferente. Essas pessoas não têm nada melhor para fazer? Eu sofro do mesmo problema, então me sinto um pouco como Peter Parker. (...) O que diferencia o Homem-Aranha é que ele luta a vida toda sozinho.

O cabo de guerra passivo-agressivo entre Lee e Ditko sobre o conteúdo das histórias em que colaboravam persistiu ao longo do tempo, sem que os leitores soubessem, até que os dois pararam de se falar — isso muitos meses antes da saída de Ditko da Marvel, em 1966. (Sol Brodsky geralmente atuava como intermediário.) Nos anos que se seguiram, um culpava o outro pelo desentendimento.

Se a batalha solitária do Homem-Aranha foi como um avatar objetivista ou como, talvez, uma versão superpoderosa e traumatizada do adolescente de TV dos anos 1960 Dobie Gillis, tudo dependia do ponto de vista de quem lia. Mas, como era ele quem colocava as falas nas legendas e nos balões, a questão acabava dependendo do ponto de vista de *Stan Lee*.

***

Enquanto isso, a popularidade da Marvel só crescia, e os leitores — e Martin Goodman — exigiam mais super-heróis no estilo do Quarteto Fantástico e do Homem-Aranha. Ainda havia muito espaço naquele universo fictício para outros tipos de heróis, outros públicos — e outros aspectos da atenção dos leitores — para serem explorados e cultivados. Stan Lee estava determinado a fazer exatamente isso.

As coisas estavam começando a ficar interessantes.

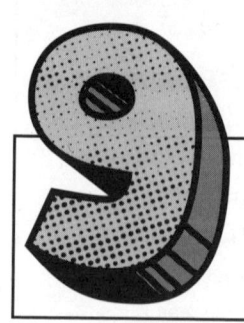

9 A CRIAÇÃO DE PERSONAGENS

> A DISNEY COMPROU A MARVEL COMICS NÃO PORQUE ELA TROUXE A MAIOR METÁFORA DAS DIFICULDADES DOS HOMOSSEXUAIS NA AMÉRICA, ASSIM COMO DA LUTA DOS IMIGRANTES E DAS MINORIAS — QUE É REALMENTE A BASE DE TODA A MENSAGEM DA MARVEL. A DISNEY COMPROU A MARVEL POR CAUSA DO APELO AO PÚBLICO INFANTIL, E ISSO FOI OBRA DE STAN.
> — GERRY CONWAY, ESCRITOR E EDITOR DA MARVEL DE LONGA DATA¹

As histórias de origem dos super-heróis da Marvel têm uma semelhança muito reconfortante. A maioria, se não todos, os personagens da década de 1960 tinha seus poderes, de uma forma ou de outra, derivados da radiação — algo bem comum em uma época em que as escolas primárias realizavam testes de preparação para ataques nucleares com regularidade. Foi assim com as transformações do Quarteto Fantástico, do Hulk e do Homem-Aranha. A radiação era fácil de usar no roteiro.

Uma leitura mais caridosa da origem dos heróis diria que eles foram, intencionalmente ou não, unidos por uma mesma temática. O que não seria uma interpretação errada. Todos foram criados por um pequeno grupo de homens, durante um curto espaço de tempo e em uma era específica — uma era obcecada com os perigos da energia nuclear.

Outro ponto em comum nas origens dos personagens é que, apesar de terem sido criados principalmente por Lee e Kirby — com participações de Ditko, é claro, que se envolveu muito em alguns heróis importantes (como o Homem-Aranha e o Doutor Estranho) —, há pouco acordo sobre quem fez o quê *conceitualmente* na criação dessas personalidades agora tão clássicas. Claro que é fácil definir quem ficou com a responsabilidade da narrativa visual. Além disso, as histórias dos diretores sobre quem inventou o quê parecem variar de conto em conto, e há suposições lógicas de pessoas que entraram em cena relativamente pouco depois da criação dos personagens. Além disso, também foi feito um interminável trabalho investigativo por fãs e historiadores para tentar definir os créditos "verdadeiros" das primeiras aventuras e histórias.

Mas, até onde sabemos, não havia gravadores operando quando os personagens foram gerados. (Os artistas Gene Colan e Dick Ayers desenharam quadrinhos — e Colan com Lee como roteirista — em que gravavam suas reuniões de roteiro com Lee. John Romita Sr. também mencionou que gravava as reuniões, mas tudo isso veio muito depois da criação dos personagens.) De fato, muitos dos personagens nem sequer eram considerados relevantes ou novos quando estreavam. Eram mistos de personagens da mitologia ou da ficção clássica, alguns tinham sido lidos nas obras de Shakespeare ou vistos naquela semana na TV, talvez ouvidos no rádio décadas antes, ou vistos em uma sala de cinema. Muitas vezes eram ecos de personagens publicados nos quadrinhos de um concorrente (ou do próprio Goodman).

Em seu discurso de aceitação do Nobel de 2017, o cantor e compositor Bob Dylan citou obras de música que tinham formado suas sensibilidades. Ele então observou:

> *Eu tinha princípios, sensibilidades e uma visão bem informada do mundo. E tive isso por um tempo. Aprendi tudo na escola primária. Dom Quixote, Ivanhoé, Robinson Crusoé, As viagens de Gulliver, Um conto de duas cidades,* tudo isso, toda a leitura típica da escola secundária proporciona uma maneira de encarar a vida, uma compreensão da natureza humana e um padrão para medir as coisas. (...) E os temas desses livros chegaram a muitas de minhas músicas, consciente ou inconscientemente.[2]

"Leitura típica da escola", mas, claro, filtrada pela sensibilidade única de Dylan — o homem tinha o que chamamos de *talento*, às vezes até ousando dizer que ele era *gênio*. Todos na sociedade são rotineira e regularmente expostos a certas obras de ficção e história, mas apenas alguns conseguem traduzir esse material de maneiras inéditas.

Da mesma forma, Lee e Kirby pegaram esse material comum e familiar e o transformaram em algo novo — assim como Lee e Ditko, e Lee e seus outros colaboradores. Eles transformaram e subverteram elementos culturais familiares em algo diferente. Foi a necessidade mundana de cumprir prazos e ganhar a vida que os levou a criar uma mitologia moderna que, ao mesmo tempo que é um "produto comercial", também se tornou muito significativa para diversas pessoas. Em uma entrevista de 2001 à *Tripwire Magazine*, Will Eisner se referiu a Lee como "uma espécie de mago", que conseguiu tirar o melhor de seus artistas.[3] Mas é igualmente verdade que os artistas também trouxeram à tona o melhor de Stan Lee. Eles eram, de fato, as pessoas certas, no lugar certo, na hora certa.

***

Em um período surpreendentemente curto depois da revista *Quarteto Fantástico* n.º 1 (de novembro de 1961), surgiu todo o panteão da Marvel, e, com poucas exceções, os novos personagens foram recebidos com entusiasmo pelos leitores de quadrinhos. A cada sucesso, Lee e Goodman decidiam que Lee e Kirby precisavam criar mais heróis — e era o que faziam.

Os novos — ou repaginados — personagens apareceram na seguinte ordem de publicação, após o Quarteto Fantástico:

O Incrível Hulk estreou em sua própria revista (de janeiro de 1962), em um híbrido de *O médico e o monstro* com o monstro de *Frankenstein*. O cientista Bruce Banner é atingido pela radiação de uma explosão de bomba gama e se torna uma máquina de destruição com pele verde. A série *O Incrível Hulk* não foi um grande sucesso e durou apenas seis edições, mas Lee confiou no personagem: depois do cancelamento da série, *Hulk* apareceu nas edições do *Quarteto Fantástico* e do *Homem-Aranha*, até que enfim caiu nas graças do público, voltando a uma publicação que dividia com o Homem-Formiga em *Tales to Astonish* [Histórias impressionantes], a partir da edição n.º 60, de outubro de 1964.

O Thor apareceu pela primeira vez em *Journey into Mystery* n.º 83 [Explorando o mistério], com capa de agosto de 1962 (no mesmo mês da estreia do Homem-Aranha em *Amazing Fantasy* n.º 15). O enredo era de Lee, com roteiro de Lieber e desenhos (e provavelmente ideias de roteiro) de Kirby. Donald Blake, o frágil e deficiente médico norte-americano de férias na Escandinávia, encontra uma vara de madeira encantada e retorcida que o transforma no deus nórdico do trovão. Vale ressaltar que os roteiros de Lieber em geral eram "completamente" baseados nos curtos textos de Lee, de modo que o artista — geralmente Kirby — trabalhava com uma história muito mais estruturada do que quando colaborava diretamente com Lee.

Em *Tales to Astonish* n.º 27, no mesmo mês de estreia do Hulk (janeiro de 1962), Henry Pym inventou uma fórmula química que poderia reduzi-lo ao tamanho de formigas. Mas ele só vestiu uma fantasia de super-herói e passou a ser conhecido como Homem-Formiga na edição n.º 35, de setembro. Mais tarde, ganharia o poder de se tornar gigante. Não demorou para que o Homem-Formiga/Homem-Gigante se juntasse à socialite Janet Van Dyne, a quem transforma na Vespa (seria uma piadinha irreverente dos criadores judeus, Lee, Lieber e Kirby?).

E, embora tenha permanecido como integrante do Quarteto Fantástico, o Tocha Humana, que adquirira seus poderes através de um raio cósmico, também passou a ter uma série solo nas páginas de *Strange Tales*, a partir da edição n.º 101, de outubro de 1962. Algumas de suas primeiras histórias foram roteirizadas pelo cocriador do Super-Homem, Jerry Siegel, que (mais uma vez) tinha sido expulso da DC. Mas a maioria foi escrita por Lee e Lieber, com arte de Kirby e Ayers, às vezes apenas de Ayers.

Em *Tales of Suspense* n.º 39 [Contos de Suspense] (de março de 1963), o empresário Tony Stark é vítima de uma armadilha em um campo de batalha no Vietnã, e o acidente danifica seu coração. Mantido em cativeiro pelos vietcongues, Stark cria a primeira armadura do Homem de Ferro. A história de origem é de Lee, Lieber e Don Heck. O traje do Homem de Ferro foi desenhado por Kirby e, um ano depois, modificado por Ditko. No mesmo mês de estreia do Homem de Ferro, estreava também a revista do Homem-Aranha, sete meses após sua primeira aparição no *Amazing Fantasy* n.º 15.

O Doutor Estranho foi visto pela primeira vez em *Strange Tales* n.º 110 (de julho de 1963). A arrogância tóxica do famoso cirurgião Stephen Strange provoca um acidente de carro, que lhe causa danos nos nervos e encerra sua carreira, mas o coloca no caminho para se tornar Mestre das Artes Místicas. Assim como o Homem-Aranha, o Doutor Estranho passa a vida lutando para se redimir de seu comportamento egoísta. Criado por Ditko, Estranho é uma mistura do recém-cancelado Doutor Druida, de influências dos programas de rádio dos anos 1930 (assim como Druida e o vilão do Quarteto Fantástico, o Doutor Destino), e dos filmes favoritos da infância de Lee, *Chandu, the Magician* [Chandu, o Mágico] e *Horizonte perdido*, com livro homônimo. A ambivalência de Lee em relação ao Doutor Estranho foi exposta em uma carta de 9 de janeiro de 1963 a Jerry Bails:

> *Bem, temos um novo personagem a caminho para figurar em* STRANGE TALES *(é só uma história de cinco páginas para encher espaço, chama-se* DOUTOR ESTRANHO*). Steve Ditko vai desenhar. O tema é meio que magia negra. A primeira história não é nada genial, mas talvez a gente possa desenvolver. Foi ideia de Steve, e achei que seria bom dar uma chance ao personagem, mesmo tendo que, mais uma vez, apressar demais a estreia.*[4]

As palavras "*foi ideia de Steve*" não deixam claro se Lee estava se referindo ao personagem, à origem do personagem, ao teor místico da série, ao enredo da primeira história ou a alguma combinação desses elementos. É evidente que Lee não estava muito animado com a história — pelo menos no início —, e ele também não pareceu preocupado em expressar suas reservas sobre a nova história a um fã da imprensa. Embora Ditko fosse um de seus artistas favoritos para trabalhar, a tensão no relacionamento dos dois já parecia estar se desenvolvendo logo no início dos trabalhos colaborativos para a era dos super-heróis da Marvel. Isso foi confirmado em escritos posteriores de Ditko, nos quais expressava profundo ressentimento em relação ao que ele julgava ser a atitude de Lee quanto ao personagem e ao próprio Ditko. Como ele escreveu:

> *"Nada genial" foi um comentário pejorativo, menosprezando minha contribuição total e o valor da minha ideia.*
>
> *O "talvez a gente possa desenvolver" só está ali para passar a impressão de que Lee dividia os créditos do trabalho, porque implica que Lee teria que fazer tudo sozinho para "desenvolver" minha ideia. (...) Lee finge ceder espaço, mas menospreza minha ideia e a retira de mim, de forma que, no fim das contas, ele é a única mente criativa.*[5]

Mas os novos heróis não terminaram com o Doutor Estranho. Segundo Lee, para provar que a "fórmula" da Marvel poderia funcionar em qualquer gênero, ele e Kirby criaram uma série de quadrinhos que se passavam na Segunda Guerra: *Sgt. Fury and His Howling Commandos* [Sargento Fury e seus subordinados ululantes], cuja primeira edição, homônima, datava de maio de 1963.[6] (Alguns anos depois, Fury — então usando um tapa-olho — se tornaria o novo líder do grupo secreto de espiões da agência S.H.I.E.LD, uma criação de Lee e Kirby, que estrearia em *Strange Tales* n.º 135, de agosto de 1965.)

Em *X-Men* n.º 1, de setembro de 1963, Charles Xavier reúne uma equipe de jovens cujos poderes mutantes (geralmente atribuídos a alguma exposição à radiação antes de seu nascimento) fazem com que sejam odiados e temidos por todos, apesar de se dedicarem a proteger o mundo. Os X-Men foram criados por Lee e Kirby.

Os Vingadores n.º 1, também com capa de setembro de 1963, reúne Thor, Homem de Ferro, Homem-Formiga, Vespa e (por pouco tempo) o Hulk em uma única equipe. Lee e Kirby enfim entregavam a Goodman o grupo de super-heróis que ele pedira — que, assim como a Liga da Justiça, era composto apenas por personagens de sucesso.

O jovem Matt Murdock tem seus sentidos aprimorados depois de um encontro fatídico com material radioativo — o que não é nenhuma surpresa. Quando adulto, depois de vingar o assassinato do pai, Matt, que trabalha como advogado, inicia a carreira como Demolidor, estreando na revista *Demolidor* n.º 1. A edição data de abril de 1964, mas originalmente estava programada para setembro de 1963. Quando o artista Bill Everett (criador do Príncipe Submarino e um dos pilares da Timely/Atlas nos anos 1950, que agora voltava à casa) teve problemas com o prazo devido às exigências de seu trabalho como diretor de arte de uma agência de publicidade, a série foi adiada, e *Os Vingadores* entrou no lugar.

O Capitão América foi revivido em *Os Vingadores* n.º 4 (de março de 1964), e logo obteria sua série solo em *Tales of Suspense* (edição n.º 59, de novembro de 1964). O Príncipe Submarino passou a aparecer em *Tales to Astonish* a partir da edição n.º 70, de agosto de 1965. Super-heróis novos e antigos acabariam assumindo quase todas as revistas de ficção científica e fantasia de Goodman.

Mas a bola agora estava em campo, rolando com a força do próprio momento, com as peças firmemente posicionadas para criar o universo ficcional que vive até hoje em várias mídias. É claro que, em 1964, não havia como ninguém saber disso. Com exceção de *Demolidor* — que estava programada para estrear sete meses mais cedo —, os novos personagens foram todos introduzidos no Universo Marvel menos de dois anos depois da estreia de *Quarteto Fantástico*. E, com a exceção do Doutor Estranho e do Homem-Aranha, todos os personagens surgiram de alguma combinação dos talentos de Stan Lee e Jack Kirby, com contribuições de Larry Lieber — embora Larry nunca tenha alegado ter concebido ou projetado qualquer um dos personagens. (No entanto, foi ele quem nomeou Anthony Stark, Henry Pym e Donald Blake.)

E tudo isso foi produzido enquanto a Marvel ainda lançava revistas de faroeste, romance, humor e outros gêneros. Por exemplo, no mesmo mês de 1963 em que *Vingadores* e *X-Men* estrearam, a Marvel também lançou títulos como *Kid Colt Outlaw* n.º 112, *Millie, the Model* n.º 116, *Modeling with Millie* n.º 25 [Modelando com Millie], *Patsy Walker* — que mais tarde virou *Felina* — n.º 109, *Sgt. Fury* n.º 3 e *Two-Gun Kid* n.º 65 [O garoto das duas armas]. Além disso, os títulos de antologia que também apresentavam super-heróis ainda estavam — e estariam por mais algum tempo — cheios de histórias de fantasia e ficção científica.

***

Embora Lee tenha alegado não ler muitos dos quadrinhos das outras empresas, exceto talvez para examiná-los e descobrir quem estava desenhando (e chegou até a dizer em uma entrevista em vídeo dos anos 1990 que "amava" os quadrinhos da EC), o fato é que havia muita concorrência. Talvez não se publicassem tantos quadrinhos no início dos anos 1960 como no auge das décadas de 1940 e 1950, mas ainda assim eram muitos. Alguns tipos de quadrinhos eram onipresentes, publicados por pelo menos dez empresas diferentes. E Goodman não foi o único editor a notar o interesse renovado pelos super-heróis da DC Comics. Outras editoras também entraram na dança, ainda mais quando os heróis da Marvel começaram a ganhar espaço. E algumas empresas tinham o maior prazer em imitar a estética da Marvel.

Uma amostragem aleatória de algumas das dezenas de quadrinhos (muitos licenciados da TV e do cinema) que competiam com a Marvel por atenção nas bancas de 1961 a 1965 incluía:

Da DC, o *Super-Homem*, o *Batman* e a *Mulher-Maravilha*, além de outras revistas de heróis da empresa, como *Flash*, *Lanterna Verde* e *Átomo*. E, é claro, a *Liga da Justiça da América*.

Da Dell, havia *Ricky Nelson*, *Bonanza*, *Leave It to Beaver* [Deixa com o Beaver], *Tio Patinhas*, *Drácula* e *Os Beatles*.

A Archie Publishing lançava quadrinhos da série *Archie* — que hoje se tornou a franquia *Riverdale* —, bem como quadrinhos de super-heróis como o *Homem-Mosca* e o *Jaguar*. A Archie ainda viria a contratar o cocriador do Super-Homem, Jerry Siegel, para repaginar seus heróis sob o selo "Mighty Comics", que imitava a Marvel, mas não parecia captar a essência do que fazia com que os quadrinhos de Lee dessem tão certo.

A Gold Key lançava quadrinhos como *Solar, Homem-Átomo, Magnus Robot Fighter* [Magnus, o lutador robô] e *O Fantasma*.

A American Comics Group lançava *Forbidden Worlds* [Mundos proibidos], que trazia as histórias de Herbie, the Fat Fury [Herbie, o gordo furioso], e *Adventures into the Unknown* [Aventuras no desconhecido], que estrelava o super-herói conhecido como Nemesis.

A Harvey Comics publicava os quadrinhos humorísticos *Sad Sack* [Soldado inútil], *Gasparzinho* e *Riquinho*.

E a Charlton lançava nas bancas *Teenage Hotrodders* [Adolescentes motorizados] e *The Young Doctors* [Os jovens doutores] (capitalizando sobre a popularidade dos dramas médicos para a TV, como o *Dr. Kildare*), além do *Capitão Átomo*, desenhado por Ditko.

A onda cultural que envolvia os criadores de quadrinhos e seu público na década de 1960, entre música, filmes, TV e o choque aparentemente interminável dos noticiários noturnos e das manchetes matinais, garantia um suprimento constante de inspiração. O *zeitgeist* estava cheio até a borda com eventos que mudavam depressa, todos protagonizados por uma grande variedade de personagens coloridos e controversos. Será que os anos 1960 foram mais tumultuados do que as décadas anteriores do século XX, que incluíram duas guerras mundiais, pelo menos dois grandes genocídios, a Revolução Russa e a Grande Depressão? Provavelmente não. Mas, ainda mantendo a comparação, o imediatismo e a onipresença da mídia explodiram nos anos 1960, uma marca bem evidente de que os tempos estavam realmente mudando.

Uma breve lista de alguns dos muitos fenômenos culturais, reais e fictícios, que integravam o mix de notícias com que a mídia atacava e informava os norte-americanos — moldando as sensibilidades da geração *baby boomer*, que já começava a definir sua personalidade —, incluiria:

O assassinato de John F. Kennedy, presidente dos Estados Unidos, e de seu irmão, Robert Kennedy; o assassinato de Martin Luther

King Jr.; o conjunto de medidas sociais conhecido como Grande Sociedade; a guerra contra a pobreza; o movimento dos direitos civis; os Beatles; Bob Dylan; *O homem que matou o facínora*; *Desafio à corrupção*; os filmes de James Bond e a série de TV *O agente da U.N.C.L.E.*; o gênero de faroeste, ainda em bastante evidência, em especial o sucesso *Rawhide*; o torpedo da Marinha estadunidense PT 109; *A família Buscapé*; Johnny Carson assumindo o *Tonight Show*; *Adeus, Columbus*; *O ano passado em Marienbad*; a pílula anticoncepcional; a Guerra do Vietnã; o muro de Berlim; a crise dos mísseis de Cuba.

Tendo vivido ou não aquela época, você provavelmente tem sua própria montagem mental dos anos 1960. Pode ter sido o que você considera a era de ouro, ou alguma época detestável que você prefere fingir que não existiu; ou, quem sabe, seja apenas uma era e um estado de espírito de que você já está cansado de ouvir seus pais ou avós comentando, talvez uma época que desejasse ter vivido, ou quem sabe você estava lá, mas sente que perdeu as melhores partes.

Para muitas pessoas, as primeiras aventuras do Homem-Aranha, do Hulk, do Quarteto Fantástico, do Thor e dos outros heróis da Marvel representam uma grande parcela do espírito dos anos 1960. Mesmo na época, publicações como a revista *Esquire* faziam parecer que esses personagens eram parte integrante da sociedade. Na edição de setembro de 1965, a *Esquire* nomeou o Homem-Aranha e o Hulk como duas das "28 pessoas mais relevantes" nos campi das universidades.

Percebido e levado a sério por ativistas e formadores de opinião dos campi, astros do rock e diretores de cinema (apesar de ainda não receberem a atenção dos executivos de Hollywood, romancistas sérios e professores universitários), Stan Lee e seus colaboradores tinham encontrado algo que ressoava a um público muito maior que as crianças leitoras de quadrinhos e a pequena porcentagem de adultos nostálgicos que tinham o interesse de manter o hobby de quadrinhos que haviam iniciado durante a infância, ainda na Segunda Guerra Mundial.

O livro de Jules Feiffer *The Great Comic Book Heroes* [Os grandes heróis dos quadrinhos], de 1965, era voltado para adultos interessados em uma interpretação madura daquilo que alimentara suas fantasias de infância. Embora tenha encontrado esse público, ele também alcançou o objetivo talvez imprevisto de alimentar a imaginação e a sensação de fazer parte da história das crianças *boomers* que liam a Marvel e os outros editores. Essas crianças ficaram intrigadas com a narrativa de Feiffer sobre o que as empresas de quadrinhos — sobretudo a Marvel e a DC — faziam antes de eles nascerem. Longe de confundir os leitores modernos, trazendo à tona um passado enterrado, o livro os *intrigou* e talvez tenha até os deixado *ansiosos* para saber mais sobre os antecedentes não só dos personagens, mas também dos criadores e das empresas por trás deles. Não queriam simplesmente "ignorar o homem por trás da cortina", queriam saber *tudo* sobre essa pessoa que cria suas histórias favoritas!

Graças aos apuros em que a indústria dos quadrinhos caiu durante a década de 1950, muitos dos criadores de quadrinhos na década de 1960 ainda eram os mesmos da "Era de Ouro" dos anos 1940. Estranhamente, não havia muito incentivo para novatos na indústria no fim dos anos 1950 e início dos anos 1960. Para os veteranos — que se sentiam cada vez mais velhos, excluídos de outros campos, condenados a criar seus trabalhos como freelancers, ou presos a carreiras aparentemente sem futuro, ainda que um tanto seguras, como a de Lee —, os anos 1960 deram vida nova ao mundo dos quadrinhos, ou pelo menos trouxeram uma sensação de maior estabilidade no emprego.

Muitos dos editores, escritores e artistas da DC eram remanescentes dos anos 1940. Os editores Julius Schwartz, Mort Weisinger e Jack Schiff começaram suas carreiras na época. Os artistas Gil Kane e Carmine Infantino também. Os editores da DC tinham seus feudos de títulos e criadores e pareciam contentes em governá-los, protegendo com unhas e dentes suas estrelas contra "roubos" (embora, como freelancers, em teoria os artistas poderiam trabalhar para quem quisessem), já que poderia haver outros editores da própria DC — ou até de outras empresas — de olho. Esses editores eram subordinados aos executivos Jack Liebowitz, Whitney Ellsworth ou Irwin Donenfeld, dependendo da época e da questão a ser tratada.

Todos tinham — ou acreditavam ter — um emprego razoavelmente seguro, portanto, não pareciam interessados em sair da zona de conforto. Nos anos 1960, já perto dos cinquenta anos, seguiam com o plano de produzir histórias curtas, com roteiros bem delimitados, como faziam duas décadas antes. As ambições que talvez tivessem para além da edição de quadrinhos tinham sido atendidas de maneiras que não ameaçavam o *status quo*. Weisinger tinha uma grande carreira de escritor freelancer, trabalhando principalmente em artigos para revistas nacionais. Robert Kanigher escreveu muitos quadrinhos para a DC, além de editá-los. (Ele escreveu e editou *Mulher-Maravilha* durante duas décadas, além de ser conhecido pelo roteiro da história do Flash de 1956 que anunciava a expansão dos super-heróis da DC.)

Trabalhando dentro de uma estrutura burocrática tão arraigada, nenhum desses editores tinha a relativa autonomia de Stan Lee — nem a dádiva duvidosa de trabalhar para um parente, uma espada de Dâmocles que não parava de roçar no que lhe restava de cabelo, ameaçando, se não o emprego, pelo menos o departamento que ele dirigia.

O curioso era que, na Marvel, com exceção de Kirby, muitos dos artistas de Lee eram relativamente jovens, tinham iniciado a carreira no final dos anos 1940 a meados da década de 1950, embora ainda assumissem a liderança criativa dos "veteranos" Lee e Kirby.

Ainda assim, não foi sem planejamento que uma inovação tão dinâmica quanto a Marvel Comics surgiu nos escritórios de Stan Lee e Martin Goodman, que trabalhavam com quadrinhos havia mais tempo do que a maioria dos funcionários da DC. E Kirby, afinal, tinha trabalhado para a DC, então não é como se a outra editora não tivesse a oportunidade de empregar suas habilidades e seu gênio. Mas, mesmo assim, nada do que Kirby criou por lá fez tanto sucesso quanto seu trabalho na Marvel.

Lee era cerca de sete anos mais novo do que a média de editores da DC, mas tinha tanta ou mais experiência do que a maioria deles. Talvez essa relativa juventude, combinada com a experiência em milhares de quadrinhos de todos os tipos, tenha sido crucial para que

A criação de personagens

Lee pudesse misturar as tendências da época com seus próprios talentos e habilidades — e de seus artistas. Talvez Goodman, com uma combinação única de *insight*, tino para os negócios e sensibilidade ao *zeitgeist*, também tenha sido significativo. Como dupla no comando, não era um feito pequeno que Lee e Goodman pudessem ter suas decisões reproduzidas *imediatamente*. Eles conseguiam responder a qualquer mudança no mercado ou no gosto do público, sem atrasos de memorandos, reuniões e outras pendências burocráticas.

A Timely/Marvel — e, portanto, Stan Lee — também tinha a experiência adquirida de ter sido extremamente bem-sucedida, mesmo que não muito original, e depois perder tudo de repente, mas sobreviver ao baque, mal a mal, e persistir como uma empresa reduzida e maltratada e um editor traumatizado. Talvez tenha sido isso que tornou a Marvel o lugar perfeito para criar super-heróis traumatizados, personagens inerentemente conscientes de que qualquer coisa pode ser perdida a qualquer momento. O choque do fim dos anos 1950 tornou Lee sensível o suficiente para captar as mudanças dos tempos em que — quando presenteado com talentos como Kirby e Ditko — conseguia, junto com seus artistas, criar algo inovador, algo que os editores da DC, com suas carreiras confortáveis e consolidadas, não conseguiriam fazer.

Importante também é que, embora no fim dos anos 1960 Lee tentasse se apresentar como "descolado", nos anos de formação da Marvel ele teve a presença de espírito de criar para si uma imagem pública que era uma versão de quem realmente era: um pai quadrado e suburbano, mas que não se esquecera de como era ser criança; um cara que ainda era capaz de se divertir e criar diversão para os outros nas páginas dos quadrinhos. Lee tinha noção do que era emocionante e interessante para as crianças, mas também estava disposto a aprender *com elas* o que era moderno e o que não conseguia intuir ou lembrar da própria infância. Ele transmitia um entusiasmo que não parecia falso. E, embora quisesse dedicar sua vida a projetos *maiores*, não parecia querer se envolver em projetos *melhores*. Em outras palavras: ele adorava trabalhar contando histórias junto com outras pessoas. É claro que Lee ansiava por uma tela maior, com mais visibilidade e chance de lucro. Mas realmente ficava empolgado com o básico de sua profissão: inventar histórias e interagir com pessoas criativas e interessantes.

Stan Lee era ao mesmo tempo tranquilo e impaciente, ambicioso, mas prático demais para se afastar do que já conhecia. Com uma história de vida que não faria feio para o elenco de uma peça de Odets ou Chayefsky — o pai sem sorte, a mãe moribunda, o irmão traumatizado —, mesmo que não conseguisse criar seu Grande Romance Americano, poderia ao menos trazer para os quadrinhos o que entendia de tragédia e fracasso e, ao que parece, conseguia expressar aquilo tudo de uma forma que também tocasse seus leitores.

Claro que é aí que entra o fator *talento*. Lee e seus colaboradores o tinham de sobra, e ele já praticava seu ofício havia mais de vinte anos. Estava pronto para passar para outro patamar, se não com as tirinhas, ao menos dentro do ambiente com o qual estava mais familiarizado. Como disse ao repórter que assinou como "Peter Parker", na edição de 29 de março de 1966 do jornal independente de Berkeley, *The Daily Californian*: "Eu levo isso [meu trabalho] muito a sério. (...) Vinte anos atrás, eu não levei tão a sério, e as publicações nunca eram tão boas. (...) Estão melhores agora do que há um ano, e [na época] eram melhores do que há cinco anos."[7]

Seguindo essa linha de raciocínio, algo em Kirby e Ditko — e em Larry Lieber — também já estava pronto para aquela guinada. Mesmo sem perceber, estavam todos se preparando para a Marvel havia vários anos. O trabalho que produziram com Lee, não importa como foi a divisão de produção, era diferente e cativante.

Como observou Neal Adams, o inovador artista e escritor de quadrinhos:

> Tem o Homem-Aranha [por exemplo], que era um garoto esquisito que recebe superpoderes (...) e seu próprio ego miserável permite que seu tio Ben morra, então ele finalmente se transforma em herói. Essas são novas diretrizes para os quadrinhos. Na DC Comics, tudo o que tinham era basicamente mocinhos com rostos perfeitos e dentes brilhantes, pessoas que já eram boas antes de

virarem heróis e que só continuaram no grupo dos mocinhos depois de se tornarem heróis.[8]

Adams também acrescentou, sobre os heróis da Marvel:

Você pode dizer que são personagens desenvolvidos, com personalidades fortes. Mas não: são mesmo maçãs podres. [Mas] na DC, os personagens basicamente não tinham personalidade. Eles não eram nada.[9]

Então, os heróis da Marvel começam falhos, geralmente por arrogância — não eram perfeitos como os heróis da DC —, e eram transformados por seus superpoderes. No entanto, suas falhas básicas de caráter não desapareciam. Eles se tornavam heróis *superando* essas falhas. É a clássica jornada do herói, que já foi descrita por Joseph Campbell e muitos outros. Um indivíduo cheio de falhas tenta superar suas deficiências, e o heroísmo do personagem não está simplesmente em fazer o bem, mas também — se não principalmente — em superar o desejo humano de fazer coisas egoístas e maldosas, algo *especialmente* tentador para alguém que adquire habilidades sobre-humanas. Os heróis da Marvel eram tentados pela escuridão de uma maneira que os super-heróis anteriores raramente tinham sido. As lutas contra seus demônios internos os marcavam como imperfeitos — falhos, danificados e, portanto, similares a nós — e duplamente heroicos, por travarem batalhas internas e externas.

Já ouvimos isso tantas vezes que acabou virando um velho clichê, mas, no início dos anos 1960, a ideia de "heróis com pés de barro" era inovadora e emocionante para os quadrinhos. O herói falho não era novidade na ficção, mas certamente era nos quadrinhos. Os heróis da Marvel eram o equivalente em quadrinhos de Rick Blaine, de Bogart, em *Casablanca*, ou talvez de Philip Marlowe, de Raymond Chandler: personagens cínicos, idealistas, mas feridos pela vida ou pelo amor, agredidos pelas circunstâncias. Charles Foster Kane, que tinha tudo, na verdade não tinha nada. Montgomery Clift ou James Dean em praticamente todos os papéis: atormentados por dentro e por fora, tentados a fazer a coisa errada, mas compelidos, por alguma força central de seu caráter, a fazer, no fim das contas, a coisa certa. E fazer a coisa certa não apenas porque era o certo (como qualquer super-herói faria), mas porque a ideia de lidar com a culpa depois de não fazer o certo é insuportável. Não fazer o certo transforma o herói em, bem, um vilão — e muitos dos vilões da Marvel não tinham origens muito diferentes das de seus heróis. Só que o que os vilões tiravam de seus traumas era muito diferente das lições que os heróis aprendiam.

É claro que já houvera super-heróis "falhos", mas não de uma maneira que fizesse diferença para seu caráter, que tocasse o público. O Super-Homem era vulnerável à *kryptonita*. O anel do Lanterna Verde não funcionava em nada amarelo. E, sim, o Super-Homem e o Batman tinham sobrevivido a grandes traumas, mas isso não afetava grande parte de suas histórias nos anos 1960. Nada parecia de fato perturbar esses personagens. "Sou o único sobrevivente de um planeta que explodiu? Está bem. Tenho que voltar para garantir que a Lois não descubra minha identidade secreta. E tenho que esculpir uma chave de granito gigante para meu refúgio secreto no Ártico. Não tenho tempo para ficar pensando na vida."

Por outro lado, os personagens da Marvel tinham falhas de caráter — eles eram a própria encarnação das falhas, fraquezas e vulnerabilidades. A cartilha de diagnósticos de psiquiatria está cheia de possíveis diagnósticos para cada um deles. Todos tinham um passado trágico que de fato afetava suas vidas, que os faziam refletir e os motivavam a seguir em frente. Os traumas que os originavam eram temáticas integrais em todas as melhores histórias. Muitos eram tão arrogantes que causavam as próprias tragédias: Reed Richards levou os amigos ao espaço em um foguete defeituoso; Stephen Strange operava apenas pessoas ricas; Peter Parker recebeu seus poderes de aranha e imediatamente tentou lucrar com eles; Thor é tão cheio de si que Odin o prende no corpo de um mortal com deficiência. E a punição por essa arrogância é sempre intensa, sempre provoca arrependimento sem fim. Se eles pudessem voltar atrás e refazer tudo, salvar alguém, fazer uma escolha melhor...

E não eram só os heróis da Marvel que tinham falhas dignas das peças de Shakespeare, mas também, como já mencionamos, os vilões! Os heróis eram *heróis* porque transcendiam as falhas e o passado traumático. Se eles tinham conseguido, então você também conseguiria! E, se alguns vilões como o Gavião Arqueiro, a Feiticeira Escarlate e o Mercúrio podiam transcender seu passado de crimes e se tornarem heróis, talvez houvesse esperança para você também, não importa quantas vezes tenha estragado tudo. Os vilões mais cruéis, como Doutor Destino, Doutor Octopus e Toupeira, eram indivíduos defeituosos que usavam seus poderes para *se vingar* do mundo, para enriquecer e para abusar dos outros. Os heróis — depois de muita luta — tinham ultrapassado essas respostas básicas às adversidades da vida. Era isso que os tornava heróis. (Os vilões da Marvel, é claro, também tinham um quê de nobreza trágica, o que os tornava atraentes e simpáticos, apesar das ações abomináveis. Essa abordagem mais sofisticada dos "malvados" foi outro salto à frente nos quadrinhos.)

Os mocinhos da Marvel, de fato, eram os heróis "gente como a gente". Não porque você talvez pudesse ser picado por uma aranha radioativa ou sofrer com a explosão de uma bomba gama, mas porque eles lidavam com os próprios fardos da mesma maneira que você gostaria de lidar com os seus. Não queriam ter que enfrentar os desafios diários, assim como você não quer enfrentar os seus. Queriam desistir. Queriam culpar alguém por seus problemas. E, de fato, às vezes faziam isso. Mas, a longo prazo, tinham descoberto a coisa certa a fazer — e a fizeram! Assim como você faz — ou tenta fazer. E, toda vez que resolviam um problema ou superavam um desafio, outro surgia. Assim como acontece na *sua* vida. Lee, Lieber, Kirby, Ditko e os outros tinha acertado em cheio.

Mas no que exatamente tinham acertado?

***

Para descobrir isso, faremos uma breve pausa por aqui e avançaremos a uma altitude mais elevada, em busca de uma visão mais ampla.

Lee e a empresa não tinham simplesmente inventado personagens visualmente atraentes com histórias interessantes. E não tinham apenas se deparado com a ideia de que os personagens existiriam em um universo compartilhado, para que pudessem, quando apropriado, cruzar caminhos, como aliados ou adversários. E não inventaram a ação extrema (embora certamente tenham levado a alguns extremos).

O que eles inventaram — e é difícil não atribuir isso a Lee, mesmo que ele apenas tenha percebido para onde o trem estava indo enquanto já estava em movimento — foi um mundo fictício cuja sensação era, assim como nos filmes modernos da Marvel, de que tudo levava a algo, mesmo que, como na vida real, esse algo nunca chegasse. Pode ter havido pausas periódicas disfarçadas de final, mas, como a vida, as coisas continuavam. O que importava era a jornada — e as transformações sofridas durante ela.

Na década de 1960, a DC Comics já tinha publicado centenas de histórias do Super-Homem e seu elenco de apoio. E, no entanto, havia pouca ou nenhuma progressão de personagem ou desenvolvimento das várias situações naquele universo. O Super-Homem que frustrava um assalto a banco em uma edição seria muito parecido com o Super-Homem que frustrava um assalto a banco dez anos depois. O que era ótimo, ainda mais presumindo que o público mudava a cada dois ou três anos, então os leitores dos dois assaltos a banco não saberiam nem se importariam que as histórias fossem praticamente as mesmas. É legal de ver e ler o Super-Homem parando bandidos armados.

Mas as histórias e os personagens da Marvel *se desenvolviam* ao longo do tempo. Mudavam e cresciam de uma edição para a outra, ano após ano. Lee e seus colaboradores estavam, pouco a pouco, criando uma nova literatura. À medida que os personagens se desenvolviam, tanto os leitores quanto os criadores passavam a conhecê-los melhor. Embora não economizassem nas cenas de ação, os criadores, junto com os leitores, foram conseguindo conhecer mais dos personagens e de seu universo, testemunharam uma amostra do que pessoas reais poderiam fazer nessas situações se tivessem poderes sobre-humanos. Heróis, vilões e elencos de apoio desenvolveram personalidades mais profundas e sutis, tornaram-se complexos de uma maneira mais familiar para os leitores de prosa "séria" do que para os de quadrinhos.

À medida que mais atenção se concentrava em *por que* os personagens faziam o que faziam, as histórias da Marvel se tornavam cada vez mais parecidas com a vida real — ou pelo menos com a versão da vida real retratada por romancistas, dramaturgos e roteiristas que tratavam do crescimento e do desenvolvimento humano.

E, como as histórias em quadrinhos eram em série, os personagens podiam se desenvolver de uma edição para a outra. Isso ocorria em parte devido à simples necessidade de expandir as ideias e pontos de roteiro para além das 12 ou vinte páginas de quadrinhos. A necessidade se fazia em dois níveis. De preferência, uma história poderia ser explorada durante várias edições sem parecer que os criadores estavam apenas preenchendo espaço, mas histórias contínuas, com ou sem enrolação, exigiam menos ideias novas — o que era importante para uma equipe pequena que precisava de toda a ajuda possível para manter os prazos. Mas o alongamento dos roteiros fazia com que as histórias, as tramas e — especialmente — os personagens pudessem ser desenvolvidos como nunca. Romances poderiam começar, crescer, encontrar dificuldades e depois florescer ou talvez terminar com um fim dramático. Os vilões, assim como os heróis, podiam ter motivações relativamente complexas para o que faziam.

Os artistas de Lee e da Marvel tiraram muito proveito dessas possibilidades. E, conforme o faziam, a resposta que tinham com o número de vendas e cartas dos leitores mostrava a aprovação dessa abordagem. Programas de TV e filmes dos anos 1960 também exibiam avanços semelhantes. Embora não faltassem seriados bobos, também havia muitas séries de TV e filmes com personagens densos. Programas como *Dobie Gillis, Bonanza, The Defenders* e *O Fugitivo* demonstravam que as pessoas reagiam positivamente ao entretenimento que as fazia pensar um pouco mais. Desenhos animados como *Alceu e Dentinho, Peabody e Sherman* e *Dudley Certinho* mostraram que até alguns programas infantis haviam se tornado mais complexos. Esses programas — de adultos e crianças — podem ser desfrutados em um nível mais básico de enredos compreensíveis, mas também forneciam vários níveis de humor e *insight* para os que estavam mais preparados para o desafio. Mesmo aqueles que não sabiam que estavam diante de um entretenimento mais denso de alguma forma entendiam que o programa era mais do que parecia ser.

Da mesma forma, os quadrinhos da Marvel passaram de aventuras simplistas e únicas, com talvez alguma lição de moral, a tapeçarias maiores e mais complexas. *Homem-Aranha* e *Quarteto Fantástico* ficavam mais sofisticadas a cada edição. A história "The Brutal Betrayal of Ben Grimm" [A traição brutal de Ben Grimm] na revista *Quarteto Fantástico* n.º 41, de agosto de 1965, mostrava como ter se tornado o Coisa afetara Grimm. A série do Homem-Aranha explorava passados secretos para personagens de apoio, como Betty Brant, demonstrando que ela era muito mais do que apenas a secretária de J. Jonah Jameson. Thor revelou sua identidade secreta a seu interesse amoroso e a levou a Asgard para conhecer o pai, Odin, governante dos deuses nórdicos, e exigir que ela recebesse superpoderes — um desenvolvimento que terminou em tragédia para todos os envolvidos.

Essas abordagens cheias de nuances e voltadas para o drama psicológico nunca tinham sido retratadas em quadrinhos de super-heróis. Esses elementos não foram incluídos por algum cálculo a partir de pesquisas de mercado, e sim por um entendimento instintivo do que comoveria o público. Foi quase mágico.

Lee, Ditko e Kirby, todos proficientes em suas funções, tinham enfim liberdade para exercitar a criatividade — descobrindo habilidades que nem sabiam que tinham — e expandir os limites das histórias em quadrinhos, mesmo que dentro dos limites do gênero.

O que eles *não fizeram* foi estabelecer uma rotina para as histórias. (Isso ainda viria a acontecer, mas levaria mais meia década.) Praticamente todos os meses, algo novo em termos de conteúdo ou estilo visual era introduzido nos quadrinhos da Marvel. E, enquanto tudo isso acontecia nas histórias, Lee desenvolvia e trançava o relacionamento da empresa com seus leitores através das páginas de cartas, *Bullpen Bulletins* e até mesmo nas notas de rodapé! Mesmo quando estava vendendo coisas, era de uma maneira divertida e bem-humorada, vinculando os leitores ainda mais à empresa — e à sua voz: Stan Lee.

As histórias da Marvel e tudo sobre elas estavam evoluindo, convidando os leitores a evoluir junto. Isso foi uma grande parte do que tornou a Marvel tão irresistível para o público — que só crescia mais e mais.

Portanto, o grande feito da marca não foi publicar uma boa história, nem mesmo muitas, nem algum texto particularmente comovente. Foi criar um *fenômeno* que, para muitos, mais do que correspondia às expectativas. Como poucas referências da cultura popular — os Beatles, por exemplo, talvez os romances de Kurt Vonnegut ou os filmes de Robert Altman —, a Marvel continuou relevante por muito mais tempo do que a maioria dos fenômenos da cultura pop da época.

Na primeira era de sucesso da Marvel, nos anos 1960, Stan Lee conseguiu, depois de ajudar a criá-la, reconhecer, explorar e manter, por uma década inteira, a primeira encarnação desse fenômeno, e plantar as sementes para que ele se renovasse regularmente.

***

Então, não importa quem "realmente" inventou a primeira leva de personagens da Marvel, não importa como as histórias foram desenvolvidas: o fato é que havia uma voz consistente e única — talvez até *onisciente* — contando as histórias e, mais importante, recebendo as pessoas no mundo da Marvel. Essa voz tinha um nome no mundo real e nas páginas das revistas.

Esse nome era Stan Lee.

Era a voz que dizia — a partir da terceira edição — que *Quarteto Fantástico* era "a melhor revista em quadrinhos do mundo!"

Era a voz que perguntava, na capa de *O Espetacular Homem-Aranha* n.º 14: "Você não acha que o Duende Verde é meio fofo? Ele não traz um sorriso no rosto? Bem, pode esquecer essa alegria!

Ele é o inimigo mais sinistro e perigoso que o Homem-Aranha já enfrentou!"

Era a voz que introduzia a edição n.º 15 do mesmo título, dizendo, logo na primeira página, dentro de uma seta gigante apontando para o Homem-Aranha:

> *Se algum de vocês passou os últimos dois anos em outra galáxia, fica aqui a explicação de que este é o Homem-Aranha (...) e esta certamente é a aventura mais emocionante que já apresentamos dele! (Desde a última!) Tem vilões, heróis, ação, uma mistura de tudo... E é contado à maneira Marvel! Nem precisamos dizer mais!*

É a voz que, na mesma edição, listava os créditos assim:

> *Escrito por* STAN LEE *(porque não podíamos pagar Mickey Spillane)*
> *Ilustrado por* STEVE DITKO *(porque Picasso estava fora da cidade)*
> *Com letras de* ART SIMEK *(porque o nome encaixa no espaço)*

É a voz que, na capa da edição n.º 16, em que o Homem-Aranha conhece o Demolidor, aconselha:

> *Aviso!! Se você não admitir que esta é uma das melhores edições que já leu, a gente talvez nunca mais fale com você!*

Essa voz onisciente, quebradora da quarta parede, amigável e autodepreciativa era a voz da Marvel. Era escrita no plural do editorial, usando o "nós" e retratada como a voz coletiva de Stan e Jack, ou Stan e Steve, ou a voz de toda a equipe da Marvel. Às vezes, era até reconhecida como a voz de Stan Lee.

Em respostas na página de cartas e em anúncios especiais, a voz poderia dizer coisas como, por exemplo, em *O Espetacular Homem-Aranha* n.º 20:

> *Uma coisa que a gente adora é o fã casual que escreve para exigir que passemos mais alguns quadros para o Steve desenhar! O pobre*

e querido Ditko faz cerca de vinte páginas do Homem-Aranha por mês! Além de mais dez páginas do Doutor Estranho e dez páginas do Hulk! E ainda arranja tempo para discutir com Stan por algumas horas por semana!

(Foi um comentário espirituoso? Uma descrição precisa do relacionamento de Lee e Ditko? Ambos?)

A voz também poderia dizer coisas como, por exemplo, no *Homem-Aranha* n.º 21:

Ainda não vimos os esboços da edição n.º 22, mas Stan e Steve andam rindo sozinhos e trocando elogios! Então eles devem ter algo bem especial a caminho. Enfim, quando esses dois mergulham no trabalho, não tem como ser ruim! Então viva perigosamente (...) e apareça aqui de novo na próxima revista! Quem sabe? Talvez você até goste!

Essa era uma maneira notavelmente inteligente de dizer que eles — a essa altura, provavelmente apenas Ditko — ainda não tinham desenhado a nova edição. Criava a ilusão de que alguém que não Stan estava escrevendo sobre aqueles caras maravilhosos, Stan e Steve — e que os dois eram grandes amigos, que gostavam tanto do que produziam juntos que andavam por aí "trocando elogios". E, caramba, isso fazia mesmo a pessoa querer voltar na edição seguinte para ver o que os dois inventariam!

E veja só este "anúncio especial" na página de cartas do *Quarteto Fantástico* n.º 23:

Precisávamos de um nome para o vilão de X-MEN n.º 3, e Stan e Jack estavam debatendo as opções quando um entregador de sanduíches entrou e sugeriu, brincando: "Ele parece uma bolha [blob, em inglês] enorme! Que tal chamar de Blob?" (...) Stan e Jack se entreolharam e responderam: "Ora, por que não?"

Em um parágrafo, Lee passa de *narrador* da anedota para um dos *personagens*, e estava justamente debatendo com Kirby, quando a dupla Stan e Jack se mostrou disposta a seguir o conselho de um trabalhador comum — e ainda por cima um "entregador de sanduíches". Essa história de fato aconteceu? Um entregador conseguiu nomear um vilão? Stan e Jack estavam mesmo ali para concordar que era o nome perfeito? (E, claro, quando é que o editor, Stan, ou o chefe, Goodman, aprovaram essa decisão, tomada pelo escritor e pelo artista?)

É a mesma voz que também pode se tornar bastante séria, como na página de cartas de *Quarteto Fantástico* n.º 24, quando declara:

> *Muitos leitores dizem que não gostam de se referir às nossas revistas como "quadrinhos" (...) mas temos que discordar! Nossa intenção, aqui na Marvel, é produzir quadrinhos tão bem escritos e bem desenhados que possam elevar essa mídia aos olhos do público!*

Essa afirmação foi um passo importante. Naquela época em que os quadrinhos ainda não podiam ser vistos como arte — e menos de uma década depois do lançamento de *Seduction of the Innocent*, de Wertham —, ninguém na indústria dos quadrinhos e poucos fora dela pensavam nas revistas como algo além de artesanato — e um artesanato de nível bem inferior. Apenas Will Eisner já havia se referido aos quadrinhos como arte, e isso tinha sido em 1941.[10]

A declaração ousada de Lee foi seguida, mais abaixo na mesma página de cartas, enquanto ele se despedia, com:

> *Até a próxima edição! E lembre-se: estamos trabalhando dia e noite para oferecer a você o melhor em matéria de história e de arte — para fazer com que você se* ORGULHE *dos quadrinhos que lê!*

Imagine essa voz, nesta comunicação tão íntima, fazendo você rir, contando histórias dos bastidores, criticando a própria edição que você está lendo, promovendo a próxima, adicionando piadinhas e trocadilhos desnecessários para a narrativa, porém muito divertidos — estendendo seu tempo de leitura da história, e também aumentando o valor do entretenimento —, e elogiando você pela *genia-*

lidade da simples escolha de ler aquela revista e, é claro, de desfrutar (isso sem falar de *comprar*) a história! Imagine ter essa experiência várias vezes por mês, em todos os quadrinhos da Marvel! Seus pais, irmãos mais velhos e amigos que não gostavam de quadrinhos podiam até zombar ou simplesmente não entender o que aquelas revistas vistosas representavam para você. Mas a voz da Marvel compreendia. A entidade Marvel compreendia.

Stan Lee compreendia.

Stan Lee tinha se tornado, literal e figurativamente, a voz da Marvel.

Como Spurgeon e Raphael observaram:

[A voz de Stan era] a mesma do tio maneiro que sabia das coisas. Trazia mais uma camada de diversão aos títulos de super-heróis da Marvel. (...) Os escritos exuberantes de Lee também o ajudavam a transcender os papéis tradicionais de escritor e editor para se tornar o anfitrião da Marvel. (...) Lee estava oferecendo "a melhor revistinha do mundo".[11]

E eles continuaram:

Mais do que qualquer personalidade da história dos quadrinhos, Stan Lee maximizou cada oportunidade de estabelecer uma conexão mais profunda entre o leitor e a revista, sendo ele próprio um intermediário.[12]

De fato, ao promover os quadrinhos e personagens da Marvel, Lee se apresentava como uma pessoa amigável, acolhedora e encantadora — o que já era evidente nas cartas, memorandos e editoriais da década de 1940 em diante. Ele construíra uma versão aprimorada de si mesmo, e fez daquela a voz da Marvel Comics. E, com isso, tornou-se, para os leitores, indistinguível da experiência que era ler um quadrinho da Marvel.

É claro que — e não me canso de repetir — toda essa interação e todo esse vínculo com os leitores não valeriam de muito se as histórias em si não se mantivessem à altura a cada nova edição, mês após mês. Eram todas excelentes? Claro que não. Mas muitas eram, e outras tantas eram muito boas — e, inevitavelmente, algumas poucas eram esquecíveis. E a *voz* estava sempre ali, muitas vezes autodepreciativa (para que você não pensasse que ela estava ficando muito cheia de si, apesar de se gabar com frequência), o que tornava difícil para o leitor ficar com raiva, mesmo que a história tivesse afundado. Aqueles eram seus amigos da redação, fazendo o possível para contar uma história cativante, e, se não acertavam em cheio sempre, bem... até o Mickey Mantle só acertava uma em cada três tacadas, nos campos de beisebol! Aqueles eram seus amigos: Stan, Jack, Steve, Larry, Don, Dick, Flo, Sol — e até o entregador de sanduíches. E estavam sempre dando o melhor de si. Assim como *você*.

Ao ser perguntado, em 2017, "como descobriu que a melhor maneira de promover a Marvel seria com alguma versão de 'Stan' como foco?", Lee respondeu:

> *A ideia veio naturalmente. Eu não estava me perguntando: "Qual é a melhor maneira de promover a Marvel?" Mas, como editor, era eu quem escrevia pequenas mensagens aos leitores (...) e senti que era muito importante manter o contato com os fãs e fazer com que sentissem que nos conheciam, que pensassem que éramos um bando de garotos bem divertidos, e assim por diante. Eu queria tornar tudo muito agradável. E amava os fãs. Sem eles, não tínhamos nada.*[13]

Se o passo foi intencional ou "veio naturalmente", o resultado é que Stan Lee se tornou a encarnação viva da Marvel Comics. E qualquer divulgação da Marvel também era uma divulgação de Stan Lee.

Era apenas uma questão de tempo até que as repercussões imprevistas dessa realidade fossem sentidas.

10 OS LAÇOS QUE UNEM

> SÓ STAN LEE TERIA ACEITADO UM PERSONAGEM COMO O SURFISTA PRATEADO. SE VOCÊ LEVASSE O SURFISTA PRATEADO A UM EDITOR DA DC, ELE TERIA RIDO NA SUA CARA. (...) STAN LEE NÃO APENAS ACEITOU: ELE SEGUIU COM A IDEIA E A TORNOU AINDA MELHOR.
> — JOHN ROMITA

Na edição de 4 de julho de 1963 do *South Shore Record*, um jornal local de Long Island, a coluna "Roslyn Reports", de Roslyn Davis, relata:

O diretor de arte e de roteiros Stan Lee (Lieber) e sua bela esposa britânica, Joan, ofereceram uma festa animada à beira da piscina, com jantar, no sábado à noite, em sua casa colonial de 125 anos em Richards Lane [em Hewlett Harbor]. (...)

Sempre bela, a sra. Lieber, com suas madeixas loiras, recebia os convidados em um longo déshabillé du soir de algodão xadrez preto e branco, preso à cintura por um ramalhete de margaridas.

A lista de convidados, todos muito interessantes, atraentes e talentosos, incluía David Mansure, pintor aqui de Columbia, S.A., com uma bolsa de estudos da Guggenheim; o editor de revistas Martin Goodman e a esposa, Jean; o sr. e a sra. Kenneth Bald (ele é o artista da tirinha Dr. Kildare); os anunciantes de TV Kay Dowd e Stanley Sawyer, com Sheila Sawyer (...) o advogado Jerry Perlis [sic] e sua talentosa esposa, Blanche. (...)

A propósito, o segundo livro de legendas hilárias de Stan Lee, "More, You Don't Say" [Não me diga ainda mais], acaba de ser publicado.²

Naquele julho de 1963, enquanto *Os Vingadores* e *X-Men* estreavam nas bancas de todo o país, Stan "Lee (Lieber)" era apresentado ao mundo, ou pelo menos à costa sul de Long Island, como "diretor de arte e de roteiros", embora o detalhe sobre *o que* exatamente ele dirigia não tenha sido especificado para os leitores do *South Shore Record*. A "festa animada à beira da piscina" contou com a presença de um grupo considerável, e muitos dos participantes listados — os Goodman (parentes e empregador de Stan), os Bald (amigos íntimos de Stan e Joan), Kay (na verdade Kaye) Dowd (irmã do artista de quadrinhos Vic Dowd e esposa de Ken Bald, sendo mencionada duas vezes), os Sawyer (amigos de longa data de Stan e Joan) e Jerry Perles (advogado de Goodman) — não desconheciam a área de publicação que passou anônima, da qual Lee parecia ser um figurão.

O objetivo do relato da festa dos Lee, que ocupa metade da coluna, parece ser, em última análise, promover o segundo volume de *You Don't Say*, publicado por Goodman. (A metade superior da coluna é dedicada à promoção da produção de *A volta ao mundo em oitenta dias*, show de Guy Lombardo, que aconteceria no anfiteatro Jones Beach Marine Theatre e no restaurante East Point House, propriedade de Lombardo.) Os Lee e os Goodman já moravam na área havia muito tempo, então parece um pouco estranho que tanto espaço do jornal tenha sido dedicado a proclamar que os Lee davam festas excelentes e a divulgar o *More, You Don't Say*, enquanto se esquecem de mencionar em que tipo de publicação Martin ou Stan estavam envolvidos — ou mesmo de mencionar qualquer uma de suas publicações por nome, tirando, é claro, a peça da propaganda.

De qualquer forma, aqui, nos estágios iniciais — mas não nos primeiros — da Era Marvel, a apresentação de Lee ainda é ambígua, ainda em transição. A única foto na coluna de página inteira é o rosto de Joan, legendado apenas como "Joan Lieber". Quem eram as pessoas da festa? Eram profissionais do mundo editorial? Se sim, então por que toda essa imprecisão? E o que raios é um "livro de legendas hilárias"? Legendas *para quê*? Por que o único convidado creditado com trabalho relacionado a quadrinhos foi Ken Bald, pela tirinha (muito mais respeitável do que as revistinhas e as séries de TV associadas) *Dr. Kildare*? Isso parecia alguma coluna de fofoca estranhamente especializada em citar nomes de famosos.

A partir de 1941, Stan Lieber apresentara-se aos leitores e profissionais de quadrinhos como "Stan Lee", enquanto mantinha, em sua vida não profissional, a identidade de Stanley Lieber. Agora havia duas versões dessa pessoa. Mas a versão fictícia estava, lenta e constantemente, evoluindo, despontando e se tornando a versão real. Não que Lee estivesse abandonando alguma identidade ultrapassada. Era mais como se ele estivesse aprendendo a implantar sua personalidade já encantadora e envolvente em uma área mais ampla.

Em 1963, Stan Lieber levava uma vida suburbana, com desejos e aspirações de crescer economicamente, enquanto Stan Lee trabalhava horas extras, tentando manter o impulso do raio que o acertara em cheio enquanto perseguia outros raios. O raio não eram apenas os personagens e as histórias; o raio foi em grande parte o relacionamento da Marvel com seus leitores. E a Marvel estava se tornando sinônimo de "Stan Lee".

***

Por meio de uma combinação estranha de instinto, observação e experiência, Lee tinha criado um relacionamento com os leitores que era mais amplo e profundo do que apenas dizer às pessoas que, se gostassem do que estavam lendo, deviam dar uma chance a outros lançamentos da mesma editora. No relacionamento que começou com os fãs da imprensa e que se estendeu para os leitores em geral, Lee se envolveu em uma campanha de publicidade e promoção para a Marvel, seus personagens e seus criadores. Ele se lembrava da própria experiência como fã de Poppy Ott e de outras séries de livros de Leo Edwards, de como Edwards criava um vínculo com seu público através dos textos adicionais e das colunas de cartas nas quais respondia às perguntas e sanava as preocupações dos fãs. Ele também conhecia a maneira como a EC Comics, de Bill Gaines, criara uma conexão com os leitores através de páginas informais de texto e cartas. E, abrigado nos escritórios da Marvel, na Madison Avenue, Lee sempre estudara e admirara campanhas publicitárias. Então, tinha a profunda consciência de que, se conseguisse se relacionar com os leitores, conseguiria, no mínimo, vender mais quadrinhos.

Mas a questão era ainda maior. Embora a Magazine Management tivesse especialistas em várias campanhas de marketing, não havia, no início da Marvel dos anos 1960, uma equipe para os quadrinhos. Enquanto até as menores editoras contam com departamentos dedicados ao marketing, criando promoções, fomentando o engajamento dos consumidores, gerando campanhas de publicidade e tentando estabelecer a marca no mercado, a Marvel Comics contava apenas com uma pessoa capaz e disposta a fazer tudo isso: Stan Lee.

Lee intuía que o que estava vendendo não era apenas o conteúdo ou a qualidade dos quadrinhos. Esses eram elementos subjetivos, variavam a cada edição, a cada história. Não se pode controlar o que uma pessoa vai gostar ou não de ler, que erros ou falhas ela pode ou não perdoar em um determinado problema ou história. Lee descobriu que precisava criar uma base de fãs leais a mais do que uma única revista, ou mesmo a uma série de leituras satisfatórias.

Então, *é claro* que ele queria que o leitor adorasse os quadrinhos. Mas, além de histórias, arte e personagens, Stan Lee estava vendendo relacionamentos. Estava vendendo os relacionamentos entre os próprios leitores (lembrando-os sempre de que eram uma "nova geração" de público, que eram especiais simplesmente por terem aquelas histórias em mãos, o que os tornava membros de um grupo diferenciado); estava vendendo conexões pessoais entre os leitores e os artistas, letristas e membros da equipe — seu famoso *Bullpen*, como ele chamava a redação; e estava vendendo um relacionamento entre a Marvel e o mundo inteiro da cultura popular. Daí a citação constante de escritores, músicos e cineastas descolados, muitos dos quais seu público tinha apenas uma leve noção de que existiam.

Mas esses nomes estavam por aí, mencionados em revistas elegantes e programas de entrevistas noturnos. Associar a Marvel àquela cultura nova, atual, e até esnobe era como dizer que você, o leitor, era *mais* que uma criança de dez anos cuja maior emoção seria uma prova para a qual não estava preparada. Não: você era parte de uma elite que certamente apreciava os quadrinhos da Marvel, mas que também estava atenta ao mundo sofisticado da cultura de Nova York. E acompanhava e compreendia as mesmas piadas que os outros leitores de Stan, gente da Universidade de Princeton.

É claro que, por trás de tudo, Stan Lee estava desenvolvendo uma conexão — um relacionamento, uma amizade — entre *ele* e os leitores. Stan Lee era a voz presente na capa, na narrativa, nas notas de rodapé e, principalmente, nas páginas de resposta às cartas. Ele conseguiu transformar seu nome em sinônimo da Marvel Comics.

Nem todo mundo gostava tanto assim dessa ideia. Martin Goodman, por exemplo, estava preocupado com a possibilidade de a empresa estar ficando muito dependente de Lee.[3] Mas ninguém parecia ter uma ideia melhor.

E o fã que adorava a Marvel Comics adorava Stan Lee. Se tivesse passado por um dia difícil na escola e corrido para casa, para ler uma revistinha da Marvel Comics e esquecer qualquer coisa terrível que tivesse acontecido, esse fã era confortado por Stan Lee. Se quisesse saber o que estava acontecendo nos bastidores da Marvel, Stan Lee contava. Se estava com vontade de ouvir alguma história boba sobre a mudança de Sol Brodsky para um apartamento diferente no *mesmo prédio* do Brooklyn, Stan Lee também contava. A Marvel Comics contava essas histórias. Stan-Marvel, Marvel-Stan contava essas histórias. Era uma voz reconhecível, o som de alguém escrevendo uma carta ou deixando você espiar seu diário. Era a voz de um amigo. Uma voz que até lhe permitia perdoar histórias em quadrinhos que não eram ótimas, porque, como ela garantiu, a Marvel — sua amiga — estava sempre tentando fazer o melhor. Ao contrário dos pais, irmãos, professores ou amigos, Stan Lee nunca decepcionava os fãs. Porque, se o fizesse, não estaria decepcionando apenas o leitor, mas também a si mesmo e a seus colegas de trabalho. Ele decepcionaria todos aqueles que se esforçavam tanto para criar os melhores quadrinhos que pudessem, com pontualidade e regularidade. E essa decepção, o leitor sabia, a voz não permitiria.

A voz entendia, assim como Peter Parker, a importância da responsabilidade. Amigos não decepcionam amigos. Nunca.

Desde a capa até a narrativa das histórias, as respostas às cartas, os anúncios de outros produtos da empresa, a citação de nomes de celebridades grandes e pequenas, a gratidão expressa pela oportunidade de ter leitores tão grandiosos, as queixas sobre fadiga ocular causada pelas centenas (centenas!) de cartas que recebiam todos os dias, as piadas sobre o jogo de golfe de "Marty" Goodman — aquilo não se parecia com nada que os leitores da época já tivessem experimentado. Essa fusão das personas de um indivíduo e de uma empresa em uma mídia tão intimista — sobretudo para uma criança, embora também funcionasse com os leitores mais velhos — quanto as histórias em quadrinhos foi um presente incrível.

E essa pessoa — esse Stan-Marvel — não estava apenas contando uma ótima história — ou às vezes uma história não muito boa —, estava conversando, brincando e fofocando com o leitor. Essa voz se sentia em dívida simplesmente pelos 12 centavos que você trocava por, mesmo para um leitor não tão rápido, menos de vinte minutos de envolvimento. E aquilo era tão mágico quanto qualquer experiência de entretenimento que alguém pudesse pedir. Na verdade, foi muito mais do que uma experiência de entretenimento. Foi, sejamos francos, uma experiência de *família*. Stan era sua família, mas sem a parte ruim da família de verdade.

De onde veio essa capacidade repentina de se conectar com os leitores? Como um profissional de mídia que já ingressara na casa dos quarenta de repente desenvolveu o conjunto de habilidades necessárias para se relacionar com uma grande quantidade de leitores, crianças, adolescentes, estudantes universitários e militares? Como Stan Lee saiu de trás da cortina e se tornou não apenas sua própria personalidade, mas a de toda uma empresa?

A resposta parece estar relacionada à sua percepção de que o que funcionara nos bastidores, no relacionamento com os artistas, também poderia funcionar diante das cortinas, para o público geral. Não era uma questão de inventar a personalidade. Era uma questão de compartilhar essa personalidade, de desenvolver uma versão dela para os leitores. Essa "nova" voz de Stan Lee ficava evidente em suas cartas para Toni Mendez e outros do mundo das tirinhas dos anos 1950. Era a voz nas cartas enviadas a fãs como Jerry Bails. Foi a voz que apareceu algumas vezes nos anúncios de *Menace* [Ameaça] e de outros quadrinhos que a Atlas publicava nos anos 1950. É a voz da personalidade que se tornou familiar a pessoas de seus vários círculos de amizade desde que "Gabby" Lieber rabiscara "Stan Lieber é Deus" no teto da DeWitt Clinton.

Há quem alegue que, mesmo no seu apogeu, os quadrinhos de Goodman careciam de individualidade; neste caso, o mais próximo que chegavam de ter uma personalidade era aquela voz de Stan Lee. Os quadrinhos dos anos 1950 da empresa, no entanto, pareciam intencionalmente carentes de identidade e marca, muitas vezes imitando os produtos do próprio Goodman ou de outras empresas. Dos anos 1940 a 1960, os freelancers às vezes diziam que estavam trabalhando para a Timely (nunca para a Atlas, que é um nome usado em retrospecto). De vez em quando, alguns até diziam que estavam trabalhando para a Marvel, nome que a empresa usava desde antes dos anos 1960. Mas, acima de tudo, diziam que estavam trabalhando "para Stan Lee".

Portanto, já havia o mecanismo para que as pessoas identificassem a Marvel e Stan Lee como uma mesma entidade. Era apenas uma questão de Lee entender o significado desse fenômeno e aplicar essa realidade ao público, em vez de mantê-la apenas nos bastidores. A ideia de Stan Lee e Marvel como entidade única precisava ser explorada. A cortina precisava ser aberta para revelar o homem por trás. Ao contrário do Mágico de Oz, o truque era *ver* a pessoa por trás da cortina — mas *continuar* comprando mentirinhas e ilusões agradáveis.

As ilusões viriam a se tornar ao mesmo tempo mais complexas e mais simples. Stan Lee não era o dono da empresa, não desenhava as histórias, e muitas vezes não as escrevia por inteiro, mas, ainda assim, era a *alma* da empresa e de seus produtos. Essa confusão de Lee com seus colaboradores e colegas de trabalho, bem como com a própria empresa, levaria a alguns dos maiores triunfos da Marvel e de Lee, bem como a uma das controvérsias mais duradouras. Stan Lee era um sujeito afável e carismático. Em nome da Marvel — e em conluio com a editora —, ele lançou uma ofensiva de simpatia cujos efeitos perduram até hoje. Começou nos quadrinhos, estabelecendo um vínculo com os leitores, e isso levou a um aumento nas vendas e a mais visibilidade e respeitabilidade para ele e para a Marvel, o que trouxe maiores oportunidades de negócio, possibilitando a contratação de funcionários e freelancers melhores e mais bem pagos, o que gerou um crescimento ainda maior para a Marvel e para Stan Lee.

E, o que é mais relevante, enquanto tudo isso se desenvolvia, as histórias e a arte da Marvel — a criação de aventuras de super-heróis incrivelmente emocionantes e atraentes — continuaram em um ritmo acelerado. Todos os tiros estavam sendo disparados de uma só vez, em um ataque como raramente era visto — se muito, em alguma campanha de publicidade dos estúdios da MGM. Como Raphael e Spurgeon relataram a respeito de Lee:

> *Ele desencavou a essência do que era atraente para os leitores, destilou-a e passou a transmiti-la com sucesso a uma ampla variedade de artistas e escritores. (...) E também fez o melhor trabalho de sua carreira como escritor, tanto ao complementar ideias de outros artistas quanto ao trabalhar com artistas cuja criatividade era subordinada à dele próprio. Nenhum fenômeno da cultura pop jamais ofereceu aos leitores mais do que a Marvel de Stan Lee deu aos fãs de quadrinhos nos anos 1960.*[4]

Ao longo de sua carreira, Lee foi fonte de inspiração para muitos escritores, artistas e funcionários, muitas vezes graças aos mesmos traços de personalidade e práticas editoriais que afastaram alguns desses artistas. Com o sucesso crescente nos anos 1960, a força e o entusiasmo de Lee com as histórias e os artistas alimentaram a abordagem que ele usava com os leitores nos editoriais, nas histórias e até nas notas de rodapé. A assistente executiva Flo Steinberg analisava as centenas de cartas diárias, e Lee selecionava as opções que ela lhe fornecia em busca daquelas que permitiriam respostas inteligentes, divertidas e informativas, complementadas por anúncios especiais e promoções.[5]

A partir dos quadrinhos de dezembro de 1965, os anúncios especiais mais interessantes ou importantes, assim como a Lista de Quadrinhos da Marvel à venda naquele mês, foram formalizados nas páginas do *Bullpen Bulletins*. Lee entendia muito bem que uma coluna de cartas ou um comunicado da redação eram tão importantes na promoção dos quadrinhos quanto qualquer anúncio interno ou página de história oficial. A diversão de ler os quadrinhos da Marvel tinha que ser comunicada em *cada seção* de cada edição. Até a estranha variedade de anúncios pequenos e baratos que a empresa cobrava para exibir nos quadrinhos — continham de tudo, desde ofertas para converter poemas em música até a venda de um "subatômico" por US$ 6,95 (um bom negócio!) — de alguma maneira acrescentavam à atmosfera de festa dos quadrinhos.

Pelo menos no começo, não se pode dizer que Lee planejara esse fenômeno de divulgação e interação com fãs. Quando a Atlas fazia sucesso, nos idos de 1950, praticamente não havia correspondência de fãs, mesmo quando a circulação era massiva. Os quadrinhos de super-heróis da DC imprimiam colunas com cartas e premiavam escritores de cartas excepcionais com os originais de arte dos quadrinhos (que na época tinham pouco ou nenhum valor), mas praticamente ninguém escrevia para o editor da Timely. Ao que parecia, as histórias genéricas que estavam imprimindo, por mais que tivessem artes empolgantes ou diálogos inteligentes, eram consideradas apenas passatempos, uma editora por quem ninguém se interessaria ou para quem não teriam tempo de escrever uma carta ou um cartão-postal para elogiar ou reclamar. Eram histórias para crianças que encaravam os quadrinhos como uma maneira de aliviar o tédio. Quem gostaria tanto daquilo a ponto de escrever uma carta? Da mesma forma, não houvera muito esforço da empresa para incentivar os leitores a comentarem as histórias, exceto nos quadrinhos de garotas, como *Millie, the Model*, que incentivavam os leitores a enviarem modelos de roupas para os personagens. Outra exceção foi a *Menace*, de 1952, que incentivou os leitores a comentarem as histórias, oferecendo até um prêmio — "uma foto do quadrinho 'The Men with Two Heads' [Os homens de duas cabeças] (...) autografado pelo artista Bill Everett". O historiador Michael Vassallo acredita que essa "foto" devia ter sido uma espécie de pôster.[6]

E, ainda assim, havia cartas o suficiente sobre *Quarteto Fantástico* n.º 1 para imprimir uma coluna de cartas na edição n.º 3. Catalisado pelo renascimento dos super-heróis da DC, um pequeno grupo de fãs tinha se empolgado com os novos heróis da Timely. É verdade que havia muito espaço extra em volta das cartas publicadas, além de uma óbvia carta falsa de Sol Brodsky. Mas o restante parecia genuíno, incluindo uma missiva do futuro artista de quadrinhos Alan Weiss. A edição n.º 4 também foi lançada com cartas reais, com exceção de uma de Stan Goldberg, artista e colorista da Timely. A edição n.º 5 continha cartas autênticas de fãs, incluindo as do futuro escritor e editor da Marvel, Roy Thomas, e o integrante do fã-clube, Ronn Foss. No final dessa coluna, Lee escreveu:

> *Estamos aprendendo muito com suas cartas. Aprendemos que vocês gostam e não gostam da alcunha do SR. FANTÁSTICO. Que gostam e não gostam do Coisa. Bem, não podemos agradar a todos. (...) Mas não parem de escrever nem fiquem muito bravos com a gente. E lembrem-se de manter a cabeça erguida!*

O interessante é que essa resposta resume o que logo se tornaria a abordagem da Marvel — ou seja, a abordagem de Stan Lee — com os quadrinhos e com os fãs. Lee falava com eles como amigos, que podem se empolgar com uma história emocionante, depois compartilhar uma piada (e uma perspectiva irônica dos "bastidores") com o editor (ainda sem nome naquela época), enquanto dá uma olhada no que acontece por trás das cortinas. O editor então termina com uma frase de efeito — "cabeça erguida!" — que passará a ser associada a ele, mas que também é, como vários dos slogans de Lee, derivados de gírias do Exército — o que o ligava aos veteranos e a seus filhos, mas também servia para inventar um léxico próprio da Marvel. A única carta "plantada" na coluna talvez seja a de Jon Davidson, que se descreve como "um estudante inglês". O estudante é da cidade natal de Joan Lee, Newcastle upon Tyne, e, em sua resposta, Stan diz: "Esperamos que você continue gostando das aventuras de seus primos americanos!"

Em *Quarteto Fantástico* n.º 10 (que apresentava versões fictícias de Lee e Kirby como parte da história principal da edição, relatando a batalha contra o Doutor Destino), a página de cartas se abria com o seguinte anúncio:

> *Olha, a partir de agora acabou essa história de "Caro Editor"! Jack Kirby e Stan Lee (somos nós!) leem todas as cartas, e nós gostamos de sentir que conhecemos você — e que você nos conhece! Por isso, mudamos as saudações nas cartas que vamos publicar aqui para mostrar como nosso jeito soa muito mais simpático!*

Em um movimento verdadeiramente revolucionário, que alteraria para sempre a relação entre fãs de quadrinhos e profissionais, Lee realizou uma elegante mudança de tom. Ele editou as cartas de seus leitores para ensinar a eles uma nova maneira de encarar a equipe da Marvel. Todas as cartas da coluna começavam, em letras garrafais, com:

"Caros Stan e Jack".

Com essa mudança perspicaz, Lee alterou a relação produtor-consumidor entre a Marvel e seus leitores. Um leitor não estaria mais se dirigindo a um funcionário de uma empresa. Ele estava agora se comunicando com dois amigos.

Além disso, Lee gerou a imagem mental que queria que seus leitores tivessem em relação a quem exatamente estavam escrevendo. Se ele só quisesse deixar as saudações informais, fazer a Marvel parecer um pouco menos rígida que a DC, a revisão mais lógica de "Caro Editor" teria sido "Caro Stan". Mas, para ele, era obviamente importante incluir Kirby na equação. E a construção de Stan-Jack viria a assumir uma infinidade de significados. Dependendo do contexto, pode significar um dos dois, Stan ou Jack, os dois juntos, ou todos os membros de todos os departamentos da Marvel.

O que Stan-e-Jack poderiam oferecer aos leitores que os editores da DC não podiam era a realidade de que, na Marvel, não havia um abismo entre a voz do criador e a voz editorial. Se uma revista em quadrinhos pudesse falar, falaria com a voz de Stan-e-Jack. Não havia nenhum filtro entre o leitor e as pessoas que criaram os quadrinhos que eram lidos. Lee formou uma voz autoral que falava do coração da Marvel para o coração dos leitores. Pensar em Stan e Jack como dois caras — dois amigos, que também eram seus amigos — abordando cada remetente (e cada um era um avatar para muitos outros leitores) criava uma sensação de que aquilo era clube especial ao qual o leitor pertencia.

E será que ele e Kirby, como declarado, "liam todas as cartas"? Isso certamente teria sido possível quando o volume era minúsculo, mas ficou menos provável com o passar do tempo, quando a quantidade de correspondências aumentou de vez. Mas, seja qual for o grau de participação de Kirby — e Ditko — na avaliação das cartas de fãs, fica bem claro que a voz e a atitude da entidade que se autodenominava "Marvel" vinha diretamente da mente, da caneta ou da máquina de escrever onde Stan Lee "catava milho", digitando sem muita proficiência.

Um exemplo da natureza abrangente da intimidade aparentemente genuína das colunas de cartas é o de *Quarteto Fantástico* n.º 23. Em uma demonstração de franqueza calculada, porém autêntica, Lee escreveu:

> *Não podemos dizer o que vai acontecer na próxima edição porque ainda não decidimos o enredo. (...) Tudo o que diremos é: precisaremos sonhar com uma história nos próximos dias e desenhar tudo o mais rápido possível se quisermos cumprir com o prazo! Então, para descobrir se conseguimos (...) não perca* Quarteto Fantástico *n.º 24.*

No entanto, depois dessa confissão sincera, cheia de humor e humildade (mas contando que o leitor presumiria que qualquer história que conseguissem formular seria maravilhosa), Lee acrescentou um final sarcástico:

Aliás, se nós PERDERMOS o prazo final deste mês, pode deixar para lá as cartas para Stan e Jack — muito provavelmente haverá NOVOS nomes por aqui!

Acima vemos, mais uma vez, o lado "cara comum" de Lee transparecendo, mesmo quando supostamente está falando em nome de si e de Kirby. Decerto todos os leitores sabiam que as chances de Stan e Jack falharem em produzir ou serem demitidos por essa falha hipotética eram praticamente nulas. Mas a mensagem trazia a ideia de que, assim como os pais dos leitores e até mesmo os professores, as pessoas que produziam os quadrinhos eram humanas e passíveis de falhas e que, dadas as circunstâncias certas — ou erradas —, poderiam perder o emprego! Estes quadrinhos são entretenimento para você, dizia Stan aos leitores, mas *é assim que ganhamos a vida!* Sabe como *seu pai e sua mãe* podem de repente perder o emprego? Então, *nós* também podemos!

Esse vínculo com os leitores, combinado com o crescente sucesso criativo e de vendas dos quadrinhos, levaria — no que, pelo menos a princípio, não pareceu uma estratégia planejada — a um círculo inebriante de crescimento e expansão da empresa. A imprensa estava prestando atenção à Marvel, tanto aos quadrinhos quanto à voz que falava em nome da empresa. Queriam conhecer essa voz. E a pessoa que encontravam era, é claro, Lee. Extrovertido, sociável e sempre no escritório, Lee era a escolha natural para conversar quando repórteres ou fãs telefonavam. E foi a escolha natural para os fãs — sobretudo os estudantes universitários — convidarem Lee para uma conversa em seu território.

J. Geoffrey Magnus e Isabelle Kamishlian, estudantes da Bard College, ambos do "Comitê Especial de Programação de Palestras do Clube de Ciências", foram os primeiros a convidar Stan Lee para palestrar em uma faculdade, em uma carta de 24 de março de 1964.[7] Eles ofereceram honorários de cinquenta dólares e uma refeição no restaurante italiano local. E talvez também tenham arcado com a despesa da passagem de trem.

Kamishlian, estudante de química — uma raridade na Bard College, faculdade voltada para as artes — que viria a trabalhar no controle de qualidade da Coca-Cola, se lembrava de Lee como uma pessoa divertida, tanto no jantar quanto na palestra. "Nós demos início a um movimento", contou, em 2017. "As pessoas estavam 'saindo do armário', não tinham mais receio de ler quadrinhos em público." Ela lembrou que Stan talvez estivesse "confuso" sobre o motivo de ter sido convidado para palestrar em uma faculdade. Os alunos, como ela se lembrava, tinham feito o convite "de brincadeira". Segundo Kamishlian, a palestra de Lee foi o evento mais cheio que o Clube de Ciências já teve, atraindo cerca de cinquenta pessoas — o mesmo número que o Clube de Cinema da faculdade conseguia reunir.[8] O orador de 5 de junho de 1964 foi anunciado como "Dr. Stan Lee".

A Bard College não era uma faculdade qualquer. Embora seja comum pensar que a era dos hippies e dos aspirantes a hippie, com seus cabelos longos e tingidos da década de 1960, só caiu nas graças do imaginário cultural por volta de 1967, no festival Monterey Pop e no "Verão do Amor" em São Francisco, a Bard era um centro do florescimento precoce de várias contraculturas da época. A noventa quilômetros ao norte de Nova York, era uma famosa faculdade progressista, com alunos conhecidos por estarem na vanguarda do levante político e cultural. Decerto convidar um editor e escritor de quadrinhos — mas, mais importante, a personificação da Marvel Comics — para palestrar era uma empreitada ao mesmo tempo ousada e — muito provavelmente — digna de zombaria. Podendo optar por todas as figuras políticas e culturais da região de Nova York, Magnus (que faleceu em 2015) e Kamishlian decidiram que era Stan Lee quem precisavam convidar.

Da mesma forma, em um artigo de Jonathan Wax (estudante de Princeton e filho de um importante rabino ativista dos direitos civis de Memphis) em uma edição do *Trenton Sunday Times-Advertiser* de março de 1966, um estudante de literatura da universidade, que não quis se identificar, declarou: "Pensamos na Marvel Comics como a mitologia do século XX, e em você [Stan Lee] como o Homero desta geração." Lee tinha ido à faculdade para palestrar para a "Whig-Cliosophic Society" — uma espécie de associação de debates e estudos filosóficos — da universidade. Eles foram os primeiros a descobrir que Ditko deixara a empresa⁹ e laurearam Lee como membro honorário em uma cerimônia posterior nos escritórios da Marvel.¹⁰ (Parece provável que o próprio Wax fosse o estudante de literatura de Princeton. Caso contrário, por que não dizer seu nome?)

Tratava-se de um fenômeno novo. Jovens espertos, inteligentes e instruídos encontravam inspiração na Marvel Comics de Stan Lee. E, embora conhecessem e admirassem os artistas, que eles supunham estar passando pelo menos parte de seus dias intoxicados por várias substâncias psicodélicas, foi Stan quem se fez a voz e o rosto da Marvel, e era Stan quem eles queriam ver. Mesmo nessa fase inicial, Lee não representava apenas a si mesmo; ele falava por toda a Marvel — talvez por toda a indústria dos quadrinhos.

Mas, embora espalhasse a voz da Marvel e idealizasse como maximizar as vendas e os lucros, o trabalho diário pelo qual Lee estava sendo pago era editar os quadrinhos. Sem mais ter tempo para editar e escrever todos os quadrinhos e ainda fazer o trabalho promocional, Lee precisava de mais funcionários dentro e fora do escritório. Tinha contratado Flo Steinberg em 1963 como secretária (e pelo menos uma pessoa a precedeu nesse cargo, depois que Goodman lhe permitiu contratar alguém) e, em 1965, contratou Steve Skeates como assistente editorial. Com o passar dos meses, a quantidade de freelancers ia aumentando, com escritores como Robert Bernstein e Leon Lazarus, além de artistas como Bob Powell e Werner Roth (que assinava como Jay Gavin) aparecendo nos créditos.

Em julho de 1965, logo após Skeates ingressar na empresa, o superfã Roy Thomas teve uma reunião com Lee. Em vez de embarcar nos estudos de pós-graduação em ciências políticas, Thomas aceitara uma oferta de assistente de Mort Weisinger, editor da DC. Não era uma combinação ideal, e Thomas estava infeliz trabalhando para o difícil editor de *Super-Homem*. Ainda sem cogitar pedir demissão, tinha marcado um encontro com Lee, com quem trocara correspondências. Lee gostara muito da crítica que ele tinha escrito sobre *Quarteto Fantástico* n.º 1, mas sabia pouco sobre o jovem de Missouri. Thomas fizera o teste de redação da Marvel — criando diálogos sobre alguns quadrinhos sem roteiro de Kirby — e achava que ele e Stan iam conversar a respeito.

Na reunião, Lee não mencionou o teste, mas ofereceu a Thomas um emprego como "escritor da equipe". Thomas aproveitou a oportunidade e, expulso da DC assim que contou a Weisinger sobre a oferta, começou a trabalhar na Marvel naquela mesma tarde. Ele logo passou de escritor da equipe a editor-assistente, mas também escrevia como freelancer.

A chegada de Thomas permitiu que Lee diminuísse a própria carga de trabalhos editoriais e de redação, o que lhe proporcionou mais tempo para se concentrar no panorama editorial e para viajar e palestrar — algo que, ele percebeu, poderia ajudar a Marvel a vender quadrinhos e também lhe forneceria um fluxo de renda como orador que talvez pudesse substituir (e exceder) qualquer trabalho de escrita que estivesse recusando.[11]

As lembranças de Thomas de seus primeiros dias na Marvel pintam uma imagem fascinante da empresa em meados de 1965:

> A Marvel não tinha escritórios muito grandes, só três ou quatro salas pequenas. O escritório de Stan era tão grande quanto todos os outros, e Sol Brodsky, Flo Steinberg e Marie Severin ficavam amontoados em duas salinhas. (...) Ditko e Stan não estavam se falando (...) então Ditko entregava suas coisas para Sol, que as levava para Stan. (...) Jack e Stan ainda se davam muito bem, até almoçavam juntos de vez em quando.[12]

Esses escritórios eram uma bela mudança em relação ao pequeno e humilhante escritório que Lee ocupava após 1957, lembra

Bruce Jay Friedman, escritor e roteirista de cinema,[13] e era maior do que o espaço que Steinberg descrevera em suas memórias de uma época anterior, por volta de 1963.[14] Aos poucos, as coisas iam melhorando para a divisão de quadrinhos de Goodman.

Skeates logo deixaria a empresa, e Thomas se juntaria a seus compatriotas de Missouri, Dennis O'Neil e Gary Friedrich. O'Neil duraria cerca de seis meses na Marvel, depois partiria para lendárias realizações na Charlton e na DC Comics. Friedrich permaneceria como escritor da Marvel por mais de uma década. Mas Thomas seria o mais importante redator e editor da época. Depois que seu trabalho diário evoluíra para um importante papel editorial, ele também passou a fazer muitos trabalhos autônomos de redação, que recebia em um pagamento separado do salário. No início, Lee reescrevia boa parte dos roteiros de Thomas, mas, depois de um tempo, passou a deixar o texto quase sem alterações.[15]

Logo após a contratação de Thomas, Lee conseguiu recuperar John Romita, que passara oito anos desenhando histórias em quadrinhos na DC, depois de algumas tentativas anteriores de trazê-lo de volta à empresa em 1963 e 1964. Romita ficara sem um fluxo de trabalho constante devido a alguma decisão de política dos executivos da National, e trabalhara um pouco com arte-final para Lee — mas John não queria aceitar trabalhos de letrista, o que achava muito mais difícil. (Ao que parecia, seus sentimentos em relação a Lee e a Marvel tinham melhorado muito com o passar do tempo, e já estavam muito mais positivos desde a época em que ele instruíra a esposa a mandar Stan "ir para o inferno", em 1957). Depois de trabalhar com Romita em *Capitão América* e em outras histórias dos anos 1950, Stan estava ansioso para ter o artista talentoso, confiável e até temperamental de volta à Marvel. Com a recente partida do artista e escritor Wallace Wood, irritado com a parceria com Lee em *Demolidor*, e com Lee e Ditko sem se falar, fazia sentido que Stan quisesse adicionar essa figura à lista da Marvel.

Romita lembrou, em uma entrevista de 2001 para a *Alter Ego*, conduzida por Thomas, que tinha aceitado um emprego na agência de publicidade BBD&O, fazendo storyboards,

> mas quando ele [Lee] me pediu para entrar como letrista, eu disse: "Não, acho que não consigo." (...) E Lee respondeu: "Venha aqui, vou levar você para almoçar." Nós fomos almoçar, e ele passou três horas me perturbando. (...) "Por que quer ser um peixinho em um lago enorme, se pode ser um peixe enorme em um laguinho? Garanto que você iguala o salário que estão pagando."[16]

Como os quadrinhos, especialmente os de ação e aventura, eram seu primeiro amor, Romita deixou o emprego na agência de publicidade e aceitou o trabalho de desenho na Marvel. Para manter a própria disciplina, pediu para trabalhar no escritório, de forma que pudesse se concentrar na arte. Mas, no escritório, acabou fazendo todo tipo de tarefas relacionadas à arte, além de desenhar os quadrinhos. Dessa forma, Romita se tornou — a princípio informalmente, mas, em dado momento, assumiu um cargo oficial — diretor de arte da Marvel, embora ainda estivesse comprometido em desenhar pelo menos uma história de vinte páginas por mês.

Logo no início, foi designado para substituir Wood em *Demolidor*. A princípio, trabalhava sobre os layouts grosseiros de Kirby, para se acostumar com a abordagem dinâmica que Lee preferia, mas Romita logo começou a fazer seus próprios roteiros a lápis para o título. Sua primeira edição foi a n.º 12, de janeiro de 1966, à venda em novembro de 1965. Curiosamente, as porcentagens de vendas por distribuições em suas edições aumentaram significativamente em relação às edições anteriores.

Lee, muito provavelmente pensando em transferir Romita para *Homem-Aranha*, para o caso de Ditko decidir ir embora, fez o astro com poderes de aranha aparecer em *Demolidor* n.º 16 e 17. Romita só desenhou mais duas edições de *Demolidor* depois dessas, porque Ditko de fato largou *Homem-Aranha* (e a empresa) depois da edição n.º 38, com capa de julho de 1966. Romita, acreditando que o artista perceberia que cometera um erro e voltaria a trabalhar em *Homem-Aranha* — e em *Doutor Estranho* —, tentou imitar a abordagem de Ditko, diametralmente oposta ao seu estilo de heróis mais tradicionais, cheio de homens bonitos e musculosos e mulheres atraentes de Hollywood.

Frustrado pelo relacionamento difícil com Ditko, Lee ficou muito satisfeito por se envolver outra vez na trama do segundo título mais vendido da Marvel. Para garantir que os leitores não abandonariam o barco, a primeira história do Homem-Aranha de Lee-Romita saiu em duas partes, nas quais o Duende Verde era desmascarado como Norman Osborn, empresário e pai do colega de classe de Peter, Harry Osborn. Na verdade, Norman Osborn e o Homem-Aranha descobririam a identidade um do outro nessas duas edições, o que culminou em uma longa história. Parecia que Lee — e a Marvel — tinham sobrevivido à tempestade da saída de Ditko.

***

Grande parte da empolgação dos universitários em relação à Marvel — assim como a empolgação de crianças e adolescentes — foi exemplificada pela popularidade da Merry Marvel Marching Society [Sociedade da Marcha Alegre com a Marvel] (M.M.M.S), um fã-clube que Lee inventou em 1964, talvez inspirado no Timely's Sentinels of Liberty [Sentinelas da Liberdade da Timely], um clube da década de 1940; nos fã-clubes de sua juventude; e provavelmente na popularidade de fã-clubes da cultura pop, sobretudo dos Beatles, cujos admiradores formavam uma legião raivosa. No início dos anos 1960, o único fã-clube de quadrinhos conhecido era o Supermen of America [Super-Homens da América], da DC. Por um centavo, a criança recebia uma carta assinada por Clark Kent, um broche e um decodificador de mensagens secretas impressas nos quadrinhos — geralmente anúncios sobre outros quadrinhos.

A entrada no M.M.M.S. custava um dólar — o valor de oito revistas em quadrinhos —, o que era muito para uma criança. Mas, em troca desse dinheiro, a pessoa recebia todo tipo de quinquilharia — a mais interessante era um LP flexível de 45 RPM de Stan, Jack, Sol, Flo e outras pessoas da redação — Steve Ditko não participava — fazendo piadas sobre um roteiro intencionalmente brega escrito por

Lee. Os fãs conheciam o trabalho, as peculiaridades e os rostos dos criadores dos quadrinhos da Marvel, e passaram a poder ouvir suas vozes naquele tesouro de áudio dos tempos pré-internet. Apesar da taxa cara, o M.M.M.S. se tornou surpreendentemente popular, com mais de cinquenta mil membros. Os escritórios da Marvel foram inundados com notas de um dólar enviadas para a entrada no clube.[17] Uma parte muito relevante do contrato de associação dizia que a Marvel imprimia o nome de cada membro em uma edição não especificada de alguma história em quadrinhos da empresa — uma ideia para vender mais quadrinhos. As colunas de cartas dos leitores ficaram cheias de mensagens de estudantes universitários anunciando que tinham formado grupos do M.M.M.S. em suas faculdades. Lee, mais uma vez, encontrara uma mina de ouro farta e cheia de entusiasmo. O interesse pelos quadrinhos alimentava o interesse pelo clube, que alimentava ainda mais o interesse pelos quadrinhos, e assim por diante.

Mas por que toda essa empolgação crescente sobre o que, pelo menos na superfície, pareciam ser apenas um conjunto de boas histórias e de marketing inteligente do editor de uma pequena editora de revistas com histórias de personagens travando combates extravagantes entre si? Por que um público tão diverso estava tão impressionado com a Marvel Comics e com Stan Lee? Deve haver uma centena de explicações plausíveis relacionadas aos *baby boomers*, ao assassinato do presidente Kennedy e à ameaça de devastação nuclear, mas, é claro, ninguém sabe definir exatamente quais foram os motivos, além da sugestão óbvia de que a Marvel estava no lugar certo e na hora certa, oferecendo os produtos certos. (Igualmente fascinante é a questão de por que os super-heróis da Marvel não apenas sustentaram, mas expandiram sua popularidade até o século XXI, embora agora suas aparições aconteçam, sobretudo, em filmes e na TV.)

De qualquer forma, em 1966, não havia uma revista voltada ao público geral considerada mais moderna e impactante do que a *Esquire*. Suas edições cheias de temas universitários, inclusive, eram consideradas capazes de influenciar todos os jovens norte-americanos (homens) com renda de sobra. Em sua edição de setembro de 1966 (depois de, no ano anterior, nomear o Hulk e o Homem-Aranha como duas das figuras mais importantes nos campi universitários do país), a revista trazia uma reportagem sobre a Marvel Comics, falando da popularidade dos quadrinhos nas faculdades.

Nele, o estudante Jack Marchese, da Universidade Stanford, disse: "As histórias, os heróis e os vilões têm personalidade, são reais. São governados por emoções e ideais. Em outras palavras, os heróis da Marvel não são fantasmas, são seres humanos, indivíduos. O Homem-Aranha (...) é um de nós."[18]

No mesmo artigo, Richard Weingroff, colaborador de fanzines de quadrinhos e estudante da Universidade de Maryland, declarou: "O Homem-Aranha é o Hamlet, ou o Raskolnikov, do universo dos quadrinhos. Claro que quem não conhece a literatura pode discordar, mas não acreditamos que Hamlet e Raskolnikov devam ser considerados superiores e mais bem avaliados só porque são da literatura."[19]

Em 2010, recordando-se da entrevista, Weingroff refletiu: "Eu era um dos *baby boomers* que queriam que a cultura em geral levasse os quadrinhos mais a sério. (...) Agora, quatro décadas depois, olhando para trás, vejo que não estava falando a sério. (...) Eu estava exagerando para que pudessem compreender minha alegação (...) de que a Marvel tinha mudado o estereótipo do super-herói e, portanto, merecia ser mais respeitada. (...) Uma coisa era certa: ao revitalizarem o conceito de super-herói, Lee e seus colegas criadores permitiram que os quadrinhos da Marvel mantivessem seu apelo conforme os leitores envelheciam."

Um ponto importante de ressaltar é que Weingroff concluiu a lembrança falando sobre como conheceu Stan Lee, em 1966, em uma convenção de quadrinhos em Nova York:

Conheci Stan Lee logo que ele entrou na área de reuniões. (...) Quando apertamos as mãos, fiquei impressionado por ele saber quem eu era e por ter se lembrado de um de meus artigos. Foi um dos pontos altos dos meus anos como fã de quadrinhos.[20]

Aqui temos outro possível motivo para a grande popularidade da Marvel Comics, que, na verdade, era inseparável da popularidade de Stan Lee: Lee prestava atenção às pessoas importantes para ele e para a Marvel. Claro que qualquer empresa que se preze dá atenção a seus clientes. Mas, verdadeira ou não — e muito disso parece genuíno —, a atenção de Lee vinha acompanhada de um cuidado sincero com a qualidade do produto que estava fornecendo e, além disso, de uma preocupação com as pessoas para quem estava produzindo o trabalho — sobretudo os leitores mais sofisticados, como Weingroff, que compreendiam o que ele estava fazendo.

Algo indistinto entre o trabalho e a pura alegria de criar histórias — bem como a exuberância de perceber que ele e seus colegas estavam criando um fenômeno — parece ter inspirado Lee. Quaisquer que sejam os motivos atribuídos ao fenômeno, havia algo acontecendo na Marvel, algo diferente das aventuras de super-heróis que já estavam sendo produzidas pela DC e por outras empresas, muitas com alto nível de habilidade e arte. Foi inspiração? Genialidade? Sorte? Fosse o que fosse, as pessoas falavam muito das revistas da Marvel — e compravam mais ainda.

Dava para se empolgar com o desenho dinâmico de Kirby, com quadros irreverentes e personagens surpreendentes; talvez se encantar com o mundo de Ditko, anguloso e sombrio, cheio de uma intensa hipernormalidade. Mas era Stan Lee quem colocava as palavras na boca dos personagens e narrava suas histórias. Era Stan Lee quem fazia os leitores sentirem que toda história, mesmo que não fosse ótima, valia a pena ser lida — e *relida* — porque a voz autoral e editorial se importava com o leitor, conseguia identificá-lo no meio de uma grande multidão — como Lee fez com Richard Weingroff —, e isso fazia com que todos os visitantes da redação se sentissem convidados especiais, não um aborrecimento ou uma distração do "trabalho de verdade".

Pouco a pouco, Lee ia transformando a Marvel e a si mesmo em celebridades. Recebendo e dando crédito, criando mitologias sobre o que ele e seus colegas faziam para se sustentar, tornando os artistas e a si mesmo figuras tão importantes quanto os personagens cujas histórias contavam, Lee fez o que nenhum criador de quadrinhos tinha conseguido desde Jerry Siegel, Joe Shuster e Bob Kane, de décadas antes: Lee se tornou uma celebridade. Na era da televisão e, em menor grau, do rádio, com sua infinita necessidade de conteúdo, Lee tinha conseguido um veio do minério do estrelato, e um mundo novo se abria para ele e para a empresa que incorporava, mas da qual não era dono. Stan Lee estava se tornando uma celebridade. E, como logo aprenderia, esse papel vinha com seu próprio conjunto de poderes e responsabilidades.

***

Lee até podia estar flertando com a ideia de atingir a fama — e conseguindo. Mas certamente não poderia ser acusado de negligenciar os quadrinhos por causa do novo status. De fato, ele se concentrou nos quadrinhos com mais intensidade do que nunca, ao mesmo tempo que delegava mais dos trabalhos de roteiro para seus colaboradores. Como ele escreveu nos *Bullpen Bulletins* de março de 1966 (publicados nas revistas da Marvel de dezembro de 1965), falando de si mesmo, como sempre, em terceira pessoa:

> *Tudo que Stan faz com profissionais como o REI JACK KIRBY, o deslumbrante DON HECK e o querido DICK AYERS é dar a eles a semente de uma ideia; e os artistas compõem todos os detalhes enquanto desenham e traçam a história.*

Porém, enquanto Lee se mantinha atento às histórias, qualquer que fosse o estágio em que chegassem às suas mãos, ele também (com a aprovação de Goodman, é claro) estava construindo uma infraestrutura institucional projetada para sustentar a inovação contínua dos quadrinhos e a quebra de barreiras criativas, tudo enquanto cultivava a nova cultura e economia da Marvel. E, como bônus, ainda era famoso. Lee ficava mais do que feliz de levar seus colaboradores nessa nova empreitada, mas garantia que todos soubessem que era ele quem estava dirigindo o carro.

Envolvendo-se na carreira de palestrante universitário, Lee se tornara ainda mais o para-raios da atenção que a mídia prestava à Marvel. Em 3 de novembro de 1965, o lendário diretor italiano Federico Fellini veio com uma comitiva conhecer Stan e a Marvel. Então, na primavera de 1966, foi a vez do músico Peter Asher, do popular grupo britânico de folk-rock Peter & Gordon. Asher disse a Lee que seus amigos, os Beatles, também eram fãs da Marvel. Nos *Bullpen Bulletins* de agosto de 1966, Stan falou da visita de Asher e de como descobrira que os Beatles amavam a Marvel, e prosseguiu:

> *Acredite se quiser, [Peter] vai abrir uma livraria na alegre Londres, onde quer vender nossas obras-primas da Marvel — junto com obras de Shakespeare, Sartre, Salinger e outras pérolas da literatura!*

Como já se tornara natural para ele, Lee conseguiu associar a Marvel e a si mesmo a uma lista de escritores cheia de aliterações e que passaria aos leitores a mensagem subliminar de que ele e a Marvel eram levados em conta na mesma frase que o Bardo, o Existencialista e o enigmático autor de best-sellers. O autor de *O apanhador no campo de centeio* e o escritor de *Homem-Aranha* estavam, literalmente, na mesma página.

Além disso, 1966 parece ter sido o ano em que o diretor francês Alain Resnais — um fã de quadrinhos e da Marvel, assim como Fellini — foi visitar Lee pela primeira vez. Eles se tornariam amigos íntimos e trabalhariam juntos em projetos cinematográficos vários anos depois.

Foi também em 1966 que apareceu uma matéria sobre a Marvel na revista de curiosidades do jornal *New York Herald Tribune*, na edição de 9 de janeiro. O artigo descrevia uma conversa de Lee e Kirby sobre o enredo de *Quarteto Fantástico*, com Thomas na sala tomando notas, e o repórter do *Herald Tribune*, Nat Freedland, testemunhando a ação. Embora houvesse alguma semelhança com as verdadeiras reuniões de Lee e Kirby, e o assunto de fato parecesse ser sobre o que viria a acontecer na edição n.º 55, posterior à matéria, havia claramente um participante muito mais à vontade nessa situação, que foi pelo menos parcialmente encenada.

O artigo descrevia o extrovertido Lee como "uma versão mais atrevida de Rex Harrison, com um vestuário de cores intensas e peças típicas dos universitários, além de um bronzeado intenso", mas descrevia Kirby como um "sujeito de meia-idade com olheiras e um terno folgado à la Robert Hall" que poderia ser confundido com "o capataz assistente em uma fábrica de cintos". Lee era retratado como dinâmico e ativo, lançando ideias e sugestões, e Kirby, como taciturno, volta e meia murmurando alguma resposta concisa.

Quando a família Kirby — especialmente a esposa de Jack, Roz — viu o artigo, ficaram todos lívidos e acusaram Stan de ter influenciado, de alguma maneira, a percepção de Freedland na reunião. Lee sentiu-se péssimo com aquilo. Alguns, inclusive Thomas, veem o episódio como o começo do fim da parceria entre Lee e Kirby.

Não se sabe se a família Kirby ficou um pouco menos irritada depois do texto que apareceu nos *Bullpen Bulletins* de setembro de 1966, publicados em junho e provavelmente escritos em abril ou maio. A narração é de alguém que se refere a si mesmo como "nós" e fala de "Stan" na terceira pessoa, mas sem dúvida era do próprio Lee:

> *O rei Kirby chegou, logo depois de uma reunião de uma hora com Stan, discutindo o roteiro. (...) Jack foi ouvido murmurando: "Bem, acabamos com uns holocaustos [antes que a palavra passasse a se referir ao assassinato nazista dos judeus europeus] e um cataclismo ou dois! Agora vou (...) relaxar sonhando com desastres mais simples!" (...) Já se perguntou como é cansativo ilustrar guerras galácticas, batalhas entre deuses e aventuras cósmicas, dia após dia?*

Talvez o texto não tenha sido um elogio direto a Jack, exceto pelo uso do apelido "rei Kirby" e da ideia de que Jack estará "sonhando com desastres simples" (ou seja, planejando como eles se desenvolvem), mas a interpretação é clara: Jack Kirby é um gênio.

O ex-parceiro de Kirby, Joe Simon, tentou atacar o status crescente de celebridade de Lee, no fim daquele ano. No n.º 48 da revista humorística editada por Simon, *Sick*, da Crestwood Publications, Simon escreveu uma história, desenhada por Angelo Torres, chamada

"The New Age of Comics" [A nova era dos quadrinhos], na qual um egoísta sem talento chamado Sam Me é o diretor de uma série de revistas em quadrinhos de super-heróis muito populares, pelas quais recebe todo o crédito e o pagamento pelo trabalho de outras pessoas, assinando seu nome em tudo. Sam Me é culpado até de roubar um personagem chamado "Captain American" [Capitão Americano] de seus criadores, evocando ecos do ressentimento de Simon sobre Goodman ter usurpado o personagem dele e de Kirby. (Apesar dessa sátira bastante agressiva, Simon — pelo menos em seus últimos anos de vida — parecia gostar bastante de Lee, e vice-versa. Mas parece que, apesar de toda a sua experiência e esperteza — ou talvez simplesmente por causa do ressentimento com a situação do Capitão América —, Simon não poderia ou não queria levar a sério as inovações que estavam acontecendo na Marvel sob direção de Lee.)

**

Os sucessos iniciais da Marvel geraram muita imitação. Em 1965, as prateleiras de quadrinhos ficaram cheias de quadrinhos de super-heróis, muitos imitando descaradamente a Marvel, incluindo uma série apelidada de "Mighty Comics", publicada pela Archie e editada pelo cocriador de *Super-Homem*, Jerry Siegel. Embora contratassem alguns dos artistas e escritores da Marvel — além do próprio Siegel — para criar os contos de super-heróis (muitos usando versões atualizadas dos personagens da própria empresa, datados da década de 1940), estavam longe da qualidade dos quadrinhos da Marvel aos olhos da maioria dos consumidores.

Em 1966, os quadrinhos da DC ainda eram mais vendidos do que os da Marvel. *Batman* quase foi cancelado, mas, com o editor Julius Schwartz assumindo o comando e lançando um "novo visual" muito anunciado para o personagem, as vendas estavam subindo. Então, com a popularidade dos quadrinhos da Marvel não apenas entre as crianças, mas também entre adolescentes e adultos, ao mesmo tempo que o movimento pop art usava referências dos quadrinhos, os super-heróis se tornaram uma moda para além dos gibis. Uma série de TV do *Batman*, estrelada por Adam West, foi lançada, com grande audiência, em janeiro de 1966. Os super-heróis eram tão populares que, naquele mesmo ano, estreou um musical da Broadway com o principal personagem da DC — *É um pássaro? É um avião? É o Super-Homem!* —, estrelado por Bob Holiday no papel principal, além de Linda Lavin e Jack Cassidy (pai do futuro ídolo adolescente David Cassidy).

A resposta da Marvel a essa competição foi, obviamente, dobrar as iniciativas comerciais e criativas. Nos *Bullpen Bulletins* de outubro de 1966, Lee menciona que — além do crescente M.M.M.S. — em breve estariam à venda livros de bolso da Marvel, além de álbuns, miniaturas de plástico dos heróis, chapéus e capuzes, fantasias de Halloween, broches enormes dos personagens, minilivros, bótons, figurinhas de chiclete, anéis de brinquedo, *action figures*, jogos de tabuleiro, quebra-cabeças, camisetas, moletons, anéis iluminados, amuletos e etiquetas adesivas. E, na mesma página, anunciou:

> *Os super-heróis da Marvel estão na TV! (...) Nossas primeiras emissoras passarão a exibir animações de cinco — sim, CINCO — de nossos heróis da Marvel em meados de setembro [de 1966]. Os personagens apresentados serão: o Capitão América, o Homem de Ferro, o Thor, o Príncipe Submarino e o Hulk, todos em cores! (...) A produção já está em andamento no famoso estúdio Grantway-Lawrence Animation Co., em Hollywood.*

A bonança de *merchandising* da Marvel já estava em andamento. Mantendo os negócios dentro da família, Goodman designara seu filho, Chip, para supervisionar esses tesouros licenciados. De fato, nos *Bullpen Bulletins* de dezembro, Lee informava aos leitores sobre esse rumo dos acontecimentos:

> *Esperem só, quem temos aqui? Quem é que gira os discos, assiste à TV, apalpa as miniaturas de plástico de super-heróis e inspeciona camisas, moletons e chicletes com a mesma desenvoltura? Não poderia ser outro senão o alegre Chip Goodman, mestre de*

merchandising *da Marvel que, com ousadia, distribui nossas belas mercadorias em todas as áreas estéticas além da página impressa!*

Nas páginas dos quadrinhos dedicadas à história, o momento não era menos emocionante. Enquanto Lee e Romita reformulavam o Homem-Aranha, Lee e Kirby introduziam, em *Thor* (revista que antes era chamada de *Journey Into Mystery*), a mitologia nórdica inspirada na ficção científica que traria vida a *Ego, o planeta vivo* e ao *Alto evolucionário*. No Capitão América de Lee e Kirby, em *Tales of Suspense*, o principal vilão, o Caveira Vermelha, renascera nos dias atuais e tomara controle do aterrador poder de desejos do Cubo Cósmico. Cada uma dessas histórias — na verdade, quase todas as séries da Marvel — elevava os riscos a cada edição para níveis de empolgação impossíveis, sempre se perguntando: "Como superar isso?"

Talvez as histórias mais ambiciosas e emocionantes estivessem sendo contadas no principal título da Marvel. O Quarteto Fantástico enfrentava Galactus, o Devorador de Mundos, junto com seu temido arauto, o Surfista Prateado, em uma história de três partes (nas edições n.º 48 a 50) que passou a ser conhecida como "Trilogia Galactus". Lee sempre disse que Kirby criara o Surfista sem nenhuma conversa com ele, e que o artista argumentara que alguém tão poderoso quanto Galactus precisaria de um arauto para anunciar sua chegada. Lee não ficou muito feliz com aquela figura potencialmente absurda, que parecia uma estatueta do Oscar, que chegava sempre surfando sem água, e sempre se referia ao personagem como "o maluco em uma prancha voadora".[21] Mesmo assim, ele e Kirby fizeram o Surfista dar certo. Os dois acabariam brigando pela propriedade do personagem.

Lee e Kirby (e Joe Sinnott) concluíram a Trilogia Galactus com um ano de histórias igualmente impressionantes, incluindo a clássica "This Man... This Monster" [Este homem... este monstro] na edição n.º 51, a apresentação do primeiro super-herói negro, o Pantera Negra, na edição n.º 52, e uma história transcendente de quatro partes, geralmente chamada de "Doomsday" [Dia do Juízo Final], nas edições n.º 57 a 60, em que o Doutor Destino rouba o poder cósmico do

Surfista Prateado e o usa para tentar aniquilar o Quarteto e conquistar a Terra. Embora a trama seja razoavelmente linear, o desenvolvimento de personagens e a ascensão e queda da tensão dramática foram iguais, se não ainda mais intensos, do que na Trilogia Galactus. (E, provando que não se levavam muito a sério, no ano seguinte, Lee e Kirby fizeram uma paródia hilária de Doomsday em "The Saga of the Silver Burper" [A saga do arrotador prateado], na primeira edição da revista de sátiras *Not Brand Echh* [Nada de novo], de 1967.)

A locomotiva da Marvel — conduzida por Stan Lee — avançava a todo vapor. Em termos de vendas e criatividade, sem falar no ingresso a áreas além dos quadrinhos, a empresa estava se tornando sinônimo de entretenimento de ponta para um público de diversas faixas etárias, além de fonte de uma infinidade de mercadorias promocionais. Apesar das perdas potencialmente devastadoras de Wood e Ditko, Lee estava à frente de um fenômeno da cultura pop.

Se o artigo do *Herald Tribune* irritou Kirby, parece que, como teorizou o artista Gil Kane, toda a "frustração dele [com Lee] transpareceu no trabalho, o que obviamente só o tornou mais especial" — a raiva parecia estar valendo a pena para Lee e a Marvel.[22] E se o sucesso da série de TV *Batman* estava aumentando as vendas da DC... bem, também estava ajudando as vendas da Marvel.

※※※

Mas, em meio a tanto sucesso em 1966, o ano também trouxe processos contra a Marvel por dois de seus criadores fundadores. Essas ações judiciais ameaçavam desfazer tudo o que Lee construíra nos últimos cinco anos.

Embora o sucesso inicial da Marvel moderna tenha começado em 1961, com *Quarteto Fantástico*, suas raízes estavam nos quadrinhos da Timely dos anos 1930 e 1940. Os principais super-heróis de Goodman daquela época — que tinham sido revividos brevemente na década de 1950 — eram o Príncipe Submarino, o Tocha Humana e o Capitão América. Foi principalmente com esses personagens que Stan Lee aprendeu o ofício de editor, escritor e diretor de arte.

Porém, em meados da década de 1960, com a Marvel em ascensão, dois dos títulos de maior destaque da empresa eram *Quarteto Fantástico* e *Os Vingadores*. O primeiro contava com uma nova versão do Tocha Humana como membro da equipe. E, entre os principais adversários desse time estava o príncipe Namor, também conhecido como Príncipe Submarino (que, em 1965, tinha suas próprias histórias em *Tales to Astonish*). Enquanto isso, os Vingadores eram liderados pelo Capitão América, revivido literal e figurativamente. Namor, o Tocha Humana e o Capitão eram partes importantes do empreendimento moderno de publicação de quadrinhos de Goodman, e certamente seriam valiosas para quem pensasse em comprar a empresa. Goodman detinha os direitos autorais e as marcas registradas desses personagens, como era o caso de todas as criações da Marvel.

Mas havia uma brecha da lei para os criadores originais reivindicá-los, e pelo menos dois desses criadores estavam determinados a fazer exatamente isso. Carl Burgos, criador do Tocha Humana, e Joe Simon, cocriador do Capitão América, abriram — independentemente um do outro — processos legais para se reapropriar de seus personagens.

Não se sabe até que ponto chegou o processo de Burgos contra a Marvel — se é que deu em algum lugar. Carl Burgos não tinha sumido na indústria fora dos quadrinhos depois da Era de Ouro. Ele trabalhara regular e incessantemente para Lee e Goodman durante os anos 1950, fazendo quadrinhos, revistas humorísticas e *pulp*, escrevendo e desenhando histórias, além de projetar, desenhar e refazer inúmeras capas — a ponto de o historiador Michael Vassallo cunhar o termo "burgosized" [burgotizada] para se referir à arte desenhada por outros, mas muito retrabalhada por Burgos.[23]

Após o súbito período de escassez dos gibis de Goodman, em 1957, Burgos trabalhou em arte comercial e fora dos quadrinhos. Em 1964, porém, retornou brevemente sob a chefia de Lee para desenhar algumas histórias — incluindo uma história de Johnny Storm, o Tocha Humana, com participações especiais dele e de Lee. Mas, em algum momento entre aquele ano e o verão de 1966, Burgos abriu uma ação legal contra Goodman pelos direitos do Tocha Humana original de 1939. Esse personagem "original" tinha reaparecido pela primeira vez desde os anos 1950 — provavelmente como uma maneira de consolidar a propriedade de Goodman —, em uma luta contra sua versão moderna, no *Fantastic Four Annual* n.º 4 [Anuário do Quarteto Fantástico], de 1966.

Durante o verão, a filha de Burgos, Susan — à época com 15 anos —, lembrou que o pai reunira todos os antigos gibis e outros vestígios não especificados de sua carreira nos quadrinhos em uma pilha no quintal, querendo se desfazer de tudo, e chegou até a insistir para que ela devolvesse à pilha os poucos quadrinhos que tentara resgatar. Segundo Susan, naquele dia deve ter acontecido o acordo — bem pouco satisfatório — de qualquer ação legal que Burgos tenha empreendido contra Goodman. Embora seja tentador pensar que Burgos pretendia "fazer uma tocha" com os materiais, ele parece ter descartado tudo de uma maneira mais apropriada aos subúrbios: deixando para os coletores de lixo.[24]

Susan Burgos também lembrou que, na época do processo, "ele [Burgos] passou meses murmurando várias coisas sobre Stan Lee. Antes daquele dia [em que ele jogou fora o material da Era de Ouro], eu sabia que meu pai estava infeliz e que algo estava acontecendo, mas realmente não sabia o quê. (...) Ele ficou mesmo chateado quando Stan Lee renovou completamente o Tocha".

Portanto, além de quaisquer problemas de propriedade que Burgos pudesse ter com a Marvel, parecia haver algo que o incomodava na versão de Johnny Storm do personagem. Qualquer que fosse o problema, não tinha sido resolvido de maneira justa, pelo menos na opinião de Carl Burgos.

Curiosamente, Burgos desenhou uma versão do Capitão Marvel para a MF Enterprises, da editora Myron Fass, em 1966. A marca registrada da Fawcett Publications sobre o Capitão Marvel original tinha expirado, então a Fass correu para registrar o nome e publicou várias edições antes de Goodman comprar os direitos e, em 1967, publicar a versão da Marvel do Capitão Marvel, escrita por Lee e desenhada por Gene Colan. A capa de *Capitão Marvel* n.º 4, de Fass (de novembro de 1966), foi o último trabalho de Burgos nos quadrinhos, embora ele tenha permanecido como editor das Eerie Publications [Publicações arrepiantes], de Fass (que não podem ser confundidas com a revista *Eerie* [Arrepiante], da Warren Publishing), e para a Harris Publications até sua morte, em 1984.

* * *

A questão de Joe Simon — com mais tino para os negócios do que a maioria dos criadores de quadrinhos, e ainda infeliz com as promessas quebradas de Goodman, em 1940 — sobre a participação nos lucros do Capitão América seria mais difícil de resolver. Provavelmente não por coincidência, a Marvel começou a reimprimir as histórias de Simon e Kirby do *Capitão América* de 1941, mas com os créditos de Simon e Kirby removidos — o que era notável para uma empresa que fazia questão de dar crédito aos autores. Fosse ou não uma ação preventiva de Goodman para manter a propriedade e o controle do material, Simon de fato abriu um processo. Como ele escreveu em *My Life in Comics* [Minha vida nos quadrinhos]: "Enviei a documentação apropriada, mas não incluí Jack Kirby no processo porque ele estava trabalhando para a Marvel, na época, em projetos que incluíam o Capitão América. Achei que isso constituiria um conflito de interesses [para Kirby]."

Em 1966, Simon entrou com um processo na Suprema Corte do Estado de Nova York contra os Goodman (Martin e Jean, já que ambos estavam listados como proprietários da entidade corporativa que Simon estava processando) por "apropriação indevida de seus direitos de propriedade de acordo com a lei estadual" e, em 1967, entrou com uma ação semelhante no Tribunal Distrital dos Estados Unidos, no Distrito Sul de Nova York. Neste último, alegou que "como autor das obras, tinha o direito único e exclusivo aos termos de renovação dos direitos autorais" e "também tencionava (...) proibir os Goodman de solicitar o registro de renovação das obras".[25]

Em resposta, os Goodman entraram com um processo. De acordo com Simon, a alegação era de que Lee e Kirby tinham "criado o personagem enquanto trabalhavam no escritório, portanto, eram de propriedade da empresa". Além disso, Simon ainda disse que a Marvel convencera Kirby a testemunhar em nome da empresa. Isso, combinado a um caso contemporâneo com resultado desfavorável para Theodor Seuss Geisel (também conhecido como Dr. Seuss), que processara a revista *Liberty* por propriedade intelectual do trabalho que fizera para eles na década de 1930, convenceu Simon a aceitar um acordo fora dos tribunais em 1969. A Marvel acabou com a propriedade definitiva do Capitão América, pelo menos até Simon reabrir o processo, décadas depois.

Quanto ao Príncipe Submarino, Bill Everett voltara a fazer trabalhos esporádicos para a Marvel desde o primeiro volume de *Demolidor*, de 1964, e depois ingressara como funcionário regular em 1966. De acordo com Roy Thomas, Everett dependia da empresa para obter renda regular, o que — com seu relacionamento difícil com os prazos — ele ficava mais do que satisfeito por ter. Como Thomas explicou:

> *Isso era outra coisa boa de Stan (...), ele sentia que devia lealdade a profissionais de longa data, como (...) Everett. E, embora ele não pudesse abrir espaço para todos, sentia que eles mereciam uma chance. Stan não achava que os artistas deviam ser jogados no lixo simplesmente porque talvez não estivessem mais em sua melhor forma.*[26]

Além disso, Goodman fizera a Everett um empréstimo considerável para o qual, segundo Thomas, não se esperava reembolso. O empréstimo, de acordo com Blake Bell, biógrafo de Everett, provavelmente foi para alguns problemas graves de saúde. Bill Everett não processaria Martin Goodman.[27]

Embora nunca tenha sido dito que a reimpressão dos personagens icônicos da Timely foi feita por Lee a pedido de Goodman, e, portanto, especificamente para estabelecer que pertenciam à Marvel, é difícil imaginar, se fosse o caso, que Lee, depois de 25 anos no ramo, não entendia o que estava acontecendo. Também é difícil culpá-lo por publicar o que era de interesse da empresa (e o que muitos fãs ficaram gratos por terem a chance de ler). Afinal, Lee era um funcionário da Marvel Comics e da Magazine Management, sem falar que era primo de Martin e Jean Goodman.

E assim, vários impedimentos em potencial ao progresso da Marvel — e de Stan Lee — foram evitados e contidos. Os anos seguintes apenas acelerariam o ritmo de crescimento do homem e da empresa.

***

Embora eras muito mais lucrativas e impactantes para Lee e a Marvel ainda estivessem por vir, os anos seguintes trariam o que muitos consideram o ápice de criatividade e inspiração do homem e da marca. E tudo isso realizado durante os anos de chegada à maioridade dos primeiros *baby boomers*, em meio a agitações políticas, culturais e sociais nos Estados Unidos e em todo o mundo.

Foi um período cheio de demandas confusas e estimulantes sobre a geração de Stan Lee. E sua resposta foi típica do pessoal da Geração Grandiosa, mas, ainda assim, única — sobretudo para alguém de seus talentos e temperamentos, que cumpria papéis como de refletor e modelador das correntes culturais em desenvolvimento.

Os *baby boomers* estavam despertando. E, embora décadas mais velho, Stan Lee também.

Mais do que nunca, a posição única de Lee naquele movimento cultural traria desafios que nem ele nem ninguém no ramo dos quadrinhos já tivera que enfrentar. E, assim como os desafios, suas respostas foram multifacetadas e nem sempre consistentes, mas foram exclusivamente suas.

11
BOOM BOOM BOOM

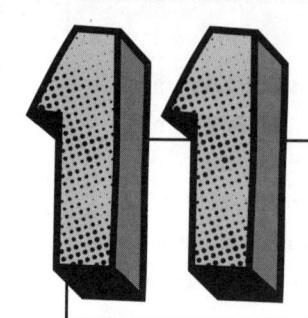

> EXTRA! FICOU SABENDO QUE STAN THE MAN PASSOU HORAS BATENDO PAPO COM JOE MCDONALD, BARRY MELTON E O AGENTE DOS DOIS, ED DENSON? TALVEZ VOCÊ OS CONHEÇA COMO COUNTRY JOE AND THE FISH!
> — *BULLPEN BULLETINS* DA MARVEL, EM REVISTA DE JUNHO DE 1970

Joe McDonald, nascido em 1º de janeiro de 1942, era pré-*boomer*, assim como muitos dos músicos de rock do fim dos anos 1960: tinham chegado ao mundo logo antes do *boom* de bebês em 1945. Ele e sua banda, Country Joe and the Fish, criavam letras sobre assuntos relevantes do fim dos anos 1960 — incluindo "Superbird", uma música de 1967 que retratava os super-heróis da Marvel (mais especificamente o Quarteto Fantástico e o Doutor Estranho) como representações do pensamento da nova era, que derrubaria a filosofia antiquada do herói que dá nome à música, Superbird, uma suposta identidade alternativa para o então presidente Lyndon Johnson.

Na música, Johnson é retratado como um Super-Homem ensandecido — não um vilão, mas um herói caído. Pode-se também ver a figura do Superbird como um herói desatualizado, vindo de uma geração mais velha, enquanto os heróis dispostos a ajudar o narrador da música — o próprio Fish, ou possivelmente a geração inteira que o Fish representa — estão vivendo um "novo dia". Esses são os super-heróis mais modernos, saídos dos quadrinhos da Marvel.

Em uma entrevista de 2018 ao site da *Aquarian Drunkard*, McDonald, cinquenta anos depois, lembrou a relação entre os quadrinhos e a música:

> Era o começo da Marvel Comics, com aquele humor irônico dos heróis de quadrinhos, então [a ideia] foi transformar o presidente em um personagem dos quadrinhos. Assim, seguimos adiante, e achamos bem engraçado.[1]

Embora os Fish nunca tenham sido tão populares quanto outros grupos que surgiram na área da baía de São Francisco naquela época — como Jefferson Airplane e Grateful Dead —, a banda era bastante famosa em seu auge e, apesar de tocar canções de amor e rocks animados, tinha letras com mais temas políticos do que muitos de seus contemporâneos.

A música mais conhecida foi a sardônica "I-Feel-Like-I'm-Fixin'-to-Die Rag", contra a Guerra do Vietnã, escrita por McDonald e lançada em novembro de 1967; uma música sombria sobre a opinião dos soldados da época, que, no refrão, comemoravam: "Whoopee, we're all gonna die" [Iupi!, vamos todos morrer]. A música ganhou fama na apresentação solo de McDonald, no Festival de Woodstock, em agosto de 1969, assim como no filme do festival, de 1970.

As músicas da banda tinham um humor mais sombrio, cheias de ironia e zombaria, e transmitiam uma urgência dramática.

Bem parecido com as histórias em quadrinhos da Marvel.

Embora muitas celebridades tenham visitado a Marvel Comics e Stan Lee, os Fish talvez tenham sido a única banda de destaque dos anos 1960 com as visitas registradas nos *Bullpen Bulletins* — e foram pelo menos duas visitas, talvez até mais. Além disso, a banda apareceu em uma edição de *Nick Fury, Agent of S.H.I.E.L.D.* Embora Stan tenha descoberto do amor dos Beatles por outro músico, Peter Asher, os Fish demonstraram diretamente o carinho pela empresa, seus personagens e sua equipe, tanto na música quanto em pessoa. O relacionamento da banda com Lee abre uma janela interessante para sua fama crescente no final dos anos 1960.

O relacionamento começou com uma carta da banda de 19 de maio de 1967 — oito dias após o lançamento do primeiro álbum, *Electric Music for the Mind and Body*. Uma das faixas era "Superbird". (Para contextualizar, o álbum clássico dos Beatles, *Sgt. Pepper's Lonely Hearts Club Band*, foi lançado nos Estados Unidos em 26 de maio.) A carta era assinada por "Country Joe and the Fish" e provavelmente fora escrita pelo agente da banda, ED Denson, possivelmente junto com uma cópia do álbum. O texto, dirigido a Stan, dizia o seguinte:

Você com certeza ficará satisfeito em saber que suas criações estão tão arraigadas na consciência dessa geração que elas surgem — sim, surgem — na música popular da época. Se você escutar este disco com atenção (...) ouvirá e verá duas aparições [o Quarteto Fantástico e o Doutor Estranho].[2]

A resposta de Lee, em 26 de maio, foi:

Olá, amigos dos peixes! [Fish, no nome da banda, significa "peixe"] (...) Ficamos deleitados ao descobrir que nossa fama ainda um tanto questionável tenha chegado até os sagrados e harmoniosos salões da Berkeley e que tenha entrado, ainda que insidiosamente, nas letras de seu álbum eletrizante!

Galera, o que estou tentando dizer é que adoramos as músicas do balacobaco, ficamos impressionados com a menção e ficamos mais do que felizes em coroá-los Merry Marchers in Perpetuity [soldados da alegre marcha pela perpetuação]! (...)

Fiquem frios, entrem nessa onda! Você são o nosso tipo de heróis.[3]

Os Fish estavam com apresentação marcada para o dia 17 de junho, no lendário Festival Pop de Monterey. Logo depois, em algum momento do "verão de 1967", de acordo com o escritor e editor da equipe da Marvel, Gary Friedrich (falecido em 2018), os Fish passaram por Nova York e se apresentaram em vários locais, incluindo o

Cafe Au Go Go. Nessa ocasião, o tecladista da banda, David Bennett Cohen, marcou uma visita à Marvel.

Como Cohen lembrou, em 2010:

> *Eu que incentivei a visita. Liguei para a Marvel Comics e agradeci pelos quadrinhos. Tinha algo especial nos quadrinhos da Marvel. Eram histórias adultas. Não era coisa de adolescente nem de criança. Claro que era fantasia e estava além da realidade, mas eram cheias de maturidade. (...)*
>
> *Então na ligação falei que queria conhecê-los. Disse que eu era do Country Joe and the Fish (...) e acho que alguém acabou me convidando para subir.*[4]

Friedrich, fã dos Fish, foi ao saguão para cumprimentar a banda quando visitaram o escritório, aparentemente sem nenhum compromisso. Ele convenceu Stan — que, apesar da correspondência recente, parecia nunca ter ouvido falar da banda — a marcar um encontro. Em 2010, Friedrich lembrou:

> *Depois de muito jogo de cintura da minha parte, principalmente apontando a publicidade que geraria se mencionássemos a reunião nos* Bullpen Bulletins, *ele cedeu, e marcamos o encontro.*
>
> *Alguns dias depois, David apareceu com Joe, Barry [Melton] e o restante da banda. (...) Guiei o pessoal até o santuário interno, e fomos recebidos pelo sorridente Stan. Ele foi muito cordial, como sempre. (...) A reunião não durou muito. Joe fez algumas perguntas (...) a banda estava um tanto impressionada. Acho que Stan, como sempre, só queria voltar ao trabalho, embora nunca deixasse transparecer aos convidados.*
>
> *Depois de alguns minutos, Stan encerrou o encontro muito graciosamente, apertou as mãos de todos, e acabou. (...) Stan iluminava a sala com seu sorriso para os convidados, fazia com que se sentissem em casa, como se pudessem passar o dia ali, se quisessem. Então, de uma hora para a outra, encerrava o assunto, apertava as mãos e dispensava o pessoal, para que pudesse voltar ao trabalho.*

Mas, depois desses encontros, nunca conversei com nenhum convidado que não tivesse se sentido tratado como rei, que não dissesse que o momento fora um dos pontos altos de sua vida. Foi igual com CJ and the Fish.[5]

E Cohen diria, sobre a reunião:

Stan Lee marcou minha vida. Conhecê-lo foi quase anticlimático, porque esses quadrinhos nos sustentaram por muitas vezes, entende?[6]

E o cofundador da banda, Barry Melton, disse, em 2010:

É claro que me lembro de conhecer Stan. Nunca poderia me esquecer de quando conheci uma das maiores mentes criativas e inspiradoras da minha geração. (...) Doutor Estranho e o Surfista Prateado, e também até o Quarteto Fantástico, eram parte de nossa subcultura em São Francisco — o que acabou se tornando a subcultura dos jovens do país. (...)

Eu me lembro de Stan ser realmente encorajador. Achei que seria um velho beatnik ou algo assim, porque ele usava óculos escuros. (...) Sociologicamente, os quadrinhos da Marvel faziam parte do movimento juvenil dos anos 1960. (...) Sou completamente apaixonado por Stan Lee e pelo impacto que ele teve em nossa cultura. Quer dizer, o cara era mesmo um gigante.[7]

Os integrantes dos Fish, ao que parecia, eram mesmo os "amigos dos peixes" de Stan Lee. Cohen lembrava que os membros da banda no encontro daquele dia eram apenas ele e Gary "Chicken" Hirsh, ou Melton, o que contrasta com a lembrança de Friedrich, da banda inteira retornando para pelo menos mais uma visita posterior. O tempo obscureceu alguns dos detalhes das visitas da banda à Marvel.

Mas o relato de Lee sobre esse encontro aparentemente só apareceu nos *Bullpen Bulletins* dos quadrinhos de setembro de 1967, lançados em junho, então a entrada deve ter sido escrita em abril, quando Lee assinou seu editorial, "Stan's Soapbox" [Caixote do Stan], com: "E agora temos que encerrar o assunto, pois Country Joe and the Fish acabaram de chegar para nos visitar, e não queremos que fiquem fora da água por muito tempo!"

Os Fish apareceram como parte da história em novembro de 1969, na edição n.º 15 de *Nick Fury, Agent of S.H.I.E.L.D.*, escrita por Friedrich, com arte de Herb Trimpe, Dick Ayers e Sam Grainger. Na cena, a banda tocava "Not So Sweet Martha Lorraine" e "Superbird", com todas as suas referências de super-heróis, ambas da *Electric Music for the Mind and Body*.

Sua próxima aparição nos quadrinhos foi nos *Bulletins* de junho de 1970, à venda em março, provavelmente escritos em janeiro ou fevereiro:

> EXTRA! *Ficou sabendo que STAN THE MAN passou horas batendo papo com JOE McDONALD, BARRY MELTON e o agente dos dois, ED DENSON? Talvez você os conheça como COUNTRY JOE AND THE FISH!*

Era uma época em que a visita de uma banda razoavelmente radical no âmbito da política não era apenas permitida, mas anunciada nos *Bullpen Bulletins*. Lee talvez não entendesse muito bem o cenário geral do tempo em que vivia, mas, de alguma forma, estava em sintonia com a cultura jovem da época — ou pelo menos se esforçava para isso. Igualmente digno de nota era o fascínio da contracultura pelos super-heróis de Lee, que, mesmo nas versões redesenhadas da Marvel, continuavam sendo essencialmente justiceiros fantasiados.

E, é claro, as visitas de celebridades aos escritórios não eram mais que uma gota no oceano de fãs, muitas vezes crianças, que apareciam para tentar vislumbrar os criadores de seus heróis favoritos (sem se dar conta de que a maioria trabalhava em casa), quase sempre impedidos pelo bloqueio — em geral verbal, mas às vezes físico — da "Fabulosa" Flo Steinberg.

***

O verão de 1967 trouxe o Verão do Amor em São Francisco, quando jovens de todo o país se reuniram nas periferias de Haight-Ashbury querendo levar a vida hippie de seus sonhos. Foi também o ano em que o movimento artístico "underground comix" começou a tomar forma em tirinhas de jornais alternativos, como *The East Village Other* e o *Berkeley Barb*. O trabalho de cartunistas pioneiros do movimento, como Robert Crumb e S. Clay Wilson, ainda não era tão conhecido, então a enérgica e colorida Marvel Comics era um atrativo natural para as pessoas que queriam consumir cultura "contra os costumes", muitas vezes aliada ao uso de substâncias que alteram a percepção. (No início de 1968, porém, surgiram os primeiros quadrinhos *underground*, como *Zap Comix*, de Crumb; em pouco tempo, o movimento surtiu um efeito curioso nas editoras de quadrinhos infantis de aventura, como veremos em breve.)

Embora fossem muito queridas pelo público, as histórias em quadrinhos ainda eram consideradas uma porcaria, e ainda levaria pelo menos uma década para que atores culturalmente relevantes e formadores de opinião se dispusessem a considerar que poderiam ser uma expressão artística legítima. Assim, permanecia o apelo "proibido" dos quadrinhos tradicionais, que só se fortaleceu quando entraram em cena alguns inovadores idiossincráticos das artes visuais, como Jim Steranko.

Steranko, nascido em 1938 (mesmo ano de estreia do Super-Homem, na *Action Comics* n.º 1), trabalhava com a Marvel desde 1966, quando, logo após a renúncia de Ditko, abriu caminho, passando por Steinberg, Brodsky e Thomas usando uma combinação de personalidade cativante e talento surpreendente, e conseguiu uma reunião com Lee. Steranko saiu do escritório com trabalhos regulares de desenhista e, em cinco meses, virou roteirista e criador de *scripts* da série "Nick Fury, Agent of S.H.I.E.L.D", publicada em *Strange Tales*.

Steranko, um dos poucos novos criadores a entrar no ofício havia mais de uma década, dificilmente poderia ser considerado um hippie, mas mesmo assim trouxe o frescor da cultura daquela juventude ao universo dos quadrinhos, pois sabia muito bem o que estava na moda em termos de design e ostentava um estilo inspirado em grandes nomes da indústria — como Eisner, Kirby, Infantino, Kane —, infundido com a própria paixão e experiência de vida. Steranko seria uma das pessoas que ajudariam Lee e Kirby a reduzirem sua carga de trabalho. Seu entusiasmo juvenil e talento ilimitado iniciaram o processo que ganharia força e se concretizaria nos anos 1970, quando as habilidades dos veteranos foram complementadas pela perícia de criadores mais jovens, que tinham percebido que os quadrinhos não apenas se expandiam em termos de oportunidades de emprego, mas também de conteúdo, e que, apesar de não serem uma escolha de carreira respeitável, pelo menos não eram uma fonte de vergonha tão grande quanto antes.

Lee, talvez sofrendo com a perda de Wood e Ditko, estava disposto a dar a Steranko o tipo de liberdade criativa e crédito explícito que não concedia totalmente a Kirby. Ou talvez esse crédito tenha acontecido porque Lee não se importava tanto com a *S.H.I.E.L.D.* — Steranko alegou que pediu a Lee a série de menos sucesso, e Stan provavelmente achou que não havia nada a perder ao deixar Steranko assumir o crédito (no mínimo teria alguém a quem culpar, se fosse necessário). Por outro lado, a história era outra com seus favoritos, como *Quarteto Fantástico*. Desses, Lee ainda se orgulhava demais da autoria para permitir que os créditos fossem "por Stan Lee e Jack Kirby" — o que era uma concessão a Kirby, já que a atribuição ambígua significava que Kirby não era mais relegado "apenas" ao crédito de desenhista. Esse crédito também evocava as colaborações anteriores da carreira de Kirby, anunciadas como "por Joe Simon e Jack Kirby".

Embora certamente não fosse um artista do movimento *underground*, Steranko dava uma aparência moderna ao trabalho, que, apesar de se encaixar muito bem ao que os leitores associavam à Marvel, também representava um surto de cafeína e energia — além de uma boa dose de psicodelia — que a equipe criativa regular da empresa, pelo menos os artistas, não conseguiam transmitir para o papel. Embora os *escritores* mais jovens, como Thomas, Friedrich e O'Neil, estivessem conectados ao *zeitgeist*, cada um à sua maneira, suas histórias eram desenhadas por profissionais já estabelecidos no mercado — todos muito talentosos, só que mais velhos e já por fora da moda da juventude. Era raro haver um artista de meia-idade que, como Kirby, conseguia se conectar ao espírito da geração mais jovem ou, se necessário, inventar um estilo próprio que atendesse a essa demanda.

Steranko trabalhava como freelancer, inclusive para Joe Simon, na Harvey, mas suas inovações sofreram resistência em outras empresas. Seu trabalho tinha a energia bruta que Lee procurava, um tipo de arte a que ele sempre estivera aberto. Mais uma vez, a relativa liberdade de Lee, de poder seguir com seus instintos editoriais, serviu muito bem. Como ele disse ao apresentador de rádio Neal Conan (então com 18 anos, no início da ilustre carreira), em uma entrevista de 1968:

> *Jim Steranko viola todas as regras, e isso sempre resulta em um belo trabalho. Eu nem sequer edito o trabalho dele. (...) Quanto mais doida a história, mais eu incentivo, dizendo: "Vá em frente, pode fazer."*[8]

Se, como Spurgeon e Raphael dizem, Lee nessa época era "um grande editor de quadrinhos, talvez o mais bem-sucedido na história da indústria"[9], foi em parte por ter seguido seus instintos, como o de dar a Steranko rédeas relativamente livres. Lee tinha autonomia suficiente para poder encarar riscos calculados que outros editores não poderiam ou não aceitariam correr.

***

Nascido no mesmo ano que Jack Kerouac, Lee poderia muito bem ser um "velho *beatnik*", como Barry Melton pensava. (Lee tinha 44 anos na primeira reunião de 1967 com a banda.) É claro que ele, Kirby e Ditko estavam o mais longe possível das contraculturas boêmias.

Embora os escritores e artistas da Marvel trabalhassem em uma indústria que exigisse sua criatividade, ainda que fosse marginalizada, e estivessem sempre ocupados em contar histórias, sua vida cotidiana longe das pranchetas e das máquinas de escrever envolviam coisas que os hippies *boomers* e pré-*boomers* dificilmente achariam interessantes. Lee e Kirby eram pais de classe média, preocupados em sustentar as famílias e em evitar as tradicionais armadilhas do sucesso. E o objetivismo filosófico que guiava Ditko era um anátema para as tendências coletivistas de muitos na contracultura. Claro que os Fish e outras bandas populares estavam envolvidos na mesma busca por carreiras de sucesso que Lee e seus colegas, mas talvez se sentissem mais em conflito com isso, tentando unir as carreiras bem-sucedidas com a necessidade de se manterem fiéis a um conjunto amorfo, mas principalmente não materialista, de ideais.

É claro que as gerações têm diversos aspectos e facetas. Embora muitos jovens fossem ativos nos movimentos pró-direitos civis e antiguerra, vários estavam do outro lado da questão. E, como sempre, os adolescentes quase todos tentavam simplesmente sobreviver à escola e desenvolver sua vida social. Mas a guerra cada vez mais intensa no Vietnã e o recrutamento militar impactavam diariamente a vida dos jovens, não importava se estavam reunidos no Golden Gate Park ou embarcando para Saigon. Generalizar uma geração — ou várias, já que o *boom* de bebês se estendeu por algum tempo — é sempre complicado. Ainda assim, no fim das contas, é o que move a arte, do artesanato às indústrias da cultura popular: encontrar algo que atraia e empolgue um grande segmento demográfico, ofendendo ou afastando o mínimo possível. E os quadrinhos da Marvel conseguiam isso, oferecendo histórias que poderiam ser interpretadas de várias maneiras.

Claro que, como sempre, as crianças ainda compravam e liam quadrinhos. Mas aquele era um novo fenômeno. Jovens adultos inteligentes, instruídos e antenados na moda — pessoas que poderiam muito bem ouvir bandas como os Fish enquanto liam os quadrinhos — estavam apaixonados por Stan Lee e pela Marvel. Não importava se eram jovens que tinham seguido o sonho de se tornar músicos famosos, ou se tinham optado por caminhos mais tradicionais, buscando educação profissional ou servindo nas Forças Armadas: os jovens norte-americanos encontravam inspiração na Marvel Comics. E, como Cohen e Melton, essa inspiração era personificada em Stan Lee, que se tornara a encarnação física da Marvel.

***

Tudo deve ter parecido um sonho para Lee. Depois de começar naquele trabalho aos 17 anos, em 1940 — e presumir que provavelmente seria só mais um emprego temporário, como tantos que tivera desde que se formara na escola DeWitt Clinton, no ano anterior —, e levar uma carreira de 25 anos, passando pelos altos e baixos da indústria dos quadrinhos, Lee estava em uma posição extraordinária. Tinha se tornado editor-chefe da Timely Comics aos 18 anos, e presidira o que, até 1957, fora um dos maiores produtores de quadrinhos do país. Ele era bem conhecido na área, e, em geral, muito apreciado e até admirado por seus colegas. Mas, nos anos 1950, Lee não era nem um pouco famoso e certamente ninguém o considerava influente na cultura geral, popular ou não — na verdade, à exceção das histórias que supervisionava, Lee não era influente nem mesmo no mundo dos quadrinhos.

Lee tinha sobrevivido à implosão de 1957 e, mais tarde, ainda conseguira empregar sua inteligência e suas forças para erigir o fenômeno da Marvel Comics. Os quadrinhos eram bem-sucedidos e não estavam sendo notados *apenas* pelas crianças — sempre tão apaixonadas pelas histórias, pelos personagens e pelos criadores —, mas também pelos universitários. Além disso, estavam sendo notados pelos adultos que, na infância, adoravam ler aquelas revistas e agora estavam interessados no que a Marvel estava fazendo. Eram adultos com formação superior, como Roy Thomas e o dr. Jerry Bails. Além disso, celebridades como Federico Fellini também estavam sendo atraídas por aquele fenômeno.

Assim, Stan Lee, que antes estava ansioso — quase desesperado — para deixar os quadrinhos, de repente se ocupara de reestruturá-los (e a si próprio) em algo novo. Fazia palestras frequentes para grandes multidões, em faculdades e universidades de todo o país.

Nenhum editor ou escritor de quadrinhos jamais estivera naquela posição. Em 1960, o mundo inteiro estava mudando, e muitos pareciam querer saber o que Stan Lee pensava sobre a agitação política e social do momento. Sem dúvida, uma situação muito diferente da que ele estava acostumado.

Por alguma razão, Stan não estava mais simplesmente vendendo coisas. Claro que seu sustento e estilo de vida *dependiam* de que fizesse e vendesse coisas. Mas, naquele momento, além do que acabaria se revelando uma compulsão por dizer a verdade (mesmo que essa verdade estivesse disfarçada em um discurso casual, carregado de expectativa), havia o desejo de dizer — ao vivo e na mídia impressa — coisas com mais *significado*. As histórias em quadrinhos, que até então tinham proporcionado uma maneira agradável de ganhar a vida, de repente fizeram dele uma figura cujas opiniões também interessavam ao público. Mas será que Lee queria compartilhar suas opiniões em público? Não apenas no almoço, com seus amigos, ou na relativa intimidade de um auditório da faculdade, mas nas páginas das revistas em que os personagens da Marvel lutavam contra supervilões e comoviam o público com suas tragédias?

Bem, parece que *sim*, ele *queria* compartilhar seus sentimentos e suas opiniões, porque foi exatamente isso que fez. Lee talvez sentisse que tinha algo a dizer, algo que *precisava* ser compartilhado. Mas de quem eram as opiniões que ele divulgava? De Stan Lee ou da Marvel Comics? Porque, em diversos aspectos, os dois tinham passado a ser a mesma coisa — exceto, é claro, pelo pequeno detalhe de que Lee não era proprietário nem editor-geral da Marvel Comics. Ainda assim, ele compartilhou suas opiniões.

Para Lee, essa seria mais uma situação em que ele "aprendia durante o processo". Transmitiria algumas opiniões leves, porém sinceras, como já fazia nas páginas de cartas e nos *Bullpen Bulletins*, só que oculto sob o "nós" ou falando de "Stan" na terceira pessoa. Porém, nessa nova empreitada, ele deixou suas opiniões mais claras com a introdução da coluna Stan's Soapbox nos *Bullpen Bulletins*. A primeira apareceu nos quadrinhos de maio e junho de 1967, e o tópico abordado era "A filosofia Marvel", sobre a qual escreveu:

> *Por trás das revistas tem algo que nos move — um propósito! É um objetivo claro e simples: entreter você, leitor! (...) E, se pudermos, contribuir um pouco para promover a causa do intelectualismo, do humanitarismo e do entendimento mútuo (...) de forma a não partir o coração de nossa sociedade! (...)*

Não se pode dizer que foi um editorial especialmente controverso. Ainda assim, nenhuma outra editora de quadrinhos defendia "a causa do intelectualismo, do humanitarismo e do entendimento mútuo". É pouco provável que essas diretrizes tenham vindo de ordens de Martin Goodman. Não, aquilo vinha direto de Stan, mesmo oculto no disfarce ambíguo do "nós".

Nos quadrinhos de novembro de 1967, a Soapbox informava:

> *Atendemos a um nível intelectual especial. Nossos empolgados leitores, não importa a idade, se provaram brilhantes, imaginativos, descontraídos e sofisticados!*

Mais uma vez, talvez esse elogio aos leitores não tenha sido uma declaração tão arriscada. Ainda assim, sem dúvida havia leitores que não gostavam de serem incluídos em uma elite esnobe de "nível intelectual especial" e que talvez até tivessem muitas críticas em relação a esse tipo de gente. Considerando isso, a afirmação pode ter de fato representado algum risco, ainda que baixo.

Nos quadrinhos de abril de 1968, Lee afirmou, em sua Soapbox:

> *Você sabia que mais de dez professores universitários dos Estados Unidos passaram a usar as revistas da Marvel em seus cursos de inglês, como material suplementar? Isso é apenas um começo, mas estamos chegando lá, pessoal!*

Que porcentagem da audiência se importava com isso? E o que é esse "material suplementar", exatamente? (E aonde era esse "lá" a que a Marvel queria chegar?) Porém, para Lee, foi obviamente importante declarar aquilo.

Nos quadrinhos de setembro de 1968, Lee começava sua dança entre algumas minas terrestres. Observando que alguns funcionários da Marvel eram democratas, e outros, republicanos, afirmou:

> *Este aqui que vos fala e mais alguns outros do editorial preferem julgar a pessoa por quem é do que pelo partido que defende. É por isso que tentamos evitar que as edições tratem de questões muito controversas (...) porque compartilhamos da mesma diversidade de opiniões que o povo dos Estados Unidos.*

Em 1968, ninguém esperava *isso* da revistinha que era lida para escapar da realidade.

E essa declaração foi seguida, na mesma Soapbox, pela seguinte, que talvez tenha feito alguns leitores pensarem que o próprio Lee estava envolvido com algumas substâncias diferenciadas:

> *Acreditamos que o Homem tenha um destino divino e uma responsabilidade tremenda: a de (...) julgar cada companheiro humano por seu próprio mérito, independentemente de raça, cor ou credo (...) e não descansaremos até que isso se torne um fato, e não apenas um sonho acalentado!*

De onde aquele pai de classe média, que afirmava estar apenas preocupado em ganhar a vida, tirou *isso*? A Marvel, Stan Lee, *alguém*, afirmava que não "descansaria" até que a humanidade cumprisse seu "destino divino"?

Como certo refugiado kryptoniano poderia dizer: "Mas o que...?!"

Nos quadrinhos de outubro, Lee escreveu, em sua Soapbox, que a maioria dos leitores que respondiam de fato *queria* que a Marvel se posicionasse no debate. O que levou à Soapbox de novembro de 1968, nas bancas em agosto, em que ele declarava:

> *Precisamos definir algumas questões. O racismo e a intolerância estão entre os males sociais mais mortais que assolam o mundo.*

(...) *Cedo ou tarde, se quisermos nos provar dignos de nosso destino, devemos encher o coração de tolerância. Pois então, e só então, seremos verdadeiramente dignos do conceito de que o homem foi criado à imagem de Deus — um Deus que chama a TODOS de filho.*

E, caso você esteja se perguntando por quem Lee estava falando, a Soapbox era assinada, abaixo da versão em latim para "paz e justiça":

Pax et Justitia,
Stan

O mais notável não é tanto a denúncia contra a intolerância; é o *tom* e a *intensidade* do discurso. Aquilo estava muito além do humor irreverente da Merry Marvel Marching Society ou da citação de celebridades que tinham visitado a redação no *Bullpen*. Ali estava um homem com algo a dizer e, graças às próprias realizações, com um fórum onde se pronunciar. Os quadrinhos da década de 1950 da EC Comics tinham se posicionado contra a censura em suas páginas de texto, declarações que, assim como as Soapbox, podiam ser exageradas ou ir contra a filosofia de um número significativo de leitores. Mas o objetivo principal dos editoriais da EC era a própria sobrevivência. Os quadrinhos estavam na mira de inimigos dentro e fora da indústria, e seu objetivo era invalidar os críticos e viver para publicar por mais um dia.

Mas aquilo era diferente. Lee e a Marvel não pareciam ganhar nada com as declarações, mesmo que fosse sobre algo pouco controverso, como a intolerância ou, a propósito, a ideia de se posicionar publicamente como editorial. Mas, em algum lugar lá no fundo, com a agenda lotada e estendida, Lee decidiu que era urgente expressar seus sentimentos mais profundos — e confundi-los com os "sentimentos" da Marvel. Se o impulso não era genuíno, se era só uma forma de bajular um público que já estava viciado nos quadrinhos e nas mercadorias da empresa, parece ter sido trabalho demais para simplesmente *fingir* que se importava.

***

Nenhum fato é isolado, é claro. Enquanto o universo pessoal de Lee passava por uma mudança — que não era nem um pouco desagradável —, o país e o mundo também mudavam. Dizer que Lee foi compelido a se pronunciar quanto às condições que o circundavam é redundante. *Todos* respondem ao mundo ao redor. Mas Lee teve a chance de se tornar um modelo de comportamento e não se esquivou do desafio. Ele claramente apreciava a ideia de que as pessoas procurariam seu trabalho e sua opinião pessoal em busca de orientação, naqueles tempos desconcertantes.

Decerto havia mais figuras da geração de Lee que eram populares entre os *boomers*, como Sonny Fox e Chuck McCann, apresentadores de programas infantis de Nova York, e figuras em um âmbito mais nacional, como Bob Keeshan, também conhecido como Captain Kangaroo [Capitão Canguru]. E também havia Soupy Sales, uma celebridade popular tanto entre crianças e adolescentes quanto entre universitários.

Mas a situação de Stan Lee era diferente. Ninguém se importava com o que o Capitão Canguru pensava sobre a Guerra do Vietnã.

Havia mais gente da idade de Lee popular nos campi, como Marshall McLuhan e Allen Ginsberg, por exemplo, além de William F. Buckley Jr. e Abbie Hoffman. Mas confrontar as pessoas com suas opiniões era *o trabalho* desses homens. Ou seja: Lee claramente também não estava nesse molde.

Se de fato já houve uma figura *sui generis*, foi Stan Lee. Ninguém na cultura tinha um papel semelhante: um funcionário no topo (mas não no comando) de uma editora, cujos produtos eram consumidos principalmente por crianças, que acreditava que precisava dar sua opinião sobre as questões do momento. Quando sua persona pública começou a se tornar conhecida, no fim da década de 1960, Lee passou a assumir um papel diferente: em vez de tentar conversar com a geração dos *boomers* como igual, decidiu ser uma espécie de líder de torcida filosófico, uma espécie de pai sério, porém descolado, um adulto que não tinha desistido de seus ideais da juventude, mas que também não tentava doutrinar ninguém.

Stan Lee anunciava em voz alta que se opunha ao fanatismo. Como a história nos mostrou, nem todo mundo é tão corajoso, sobretudo quando trabalha vendendo coisas.

***

A ideia de que os *baby boomers* só querem saber do próprio umbigo é mais do que clichê. E, no entanto, parece não haver melhor maneira de explicar a popularidade da Marvel e a fama de Stan Lee do que este fator da cultura *boomer*. Um número significativo de crianças, que tinham sido fisgadas pela Marvel desde os primórdios de *Quarteto Fantástico* e *Homem-Aranha*, passou da infância para a adolescência, ou da adolescência para a vida adulta, no decorrer dos anos 1960; ainda assim, esses jovens mantiveram o interesse pelos personagens e pelos criadores da Marvel. Claro que a maioria dos adolescentes ainda abandonava os quadrinhos, mas um número razoável passara a *continuar* consumindo esse tipo de mídia, inclusive alguns estudantes universitários. E, enquanto Kirby rompia fronteiras de conceitos e de visão, Lee fazia o mesmo com a redação, a edição e a autopromoção.

O fato de os dois homens terem filhos *boomers* pode muito bem ter sido um dos fatores que definia como pensavam e contavam as histórias. Ambos de fato tinham entrado de cabeça naquela empreitada. O mundo em que seus filhos cresciam volta e meia batia às suas portas. "Sexo, drogas e rock and roll" não era apenas um slogan; era a realidade que seus filhos enfrentavam diariamente na escola e nas ruas — além, é claro, na TV e no cinema. Era a realidade que os filhos de todos os norte-americanos encaravam. Havia setenta milhões de *boomers* naquele país de cerca de duzentos milhões de habitantes; um terço da população passava pelos testes dos vários experimentos da sociedade estadunidense, em constante evolução. (E, embora não fosse nem *boomer* nem pai de ninguém, Steve Ditko parecia nunca ter perdido o contato com aquele adolescente arredio da Johnstown High School, ou mesmo com as verdades eternas da adolescência.)

Os jovens que frequentavam a escola primária no início e em meados da década de 1960 estavam indo para a faculdade, ou a caminho do Vietnã. Ou entrando no Corpo da Paz. Indo para o Canadá. Talvez para Haight-Ashbury. Ou para fábricas e escritórios. E grande parte desse público ainda acompanhava os quadrinhos da Marvel, o movimento *underground comix*, os filmes e — sobretudo — a música da época. E muitos queriam saber o que Stan Lee pensava sobre o que estava acontecendo.

Por quê? Principalmente porque Lee forjara uma conexão íntima com os leitores da Marvel, com muitos deles desde que eram crianças. E Lee era sinônimo de Marvel. Stan Lee, uma pessoa real, com uma personalidade pública eloquente, era a voz e o rosto da Marvel em uma época em que a voz e o rosto da DC eram o Super-Homem e o Batman, enquanto as outras editoras nem sequer tinham voz e rosto.

Portanto, não importava para a maioria dos leitores o que os editores da DC Julius Schwartz, Bob Kanigher ou Mort Weisinger pensavam sobre as polêmicas da época. Esses homens, quaisquer que fossem suas personalidades, não se consideravam publicitários ou porta-vozes. O trabalho deles era publicar histórias em quadrinhos divertidas que vendessem bem para continuar lançando histórias em quadrinhos divertidas que vendessem bem.

Stan Lee tinha decidido que seu trabalho era outro. Forjado pela Grande Depressão e pelas mudanças da indústria dos quadrinhos, Lee parecia perceber instintivamente que seu desespero para dar à Marvel um rosto amigável também proporcionava um ponto de partida para se tornar uma celebridade com opiniões, sentimentos e paixões — um ideal que se relacionava diretamente à indústria e à editora com as quais pensava ter deixado de se preocupar muitos anos antes.

Lee encarou seu status de celebridade com a naturalidade de um pato na água pela primeira vez. Desenvolveu um novo visual, passando a usar ternos da moda, barba bem aparada e uma peruca elegante e bem penteada, como conviria a um homem sob o escrutínio do público. Já ficou claro que, enquanto a Marvel permanecesse relevante, Stan também permaneceria. E, se a Marvel perdesse seu toque de Midas ou decidisse que não precisava mais dele, Lee estava em posição de usar seu status de celebridade para se aventurar com o ofício que julgasse necessário e apropriado. Claro que ainda trabalhava na indústria dos quadrinhos, mas agora também desbravava a indústria do entretenimento.

E, o mais importante, estava na indústria de *Stan Lee*. E isso, ao que parece, se revelou uma excelente empreitada de negócio. Foi a atitude que se tornou a chave para praticamente tudo que aconteceria em sua vida profissional — e muitas vezes na pessoal também. Se, na história do mundo, houve alguém no lugar certo, na hora certa, com as habilidades, a experiência e a personalidade certas para aproveitar ao máximo as possibilidades apresentadas — e criadas por ele —, era Stan Lee.

***

A revolução que a Marvel proporcionou ao gênero de super-heróis, em 1961, foi um incrível divisor de águas na vida de Lee. Ele aproveitou as oportunidades que vieram com essa nova abordagem para as histórias em quadrinhos que ajudara a inventar, e as aproveitou ao máximo. Em 1967, e certamente em 1968, o potencial criativo e de negócios da gigante Marvel era um fenômeno cultural já certificado. Esses dois anos seriam também os mais tumultuados da história mundial e da história dos Estados Unidos.

E, com a crescente influência cultural dele e da Marvel, era inevitável que Lee se envolvesse nas questões mais extremas da época. O que se provou uma aventura e tanto para todos os envolvidos.

12

A REVOLUÇÃO NO AR

> CUIDADO COM OS FANÁTICOS! MUITAS VEZES,
> A CURA QUE PREGAM É MAIS MORTAL DO QUE
> O MAL QUE DENUNCIAM!
> — NARRADOR (STAN LEE) EM
> *X-MEN* N.º 16, DE JANEIRO DE 1966

Stan Lee foi uma das peças criadoras da cultura pop da década de 1960. E, no entanto, para alguém responsável por alimentar grande parte da imaginação da época, Lee parecia tão intrigado quanto o público pelas disputas políticas e de ideais durante esse período tão tumultuado, que em 1968 lhe apresentaria grandes oportunidades e desafios desconcertantes.

Uma coisa que ele aprendeu depressa foi o poder da mídia de massa — nos quadrinhos, é claro, mas principalmente no *rádio*.

Stanley Lieber adorava o rádio quando criança. Mais para o fim da vida, falava com carinho dos programas de rádio que acendiam sua imaginação. Programas como *Chandu the Magician* [Chandu, o Mágico] e *The Charlie McCarthy Show* [O show de Charlie McCarthy] estavam entre seus favoritos. O alimento para sua imaginação vinha também dos longas-metragens — especialmente os estrelados por Errol Flynn — e os seriados matinais de sábado, assim como as séries de livros infantis favoritas, como *Bomba, the Jungle Boy* [Bomba, o garoto da selva] ("Bomba não pensa antes de agir") e *Jimmie Dale, Alias The Gray Seal* [Jimmie Dale, O Selo Cinza]. Grande parte do Universo Marvel foi fundamentado na imersão cultural e na análise da cultura pop da infância de Stan durante sua pré-adolescência.[1]

Em meados da década de 1960, a televisão já assumira havia muito a função do rádio na vida das crianças. Para o bem ou para o mal, as histórias que entretinham os jovens vinham cada vez mais da TV, com uma drástica redução do consumo de livros e praticamente nada de rádio. Mas o rádio não estava morto, de jeito nenhum. Na verdade, tornara-se o veículo das músicas populares — mais recentemente, o rock and roll, um estilo que começava a deixar de ser apenas moda e passava a assumir a função de trilha sonora que unia os jovens de todas as classes em uma única tribo.

Os ouvintes estavam começando a investir mais em rádios que, além dos sinais AM já estabelecidos, também transmitiam por sinal FM. Os proprietários das estações tiveram que ocupar essa nova largura de banda, mais adequada para transmitir música estéreo sem perda de qualidade, que era exatamente o que o público queria — todos cada vez mais exigentes quanto à qualidade do som reproduzido por seus elaborados aparelhos estéreo. O rádio FM se tornou o meio para as pessoas ouvirem música de todas as variedades com muita qualidade, fossem clássicas, jazz ou os mais novos hits psicodélicos. As quarenta melhores músicas populares e folclóricas ainda tocavam bastante na banda AM, assim como a nova moda dos programas com participação dos ouvintes. Mas a onda do futuro para os aficionados por música (e os anunciantes com voz suave que as apresentavam) era a FM.

Em termos mais práticos, a duplicação (ainda que virtual) da programação disponível para o rádio trazia a necessidade de preencher aquele tempo. Então havia mais música, mais notícias, mais boletins de trânsito — e, claro, mais conversa.

As estações de rádio que precisam preencher o tempo de programação e prender a atenção dos ouvintes acrescentam programas de entrevistas, geralmente com apresentadores cheios de opiniões. E estavam atrás de convidados interessantes, com personalidades extrovertidas e o dom da tagarelice, envolvidos com assuntos sobre os quais as pessoas queriam ouvir, talvez até com produtos que gostariam de comprar. Melhor ainda se esses convidados morassem ou trabalhassem perto da estação de rádio, para chegarem depressa e não precisarem de arranjos elaborados ou caros para levá-los ao estúdio.

Era um paraíso já montado para Stan Lee, que trabalhava (e em breve passaria a morar) no centro de Manhattan, perto de todas as estações de rádio da área metropolitana de Nova York.

O rádio de Nova York no fim da década de 1960 apresentava muito rock progressivo, notícias, as músicas do top 40, programas universitários e *talk shows* com apresentadores de diversas áreas da política. Uma estação notável era a WBAI, de esquerda. Operando na pequena rede Pacifica, a WBAI tornou-se referência da contracultura dos anos 1960 na região de Nova York. Foi praticamente a central de informações para quem planejava protestar em Chicago, na Convenção Nacional dos Democratas de agosto de 1968. Durante uma greve acalorada de professores, a rádio transmitiu, em nome da liberdade de expressão, um poema antissemita escrito por um estudante de ensino médio negro. A transmissão levou a Meir Kahane's Jewish Defense League [Liga de Defesa Judaica de Meir Kahane] a ocupar a sede da estação em protesto.

Mas, como centro de várias culturas alternativas, a WBAI também era um lugar onde os fãs de mídias não tão respeitadas — como os gibis — podiam hospedar programas de entrevistas livres com os seus heróis — como, por exemplo, Stanley Martin Lieber, que a essa altura já mudara de nome.

Lee, que não deixava passar uma chance de publicidade gratuita — e que trabalhava muito perto da estação —, sabia que precisava da exposição na mesma medida que a estação precisava preencher o tempo no ar, sobretudo nas altas horas da noite e no início da manhã. Por isso, aceitou ir para a WBAI. Mas não para os programas políticos, nem os que debatiam o movimento negro ou o feminista. Ele se apresentava nos programas de cultura hippie, apresentados por iniciantes no rádio, todos muito surpresos por conseguirem trazer em seus programas a voz dos quadrinhos que tanto significava para eles.

Será que Lee se incomodou de aparecer em uma estação tão presente na política radical? Será que ele ao menos sabia o que a rádio representava? Seja qual for a resposta, o fato é que Lee aparecia com frequência nos programas da WBAI. Em 1968, Neal Conan, que viria a se tornar uma personalidade proeminente da NPR, fez uma de suas primeiras entrevistas com Lee na WBAI. Um ano antes, um fã de ficção científica chamado Mike Hodel entrevistara Lee e Kirby em *seu próprio programa* da WBAI.

No outro extremo do espectro político estavam apresentadores de *talk shows* de Nova York, como Barry Farber. Sulista de fala mansa, Farber era um conservador político com um amor pela linguagem e um apreço por pessoas que, como Lee, faziam mágica com as palavras e conseguiam preencher com conversas agradáveis os longos trechos dos programas de entrevistas noturnos — este na rádio WOR. Farber também gostava de um bom debate, então adorava misturar entrevistados, para que discutissem como preferissem, guiando a conversa com perguntas e comentários, fazendo o papel de espectador preocupado e não tão inocente assim.

E na divisão entre esses extremos, havia vários apresentadores de rádio — incluindo os das estações universitárias de Nova York — que também forneciam espaço para Stan Lee falar aos estudantes, público cada vez mais na mira dos quadrinhos da Marvel. Além de a empresa ter virado queridinha dos universitários desde o início dessa nova era, as crianças que liam quadrinhos em 1962 e 1963 também estavam se tornando estudantes universitários, interessados em sexo, drogas, rock and roll e política. O rádio teria um grande papel na manutenção e no crescimento da conexão da Marvel com seu público.

***

A aparição de Lee e Kirby na rádio WBAI ocorreu durante um período significativo no desenvolvimento da Marvel. No início de 1967, os números de vendas e de criação de originais da editora eram excelentes. Produziam brinquedos, desenhos animados e outras mercadorias dos personagens, e parecia inimaginável que a empresa se expandisse ainda mais. Afinal, o Homem-Aranha podia ser popular, mas nunca chegaria à fama dos personagens de Walt Disney, por exemplo.

Stan Lee acreditava que dois fatores tinham sido essenciais para o sucesso da empresa nos seis anos desde a estreia de *Quarteto Fantástico*, em 1961 — fatores que fora esperto o suficiente para compreender e capitalizar. Lee queria ter certeza de que o mundo — inclusive Martin Goodman e quaisquer compradores em potencial da empresa — soubesse exatamente qual tinha sido sua contribuição para o fenômeno que era a Marvel.

Um fator que Lee considerava essencial era que, por mais bem-sucedida que a editora fosse, nunca poderiam parar de agir como "uma pequena máquina que, com esforço, conseguiria conquistar o mundo". Lee julgava que seria suicídio comercial admitir — e ainda por cima se gabar — que a proporção de vendas em relação à quantidade de publicações ultrapassava de longe a da DC, seu principal concorrente (embora a DC ainda estivesse reinando no total de exemplares vendidos, já que publicava muito mais títulos do que a Marvel). Claro, Goodman divulgava o sucesso da Marvel em vários anúncios de revistas de comércio; a atitude fazia sentido sob a perspectiva de negociação de taxas e vendas de anúncios — e de definir o valor da empresa aos olhos de um possível comprador. Mas com certeza seria imprudente para Lee, ou qualquer outra pessoa além do dono da editora, fazer essas declarações, não importava o contexto.

Então, em 3 de março de 1967, no programa da rádio WBAI de Mike Hodel (encontrado nos arquivos sobre Lee na Universidade de Wyoming), quando a dupla criadora do Quarteto Fantástico fez uma aparição conjunta, Lee expressou sua ideia de como achava que a empresa deveria se apresentar ao público — ao mesmo tempo que empregava seu bom e velho truque de permitir que os leitores tivessem alguma noção das estratégia dos "bastidores". Quando Hodel sugeriu que Lee e Kirby retomassem uma conversa que haviam tido antes de o programa ir ao ar, Stan declarou:

Eu não quero perder essa imagem que temos há anos de azarões, de uma empresa pequena que conseguiu sobreviver e agora desafia os grandes conglomerados. Considerando a forma como pensa o público dos Estados Unidos, se formos reconhecidos como líderes, é possível que passem a simpatizar com outra marca, então (...) eu gostaria que pensassem em nós como aquela empresa pequena, caseira e divertida que não é assim tão bem-sucedida, não tem tanta fartura. Mas acho que Jack não concorda.²

Kirby com certeza não concordava. Ele respondeu de forma intensa, dizendo que:

A Marvel tem um conteúdo superior a qualquer outra editora do mercado, e eu, como leitor, gostaria de ler essas revistas. E, quando crio uma história para a Marvel, sinto que sou um leitor. (...) E sinto que, se estamos no topo das paradas, devemos assumir o topo, anunciar que somos os maiores e que não nos arrependemos de ter ultrapassado a concorrência.

Fazendo o possível para aplacar o estrelismo de Kirby, Lee garantiu aos ouvintes que ele concordava com o artista, mas que:

O público costuma gostar mais de quem não está vencendo, e (...) acho mais divertido para o leitor pensar que está consumindo algo que é especial, meio que uma descoberta. (...) Mas assim que sentir que todos conhecem a Marvel (...) ele pode tentar encontrar outra coisa (...) que desperte sua afeição.

Em fevereiro de 1968, Lee articularia o que considerava o segundo fator crucial que trouxera para a Marvel, algo talvez ainda mais importante do que sua abordagem publicitária de empresa não tão bem-sucedida. Em uma entrevista à estação de rádio da Universidade Rutgers, de Nova Jersey (também encontrada nos arquivos sobre Lee na Universidade de Wyoming), ele opinou:

Criamos histórias muito bem-sucedidas com os leitores (...) [e] eu sempre dizia a mim mesmo: "Bem, essa história não foi nada. Foi só um herói encontrando um vilão e lutando contra ele." (...) Mas suspeito que foram as tramas menores, os pequenos desvios e ferramentas de caracterização que (...) tornaram nossas revistas um pouco melhores que as outras. (...) Porque é praticamente sempre o mesmo enredo.[3]

"Sempre senti que o diálogo", continuou, "é o mais importante (...) o que dá realismo à história é fazer com que os personagens conversem e reajam (...) como pessoas reais. Portanto, acho que gastamos cerca de 99% do tempo nos diálogos. Não me importo de reescrever a mesma frase dez vezes, se achar que não está boa".

Em outras palavras, embora tenha admitido ao longo dos anos que artistas como Kirby e Ditko tivessem forte envolvimento na criação dos enredos das histórias que desenharam, Lee considerava que sua contribuição era *a parte mais importante*, o fator que fazia da Marvel a *Marvel*: diálogos que só Stan Lee sabia escrever, transformando enredos "praticamente iguais em todas as edições" em contos que agarravam os leitores e prendiam sua atenção. Por mais bonitas que fossem as artes, elas contavam sempre a mesma velha história — até Lee trazer seu ponto de vista exclusivo para o projeto.

E quem pode dizer que ele não estava certo? Pode-se argumentar que, se os artistas eram o coração da Marvel, Stan Lee era a *alma* — a voz literal e figurativa da empresa, o elemento que unia os leitores aos quadrinhos. É uma eterna discussão, claro, que até hoje causa comoção.

***

Com a passagem de 1968, o público norte-americano foi assolado por diversas ondas de choque. Ainda não totalmente recuperada do assassinato do presidente Kennedy, em 22 de novembro de 1963, a nação foi abalada por eventos que, hoje em dia, não temos problema em compartimentalizar em caixas separadas: a Guerra do Vietnã, o movimento pelos direitos civis, os assassinatos de Robert Kennedy e de Martin Luther King. Mas, na época em que tudo estava acontecendo, parecia que os golpes vinham um atrás do outro, despedaçando o país.

E, em 5 de novembro de 1968, Richard Nixon foi eleito presidente, derrotando Hubert H. Humphrey e encarnando o pior pesadelo dos liberais de Nova York. Como Gloria Steinem afirmou, em "Learning to Live with Nixon" [Aprendendo a viver com Nixon], um artigo para a *New York Magazine* que saiu pouco antes da eleição: "Estávamos de volta aos anos 1950. (...) Não era uma época muito agradável no passado e, depois que chegamos tão perto de mudanças sociais essenciais, esse retrocesso, como diria Bobby Kennedy, tornou-se *inaceitável*."

Uma semana depois, em 12 de novembro, Stan Lee apareceu no *Barry Farber Show*, junto com a dra. Hilde Mosse, psiquiatra e educadora muito elogiada, muito próxima do dr. Fredric Wertham, que dizimara a indústria dos quadrinhos nos anos 1950 com seus ataques, afastando dezenas de colegas e amigos de Lee do trabalho e quase arruinando a carreira do próprio Lee. Mosse vinha de uma família judia e alemã de editores, outrora proeminente, que fora atacada por nazistas e forçada a fugir da Alemanha em 1933.[4]

Farber colocou Lee e Mosse frente a frente, fazendo questão de anunciar que "me interessei por esse debate porque fiquei me perguntando como foi que sobrevivi aos filmes a que assisti na primeira infância". Ele também sabia muito bem o que atraía seus ouvintes do rádio e que as controvérsias sobre os efeitos da violência da mídia nas crianças tinham voltado às notícias. No início daquele ano, o Congresso tinha realizado algumas audiências sobre o tema.

Já se passara mais de uma década desde que Mosse e Wertham tinham acabado com a indústria dos quadrinhos; mesmo que Lee tivesse ajudado a recuperar parte da influência criativa e comercial com a Marvel, a indústria nunca se recuperara completamente do golpe do famoso livro *Seduction of the Innocent*, que Wertham publicara em 1954. Durante as várias horas em que os dois debateram (com Farber e os veteranos de animação Dennis Marks e Barry Yellin acrescentando algumas observações), era como se fosse 1954 outra vez. Para Lee, deve ter sido ainda pior, com as memórias de

1957, quando foi forçado a demitir a maioria de seus artistas e escritores e ficou sozinho, resistindo como "uma chama piloto humana".

E talvez tenha lembrado uma época ainda anterior aos participantes do debate. Em 1948, Mosse comparecera ao simpósio de Psicopatologia das Revistas em Quadrinhos, de Wertham, onde os gibis foram alvo de críticas violentas de Wertham, Mosse e outros críticos sociais de destaque.

De sua parte, se Mosse não sabia exatamente quem era Stan Lee, pelo menos admitiu no programa que lera os quadrinhos — inclusive mencionando que o Homem-Aranha era um pouco mais "inteligente" do que a média, e afirmando que o personagem simbolizava tudo o que odiava na violenta cultura pop. Como Leonard Rifas observou em seu artigo "Especially Dr. Hilde L. Mosse: Wertham's Research Collaborator" [Especial sobre a dra. Hilde L. Mosse: colaboradora de pesquisa de Wertham]: "O trabalho [de Mosse] com crianças e a pesquisa sobre mídia infantil tinham a influência da perspectiva política que ela desenvolveu enquanto assistia à ascensão dos nazistas ao poder."[5] E, de fato, isso ficou bem evidente durante o programa.

(Curiosamente, notas encontradas pela historiadora de quadrinhos Carol Tilley nos arquivos de Wertham, na Biblioteca do Congresso, mostram que ele ouvira o programa e anotara o que considerara os principais argumentos dos participantes. Não se sabe o que ele pretendia fazer acerca das anotações ou se conversou com Mosse sobre sua participação no programa antes ou depois de ele ir ao ar.)[6]

Para Lee, a questão claramente se tornara algo mais pessoal e profundo do que uma simples oportunidade de promover a si mesmo e a Marvel. Estavam em 1968, e ele não seria mais vítima de cruzadas contra os quadrinhos, não importava quão bem-intencionadas pudessem ser. Mosse e Lee se enfrentaram no programa de Farber, e cada um falou com convicção e o desejo de divulgar suas respectivas causas, ambos muito educados, mas relutando em chegar a um consenso. (O sotaque de Mosse, natural da Alemanha, soava aos ouvintes norte-americanos como o modo de falar dos nazistas de todos os filmes de Segunda Guerra a que já tinham assistido, não importava se a psiquiatra tinha sido, ela mesma, vítima genuína da opressão nazista. Esse modo de falar deu um toque surreal ao debate.)

Lee via em Mosse a incorporação dos mesmos velhos argumentos antiquadrinhos apresentados pelos mesmos velhos argumentadores. O que talvez não seja uma surpresa é que, se Mosse via em Stan um lembrete da filosofia nazista da "lei do mais forte", Lee — um judeu durante a Segunda Guerra Mundial — também via algo parecido nela. Por exemplo, a certa altura, ele relatou:

> Sinto que isso tudo lembra um pouco a história de Hitler na Tchecoslováquia. Acho que, no instante em que começamos a ceder a esse tipo de coisa [censura], passamos a ter ainda mais problemas. (...) A dra. Mosse ainda condena o que fazemos, mesmo quando tentamos cumprir o Código [de quadrinhos].

Depois que Mosse, em um tom desdenhoso e condescendente, argumentou em linhas mais gerais sobre como as crianças imitam a violência da mídia, Lee reagiu:

> Ouvi muito esse discurso nos últimos vinte anos. Ouvi os mesmos argumentos e as mesmas respostas. O dr. Wertham e seus seguidores (...) nunca mudaram seu ponto de vista. (...) Se tudo fosse como vocês querem, o mundo não seria mais saudável (...) se não houvesse gibis e programas de televisão (...) se tudo que contém violência fosse tirado do ar, não acredito que o estado mental do país melhoraria nem um pouquinho, porque (...) outras coisas, muito mais graves, afetariam ainda mais as crianças, e não haveria o alívio da fantasia.

"Meu maior medo", prosseguiu ele, "são os benfeitores fanáticos. Tenho muito medo disso. Tenho medo das pessoas que afirmam saber o que é certo e errado para os meus filhos. Tenho medo das pessoas que, quando escrevo uma história que acho divertida e engraçada — e realmente me considero tão bom para julgar o nível de diversão quanto qualquer outra pessoa, inclusive sei que não sou um vilão —, afirmam 'Isso é ruim porque estou dizendo que é'".

Depois de um embate intenso sobre as crianças imitarem ou não a violência da mídia e se a Bíblia ou a mitologia clássica eram melhores ou piores do que os quadrinhos de super-heróis, Mosse finalmente chegou ao ponto que parecia mais importante para ela:

> O Homem-Aranha, o Super-Homem e o Batman são todos iguais. Em uma análise psicológica, são exatamente o mesmo tipo de personagem. Homens muito poderosos e cheios de músculos, heróis que resolvem todos os problemas por meio da violência física ou de armas. (...) A lei não existe, porque eles criam com as próprias mãos a solução de qualquer conflito em que se vejam. São a antítese da democracia, porque são o Super-Homem musculoso, representam a adoração à violência e ao poder físico.
>
> São exatamente — exatamente — o que qualquer um que conheça um mínimo sobre o que o fascismo representa, o que o nazismo representa... são o ideal que as pessoas tinham na era Hitler.

E a discussão continuou, cada combatente pontuando pelo seu lado. O calendário poderia ter sido de 1968, mas, para Lee e Mosse, também era 1948, 1954 e 1957 — talvez até 1933. Se Barry Farber queria um programa de excelência, certamente foi o que teve naquela noite.

***

Lee talvez tenha chegado ao estúdio de Farber pensando que seria apenas mais uma chance de divulgar seus quadrinhos e ser adorado pelos fãs bajuladores que estariam ouvindo o programa. Mas, ao longo da noite, ele largou a máscara de incentivador da juventude e mirou em Mosse, cujo objetivo idealista — e, para ele, inatingível — de um mundo livre de violência representava uma ameaça. E não apenas a seu sustento, mas também aos princípios — que, evidentemente, ambos compartilhavam — de liberdade de expressão e de pensamento.

É pouco provável que Lee ou Mosse tenham se convencido de qualquer coisa naquela noite, mas, para o bem ou para o mal, até o fim do programa, Lee entrara muito mais no papel de porta-voz da indústria. Era um papel autodesignado, mas ninguém mais parecia querê-lo ou ser capaz de cumpri-lo.

Talvez ele estivesse lendo muitos gibis, acreditando demais na veracidade das histórias que criava, mas, de alguma forma, Stan Lee parecia estar se transformando, intencionalmente ou não, em um homem com uma missão.

13. NA CRISTA DA ONDA

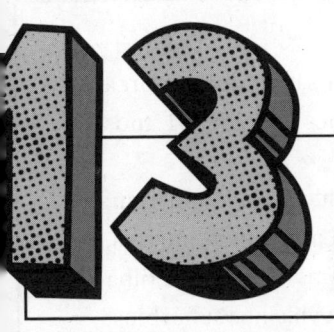

> AQUI (...) NESTE MUNDINHO SOLITÁRIO (...) ENCONTREI O QUE A HUMANIDADE CHAMA DE (...) CONSCIÊNCIA!
> — SURFISTA PRATEADO,
> EM *QUARTETO FANTÁSTICO* N.º 50, MAIO DE 1966

Jack Lieber morreu em 26 de fevereiro de 1968.

Em *Excelsior!*, Stan comenta o acontecimento da seguinte maneira:

Um telefonema inesperado de meu irmão, Larry, com a voz triste e abalada, anunciou o falecimento repentino de meu pai, que nunca se casara outra vez e passara todos esses anos morando em Manhattan.[1]

E Lee prosseguiu, dizendo que a morte o inspirou a sair com a família de Hewlett Harbor para morar em Manhattan — principalmente porque a filha, então com 18 anos, estava doida para morar na cidade grande.

Isso é tudo que consta das memórias de Lee sobre a morte do pai, e parece ser tudo o que ele já comentou sobre o assunto. Não seria estranho imaginar que o acontecimento tenha tido um efeito poderoso sobre Lee; decerto, o falecimento de Jack Lieber não poderia ter ocorrido em um ano mais movimentado e crucial na vida do quadrinista, isso sem falar no cenário geral dos Estados Unidos e do mundo como um todo. A morte de Jack, aos 81 anos, parece ter sido inesperada — um indicativo de que a saúde do patriarca parecia estável —, mas, considerando os padrões de 1968, 81 anos não era uma vida curta.

É difícil interpretar a decisão de Lee de voltar para Manhattan, onde Jack passara os últimos anos de vida e Larry ainda morava, logo depois do falecimento do pai. Se fosse mesmo o caso de a filha simplesmente desejar a mudança, depois de uma vida nos subúrbios, seria mais simples pagar para que ela morasse em um belo apartamento em um bom prédio de um bairro seguro.

Talvez a mudança tenha sido simplesmente consequência do aumento da carga de trabalho. O mundo de Stan Lee na passagem da década de 1960 para a de 1970 foi surpreendentemente atribulado, e tanta ocupação divide muito a atenção. Além disso, a súbita perda de um ente querido seria uma distração até para a pessoa mais focada, e isso talvez o tenha levado a não reparar em certas coisas que, de outra forma, jamais passariam despercebidas...

... como os sentimentos de Jack Kirby em relação ao Surfista Prateado.

***

Durante a carreira, Stan Lee e Jack Kirby criaram, sozinhos ou em conjunto, centenas, talvez milhares de personagens. No decorrer de suas colaborações, os dois criaram dezenas, talvez centenas de séries de quadrinhos. Deixando as questões financeiras e de propriedade intelectual à parte, é interessante tentar descobrir que personagens refletem mais a personalidade e as sensibilidades de um ou outro criador. Será que Reed Richards tem mais a ver com o prolixo Stan, ou é todo fruto de Jack, cuja cabeça estava sempre nas nuvens? O Coisa tem mais de Kirby, considerando que apresenta trejeitos de um garoto de rua do Lower East Side, ou a necessidade quase patológica de fazer piadinhas o torna mais como Stan?

Com muitas das criações mais famosas da dupla, a história de quem teve a ideia inicial é cheia de ambiguidade e contradição. Estranhamente, um dos poucos personagens que Lee credita desde o princípio como criação inequívoca de Kirby é o Surfista Prateado. No entanto, desde o início, algo no personagem atraiu muito da sua atenção; Lee gostava de escrever diálogos melodramáticos para aquela criatura ingênua e ultrapoderosa. Além disso, ele encontrou no Surfista um veículo muito propício para expressar sua filosofia pessoal.

De fato, como Lee disse a Neal Conan, na entrevista de rádio da WBAI de 1968, o Surfista Prateado

> *não precisa da prancha e não precisa ser prateado. (...) O importante é que ele é um personagem que representa algo, que tem um significado maior. (...) Ele tem filosofia e moral internas, tem uma personalidade densa, que faz o leitor sentir que está explorando um personagem real, de carne e osso, que, possivelmente, até mesmo traga uma mensagem significativa.*[2]

Mais cedo, no mesmo programa, Lee tinha declarado sobre suas palestras em universidades:

> *O público é maravilhoso. Sempre fico impressionado com as perguntas que fazem, todas em um plano mais filosófico. (...) E acabo tendo que me tornar um filósofo amador, para dar conta dessas pequenas palestras.*[3]

No início de 1970, Lee disse a Mike Bourne, na revista *Changes*:

> *Quando percebi que cada vez mais adultos e universitários liam nossas publicações (o que acho tremendamente gratificante), senti como se enfim pudesse começar a expressar algumas das coisas que sempre quis dizer (...) sobre drogas e crime, sobre o Vietnã, as faculdades e outras coisas mais significativas.*[4]

Mais tarde, na mesma entrevista, Lee confidenciou a Bourne:

> *Gosto de passar ensinamentos [nas histórias em quadrinhos]. Sempre fico com um pouco de receio, e espero não exagerar e desanimar*

os leitores. Mas a verdade é que eu talvez tenha um talento natural para repassar a sabedoria. Acho que gosto disso. E o engraçado é que parece que as pessoas também gostam.[5]

Portanto, mesmo ainda não tendo escrito seu Grande Romance (nem nenhum outro livro), Lee tinha ambições o suficiente para querer deixar um registro de seus pensamentos e sentimentos sobre a condição humana. E o Surfista Prateado parecia o veículo perfeito para repassá-los.

E ainda disse a Bourne que suas instruções sobre como John Buscema deveria desenhar o personagem foram:

Quanto mais parecido com Jesus Cristo, melhor.[6]

Como Spurgeon e Raphael observaram:

Lee fez do Surfista Prateado um poeta, um artista de rua que entoava comentários dolorosos sobre a humanidade e seu próprio destino miserável com ares dignos de Romeu. (...) Lee pegou um personagem com habilidades divinas e o tornou nobre, porém trágico.[7]

A afinidade de Lee pelo personagem não ficou clara nas histórias de *Quarteto Fantástico*, nas quais o conceito do personagem apresentado aos leitores pode muito bem ter sido de Kirby. Porém, desde a aparição de Hulk em *Tales to Astonish* n.º 93, de 1967, desenhado por Marie Severin, ficou claro que Lee sentia uma conexão especial pelo Surfista. Além disso, no *Fantastic Four Annual* n.º 5, do mesmo ano, Lee e Kirby apresentaram uma história secundária com a primeira aparição solo do Surfista — o que talvez fosse um protótipo, pavimentando o terreno para uma possível série do personagem. E quem mais, além de Kirby — reconhecidamente o criador do Surfista —, poderia ser o parceiro de Lee naquelas aventuras carregadas de filosofia?

No entanto, a tarefa de desenhar a série do Surfista Prateado não foi designada para Jack Kirby, e sim para John Buscema — o motivo continua sendo um mistério.

O amigo e biógrafo de Kirby, Mark Evanier, oferece várias possíveis explicações, e todas parecem fazer sentido.[8]

Por um lado, Evanier sente que é possível que Lee tenha mencionado a Kirby seu desejo de fazer uma série do Surfista, mas o fez brevemente, sem dar muita ênfase. E, como não obteve uma resposta tão empolgada (o desenhista talvez não estivesse prestando muita atenção), presumiu que Kirby não se importava com quem a desenharia. Também é possível que Lee tenha imaginado que, com tantos personagens em seu crédito, Kirby não teria nenhum afeto especial pelo Surfista.

Evanier também levantou a hipótese de Lee, editor-chefe e ciente da programação de trabalhos de Kirby, não querer tirar nenhuma de suas tarefas regulares nem oferecer um projeto que o levaria a descartar alguma revista que já fazia sucesso.

Também é possível que tenha sido mais um caso de desacordo entre Lee e Kirby sobre a direção da história ou do personagem, e Lee prevaleceu por ser o editor. A dupla sentia que o Surfista era especial, e ambos se identificaram com aquele personagem, que era literalmente uma tábula rasa, mas suas ideias para as origens e a direção dele divergiram, e Lee decidiu que não queria ceder.

Qualquer que tenha sido o motivo, Lee lançou a série do Surfista com Buscema. De acordo com Evanier, Kirby só soube da publicação ao ouvir um funcionário não identificado da Marvel mencioná-la.[9]

Sobre este assunto, a falta de comunicação entre a dupla parece ter sido tão intensa que Kirby — que, de acordo com Sean Howe, já previa a criação de uma série do Surfista Prateado[10] — tinha começado a trabalhar em uma história de *Quarteto Fantástico* que explicaria a origem do Surfista e foi forçado a abandoná-la. A história que foi publicada no provável período em que a origem do Surfista seria apresentada surgiu em *Quarteto Fantástico* n.º 74 a 77, lançadas em 1968. No roteiro, o Surfista fugia de Galactus, que o quer de volta como arauto. Ele acaba se reunindo novamente com o vilão, jurando impedir que essa força da natureza consumisse planetas onde havia consciência. O que aconteceu de fato foi que Kirby ficou encarregado de criar (mas não desenhar) uma *prequel* — na qual foi narrada uma tentativa nobre, mas falha, de escapar do destino — para a série do Surfista. A edição final da história de *Quarteto Fantástico* ainda continha um gancho para a revista *Surfista Prateado* n.º 1, à venda ao mesmo tempo.

É comum os leitores se sentirem tentados a atribuir mais importância do que o necessário a certas decisões criativas. Às vezes, um charuto é *apenas* um charuto, assim como a atribuição de um trabalho no ramo dos quadrinhos é apenas isso: mais um editor buscando um freelancer. Neste caso, no entanto, parece que Kirby se sentiu um pouco ofendido por não ter sido chamado para a criação da série do Surfista, o que o deixou desmotivado. Segundo Evanier, "Jack Kirby não gostou nem um pouco de não ter recebido a chance de decidir se queria ou não ser parte da nova série. O personagem que ele criara tinha sido tirado de suas mãos em todos os sentidos possíveis".[11]

Em retrospecto, já dá para ver nas páginas dessa história específica de *Quarteto Fantástico* o declínio do interesse de Kirby em criar narrativas visuais inovadoras. Embora repleta de ação e drama, a sensação que se tem ao ler essas revistas — e certamente as que se seguiram — é de ver velhas ideias sendo recicladas — claro que com muito talento e excelência, mas mesmo assim faltava a aura de novidade que podia ser vista nas histórias anteriores de *Quarteto*.

Lee, por sua vez, encheu os painéis da história de quatro partes com extensos diálogos e legendas envolventes, além de notas de rodapé e textos espirituosos — o que, para a maioria dos leitores, as tornava uma continuação à altura da saga que começara com a primeira edição. O que faltava em novidade — e apenas em comparação com as edições anteriores — foi compensado pela habilidade e proficiência de Lee, Kirby e Joe Sinnott.

Fosse por descuido, crueldade ou falta de comunicação, *Surfista Prateado* estreou em meados de 1968, no meio da revolução de Lee e da Marvel. Os detalhes da história de origem do personagem previstos na série coordenada por Lee alteraram o pouco que se sabia sobre o passado do Surfista, em um esforço para torná-lo mais simpático e aumentar seu apelo com o público. O Surfista foi estabelecido como um alienígena humanoide que se juntou a Galactus para salvar seu mundo natal, Zenn-La; porém, desde o início, se dedicava a impedir Galactus de devorar planetas onde houvesse consciência — um revisionismo flagrante do papel único que a Terra desempenhara no relacionamento entre o Surfista e Galactus. Foi justamente a preocupação com nosso planeta que o fez se rebelar contra seu mestre, percebendo que tinha errado, no passado, quando levara Galactus a mundos onde havia registros de consciência.

O conceito original de Kirby, do Surfista como um ser estoico feito de energia pura, teria muita chance de resistir às intervenções de Lee, que via o personagem como um alienígena humanoide trágico e problemático, com poder cósmico e revestimento prateado. Seria fácil ter chegado a um acordo, bastava que os dois tivessem discutido a questão.

E de fato parecia que Lee genuinamente ansiava por expressar algumas ideias grandiosas, mesmo que se resumissem às permutações da Regra de Ouro. Talvez ele tenha sido movido pela sensação de que aquela era a sua chance — possivelmente a única que já tivera — de deixar uma marca no mundo com algo além de tiradas inteligentes em uma área que era vista com desdém. O pai tinha morrido sem deixar marcas no mundo, um destino que Lee queria evitar — e já estava na casa dos quarenta. Lee não escrevera romances nem roteiros, e a grandeza pela qual ansiava, a conquista literária com a qual sonhava, ainda estava fora de alcance, apesar de seu inegável impacto na cultura popular. Talvez o Surfista pudesse lhe trazer — por falta de uma palavra melhor — um pouco de *classe*.

Afinal, multidões de estudantes universitários — e ainda por cima de instituições de prestígio — queriam ouvir o que ele tinha a dizer. É difícil julgar se muitos mantiveram o interesse para além do pouco mais de uma hora de duração de suas palestras com perguntas abertas, mas o fato é que acabaram ouvindo seus ensinamentos, e vários traziam questionamentos sobre um significado mais profundo dos quadrinhos. Ao que parece, essa atenção o fez pensar mais na questão, solidificando sensações e ideias que vinha ponderando já havia algum tempo — ou talvez ele tenha apenas decidido que essas questões exigiam respostas mais profundas do que piadas, e que *Surfista Prateado* seria seu meio de expressar suas visões de mundo.

Um dos exemplos mais claros de *Surfista* sendo usado como palanque para divulgar os pensamentos de Lee pode ser encontrado na edição n.º 5, de abril de 1969. Na história "And Who Shall Mourn Him?" [E quem lamentará por ele?], um corajoso físico negro, Al B. Harper, leva o Surfista inconsciente — ainda tentando se libertar da barreira imposta por Galactus, que o impede de viajar para o espaço — até sua casa para se recuperar. Mais tarde, o cientista explica ao herói que fez aquilo porque "sabe como é ser usado como marionete". Embora Lee tenha retratado a raça de Harper como um detalhe sem importância, essa observação sugeria o passado que o personagem precisara superar. No clímax da história, Harper se sacrifica para salvar a Terra.

Em uma correspondência sobre esse gibi, na página de cartas da edição n.º 7, um leitor reclamou:

> *Há uma tendência recente da Marvel de colocar os Pretos [sic] em destaque. (...) Esse negócio de começar um protesto pelos direitos civis... Bem, sou contra. (...) Vocês já estão há meses "nos" atacando (e sabem muito bem a quem estou me referindo). (...) Eu não sou racista, sou apenas um fã preocupado que não quer sua empresa de quadrinhos favorita arruinada.*

Nenhum editor publicaria uma carta dessas sem planejar uma resposta específica. E, de fato, a resposta do editor — que, se não foi escrita por Lee, sem dúvida foi lida e aprovada por ele — poderia muito bem ter vindo do próprio Surfista Prateado:

> *Acontece que questões como racismo e igualdade nos interessam, sim. (...) Acreditamos que já chega de ver as pessoas (...) darem as costas ou desviarem os olhos das coisas mais desagradáveis que acontecem a cada dia. E talvez nossa intenção tenha sido fazer alguma coisa (...) para deixar o mundo um pouquinho melhor.*

O argumento de Lee era claro: a Marvel Comics — a Marvel Comics *de Stan Lee* — não ia mais ignorar "as coisas mais desagradáveis que acontecem a cada dia".

De certa forma, Lee poderia ser acusado de se levar muito a sério, sem mencionar o risco de afastar alguns segmentos do público. Ainda assim, este era um novo território para ele e para os quadrinhos, então a *seriedade* poderia muito bem ser considerada uma abordagem apropriada. Publicar a carta com essa resposta não foi um pequeno passo. Mas foi um passo em direção a quê? Isso ainda era um mistério.

A única certeza é que era um passo *para longe* da vida do editor que tentava se manter distante dos riscos. Será que Lee estava expressando um ponto de vista pessoal e genuíno e, como sentia que era uma opinião muito correta, não se importava com quem gostasse ou não? Ou estava apenas exibindo opiniões que achava que fariam sucesso com o público das universidades? Somente uma avaliação muito cínica não veria a sinceridade daquelas palavras.

Mostrar nos quadrinhos algumas de suas verdadeiras opiniões era o passo certo para Stan Lee? Bem, oito anos antes, a Marvel quase deixara de existir; quem poderia dizer o que aconteceria dali a mais oito anos? Talvez aquilo tudo virasse apenas uma memória. Não havia garantias. Então por que não fazer do Surfista um veículo para ele expressar suas crenças pessoais? Se não pudesse correr esse risco agora, *quando* teria outra chance?

***

No mundo do entretenimento de 1968, a Marvel Comics ainda era peixe pequeno, mesmo que Lee estivesse crescendo metaforicamente a cada dia. Mas, fora da lagoa dos quadrinhos, muita gente ainda não levava Lee e o fenômeno Marvel a sério, mesmo ciente do valor de se associar à marca.

Por exemplo: uma das primeiras aparições de Lee na TV nacional foi em 30 de maio de 1968, no *Dick Cavett Show*, um programa de entrevistas e variedades de Nova York da rede ABC. Pat McCormick, o apresentador, comentou, com ironia: "Uma coisa que eu gosto nessas histórias em quadrinhos é que fica fácil virar a página com uma só mão, já que a outra o leitor ocupou chupando o dedo."

Lee pareceu deixar o insulto de lado, e apenas perguntou se podia mudar de lugar. Mais tarde, quando Cavett perguntou a McCormick se ele já tinha visto uma revistinha de *Mighty Thor*, Lee interrompeu: "Já no título tem uma palavra de duas sílabas, então você talvez tenha um pouco de dificuldade."

Curiosamente, Cavett, um famoso intelectual, tratou Lee com bastante respeito. O apresentador parecia ter alguma familiaridade com os quadrinhos, e os dois tiveram uma troca interessante:

> CAVETT: *Você já pensou no poder que tem em mãos, com essa publicação de circulação tão gigantesca?*
> LEE: *Para falar a verdade, não. Gostamos disso. Prefiro pensar que, se alguém precisa ter influência sobre os jovens de hoje, detendo um poder considerável, melhor que seja a gente. (...) Estamos fazendo o possível para construir um mundo um pouquinho melhor.*

Ali estava Stan Lee, defendendo-se bem dos ataques de Pat McCormick, que estudara em Harvard e era um conhecido escritor de quadrinhos e de comédia — era também um indivíduo fisicamente grande e imponente —, e batendo papo com Dick Cavett, ex-aluno de Yale, enquanto transmitia a mensagem de que, na Marvel, os quadrinhos continham filosofia, sátira e comentários políticos que os tornavam mais do que meras histórias de criança. E tudo isso enquanto respondia a perguntas sobre *Little Lulu* de outra entrevistada, Diana Sands (que havia pouco atuara em uma aclamada produção de George Bernard Shaw, *Saint Joan*).

Lee começara a nadar com os peixões. A aparição no programa de Cavett era diferente de suas trocas de gracejos com Sol Brodsky e Marie Severin. Tampouco lembrava as discussões sobre pontos da trama e nuances éticas com Kirby e Ditko, e muito menos as negociações conduzidas pelo humor e pelos caprichos de Martin Goodman. Essas coisas aconteciam na privacidade dos escritórios da Marvel. E, em suas palestras, mesmo os estudantes mais inteligentes ainda eram crianças, ainda ficavam admirados de vê-lo pessoalmente.

Não, aquela aparição no programa era totalmente diferente. Aquele era um Stan Lee totalmente diferente — ou, pelo menos, uma versão *evoluída*, que agora atuava em cenário nacional e até mundial. E naquele ímpeto de crescer parecia haver mais do que simplesmente a busca por fama e dinheiro — o que se evidenciava no que Lee escrevia nas histórias em quadrinhos e nos *Bullpen Bulletins*. O que se evidenciava no interesse incomum que Lee demonstrava no desenvolvimento do Surfista Prateado.

Algo estava acontecendo com Stan Lee. Talvez tenha sido mais uma crise da meia-idade. Em 1968, Lee estava com 45 anos. Ele transformara sua carreira razoavelmente estável, ainda que um tanto sem brilho, em uma vida de subcelebridade. Embora os leitores de quadrinhos da Marvel tivessem alguma ideia de quem era Stan Lee, o público geral — como, por exemplo, Pat McCormick — realmente não sabia ou não se importava. O grande público não notava ou não considerava grande coisa os quadrinhos bobos da Marvel serem um pouco mais sofisticados do que a maioria dos que se encontravam nas bancas.

Ainda assim, esses quadrinhos deram a Lee a chance de elevar a si próprio e também a mídia em que trabalhara por quase três décadas — pelo menos um pouco — para a categoria de "coisas a serem levadas a sério". Agora, Lee teria sua chance de... Bem, de que, exatamente?

***

Mesmo para os padrões dos anos 1960, uma década famosa pelas transformações, 1968 foi um ano insano. O país foi vítima de assassinatos, tumultos, distúrbios civis e mudanças culturais que abalaram as estruturas, sem falar na Guerra do Vietnã, ainda em andamento. Para Stan Lee, foi um ano de mudanças drásticas — além da morte do pai — na vida pessoal e profissional.

No mundo dos negócios, o fim dos anos 1960 foi caracterizado por aquisições corporativas, com os conglomerados adicionando empresas aleatórias aos seus portfólios, todas com pouca ou nenhuma sinergia entre si, sendo colecionadas com a mesma aleatoriedade com que se adiciona pingentes a uma pulseira da sorte. A National Comics foi comprada pela Warner Communications, que foi comprada pela Kinney Parking, que originalmente era uma funerária e operadora de aluguel de limusines. A nova direção da DC, cujas vendas vinham diminuindo, colocou o artista veterano Carmine Infantino, que criava as capas da empresa, para dirigir o departamento editorial. Infantino traria uma sensibilidade mais visual aos quadrinhos da DC, em relação às gestões anteriores, dirigidas por editores que não eram artistas.

Na época dessa mudança, vários escritores e artistas freelancers de longa data decidiram que era apropriado exigir educadamente que a DC lhes proporcionasse benefícios básicos, como seguro de saúde e um plano de aposentadoria, mesmo não sendo tecnicamente membros da equipe. Não demorou para que quase todos esses criadores constatassem que, além de não terem as demandas atendidas, também pararam de receber trabalhos com regularidade, enquanto nomes mais jovens começavam a aparecer nos créditos. Especialistas não sabem dizer se foi uma represália calculada pela gerência ou simplesmente uma resposta da empresa às mudanças no gosto do público. De qualquer maneira, ficou bem claro para os veteranos — e para qualquer pessoa no ramo de quadrinhos — que os quadrinistas eram considerados dispensáveis e substituíveis, não importava o tempo de trabalho de alta qualidade que tivessem dedicado.

Para quem andava atento à indústria, também estava bem claro que Martin Goodman tinha interesse em vender a Magazine Management. E, em grande parte devido ao sucesso dos quadrinhos da Marvel, Goodman encontrou um comprador para toda a operação editorial disposto a pagar o que ele considerava um preço justo. Goodman era relativamente jovem, com sessenta anos em 1968, e já trabalhava no ramo editorial havia quase quarenta. Os anúncios que ele lançava em revistas comerciais se gabando das vendas da Marvel eram, na verdade, anúncios de venda disfarçados. O glamour da Marvel abria o caminho, e a empresa estava pronta para ser fisgada. Mas, para fechar a venda, Martin tinha uma demanda que parecia ter a mesma importância do que a quantia oferecida: queria garantir um futuro para o filho, Chip, que já trabalhava na empresa. E queria que Chip o sucedesse como editor.

Então, quando a Perfect Film & Chemical Corporation ofereceu US$ 14 milhões e concordou em tornar Chip editor, depois que o próprio Martin concluísse um período de quatro anos no cargo, Goodman aceitou a oferta. Como garantia, a Perfect Film (que mais tarde foi renomeada como Cadence Industries) pediu, entre outras coisas, um acordo quanto aos serviços do único profissional de quadrinhos que consideravam insubstituível: Stan Lee.

Lee contou que Goodman lhe fez promessas verbais — incluindo uma concessão de "garantias" da empresa que trariam segurança financeira para toda a sua vida —, induzindo-o a assinar um contrato de vários anos. Lee assinou o contrato sem insistir para que as promessas de garantias fossem registradas por escrito. Essas promessas, que ainda continham a perspectiva de um aumento salarial, nunca foram cumpridas.[12]

Assinar o contrato teria sido ingenuidade de Lee? Em suas memórias, ele afirmou que um amigo íntimo, o empresário Marshall Finck (cuja esposa, Edith, foi apresentada no obituário, em 2017, como modelo para Susan Storm, do Quarteto Fantástico), o aconselhou a usar sua influência para fazer com que Goodman aprovasse qualquer coisa que Lee quisesse botar no papel. Ainda assim, Lee nem de longe pressionou Martin tanto quanto poderia — o que certamente pode ser visto como ingenuidade, além de parte do ônus de trabalhar para um parente. Só que, não muito tempo antes, toda a linha de quadrinhos de Goodman estava à beira da extinção. Lee deve ter encarado a sobrevivência a esse período — e ainda por cima a prosperidade dos anos seguintes — como um milagre. Será que acharia ganancioso pedir mais? Não estaria testando a sorte?

Para complicar ainda mais, o próprio Goodman assinara um contrato para permanecer como editor por mais quatro anos. Ou seja,

Martin continuaria com o mesmo poder de supervisão, porém sem nenhum risco. A empresa seria de propriedade de um conglomerado, mesmo que continuasse a parecer a mesma pequena operação familiar. A quantidade de parentes de Goodman empregados pela Magazine Management permaneceria como era antes de a Perfect Film & Chemical comprar a empresa. A vida continuaria a mesma.

Só que não.

Lee tinha entrado em território inexplorado. Gozava de segurança por três (ou, segundo alguns relatos, cinco) anos, mas e depois? Quando o contrato expirasse, Lee estaria com cinquenta anos. E o que faria? Qualquer coisa poderia acontecer até o final do contrato, e ele não poderia mais contar com o apoio de seus parentes.

E o que aconteceria com o público? Inclusive com os estudantes universitários, que ainda pareciam amar os quadrinhos da Marvel, mesmo que quadrinhos *underground* tivessem chegado ao mercado, explorando tópicos que Lee e a Marvel não podiam abordar — e que não abordariam mesmo se pudessem, simplesmente porque não eram de sua alçada. A Marvel podia ser alvo de admiração de cineastas e bandas de rock, mas parecia não conseguir falar aquela linguagem juvenil secreta, algo verdadeiramente *underground*, que claramente uma barba da moda ou uma peruca estilosa não ajudariam a traduzir. Cada vez mais apareciam publicações como *Zap Comix*, de R. Crumb, que estreou no início de 1968, trazendo o potencial de mudar tudo. Não era apenas a questão de esses quadrinhos diferenciados terem liberdade de retratar sexo e violência mais explícitos; era sua familiaridade privilegiada com a cultura jovem em constante evolução — uma cultura impenetrável para quase todas as pessoas que já haviam passado dos trinta.

Talvez nada simbolizasse mais o conflito da Marvel na época — a tentação de explorar novas áreas contra o imperativo de não fazer o barco virar — do que a partida de Flo Steinberg, funcionária muito querida e competente que se tornara parte da mitologia do universo Marvel graças à Fabulous Flo, que Stan Lee criara para as páginas de cartas e os *Bullpen Bulletins*. Os fãs gostavam tanto da secretária de Lee quanto de qualquer outro artista e escritor que o quadrinista apresentara e tornara famosos. Além disso, Steinberg também tinha contatos importantes com cartunistas *underground* e formadores de opinião de que uma empresa como a Marvel precisava para se manter atualizada. Mesmo assim, segundo consta, Goodman optou por abrir mão da funcionária, que pedira um aumento de cinco dólares por semana, alegando que o cargo de secretária determinava que Flo não poderia ganhar acima de determinado valor, por mais importante que fosse para o funcionamento e a imagem da Marvel.

Assim, os *Bullpen Bulletins* de setembro de 1968 afirmavam que

> com muita tristeza, anunciamos a saída de uma das criaturinhas mais populares do Bullpen: a Fabulous FLO STEINBERG, que nos deixa com uma despedida carinhosa em busca de novos caminhos em outro campo de atuação.

Em outras palavras, Steinberg ficou tão chateada com a recusa do aumento que pediu demissão mesmo sem outro emprego em vista.

Em fevereiro de 1969, em um gesto conciliatório, os *Bulletins* anunciaram que

> a Fabulous FLO STEINBERG, nossa assistente geral, foi contratada para um excelente emprego no Rockefeller Center, não muito longe de nossos escritórios. Ela agradece a seus muitos amigos nas terras da Marvel pelas cartas e desejos de sucesso.

A substituta de Flo foi uma mulher chamada Robin Green, que em 1971 escreveria um artigo para a revista *Rolling Stone* sobre seu tempo na Marvel. Seus trabalhos mais famosos foram como escritora e produtora de seriados de TV como *Northern Exposure*, *Família Soprano* e *Blue Bloods*. No artigo da *Rolling Stone*, Robin afirmou sobre Stan:

> Ele trabalhava muito, se esforçava muito, e era tão animado que a gente tinha vontade de facilitar as coisas para ele. O trabalho é feito todo sozinho; Lee não delega nada, e é por isso que trabalha tanto.[13]

Embora tenha contratado diversos assistentes ao longo dos anos (Green só ficou no trabalho por cerca de seis meses, em 1968), Lee nunca mais deu a nenhum deles o papel central do imaginário do *Bullpen*, que fora de Steinberg.

***

Assim, nesse ambiente de trabalho em transição de empresa familiar para parte de um conglomerado, Stan Lee se viu em uma situação ao mesmo tempo segura e precária. No entanto, havia duas coisas que pareciam certas.

A primeira era que a publicação de quadrinhos precisava continuar, é claro. Inclusive, precisavam começar a produzir *ainda mais* quadrinhos. Vários meses antes da venda, Goodman negociara um acordo melhor com a distribuidora Independent News, e Lee estava livre para aumentar a linha de quadrinhos, que já vinha crescendo gradualmente. Em pouco tempo, a Cadence se tornaria dona da Curtis Circulation, e Lee se veria completamente livre da Independent. Ele passara a supervisionar mais de vinte títulos por mês e começaria a experimentar diferentes formatos, como uma revista em quadrinhos maior do Homem-Aranha, do tamanho da revista *Mad*.[14]

A outra certeza era que precisava continuar promovendo a marca Stan Lee. Era impossível prever as necessidades dos novos proprietários e os gostos e desejos do público — inclusive, o mundo inteiro parecia estar mudando diante de seus olhos. E essa mudança parecia vir do público jovem, das crianças, dos adolescentes e dos universitários de vinte e poucos anos que, pelo menos no momento, pareciam inclinados a pensar que Stan Lee tinha algo a oferecer. Mas quanto tempo essa moda duraria? Sem falar que o plano B sempre fora parte de sua estratégia de carreira. Agora que se tornara uma espécie de celebridade, por que não seguir até ver onde isso ia dar?

Lee ultrapassou os limites das páginas de quadrinhos, dando um passo hesitante para um mundo desconhecido, mas ainda assim em uma progressão lógica: no outono de 1968, tornou-se apresentador de um programa de entrevistas na televisão. Nesse período, pouco depois das nomeações de candidatos à presidência dos Republicanos e dos Democratas, feitas em convenções no verão, mas provavelmente antes da eleição de Richard Nixon, Lee apresentou o piloto de um programa de entrevistas sobre eventos políticos e atualidades. O episódio piloto concentrou-se, entre outras coisas, em um debate acerca dos protestos estudantis da Universidade Columbia de abril e maio de 1968 e das convenções de agosto, além de fazer alusão ao assassinato de Robert Kennedy.

Os programas de painéis e entrevistas sobre assuntos atuais eram populares na TV da época, e os apresentadores iam desde intelectuais eruditos como David Susskind e William F. Buckley Jr. até provocadores agressivos como Alan Burke e Joe Pyne. Em seu piloto, Lee parecia mais inclinado a se posicionar como o primeiro tipo, tentando se mostrar mais como de fato era: um pai de família do subúrbio, preocupado e com consciência política, tentando entender exatamente o que "os jovens de hoje" queriam.

Lee já abordara um pouco o assunto na revista *Thor* n.º 154, à venda em abril daquele ano; o Deus do Trovão repreende um grupo de hippies por desistirem da sociedade:

Não é desistindo do turbilhão da vida, e sim mergulhando fundo nele, que encontramos sabedoria! Existem causas para defender!! Batalhas a serem vencidas! A glória e a grandeza estão por toda a volta, basta abrir os olhos!

E como revelou sobre a revista, publicada logo depois da entrevista no programa de Cavett:

Na época em que a pequena página foi escrita [provavelmente em fevereiro], parecia um bom sermão. Hoje, por sorte, não acho que seja tão necessário. Os jovens de agora parecem muito mais engajados, o que considero muito saudável. Esse negócio de desistir não parece ter afetado a todos.

A mudança tão significativa e em tão pouco tempo — da redação, em fevereiro, até a entrevista para Cavett, em maio — na opinião de Lee sobre "os jovens de hoje" era um indício das constantes mudanças daqueles tempos.

Os "jovens" que apareceram em seu programa piloto definitivamente não eram do tipo que desistia. O programa (que pode ser encontrado no YouTube) era dividido em painéis e filmado em preto e branco.[15] O título, se é que houve um, se perdeu na história. No programa, Lee ostentava uma barba cheia e uma peruca que parecia muito natural; mesmo com 45 anos, aparentava talvez uma década a menos. (Questionado sobre o piloto em 2017,[16] Lee afirmou não se lembrar de nada, nem mesmo depois de assistir a alguns trechos, então não pôde esclarecer o que de fato acontecera.)

Claramente, alguém confiava que o bem articulado, perspicaz, afável e charmoso Stan Lee seria um bom apresentador e moderador de debates sobre atualidades em um programa de televisão. A ideia, ao que parece, era tratar de assuntos que não tinham muito a ver com quadrinhos — pelo menos nada além do fato de terem proporcionado a credibilidade e o status de celebridade de Lee. Com base no piloto, o programa pretendia cobrir eventos de interesse do público da Marvel, sobretudo dos leitores mais velhos, mas que também atrairiam qualquer interessado em debater a sociedade e a política, talvez inclusive os outros pais confusos da idade de Lee.

Os convidados do programa foram Jeff Shero, editor do jornal *underground Rat Subterranean News* [Notícias dos ratos do subterrâneo]; Chuck Skoro, editor-gerente do jornal estudantil da Universidade Columbia, o *Columbia Daily Spectator*; e Skip Weiss, editor do *Daltonian*, o jornal estudantil da instituição de elite Upper East Side Dalton School. Todos os presentes eram editores, sendo Lee o único que *não* dirigia algum tipo de jornal. Mas ele não estava tentando competir com a especialização de seus convidados; estava, sobretudo, desempenhando o papel de "homem comum". O debate, se é que pode ser chamado assim, representou as conversas da época, que se davam em torno de inúmeras mesas de jantar.

Eis como Lee, nos comentários iniciais, descreveu sua missão com o programa:

> *Eu sou Stan Lee, e escrevo histórias para os jovens há trinta anos. (...) Recebo de duzentas a trezentas cartas de fãs todos os dias — provavelmente tanto quanto os Beatles. Passo quase todo o tempo lendo as correspondências, e respondê-las toma muito do tempo livre que me resta.*
>
> *Acho que aprendi muito sobre o que os jovens pensam. E, mais importante, acho que aprendi muito sobre o que os jovens são. Hoje, chegamos a um momento na história em que definitivamente há uma lacuna entre gerações. Parece que a sociedade se beneficiaria de qualquer coisa que possa ser feita para minimizar essa lacuna, para ajudar a apresentar o ponto de vista desses jovens.*
>
> *O programa de hoje abordará assuntos que consideramos muito prementes entre os jovens.*

Portanto, o objetivo do piloto (e, podemos presumir, da série que poderia surgir) era dar voz aos jovens, em uma conversa em que Stan representaria a geração mais velha.

Como muitos *talk shows* — e muitas conversas à mesa de jantar —, o debate era amplo e de fluxo livre, com muitas das contribuições dos palestrantes logo virando discursos ou pronunciamentos. No entanto, é possível ouvir, na moderação contida de Lee, a mesma voz dos *Bullpen Bulletins* e das Stan's Soapboxes — claro que com a ausência notável das piadas, marca registrada do quadrinista. O programa é surpreendentemente desprovido de humor, o que talvez seja mais um indicativo das mudanças da época, mas que pode ter sido derivado da necessidade de Lee de levar o programa — e a si mesmo — a sério. Ele também poderia estar preocupado com a possibilidade de os entrevistados interpretarem suas tiradas bem-humoradas características como se Lee — que ali representava sua geração, dominante na sociedade — não os levasse a sério.

Alguns trechos do episódio dão uma ideia da lacuna entre as gerações. Por exemplo, a conversa entre Lee e Shero sobre a divulgação de mensagens impressas:

STAN LEE: *Se eu editasse um jornal* underground *(...) e tivesse alguma mensagem a passar (...) ia querer apresentá-la de forma que atingisse o maior público possível. As revistas que edito têm todo tipo de mensagens subliminares (...) mas não tomamos nenhuma atitude (...) que possa afastar algum segmento dos leitores.*
JEFF SHERO: *Acho que essa visão é muito antiquada, porque parte do princípio de que o público geral tem poder. (...) Só dois tipos de gente podem causar algum efeito nos rumos do país: (...) quem se comprometeu com a mudança e quem está no topo, as pessoas que detêm as rédeas do poder. E só os jovens estão comprometidos com a mudança da sociedade; portanto, o* Rat *só quer conversar com o público jovem.*

Shero era o mais radical e o mais prolixo do grupo, além de talvez ser o mais ligado ao que ele mesmo chamava de "contracultura". Os outros dois eram estudantes, enquanto Shero era jornalista. Seu jornal da moda, o *Rat*, tinha sido lançado ainda naquela primavera.

Lee tentou desafiar as noções radicais do convidado:

JEFF SHERO: *"Manter a lei e a ordem" é manter os negros acuados.*
STAN LEE: *Você não acha possível que "manter a lei e a ordem" seja apenas uma questão de lei e de ordem? As pessoas sentem que a criminalidade aumentou muito no país, o povo quer mais lei e mais ordem. Por que isso tem que necessariamente ser um anseio racista?*

Shero, é claro, não se convenceu.
Na conversa mais acalorada do programa, Lee e Shero demonstraram como suas opiniões e sensibilidades eram drasticamente diferentes:

STAN LEE: *Acho que, como parte do chamado* Sistema, *no fundo não vejo muita diferença entre o que o Sistema quer e o que os jovens querem.*

JEFF SHERO: *Isso está totalmente errado. O Sistema não quer acabar com a guerra [do Vietnã]. Você fala das corporações...*

STAN LEE: *Ei, espere um minuto. Como você pode afirmar uma coisa dessas?*

JEFF SHERO: *Como posso afirmar uma coisa dessas? Posso porque a guerra só tem aumentado nos últimos cinco anos. Porque os candidatos que defendiam a paz, e que tinham o voto popular, foram eliminados da eleição.*

Lee, não se sabe se intencionalmente, não mordeu a isca de Shero sobre os "candidatos que defendiam a paz" terem sido "eliminados das eleições". Ele estava se referindo a Eugene McCarthy e Bobby Kennedy, e sugerindo que McCarthy não tinha sido nomeado candidato pelo Partido Democrata por culpa do "Sistema". E, em uma nota mais sombria, que o assassinato de Kennedy tinha sido um *anseio* desse mesmo Sistema.

E, embora nunca tenha feito isso nas páginas dos quadrinhos, durante o episódio piloto, Lee assumiu uma posição definitiva em relação à Guerra do Vietnã:

STAN LEE: *Eu preciso dizer que nunca teria como defender a Guerra do Vietnã. Acho que é uma guerra indefensável. Uma guerra ridícula. E concordo com a palavra que você usou antes: é uma guerra obscena. (...) Mas acho que você está sendo igualmente obsceno quando afirma que o Sistema (...) não quer o fim dessa guerra. Acho que isso é apenas uma afirmação ridícula.*

JEFF SHERO: *E que medidas concretas você vê [sendo tomadas para o fim da guerra]?*

STAN LEE: *Bem, você não acha possível que, assim como a juventude tem se sentido perdida (...), o Sistema também esteja confuso? (...) Acho que só há um caminho para fora da guerra, e não tenho dúvida de que os jovens sejam a única esperança para o mundo.*

Mas isso só vai acontecer por vias legais e legítimas. Não acho que a resposta seja a anarquia.

Shero e Lee concordaram que seria difícil para os Estados Unidos saírem de repente do Vietnã, embora o jovem jornalista tenha atribuído isso a razões mais nefastas:

JEFF SHERO: *O problema com os políticos que governam o país [os Estados Unidos] é: eles reconhecerão a legitimidade da Frente de Libertação Nacional? E será que vão passar o controle para a FLN? (...) Trazer a paz ao Vietnã significa entregar o país nas mãos dessas pessoas. Essa é uma contradição com a qual os políticos não conseguem lidar.*

Shero chegou a questionar toda a carreira de Lee:

JEFF SHERO: *Você edita os quadrinhos da Marvel. Se suas opiniões pessoais se refletissem nos quadrinhos, você estaria em apuros. Suas histórias, por exemplo, trazem a emoção da guerra e do calor da batalha. (...) E mesmo assim você diz que é contra...*
STAN LEE: *Nós apresentamos a guerra em algumas histórias, mas não tentamos torná-la divertida.*
JEFF SHERO: *Algumas das histórias realmente exaltam o conflito.*

As tentativas de Lee de trazer um ponto de vista adulto "realista" foram constantemente desafiadas durante a transmissão, como na conversa com Skoro, da Universidade Columbia:

STAN LEE: *Simpatizo com os liberais, mas a verdade é que, no instante em que eles ganharem muito poder (...) ou se tornarem uma ameaça grande demais, a nação vai se voltar para o conservadorismo. E então, as mesmas coisas que acho que vocês estão tentando conseguir serão esmagadas.*
CHUCK SKORO: *Liberal é quase uma ofensa no movimento radical. Chamar alguém de liberal, para os membros da SDS, é uma*

ofensa horrível. (...) Um liberal é uma pessoa que, ao ver crianças sendo espancadas nas ruas [o que acontecera do lado de fora do prédio que abrigava a recente convenção democrata], pensa: "Bem, (...) elas mereciam."
STAN LEE: *Eu obviamente estava pensando em liberal em outro sentido. (...) Nessa sua definição, ser liberal é quase como ser conservador.*

Shero, em uma mensagem de Facebook de 2016 para o historiador Sean Howe, falando sobre o vídeo, lembrou que "foi filmado como piloto de um programa de Stan Lee, mas disseram que ele me deixou falar demais e não se expressou o suficiente (...) então não foi ao ar". (Não se sabe quem disse isso a Shero. Em 1968, antes da TV a cabo e da internet, é provável que o comunicado tenha vindo de uma produtora ou de uma organização que quisesse vender o programa às emissoras de TV independentes, como a WOR ou a WPIX, de Nova York.)

Os problemas que Shero citou não parecem necessariamente intransponíveis. Lee não parecia hesitar em contrariar as observações de seus convidados, embora suas declarações — assim como as deles — com frequência parecessem vagas, mesmo soando profundas e cheias de jargões. Àquela altura, Lee tinha muita experiência em debates com o público universitário, e não é inconcebível que tenha tentado aperfeiçoar seu estilo para um programa de TV.

O que é mais difícil imaginar é que Lee estaria confortável com a perspectiva de conviver com as consequências financeiras e pessoais do provável distanciamento de grandes segmentos de seu público de quadrinhos. Isso seria uma consequência esperada de posicionamentos mais regulares e consistentes, mesmo que moderados, quanto aos assuntos da atualidade — imagine então se Lee expusesse uma opinião totalmente contrária à Guerra do Vietnã.

Ainda assim, só o esforço para fazer o programa é um indicativo de sua vontade de tentar se redefinir, ou pelo menos de ampliar as possibilidades de seu status em constante desenvolvimento na cultura pop. A preocupação com o que fazer com o status de celebridade e a preocupação aparentemente genuína com o destino da sociedade marcaram Lee como mais do que um mero supervisor de histórias em quadrinhos. Mas quem e o que ele se tornaria ainda era uma incógnita.

Shero, hoje conhecido como Jeffrey Shero Nightbyrd, manteve-se fiel às raízes da contracultura e até hoje escreve em seu site. Charles Skoro morreu em 2016, aos 68 anos, tendo sido presidente do Departamento de Economia da Boise State University em seu estado natal, Idaho, e, depois, ministro do campus do Diretório de Estudantes Católicos da Saint Paul University e diácono da paróquia de Nossa Senhora do Rosário. A história de vida e a carreira de Skip Weiss são desconhecidas.

Stan Lee ainda viria a apresentar programas de TV que de fato iriam ao ar, mas nunca mais tentaria sair de sua zona de conforto na cultura pop — um limite que ele raramente ultrapassava.

***

Na arte, assim como na vida, limites reais e metafóricos — e sua luta contra delimitações — definiriam a carreira de Lee.

Na Trilogia Galactus de 1966, a punição do Surfista Prateado por fazer a coisa certa — voltar-se contra seu mestre para salvar a Terra — foi ser banido para sempre na Terra e nos céus em volta do pequeno planeta azul. Uma barreira invisível o impedia de atingir todo o seu potencial e viver a liberdade ilimitada do espaço. Em aparições posteriores, o Surfista lamentou estar preso naquela "*prisão* insana, em órbita, que os humanos chamam de *Terra*" — foi como se referiu ao planeta em *Quarteto Fantástico* n.º 77, publicado em agosto de 1968. No mesmo mês, em *Surfista Prateado* n.º 1, de Lee e John Buscema (arte-final de Joe Sinnott), o protagonista lamentou:

> *Aqui estou, preso neste mundo de loucura! Por quanto tempo estou destinado a suportar uma sina que não consigo sequer compreender?*

Lee tinha uma conexão tão intensa com o personagem que chegou a determinar que, nas duas décadas subsequentes, seria o único escritor das aventuras do Surfista. O personagem passou aquelas duas décadas preso à Terra e com o potencial limitado — mesmo que visse e realizasse muito dentro dessas restrições. Ainda assim, o Surfista sempre ansiava pelo que imaginava serem as inúmeras possibilidades de um campo maior — na verdade, infinito — para jogar.

Talvez o sofrimento com as limitações tenha sido parte do apelo que o personagem tinha tanto para Lee quanto para Kirby, talvez tenha sido por isso que ambos se identificaram tanto com ele. O maior desafio do Surfista não eram outros seres superpoderosos ou relacionamentos interpessoais atormentados, embora ele encontrasse muito dos dois. Eram os limites impostos, contra os quais estava sempre lutando, e que Lee optou por não remover.

Lee e Kirby se sentiam presos e limitados. Não apenas no ramo dos quadrinhos, mas também, mais especificamente, nos quadrinhos da Marvel. Cada homem, à sua maneira, via sua carreira tolhida por forças que pareciam além de seu controle. Para cada um deles, o ofício dos quadrinhos era uma prisão, um confinamento — ainda que confortável. Ambos eram os maiores peixes em um lago que parecia minúsculo, em comparação com as mídias de filmes, séries de TV e livros. Sua fama e glória, assim como suas realizações criativas, só podiam avançar até certo ponto.

Assim como o Surfista, cada um explorou seu reino limitado da melhor forma possível. E, da mesma maneira, ambos ansiavam por descobrir e conquistar novos mundos, por se verem livres dos altos e baixos dos quadrinhos e do humor inconstante do patrão e do público. Sua luta era a mesma do Surfista, e vice-versa.

Mas quem era o Galactus desses dois? Quem, na vida real, os mantinha presos, os impedia de alcançar a plenitude de seu potencial? Ou será que esses eram limites que impunham a si mesmos? Eles estavam simplesmente com medo de correr riscos?

Os esforços de Lee para se libertar dessas limitações podem ser vistos em projetos como o piloto de seu programa de entrevistas. Nos anos que se seguiram, ele testou seus limites tanto na Marvel, onde experimentava diferentes formatos e assuntos, quanto no mundo real. Mas será que Lee poderia abandonar a indústria de vez?

Jack Kirby, por sua vez, mudou-se com a família de Long Island para Los Angeles no início de 1969 — uma mudança estimulada em grande parte pela necessidade da filha de viver em um clima seco. Mesmo a cinco mil quilômetros de distância, Kirby continuava na órbita da Marvel, preso por barreiras invisíveis.

Mas a Páscoa Judaica, a Festa da Libertação que comemorava a fuga dos Filhos de Israel da escravidão, estava se aproximando. E, embora Moisés não planejasse comparecer ao *seder* da família Kirby, havia um convidado quase tão bom quanto.

Seu nome era Carmine Infantino.

14 TENSÃO NAS TRANSIÇÕES

> ACHO QUE A INDÚSTRIA DE HISTÓRIAS EM QUADRINHOS É A PIOR DO MUNDO PARA AS PESSOAS CRIATIVAS, E AS RAZÕES SÃO INCONTÁVEIS.
> — STAN LEE, EM 1971, NA REUNIÃO DA NATIONAL CARTOONISTS SOCIETY

Sabendo da crescente insatisfação de Kirby em relação à Marvel, o diretor editorial da DC, Carmine Infantino, fez questão de aceitar o convite para o *seder* de Kirby. E, pouco depois da cerimônia, Infantino foi convidado a conhecer o estúdio do quadrinista, para ver os personagens que Kirby estava desenvolvendo escondido de Lee e da Marvel.

Infantino ficou impressionado. Mas, mesmo se não ficasse, era uma oportunidade enorme. Jack Kirby era *grande* parte do fenômeno da Marvel. E, embora não fosse muito bom na autopromoção, Kirby tivera uma parceria de mais de uma década com um homem que, além de exímio nessa arte, ainda anunciava os talentos do companheiro a todos da indústria. Quem é que não sabia que Jack Kirby era o "Rei"?

Embora Lee não fosse responsável pelo talento de Kirby, cujo histórico profissional enorme e rico datava desde a década de 1930, o fato era que o atual status de lenda viva do desenhista era produto da propaganda incansável e incessante do homem que nascera Stanley Martin Lieber. Kirby pode ter achado o apelido de "Rei Kirby" cafona, mas era sua marca — uma marca imbatível.

Depois de meses de Lee dizendo aos leitores da Marvel que Jack era maravilhoso, querendo que identificassem o artista como uma das figuras-chave na criação da magia da Marvel, Kirby se tornara — ao menos na mente dos leitores — uma parte insubstituível da empresa. Era impensável uma Marvel sem Kirby, assim como fora a Marvel sem Ditko. O Homem-Aranha e o Doutor Estranho eram únicos, e Ditko era brilhante. Mas o Quarteto Fantástico tinha sido o primeiro grupo de heróis da Era, e sua história norteara a criação de todas as outras. Além disso, era Kirby quem fazia os layouts dos artistas novos e antigos e que desenhava muitas das capas. Grande parte da estética dos Quadrinhos Marvel era arte de Kirby sob direção de Lee. Graças a Lee, Kirby era considerado tão insubstituível quanto... bem, quanto Stan Lee.

Mas Kirby ainda se sentia desvalorizado, forçado a adaptar as histórias que bolava de acordo com a visão de Lee, expressá-las através dos *scripts* do editor. Além disso, tinha que engolir os pedidos — muitas vezes em cima da hora — de revisão e de inserção de mudanças, quase todos não remunerados. Abstratas ou concretas, as "melhorias" que Lee fazia nas histórias não eram vistas dessa forma por Kirby.

Assim como Lee, Kirby sabia muito bem que, apenas uma década antes, a empresa e a indústria estavam à beira do colapso. E, assim como Lee, sentia como se não houvesse outro lugar para ele que não a Timely/Marvel. Além disso, assim como Lee, Kirby queria usar o sucesso da Marvel para ampliar seus horizontes criativos e financeiros; ele estava negociando um novo contrato com a Cadence, mas com certeza sabia muito bem que estar mais próximo das produtoras de cinema e TV ajudaria muito em sua carreira. Kirby sabia que algo positivo ia acontecer; era apenas questão de tempo.

Com as vendas do setor diminuindo e a ordem de agitar as coisas, Infantino estava disposto a fazer o possível para convencer Kirby a entrar na DC. Ansioso por se libertar de Lee e de Goodman, Kirby, por sua vez, estava pronto para sair da Marvel. Mas não seria tão fácil quanto ele ou Carmine esperavam, já que Kirby tinha uma esposa e quatro filhos para sustentar e não queria correr riscos.

Até que a Cadence ofereceu um contrato que não deixou Kirby nada satisfeito, e ele ainda se recusava a negociar os termos. Ainda assim, embora longe de perfeita, a proposta trazia a segurança de um pagamento bem razoável.

Além disso, embora o editor Jack Schiff não estivesse mais na DC, o pessoal do editorial e da criação parecia acreditar, mesmo mais de uma década depois da briga, que Kirby fizera algum mal a Schiff, além de ter sido ingrato. Inclusive, seu suposto papel como potência que alimentava o renascimento da Marvel era visto na National como algum erro que em breve seria corrigido. O público dos quadrinhos logo voltaria a si e deixaria de lado a empolgação momentânea com a estética que Kirby estabelecera para a Marvel — que quase todos os editores da DC consideravam "feia".

Infantino, porém, era mais sensato. Além disso, as circunstâncias estavam mudando, incluindo sua crescente autoridade para *mudar* as coisas. Schiff já estava fora da DC havia muitos anos, e Mort Weisinger, outro inimigo de Kirby, já estava com o pé na porta. A contratação só dependia de Kirby. Mesmo assim, Jack estava hesitante em deixar a empresa e os títulos com os quais conseguira tanto sucesso, e ainda levaria um tempo para assumir esse risco. De qualquer forma, a ideia tinha sido plantada.

Stan Lee, por sua vez, estava fazendo planos para o *próprio* futuro. Claro que era divertido mencionar os nomes das celebridades que visitavam os escritórios da Marvel, das universidades onde dera palestras, ou dos jornais, revistas e programas de TV e rádio que o entrevistavam. Mas esses lugares e pessoas também eram *contatos*, e o interesse que tinham por Lee era o mesmo que Lee nutria por eles. Sobretudo em 1969.

Lee começou a trabalhar esses contatos. Seus arquivos em Wyoming estão cheios de correspondência cordial com celebridades, autores, acadêmicos e poetas, além de fãs de quadrinhos de todas as idades. Essa comunicação com pessoas famosas parecia ir além de apenas um recurso útil; Lee parecia genuinamente gostar de manter esse tipo de contato — e as pessoas também gostavam de se comunicar com ele. Claro que isso era parte de uma estratégia geral de Lee (e, pelo menos no momento, da Marvel) de manter as opções abertas. É verdade que ele acabaria repensando algumas dessas ideias, e, por exemplo, desistiu da proposta de trabalhar em parceria com o poeta Kenneth Koch em uma série de quadrinhos contra a Guerra do Vietnã, mas alguns desses relacionamentos floresceram — sua amizade com Alain Resnais, por exemplo, começou forte e assim continuou até a morte do diretor, em 2014.

Resnais parece ter visitado a Marvel pela primeira vez em 1969, e parece ter se dado muito bem com Lee. Quase imediatamente começaram a debater projetos juntos. Em uma conversa privada e gravada daquele ano, Lee disse a Resnais:

> *Eu era leal ao editor [Goodman], mas, agora que a Marvel é de propriedade de outra empresa, cogitei pela primeira vez que, na minha idade [46 anos], é hora de começar a pensar em outras coisas.*
>
> *Andei pensando muito em escrever uma peça — conheço alguns produtores daqui — ou o roteiro de um filme. Eu estava pensando em escrever uns poemas, como Rod McKuen — o pessoal gosta desse tipo de coisa, um toque de filosofia e de sátira. O tipo de linguagem que eu trabalho nos quadrinhos, sabe? Como* Surfista Prateado *ou* Homem-Aranha.
>
> *Acho que meu nome é famoso o bastante para que esses poemas vendam. O único problema é que, enquanto eu estiver aqui [na Marvel], não tenho tempo de escrevê-los. E, se eu sair, não terei a renda de que preciso para me manter! Tenho que pensar em uma solução.*[1]

Em 1971, Lee e Resnais começaram a trabalhar no primeiro dos dois projetos de filme em que colaboraram. Lee tirou um mês de férias de suas funções como escritor de quadrinhos, inclusive pedindo a Roy Thomas que fizesse os *Bullpen Bulletins*, e escreveu para Resnais um roteiro chamado *The Monster Maker* [O criador de monstros]. A história apresenta um estressado produtor de filmes B de terror que teve grande sucesso, mas que deseja fazer um filme mais "significativo", tratando das perigosas consequências da poluição (uma paixão de Resnais). O texto trafega uma linha tênue entre a paródia e a seriedade, e é impossível dizer como isso teria ficado depois de revisões, interpretado por um elenco disposto a transmitir tanto o aspecto humorístico quanto a parte mais séria do roteiro. Foi escrito para a Filmways Inc., que pagou a Lee US$ 25 mil, mas nunca foi produzido.

Como Lee dizia, sobre sua parceria com Resnais:

> Ele veio para Nova York porque queria fazer um filme do Homem-Aranha. Naquela época, eu não estava em condições de criar um filme do Homem-Aranha; eu não tinha todo esse poder. Mas, como éramos amigos muito próximos, pensamos em fazer outro filme, um que pudéssemos fazer juntos. E tive a ideia para The Monster Maker. Escrevi o roteiro, coisa que nunca tinha feito, e depois tive que reescrever tudo, porque a primeira versão estava com diálogos demais.
>
> Levamos o roteiro a um sujeito chamado Martin Ransohoff, o cabeça da Filmways, que adorou a ideia e queria produzir o filme. Mas ele disse: "Você precisa diminuir esses diálogos, Stan. Tem que ficar com metade do tamanho." Eu concordei. Mas Alain se aproximou, dizendo [Lee imita um sotaque francês]: "Stan não vai mudar uma palavra!" Alain tinha adorado a coisa do jeito que estava. E até eu, um amador, disse que estava longo demais. E ele respondeu: "Não, você não vai mudar uma palavra!"
>
> A gente tinha química, dava certo. E ele era tão diferente dos americanos... Quando estava procurando locações para The Monster Maker, veio me procurar. Queríamos um lugar sujo, fedorento, horrível e poluído, e ele veio correndo, todo animado, dizendo: "Encontrei o lugar! Encontrei o lugar!" Eu logo perguntei onde era, e ele respondeu: "Lá no rio East tem uma ilhota chamada Rat Island. Quase nenhum americano conhece, mas eu a encontrei!" Eu nunca tinha nem ouvido falar dessa Rat Island, mas Alain estava muito empolgado e me mostrou as fotos que tinha tirado. Parecia um lugar horrível, então seria perfeito. Enfim, esse era o Alain. Chegamos até a viajar juntos, eu, Joan, ele e a esposa, que era filha do ministro da Cultura da França. Passamos algumas semanas na França. Foi maravilhoso.[z]

Lee também produziria o tratamento de outro filme de Resnais, chamado *The Inmates* [Os prisioneiros], sobre um futuro em que outros planetas colocam a Terra em quarentena, mas mesmo assim um terráqueo e um alienígena se apaixonam. O plano de Lee era escrever apenas o tratamento e contratar alguém para executar o roteiro, mas o projeto nunca foi adiante.[3]

Mesmo com o sucesso da Marvel, Lee estava procurando opções para complementar ou, se necessário, substituir seu salário. Na verdade, como disse a Resnais, estava tentando usar o sucesso para atuar em outras áreas. E, considerando os filmes e o piloto do programa de entrevistas, Lee queria fazer algo "relevante". Talvez esse desejo de usar sua influência para fazer a diferença fosse simplesmente consequência da época, uma vez que Lee sentia a necessidade do público por alguém que trouxesse mudanças em suas conversas com os universitários, nas palestras, e com os funcionários mais jovens da Marvel.

***

Sabendo ou não das conversas de Kirby com Infantino, Lee parecia preocupado com os sentimentos do artista. Nos *Bullpen Bulletins* de outubro de 1969, escreveu:

> *De repente, o fabuloso QUARTETO FANTÁSTICO virou a sensação aqui nos reinos da Marvel! Primeiro, o pessoal foi à loucura com nossas paródias humorísticas com os temas da série de TV The Prisioner, alguns meses atrás... Agora, as aventuras do Quarteto no planeta dos Skrull, carregada de influência de todos os filmes de máfia que você já viu, estão fazendo os fãs pirarem! E isso graças a LEE e KIRBY!*

Em outras palavras: "Todo mundo sabe que Jack estava *homenageando* e até mesmo se inspirando na série *The Prisoner* e nos episódios cheios de referências à máfia de *Star Trek* — e não simplesmente *copiando* por não querer usar suas novas ideias com a Marvel. E estamos especialmente felizes por Kirby ter dado ideias para *Thor*! (Por favor, Jack, não vá embora!)"

E haveria mais elogios para Kirby. Nos *Bulletins* dos quadrinhos de janeiro de 1970, Lee escreveu:

> *Por falar no ALEGRE JACK, muitos fãs de longa data andam escrevendo para dizer que O QUARTETO FANTÁSTICO está melhorando a cada edição, com as histórias cada vez mais parecidas com as obras-primas memoráveis das primeiras edições!*

E, nessa mesma página, Lee continuou:

> *Contabilizamos os votos, e todo o reino da Marvel quer que STAN e JACK criem uma revista dos Inumanos em 1970...*

Então, nos *Bulletins* de abril de 1970, escreveu:

> *JACK KIRBY, O REI, desenhou e fez o roteiro de um thriller arrasador na edição atual de CHAMBER OF DARKNESS! Vai abalar os corações de quem por acaso não saiba que nosso Jack é tão talentoso como escritor quanto como artista!*

Curiosamente, os *Bulletins* do mesmo mês também informam:

> *Nosso querido STAN LEE e seu velho amigo CARMINE INFANTINO (o equivalente ao nosso líder na National Periodic Publications) foram vistos juntos em um almoço animado. (...) Neste nosso mundinho cão, é bom saber que alguns concorrentes ainda podem manter o respeito e o carinho um pelo outro.*

Será que Lee sabia das negociações de Infantino com seu outro "velho amigo", Kirby?

De qualquer forma, três meses depois, nos *Bullpen Bulletins* de julho de 1970, Lee anunciou, animado:

Acabamos de receber uma visita do nosso rei, JACK KIRBY, que anda se desviando mais para o leste. (...) Nosso alegre camarada veio conversar com Stan sobre a nova série de INUMANOS que vai produzir nas próximas AMAZING ADVENTURES. O velho Stan, esperto como sempre (...) persuadiu nosso rei a escrever e desenhar esta nova série incrível!

Claramente ciente do desejo de Kirby de escrever os diálogos de seu próprio trabalho, além de fazer o roteiro e a arte, Lee deu a ele os *Inumanos* (rebaixados por Goodman por motivos financeiros para figurar em publicações existentes, em vez de ter sua própria série). Talvez isso satisfizesse Kirby? Afinal, ele e Lee tinham acabado de bater o recorde de cem edições de *Quarteto Fantástico*, mais do que qualquer equipe criativa fizera em qualquer título. Talvez a ideia de continuar na empresa e estender seu próprio recorde animasse Kirby por um tempo?

Ou não. O contrato oferecido pela Cadence se provou, em última análise, inaceitável para Kirby. E, nos *Bulletins* de setembro, nos quadrinhos à venda em maio, Lee escreveu, na Stan's Soapbox:

Quem disse que um raio não cai duas vezes no mesmo lugar? Lembram-se do que aconteceu alguns anos atrás, quando Steve Ditko saiu de repente dos sagrados salões da Marvel para tentar a sorte em outras empreitadas? Bem, no momento da redação deste artigo (início de março), Jack Kirby anunciou, inesperadamente, sua saída de nossa equipe — pequena, porém robusta. Todos ficamos muito surpresos.

Então, ele garantiu aos leitores:

O pessoal da redação se juntou para um papo intenso e já está preparando algumas das surpresas mais absurdas e incríveis de todos os tempos, que serão um choque para os olhos e um golpe nos sentidos!

Assim, o pior aconteceu. Com um breve telefonema para Lee, Kirby pediu demissão. Pior: anunciou que iria para a DC, onde poderia liberar seu talento sem freios, criando roteiros, desenhos e até mesmo editando uma série de quadrinhos. E se Jack realmente *conseguisse* fazer tudo — e ainda por cima fazer *melhor* — sem Stan?

***

Houve certo pânico no editorial enquanto a Marvel tentava processar a partida de Kirby. Marie Severin prendeu uma ponta de charuto velha (supostamente de Kirby) em um quadro e desenhou um balãozinho, que gritava: "Eu me demito!" John Romita acreditava que *Quarteto Fantástico* seria cancelada. "Eu achava que mais ninguém saberia tocar a série", contou. "Perguntei a Stan quem desenharia as histórias do Quarteto, e ele respondeu: 'Você!' Achei que Stan estava louco."[4]

Kirby, que, assim como Lee, ao longo dos anos mudaria o relato das lembranças e dos sentimentos sobre o que acontecera, andava dizendo coisas como:

> Bem, eu não trabalhei com Stan Lee, não exatamente. (...) Eu dizia a Stan Lee qual seria a próxima história, ia para casa e fazia o trabalho. (...)
>
> [Na National] consigo planejar mais as coisas, posso fazer tudo do meu jeito e saber que vou receber o crédito por tudo que fizer. Na Marvel, houve momentos em que eu não podia dizer nada, porque a ideia seria surrupiada (...) e eu seria cortado completamente do projeto. (...) Isso faz a pessoa se sentir meio como um fantasma.[5]

As vendas da Marvel, que já diminuíam, continuaram a cair — o que também aconteceu com as vendas de todo o setor. Novas histórias da Marvel, como o quadrinho de Roy Thomas e Barry Smith, *Conan, o bárbaro*, de repente viraram foco de muita atenção. De fato, novos artistas começavam a entrar no ramo, tanto na Marvel quanto na DC. Jovens quadrinistas talentosos estavam se tornando cada vez menos raros. Ainda assim, todos pareciam estar segurando o fôlego, esperando que o trabalho de Kirby para a DC chegasse às bancas. Nos *Bulletins* de outubro (provavelmente escritos em maio), Lee relatou:

> *Sejamos francos: esse deve ser o momento mais crucial e orgulhoso da incrível Marvel! Mesmo aqui, na mundialmente famosa Casa das Ideias, nunca fizemos tantas mudanças repentinas e cataclísmicas, nem tantas apostas inesperadas e sem precedentes!*

Ele então passou a enumerar as trocas de pessoal em vários títulos, incluindo a adição do "gênio artístico" de John Romita na revista *Quarteto Fantástico*, "combinado com a sátira cortante e o realismo bruto e duro das letras de STAN LEE". Também proclamou que, com a nova equipe de *Thor*, "NEAL ADAMS dará vida à saga do poderoso THOR, que será incrível como apenas Stan Lee conseguiria escrever! (...) A literatura e a lenda nunca mais serão as mesmas!"

E, no mesmo mês, na Soapbox, Lee confidenciou:

> *No começo da nossa segunda década como fornecedores das ficções ilustradas mais populares do mundo, os desafios são maiores do que nunca! (...) Claro, estamos orgulhosos do passado, mas, como sempre dizemos, o melhor ainda está por vir!*

Na DC, o primeiro quadrinho de Kirby, uma reformulação da série *Jimmy Olsen*, foi lançado no final de 1970. O restante de seu novo trabalho, uma série interconectada com seus novos personagens sobre-humanos, só saiu no início de 1971.

Enquanto isso, Martin Goodman brincava de gato e rato com os leitores, varejistas e a DC sobre qual seria exatamente o preço e o número de páginas de seus quadrinhos. Ele acabou prejudicando as vendas na DC, que foi pega de surpresa quando Goodman ofereceu aos varejistas um preço melhor para seus quadrinhos do que a concorrência. E Lee sapateava o mais depressa que podia em vários *fronts*, tanto pessoais quanto profissionais.

Além do trabalho com Resnais, Lee ainda escrevia três histórias mensais, que também editava, claro; além de editar — com a ajuda de Thomas e outros — toda a linha da Marvel. E Lee fazia de tudo para encher os quadrinhos com material que chamasse atenção.

Por exemplo, respondendo a uma solicitação do Governo Federal, Lee escreveu a primeira de três partes de uma história de *O espetacular Homem-Aranha* (nas edições 96 a 98, de maio a julho de 1971) tratando do uso de drogas — assunto cuja abordagem era proibida pelo Código dos Quadrinhos. A história dava uma visão muito negativa do uso de drogas, com Harry Osborn — filho do Duende Verde e amigo íntimo de Peter Parker — experimentando drogas sem nome junto com um adolescente negro, cujo abuso de drogas foi retratado como resultado do racismo.

Lee mandou a história ao Código dos Quadrinhos para aprovação do chefe, Len Darvin, mas foi rejeitada. Parecia que Lee enviara a história enquanto Darvin estava de férias, e a revisão foi feita por John Goldwater, membro do conselho e presidente da Archie Comics. Especula-se que Darvin teria aprovado a história, que não violava explicitamente nenhum regulamento, só ia de encontro a um aviso geral sobre não retratar certos tipos de comportamento negativo.[6]

De qualquer forma, a história foi rejeitada. Lee relata, em *Excelsior!*, que levou a história rejeitada a Goodman — que ainda era seu chefe, embora não fosse mais dono da empresa —, ele corajosamente concordou em publicar a edição e as duas partes seguintes sem o selo do Código.

Claro que Goodman, que já recebera todo o dinheiro da venda da empresa, não tinha nada a perder. Além disso, ele e Lee devem ter percebido que a decisão geraria muita publicidade. E, se Goldwater de fato estava por trás da rejeição, os dois também teriam um pouco de satisfação com o golpe na concorrência.

As edições com a história das drogas acabaram desencadeando uma liberalização do Código, que permitiu à DC, alguns meses depois, abordar o uso de drogas na famosa série *Lanterna Verde e Arqueiro Verde*, que tratava das questões do momento. As mudanças no Código também permitiram que os editores membros produzissem séries com elementos "de terror", como zumbis, lobisomens e vampiros, que antes eram proibidos. A Marvel aproveitou a nova liberdade para lançar séries como *A tumba de Drácula* e *O monstro de Frankenstein*.

***

Enquanto Kirby preparava a saga do Quarto Mundo e a Marvel e a DC testavam os limites do novo Código dos Quadrinhos, Stan Lee surfava nas próprias ondas, apresentando-se em um painel do encontro da Sociedade Nacional de Cartunistas junto com nomes como John Goldwater. O painel, realizado em 20 de janeiro de 1971, no Lambs Club, em Nova York, debatia o estado da indústria dos quadrinhos. Além de Lee e Goldwater, foram convidados Will Eisner, Gil Kane e Dennis O'Neil.

No evento, Lee — talvez ainda sofrendo com a perda de Kirby e o conflito com o Código — soltou algumas "bombas de sinceridade" surpreendentes. A mais devastadora foi:

> *Acho que a indústria dos quadrinhos é a pior do mundo para as pessoas criativas, e as razões são muitas e atacam em bando. (...) Mesmo quem chega (...) ao ápice do sucesso nos quadrinhos tem menos sucesso, menos segurança (...) do que um artista mediano da televisão, do rádio, do cinema. (...) O criador (...) não é dono de nada de sua criação. A editora é detentora de todos os direitos autorais.*[7]

Em essência, Lee estava mais ou menos defendendo a propriedade intelectual dos criadores dos quadrinhos, o que parecia um ponto de vista muito avançado para um editor da época. Goldwater defendeu — pela terceira ou quarta vez — que a propriedade de todos os direitos autorais devia ser das editoras:

> *Acho que [trabalhar para uma editora] é um aprendizado maravilhoso. Por que negar a um jovem a oportunidade de (...) aprender com os profissionais, para depois sair e passar para outro campo (...)?*

Cortesia de Larry Lieber

Cortesia da DeWitt Clinton High School

Foto de Stanley Martin
Lieber no anuário de
1939 da DeWitt Clinton
High School.

A família Lieber em 1932: Stan, Jack, Larry e Celia.

STAN LEE WAS CONSTANTLY STRESSING ACTION AND ACTING OUT WHAT HE WANTED...

WHAT I WANT IS ACTION, ACTION, ACTION!

Cortesia da família Gantz

Recordação de 2006 do artista David Gantz retratando Stan Lee em ação em 1941.

Cortesia de Rick Dee/Parceiros criativos

ACIMA: O artista da Timely/Marvel Ken Bald, Kaye Bald, Joan Lee e Stan Lee na boate Leon & Eddie's em Nova York, no final de 1951.

À ESQUERDA: Stan Lee e Ken Bald na Mike Carbo's New York Comic Book Marketplace em março de 2012.

Cortesia de Rick Dee/Parceiros criativos

Cortesia de Larry Lieber

Larry Lieber e Stan Lee no começo
dos anos 1950.

Cortesia da família Goldberg

Stan e Joan Lee em 1961, no casamento de
Stan e Pauline Mirsky Goldberg.

Foto de John Bense[n]

ACIMA: Stan Lee recebendo um prêmio da Society for Comic Art Research and Preservation na primeira Convenção Internacional de Comic Book Art, em julho de 1968. O prêmio foi entregue pelo presidente e precursor da convenção, Phil Seuling, no Statler Hilton Hotel, em Nova York.

ABAIXO: Stan Lee e Jack Kirby na MiamiCon de 1975.

Foto de James Van Hise

Stan Lee dando aula na Virginia Commonwealth University em 1976.

Scott Saternye

Robin Platzer/Twin Images

ACIMA: Stan Lee, numa careta para a câmera, em 1978, nos escritórios da Marvel no número 575 da Madison Avenue. Um busto de sua esposa, Joan, está no parapeito da janela.

À ESQUERDA: Stan Lee em seu escritório na Marvel Comics em Nova York em 1978.

Robin Platzer/Twin Images

À ESQUERDA: Stan Lee no Green Room da Comic-Con de San Diego, em 1986.

ABAIXO: Danny Fingeroth e Stan Lee no palco da Wizard World Comic Convention em Nashville, Tennessee, em outubro de 2013.

Foto de Jackie Estrada

Raymond Smotherman (wordpress.hegeekshegeek.com)

Paul Rudd e Stan Lee na estreia mundial de *Homem--Formiga*, filme estrelado por Rudd, no Dolby Theatre, em Hollywood, em 29 de junho de 2015.

Stan Lee e o escritor e artista Todd McFarlane no Centro de Convenções de Los Angeles em 31 de outubro de 2015.

Ao que Lee respondeu:

Mas não é ridículo trabalhar em uma indústria em que o máximo que se pode dizer para o artista, a mente criativa, é que aquilo é um campo de aprendizado para conseguir coisa melhor? Por que não ir diretamente para esse outro campo?

E, antes, Lee tinha comentado, com um toque de ironia:

Não sei como alguns dos editores conseguiram ficar tão ricos — pelo menos tão ricos quanto parecem ser. Porque ouvi várias vezes (...) que os livros os faziam perder dinheiro. (...) Ou tem que ser muito trouxa para permanecer nesse mercado, ou então tem alguma coisa errada.

Lee, o idealista, o homem preocupado em definir o certo e o errado, estava muito em evidência nessas falas, assim como nas histórias de *Homem-Aranha* que abordavam drogas e também na criação — junto com o artista Gene Colan — do primeiro super-herói afro-americano, o Falcão, que foi apresentado nas páginas de *Capitão América*.

Na primavera de 1971, a DC começou a lançar os títulos do Quarto Mundo de Kirby, apresentando *Senhor Milagre*, *Novos deuses* e *Povo da eternidade*. À primeira vista, pareciam muito a recente produção de Kirby para a Marvel. Mas, sob uma análise mais profunda, eram muito diferentes de suas colaborações com Lee. Como Gerard Jones e Will Jacobs descreveram:

A visão que começara a se desenvolver durante o tempo de Kirby na Marvel (...) floresceu. Algumas de suas ideias da Marvel voltaram à tona, mas destiladas nos termos mais puros de Kirby, desprovidas das inclinações de Lee de humanizar e mostrar a angústia interior dos personagens. Nesses novos heróis, não se vê nada da fórmula da Marvel para caracterização. O Quarto Mundo era um teatro para o drama puro, para o choque de conceitos absolutos.[8]

Kirby de fato mostrara — ou pelo menos descrevera — para Lee as ideias do que viria a se tornar o Quarto Mundo. Eram, de acordo com Sean Howe, "os heróis da geração seguinte, que Kirby queria que substituíssem Thor e os outros 'deuses antigos' das revistinhas", e a ideia era que surgissem depois de uma história que ele e Lee tinham feito sobre Ragnarok, o crepúsculo dos deuses. Mas "Lee não permitira que Kirby tomasse essa direção". Lee tinha pensado nesses personagens e nessas histórias como apenas mais material a ser absorvido em um dos títulos da Marvel, não como uma linha separada para Kirby dirigir. Daí veio a decisão, que parece ter passado despercebida por Lee, de não apresentar o material para a Marvel.[9]

Kirby somou a intensidade dos seus conceitos e da sua estética com roteiros idiossincráticos a um estilo aparentemente projetado para ser o oposto das frases mais orgânicas e fáceis de ler de Lee, que sempre fazia questão de explicar as reviravoltas da trama na narrativa. Uma série perfeita para quem queria ver Kirby sem filtro, sem a influência de Joe Simon ou de Stan Lee. Mas restava a questão: era isso que o grande público — e os todo-poderosos da DC — queria?

***

Um artigo escrito por Saul Braun e publicado no *New York Times* de 2 de maio de 1971, intitulado *Shazam! Here Comes Captain Relevant!* [Shazam! Aí vem o capitão da moda!], trazia uma fascinante reunião de pontos de vista, com as opiniões de Lee, Kirby, Goodman, Infantino e Thomas, apresentando os principais atores daquele momento crucial na indústria dos quadrinhos.

O texto retrata Goodman como uma espécie de patriarca da indústria, sendo Lee e Kirby seus dois "filhos" mais bem-sucedidos, agora em desacordo. No artigo, Goodman, a um ano de sair de cena de vez, apresentava um ponto de vista meio cansado e que analisava a situação como um todo: "'O volume [de vendas] não tem subido no setor', diz Goodman com tristeza. (...) Depois de alguns anos, começa a erosão no mercado. Os leitores fiéis se mantêm, mas perde-se muito mais leitores do que as revistas dão conta de ganhar."

Sobre Lee, Goodman lembrou:

Stan começou na empresa ainda criança; ele é primo da minha esposa. (...) O garoto tinha talento para escrever. (...) Acho que Stan fez um bom trabalho ao criar os super-heróis da Marvel, e muitos estudantes universitários passaram a ler os quadrinhos (...) mas, se voltamos as histórias para esse público, perdemos os leitores muito jovens. (...) Já li algumas [das histórias de Stan], e nem eu consigo entender do que se trata.

Depois de trinta anos de associação profissional e dez anos de sucesso da Marvel, Goodman ainda assim não conseguia dar muito mais crédito ao primo de sua esposa do que dizer que Lee tinha "talento para escrever" e que "fez um bom trabalho". (E, claro, a menção de que eram parentes parece ter a intenção de minimizar o trabalho de Lee, apresentando-o apenas como um sortudo beneficiário do nepotismo.) Mesmo naquela época, Goodman ainda parecia ver Lee como o adolescente que fora ao escritório, em 1940, procurando uma vaga de aprendiz. E também é possível que Goodman já tivesse alguma noção da futura briga por poder que travaria com Lee e que acabaria se transformando em um verdadeiro conflito shakespeariano.

Embora Lee tenha sido destaque no artigo, Braun parece descrevê-lo mais como os outros o viam (em vez de como o próprio Lee via a si mesmo), começando com Resnais (apresentado como "fã de Lee") e Goodman. Talvez tenha sido porque Stan parecia entrar no piloto automático quando perguntado sobre si mesmo, repetindo pequenas anedotas testadas e aprovadas sobre a criação dos personagens da Marvel. Seu único comentário fora do roteiro foi:

Durante anos, os maiores assuntos nos campi eram McLuhan e Tolkien, Stan Lee e Marvel. E todo mundo sabia de McLuhan e Tolkien, mas ninguém sabia sobre a Marvel. Agora, nosso concorrente [a DC] está lançando histórias em quadrinhos mais "atuais". E, como a empresa tem um departamento maravilhoso de relações públicas, estão se aproveitando da nossa publicidade.

Não é de surpreender que, mesmo aproveitando para citar o nome do intelectual McLuhan, Lee não tenha mencionado a opinião negativa que o professor apresentou sobre ele no livro *The Mechanical Bride*, de 1951.

Braun também entrevistou Goldwater, que falou sobre as histórias que tratavam de drogas em *Homem-Aranha*:

> Goodman se reuniu com os editores do conselho e prometeu que não faria mais uma coisa dessas, então, estamos satisfeitos. Qualquer pessoa com 15 anos de altos padrões de publicação de quadrinhos com o selo [do Código] tem o direito de errar.

Goodman, por sua vez, falou de toda a controvérsia sobre as histórias das drogas como "uma tempestade em um bule de chá".

No artigo, fica claro que o principal interesse de Braun era Kirby. Enquanto o texto retratava Lee e Goodman concentrados em disputas e triunfos passados, Braun gastou centenas de palavras descrevendo os novos quadrinhos de Kirby.

E o quadrinista disse:

> Não tenho nenhuma das respostas. Ainda não criei o final [das histórias do Quarto Mundo]. É uma história contínua. (...) E estou bem otimista [com os novos quadrinhos]. Cerca de 90% das cartas tiveram críticas positivas, e as vendas estão indo bem.

A citação final é de Infantino, cujas falas são citadas várias vezes ao longo do artigo. Braun parece ciente de que, com exceção de Roy Thomas, as pessoas que falavam com ele sobre as preferências dos jovens para a cultura pop estavam na casa dos cinquenta anos. Infantino parecia esperar que Kirby tivesse trazido um pouco da credibilidade da Marvel nos campi quando refletiu:

> Os jovens de Yale acham que as novas histórias de Kirby falam mais com eles do que qualquer outra mídia. (...) Estamos nos sintonizando com o que [os estudantes universitários] vivem.[10]

Assim como Lee se perdera na conversa com Jeff Shero, da *Rat Subterranean News*, no piloto do programa de entrevistas de 1968, esses adultos responsáveis — Lee, Kirby, Goodman e Infantino — pareciam não ter ideia do que "os jovens" queriam ou consumiam e que papel deviam assumir como criadores de quadrinhos de meia--idade. O certo seria glamorizar as visões psicodélicas, para que os jovens as consumissem no papel, e não nas drogas, ou deveriam, como o governo Nixon solicitara a Lee, estigmatizar o uso das drogas? Os estudantes universitários eram *contra* ou *a favor* da violência? O que raios o público *queria*? Lee e Kirby tinham tropeçado no espírito daquela geração e conseguido surfar aquela onda por uma década inteira. Mas o que os criadores e as empresas de quadrinhos deveriam fazer *agora*?

***

Em setembro de 1971, a futura roteirista e produtora de *Família Soprano*, Robin Green, publicou um artigo na *Rolling Stone* sobre a Marvel, e a edição conta inclusive com uma capa do Hulk feita por Herb Trimpe. (Quando Hulk apareceu em outra capa, em 2015, Lee perguntou, em uma entrevista no site da revista: "Por que demoraram tanto tempo para repetir o feito?") Green retratava o ex-chefe como uma figura simpática, mas um pouco perdida. Ela citou uma entrevista para a revista *Alter Ego* em que Gil Kane afirmava que "Jack e Stan acabaram se limitando quando converteram tudo da Marvel para o mesmo modelo de quadrinho, e o mundo está perdendo o interesse nesse modelo".[11]

"Bem, agora Stan está sozinho", continua Green, no artigo. "Ele mantém a fronte e o sorriso, mas às vezes parece um pouco triste." Ela o descreveu como uma pessoa que sofria de sinusite, o que ressoava com a reclamação de Lee, no artigo de Braun, de "estar sempre resfriado". (Talvez fosse um problema com o clima da Costa Leste?)

Green deixou que o público visse o lado mais profundo e atencioso de Stan, aquele sujeito que conhecemos no piloto do programa de entrevistas. Por exemplo:

Sabe, às vezes pareço muito quadrado e cheio de ensinamentos, mas, quanto mais percebo que as pessoas são afetadas pelo que escrevemos, quanto mais noto a influência que exercemos, mais me preocupo com o que escrevo. (...) Eu nunca tento dizer ao leitor que "é assim que deve ser", porque sinto que... Quem sou eu para definir qualquer coisa?

Green então relatou que Lee acrescentou, filosoficamente:

Acho que a única mensagem que quero passar é, pelo amor de Deus, não sejam fanáticos. Não sejam intolerantes. (...) Acho que a maioria das pessoas (...) quer viver uma vida feliz, estar em paz. (...) Mas acho que todo mundo pensa em um caminho diferente para alcançar esse nirvana.

A publicação das matérias do *New York Times* e da *Rolling Stone* pode parecer trazer uma espécie de amadurecimento para os quadrinhos. Afinal, a mídia estava sendo apresentada nos principais periódicos da época, com artigos cheios de reflexões sobre o passado e o futuro da indústria e sobre onde os quadrinhos se encaixam no mundo moderno, com apresentação de figuras-chave do setor e até uma das editoras contando vantagem sobre a popularidade de seus quadrinhos em Yale. Os entrevistados eram profissionais experientes, mas certamente não descansavam sobre os louros de suas conquistas. Em vez disso, pareciam tentar romper os limites da mídia e da indústria com que trabalhavam em busca de maneiras de manter o antigo público e conquistar novos. Mas será que os quadrinhos — pelo menos os apresentados pela Marvel e pela DC — tinham mesmo atingido a maioridade, ou só estavam chegando ao fim de uma explosão de popularidade?

O início dos anos 1970 foi tão tumultuado para os quadrinhos quanto para o restante da cultura pop. Nos anos seguintes, Infantino, Kirby, Goodman e Lee ficariam ainda mais envolvidos nas complicações e nas disputas da indústria.

15. POLÍTICA DO PODER

> O QUE DEU NO PARKER?? ELE ERA UM BOBÃO!
> COMO FICOU ESPERTO?
> — J. JONAH JAMESON,
> EM *O ESPETACULAR HOMEM-ARANHA* N.º 33, DE FEVEREIRO
> DE 1966, DE STAN LEE E STEVE DITKO

Em 9 de setembro de 1971, começou uma rebelião na prisão Attica Correctional Facility, no interior do estado de Nova York. Os prisioneiros fizeram de reféns 42 guardas e funcionários. No dia 13, após negociações fracassadas entre os detentos e Nelson Rockefeller, chefe do departamento correcional e governador do estado, a polícia estadual foi acionada para reprimir o levante. Quarenta e três pessoas morreram durante o ataque, incluindo dez reféns, e todas as mortes foram causadas por disparos da força policial. Houve um intenso debate, que continua até hoje, sobre quem foi o responsável pelo caos e pelas mortes durante esses quatro dias.

Por alguma razão, Lee decidiu que esses acontecimentos seriam os principais tópicos tratados na Soapbox dos quadrinhos da Marvel de abril de 1972:

> *Estes breves pensamentos aleatórios estão sendo escritos pouco depois da tragédia da Prisão Estadual de Attica. Não quero impor minhas opiniões sobre qual lado, qual grupo (ou grupos) podem estar certos ou errados. Em vez disso, queria debater justamente essa teoria do "certo ou errado".*

Lee faz exatamente isso, ponderando: "Eu me pergunto como seria a vida se não estivéssemos tão preocupados em provar que estamos certos, e o outro lado, errado." Talvez não tenha sido o editorial mais contundente já feito, mas o mais notável é que vinha de um escritor e produtor de inúmeras histórias que poderiam ser acusadas de tentar justamente provar o que era certo — e ainda por cima pelo uso da força! Ainda mais interessante é a ideia de Lee de iniciar a conversa abordando um acontecimento recente, porém tão controverso. Considerando o contexto da tentativa do programa de entrevistas de 1968, do roteiro com Alain Resnais abordando o tema ecológico e das tentativas de crítica social em quadrinhos como *Surfista Prateado*, este texto inspirado na rebelião de Attica pode ser visto como mais um passo de Lee na tentativa de crescer como pessoa, editor e figura pública.

A Soapbox do mês seguinte foi curta e direta: um breve resumo da nova série de quadrinhos, *Luke Cage: Herói de aluguel*. Este foi o primeiro gibi da Marvel (talvez da indústria) a apresentar um super-herói negro solo. Mas, em vez de anunciar que Cage era o primeiro herói negro solo, Lee publicou um desenho do personagem, simplesmente informando aos leitores que "ele é mesmo diferente!". A história de origem do personagem foi ambientada em uma prisão de segurança máxima, onde Luke, detido por um assassinato que não cometera, adquiriu poderes sobre-humanos em um experimento sabotado por um guarda sádico que não gostava dele.

Considerando os cronogramas de publicação dos quadrinhos, o personagem — creditado a Archie Goodwin, George Tuska, Roy Thomas e John Romita Sr. — já devia estar sendo produzido meses antes da rebelião de Attica. (O próprio Lee instruíra o quarteto a criar um equivalente dos filmes de ação de sucesso, como *Shaft*, para os quadrinhos, em uma espécie de resposta da Marvel à moda do *blaxploitation*, filmes dirigidos e estrelados por negros e direcionados ao público negro.) Como Thomas disse, no Facebook:

> *O sucesso do filme [Shaft] (...) levou Stan a pensar que, já que não podíamos fazer uma série solo do Pantera Negra, em grande parte*

por causa da conotação controversa do nome [igual ao do grupo político radical], era hora de criar um novo personagem. (...)
Stan, Archie Goodwin, John Romita e eu conversamos muito. (...) Cada um de nós trouxe algo para o debate (...), mas Stan foi quem direcionou tudo.[1]

Mesmo assim, ainda é difícil não ver relação entre *Cage* e a Soapbox do mês anterior.

No mínimo, pode-se dizer que Lee ainda estava em sintonia com o *zeitgeist*, que continuava processando o que acontecia no mundo e transformava suas impressões em substrato para os quadrinhos. Talvez *Cage* tenha tido apenas esse anúncio curto por conta de sentimentos conflitantes — o orgulho da Marvel, que passava a ter um herói negro principal com a própria série, talvez misturado com um pouco de vergonha por perceber que sua bem-intencionada tentativa de se mostrar a par dos assuntos da atualidade na Soapbox em que debatia a tragédia de Attica tinha saído apenas um mês antes do lançamento de *Herói de aluguel*.

***

Enquanto Lee cultivava seu papel e sua imagem de comentarista e analista, envolvido com acontecimentos recentes, tentando manter a Marvel em destaque, ainda restavam alguns assuntos antigos para resolver, querendo ele ou não.

Jack Kirby, agora na DC, estava ocupado como sempre, produzindo material incrível, ainda que idiossincrático. Mesmo assim, o quadrinista arranjou tempo para, em *Senhor Milagre* n.º 6, à venda em outubro de 1971, inventar e incluir um personagem que era obviamente baseado em Lee: Funky Flashman, que no Brasil, em algumas aparições, recebeu o nome de O Vigarista.

Flashman, um vigarista egocêntrico que se apresentava como agente de talentos, mudava de aparência, botando peruca e barba falsa, e ficava muito parecido com o Stan Lee da época. Funky era um personagem patético e autocentrado que vivia à custa de um parente e que venderia até a mãe para se beneficiar ou para ajudar o principal vilão do Quarto Mundo de Kirby, Darkseid. A introdução da história descreve Flashman da seguinte maneira:

> Nas sombras de um mundo entre o sucesso e o fracasso, vive um homenzinho que anseia por tudo!!! Um estraga-prazeres oportunista e sem caráter nem valores!

Funky era servido por um manobrista chamado Houseroy, uma versão igualmente pejorativa de Roy Thomas. Em certo momento, enquanto tentavam se aproveitar de Scott Free (cujo codinome era Senhor Milagre), Houseroy adverte Funky dos riscos que Scott insistia em correr. E Flashman responde: "Bem, então ele quebra a perna ou *morre*!!! E aí eu vou ficar na beira da praia, tomando meu martíni, só esperando o *próximo* peixe!!!"

A história da revista termina em desastre para Flashman, que observa sua antiga fazenda de escravos (uma metáfora velada para a Marvel, o dono e o editor-chefe) arder em chamas, e reflete:

> E tudo termina em chamas! A propriedade Mockingbird,* com suas lembranças felizes! (...) Os escravos felizes cantando para a família!

A capa da edição — presumivelmente escrita por Kirby — trazia certa ambiguidade com a manchete: "Funky Flashman! Vilão ou *herói? Você* decide!"

A apresentação desse personagem é um ataque mais intenso do que simplesmente exagerar a vaidade ou os padrões de fala da pessoa. É uma interpretação mordaz de Lee como falso e mal-intencionado, sem nenhum valor, ganancioso e que adorava se vangloriar. Essas paródias não tão sutis de Funky e Houseroy podem ter passado despercebidas por boa parte dos leitores, mas, para quem sabia

---

* Quadrinho da Marvel com a personagem Bobbi Morse, agente da S.H.I.E.L.D., que não chegou a ser publicado no Brasil. A palavra "mockingbird" também significa "alguém que fala mais do que faz e perturba todo mundo". (N. da E.)

um pouco sobre as pessoas por trás dos quadrinhos, eram um último "Vão à merda!" de Kirby. Seria difícil imaginar ele e Lee fazendo as pazes ou voltando a trabalhar juntos.

Thomas comentou a história:

Esse Funky Flashman incomodou um pouco [Stan], porque, pelo menos para Stan, a atitude foi um tanto mesquinha. (...) Até eu fiquei meio incomodado na primeira vez que vi o tal do Houseroy, porque é uma interpretação apenas parcialmente verdadeira de mim. (...) E eu odiei aquela história, que muitos achávamos (...) que era um ataque baixo contra Stan, e eu teria odiado, com ou sem Houseroy.

Quando fui conversar, é claro que Jack respondeu: "Ah, é só uma história." (...) Mas todos sabíamos que era um pouco mais que isso. (...) Stan sempre dizia que não ia se deixar incomodar, mas o relacionamento [entre Lee e Kirby] nunca mais foi o mesmo.[2]

O parceiro de Kirby, Mark Evanier, lembrou:

Sei que Roy ficou mais chateado com a história do que o próprio Stan, e Jack até estava um pouco... Bem, não vou dizer que ele estava arrependido de ter feito a história, mas por ter saído do jeito que saiu. Porque o que aconteceu foi que Jack começou a fazer uma história sobre outra pessoa (...) mas na época saiu uma entrevista de Stan que o deixou muito ofendido; Jack achou aquilo muito desagradável. Ao longo dos anos, os dois lados tiveram vários [ressentimentos e a sensação de que tinham sido ofendidos], e sempre vinham à tona na hora errada. Jack ficou bravo com Stan, e Stan ficou bravo com Jack.[3]

Claro que a verdadeira ameaça de Kirby era a competição nas bancas, o material que ele estava produzindo. Embora as vendas não tenham sido tão boas quanto a DC esperava, ainda eram mais do que respeitáveis. E, mesmo que o estilo de roteiro de Kirby causasse estranhamento em alguns leitores, o que impressionava era o poder dos desenhos e da narrativa visual, somado aos personagens inéditos e à enorme quantidade de novas ideias que Kirby lançava a cada edição. Jack parecia estar cumprindo seu objetivo de criar histórias autorais, em que era responsável por todos os aspectos, de modo que, independentemente de qualquer outra coisa, seu trabalho na DC pudesse ser encarado como sua visão pessoal pura, sobretudo depois que pôde contratar o arte-finalista que tanto queria, Mike Royer. Claro que havia a questão de que, sempre que Kirby desenhava o Super-Homem, a DC mudava o rosto do personagem para se "enquadrar ao modelo", o que acontecia com muita frequência, especialmente na série *Jimmy Olsen*, um spin-off de *Super-Homem*. Bem, nem tudo é perfeito.

***

Logo depois do aparecimento de Funky Flashman, Stan Lee deu um grande passo para controlar e expandir sua marca. Em 5 de janeiro de 1972, ele apresentou o evento *A Marvel-ous Evening with Stan Lee* [Uma noite de Marvel e Maravilhas com Stan Lee], no famosíssimo Carnegie Hall.

A ideia foi do produtor Steve Lemberg, que também estava por trás do álbum *The Amazing Spider-Man: From Beyond the Grave — A Rockomic* [O incrível Homem-Aranha volta do túmulo — Um disco-gibi de rock]. Lemberg — que obteve, com Chip Goodman, os direitos de muitos dos personagens da Marvel por uma pechincha — tinha a clara intenção de transformar Lee em uma celebridade, usando os personagens da Marvel como trampolim. A noite foi uma mixórdia de grupos e elementos ecléticos, com leituras dramáticas de quadrinhos, desenhos de John Romita e Herb Trimpe feitos na hora e música de Chico Hamilton e sua banda (Hamilton também assinava a trilha sonora dos programas de rádio da Marvel, que Lemberg estava produzindo), sem falar na presença de Roy Thomas e de Barry Smith. Alain Resnais, o romancista Tom Wolfe e o ator René Auberjonois participaram de leituras das histórias em quadrinhos e de textos que tratavam do assunto.

O evento também foi a estreia pública do poema épico de Lee, "God Woke" [Deus despertou]. Lee confidenciara a Resnais que o recital, conduzido pela esposa, Joan, e pela filha, JC Lee, era a materialização de seu desejo de se tornar um poeta famoso como Rod McKuen. Apesar de hoje em dia estar quase esquecido, McKuen era muito popular e fazia aparições regulares na TV, além de vender milhões de livros de poesia.

A noite parece ter sido muito divertida, mas, segundo vários relatos, inclusive os de Thomas e Gerry Conway, na verdade foi sem graça. Talvez o erro tenha sido tentar criar uma extravagância multimídia que extrapolasse as palestras de Lee em universidades e convenções de quadrinhos, orquestrando — literalmente — suas habituais conversas ininterruptas em um espetáculo do *showbiz*, mas em grande parte composto por pessoas que — à exceção do grupo de Hamilton — não eram profissionais do entretenimento — e isso, claro, incluía Lee. Ao que parece, não se conquista o público reunindo um monte de escritores, desenhistas e artistas amadores numa vã tentativa de criar uma tradução convincente dos personagens de quadrinhos impressos em um espetáculo ao vivo.

O crítico Dean Latimer escreveu sobre a noite em *The Monster Times*:

> *A plateia saiu em um silêncio atordoado, depois de muitas vezes bocejar mais alto do que as apresentações incríveis. (...) Tudo não passou de uma besteirada sentimental (...) e dá para entender por que todos ficaram tão impressionados. E entediados.*[4]

O crítico Peter Ainslie relatou, para o *Women's Wear Daily*:

> *[Lee] apresentou várias celebridades de Nova York, como Tom Wolfe, Alex Bennett, Brute Force, René Auberjonois e muitos outros, mas o evento não empolgou.*[5]

Conway lembrou, em entrevista para Raphael e Spurgeon:

> *O produtor não sabia o que estava fazendo. (...) A capacidade de improviso é, ao mesmo tempo, a maior força e a maior fraqueza*

de Stan. Infelizmente, não se pode improvisar um espetáculo de duas horas.[6]

Até o produtor, Lemberg, tinha lembranças negativas:

Foi realmente horrível. Fiquei até me sentindo mal pela qualidade do evento.[7]

No entanto, pelo menos um participante adorou: Scott Edelman, futuro escritor e editor da Marvel, mas que na época era apenas um estudante do ensino médio do Brooklyn. "Amei todas as apresentações", lembrou. Edelman acredita que muitos também se divertiram bastante. "Quando as pessoas começaram a escrever [críticas negativas] nos fanzines (...) olha, não sei o que essa gente esperava. (...) Talvez não fosse o tipo de coisa que eles gostam (...) mas, para mim, foi uma noite maravilhosa."[8]

***

O poema épico de Lee recitado naquela noite, "God Woke", não era tão ruim para uma poesia pop, como os pensamentos de um homem de meia-idade tentando compreender o sentido da existência. O tema e o assunto pareciam ser os mesmos nas entrelinhas das histórias do Surfista Prateado de Lee: por que os humanos sempre criam conflito, se poderiam criar um mundo muito melhor com mais cooperação e gratidão?

Lee estava determinado a escrever apenas poemas rimados (ele disse ao professor de filosofia Jeff McLaughlin que não gostava de poemas sem rimas e que "odiava versos livres") e que passassem algum tipo de mensagem (Lee também disse a McLaughlin que odiava poemas em que "não dá para saber o que estão dizendo"). "God Woke" é um poema longo, com cerca de trezentos versos, boa ambientação e que conta uma história. Em rimas.[9]

O poema é claramente produto de uma mente ágil e curiosa; foi escrito por alguém que *de fato* se preocupa em definir o propósito da humanidade na Terra. Embora Lee tenha afirmado que nunca se ateve muito a questões religiosas, uma pessoa que não liga muito para religião não escreveria um poema épico com Deus no título, como observou o dr. Thomas Mick.[10]

***

O ano de 1972 também marcou o fim da era de Martin Goodman na empresa. Tudo estava indo conforme o planejado, com Chip Goodman já no convés, esperando para assumir o cargo do pai como presidente e editor da Magazine Management. Seguindo os passos do pai, Chip comandaria o império da família, que vinha com a Marvel Comics e Stan Lee.

No entanto, havia uma pessoa com grandes ressalvas a essa mudança antecipada.

Embora Lee fosse muito bem pago pela Cadence, a promessa que ouvira de Goodman, de muitos lucros com a venda da empresa, não se concretizara. E mesmo que não houvesse essa promessa de dinheiro, Lee passara mais de três décadas trabalhando nas trincheiras de Goodman e, mais do que isso, *reinventando* a linha de quadrinhos — sem falar no que ele fizera pela própria indústria! Trinta anos. Agora, Lee queria fazer as coisas do seu jeito. Tinha várias ideias que queria implementar para novas iniciativas de publicação. E ainda havia rumores de que ele estivera conversando com o pessoal da DC sobre um possível trabalho por lá. Talvez aquele almoço amigável com Carmine Infantino, mencionado nos *Bullpen Bulletins*, não tenha sido apenas para relembrar os velhos tempos. (Ter Kirby e Lee trabalhando ao mesmo tempo na DC teria sido uma realidade alternativa interessante, para dizer o mínimo.)

Considerando tudo isso, Lee foi promovido, na primavera de 1972, para presidente e editor da Marvel Comics.

Em 2017, refletindo sobre a época, ele comentou a promoção:

Foi minha única vingança. Martin tinha colocado o filho para trabalhar lá e ainda tinha combinado com a Cadence que ele seria editor depois que Goodman se aposentasse. E eu disse para a Cadence: "Se ele virar editor, eu me demito." Foi assim que acabei me tornando o editor.[11]

Ou, como Raphael e Spurgeon colocaram:

Não faltava gente com tino para os negócios na Cadence. O que faltava eram ícones da cultura pop cujas personalidades extravagantes podiam reunir um séquito de fãs capazes de encher o Carnegie Hall.[12]

E, mesmo que Lee tivesse passado a ocupar um cargo mais elevado — tendo, portanto, se afastado do ofício de escrever e editar os quadrinhos mensais —, Chip Goodman ainda assim foi promovido a presidente e editor da Magazine Management, o que também incluía a Marvel. Lee subira de posição, mas parecia, pelo menos no papel, ainda se reportar a um Goodman. Em 27 de março de 1974, ele enviou um memorando a Martin, convidando pai e filho para um almoço da diretoria da Comics Magazine Association of America [Associação de Revistas de Quadrinhos dos Estados Unidos] para homenagear um sujeito chamado Bill Server por seus anos de serviço.[13] Esse convite indica que as relações entre Lee e os Goodman continuavam, até esse ponto, no mínimo cordiais. O que não duraria muito.

***

Lee logo passou a assumir o que considerava que deveriam ser os deveres do novo cargo de presidente e editor da Marvel. Depois de discussões internas sobre os cargos e as responsabilidades — uma batalha que ainda atormentaria a Marvel por muitos anos —, Thomas assumiu o antigo cargo de Lee como editor (ainda não existia o título de "editor-chefe" para o principal editor da empresa), enquanto Stan se ocupava de buscar ideias para inovar os quadrinhos da empresa, procurando formatos diferentes, apresentando mudanças de conteúdo ou uma combinação de ambos os aspectos das histórias. Claro que Lee não fez isso só por amar a ideia de criar novos produtos, mas também porque as vendas da Marvel estavam caindo.[14]

No fim das contas, Goodman vendeu a empresa na hora certa; já começava um dos períodos de crise da indústria dos quadrinhos. O êxodo da classe média para os subúrbios diminuiu a quantidade de bancas de jornais e lojas de esquina em que as crianças passavam a caminho da escola para comprar refrescos e gibis. Na época, havia lojas especializadas, mas eram poucas, e ainda estavam começando a surgir no país. Era o início do que viria a se chamar *mercado direto*. Ainda assim, a moda estava apenas começando, com pioneiros como Phil Seuling fechando acordos com a Marvel e a DC para evitar os custos dos distribuidores tradicionais e receber os quadrinhos direto da fonte, podendo vendê-los a preços mais baixos, sacrificando, em troca, o privilégio de poder devolver alguma revista que não vendesse bem.[15]

Já estavam acabando as forças do impulso inicial da chamada Era de Prata dos quadrinhos, que tinha começado com a leva de super-heróis repaginados da DC e que, por sua vez, inspirara os novos quadrinhos de heróis da Marvel. Embora a Marvel mantivesse o recorde de inovação, venda e engajamento desde *Quarteto Fantástico* n.º 1, no início dos anos 1970 os personagens e a abordagem da empresa estavam perdendo o apelo. Àquela altura, os super-heróis já eram bem conhecidos e estabelecidos no mercado, e o Homem-Aranha era quase tão icônico quanto o Super-Homem. A abordagem mais realista que inovara os quadrinhos da Marvel e causara tanta surpresa ao público já tinha perdido esse efeito. Os quadrinhos eram vendidos por vários motivos, mas a novidade não era mais um deles. Era por isso que Lee estava tão ansioso para experimentar novos gêneros e formatos.

Em certo nível, a principal questão era — e continuaria sendo pelos próximos quarenta anos —: para quem fazemos isso? Quem lê quadrinhos? E a resposta não era mais tão simples quanto nos anos 1950, quando a maioria dos leitores eram crianças, meninos e meninas, que só se apegavam aos quadrinhos por alguns anos. Além disso, a própria natureza do que a Marvel introduzira no mercado —

um universo fictício, com histórias e séries que se relacionavam, povoado de personagens que se comportavam de maneira um tanto realista — parecia também ter se tornado um clichê. Mesmo com escritores e artistas talentosos envolvidos no processo de criação de cada história, quase tudo ou já parecia ter sido feito, ou, em alguns casos, era tão extravagante que não atraiu o grande público.

Além disso, considerando as mudanças que tinham abalado a distribuição das revistas e afrouxado o Código dos Quadrinhos, sem mencionar toda a estética alternativa das publicações *underground* que adolescentes e estudantes universitários tinham passado a consumir, fica bem claro que a definição de *como* deveria ser uma história em quadrinhos estava passando por algumas mudanças. E será que os quadrinhos poderiam competir de verdade com a TV ou com os filmes, com seus retratos francos de sexo e violência?

E, enquanto todos os envolvidos — criadores, distribuidores, pontos de venda e até os fãs — reavaliavam o lugar dos quadrinhos em seu cosmos, acontecia uma revolução dentro da própria indústria, que pode ser muito bem exemplificada com a presença de Carmine Infantino e Stan Lee em cargos executivos. Uma década antes, os dois não teriam tido sequer a oportunidade de preencher essas cadeiras. Lee não teria sido considerado sério o suficiente, um peso leve em comparação aos editores "de verdade". Infantino seria "apenas um artista", com a cabeça nas nuvens, incapaz de descer à Terra e descobrir como preencher os registros de perdas e ganhos. Mas os dois estavam no comando, contratando jovens intensos e cheios de motivação, que lançavam quadrinhos igualmente intensos e cheios de motivação. Mas, ainda assim, não estavam vendendo muito bem.

Ao que parecia, Martin Goodman cronometrara tudo perfeitamente. Logo estaria fora da indústria, e, de acordo com o contrato com a Cadence, Chip dirigiria o espetáculo na Magazine Management.

* * *

A Marvel e a DC — assim como as outras empresas menores — inventavam e publicavam, para então cancelar, dezenas de títulos de vários gêneros. De 1972 a 1974, o número de títulos da Marvel foi de cerca de vinte para mais ou menos quarenta. Ainda assim, a estrutura básica da empresa não mudou. Thomas herdara um sistema editorial e de produção originalmente concebido para funcionar com um editor supervisionando de oito a dez títulos por mês, mas que culminou em uma carga de trabalho intensa demais quando o editor — Thomas — teve que supervisionar mais de quarenta histórias mensais. Para lidar com a carga de trabalho esmagadora, criou-se um sistema em que os escritores de cada quadrinho eram também os editores dos títulos, enquanto Thomas e Lee tentavam lidar com as questões mais globais de direção e de filosofia da marca. Lee ou Thomas talvez decretassem que era preciso fazer uma série com história de vampiros, de motociclistas místicos ou de um trio de super-heroínas. Caberia então a Thomas (com eventuais pitacos de Lee) pegar essas ideias sugeridas ou as que tivessem sido aprovadas e discuti-las com escritores e artistas, que as traduziriam em gibis reais — que, por sua vez, precisavam sair regular e pontualmente.

Entediado com as minúcias da parte administrativa do trabalho editorial, Lee tentou se concentrar mais no lado criativo, testando novos tipos de formato e assuntos com os quais Goodman sempre hesitara em trabalhar. A essa altura, quatro anos depois de Martin acertar a venda da empresa, a Marvel praticamente não tinha nada a perder com as experimentações.

E Lee tentou de tudo. Houve a proposta de uma série de quadrinhos escrita por grandes nomes da literatura, como Kurt Vonnegut e Václav Havel (que nas horas vagas trabalhava como presidente da Tchecoslováquia), mas a ideia nunca se materializou. Stan convidou o criador da revista *Mad*, Harvey Kurtzman, para elaborar uma nova revista humorística, mas Kurtzman não estava interessado em desenvolver mais um produto qualquer da Marvel. Lee chegou a cogitar com Will Eisner a possibilidade de ele criar uma linha de quadrinhos ou de publicar reimpressões de *Spirit* — ou talvez novos materiais de *Spirit* — pela Marvel, ou até que ele assumisse um cargo de editor, enquanto Lee manteria o título de presidente.

Segundo o biógrafo de Eisner, Michael Schumacher, o autor não queria fazer parte da estrutura corporativa da Marvel. Além disso, "Eisner informou a Lee que, se fosse encarregado da Marvel, implementaria mudanças que dessem aos escritores e artistas a propriedade intelectual de seus trabalhos. Lee não estava em posição de negociar tais mudanças".[16]

Da mesma forma, Jim Warren, proprietário da Warren Publishing — editora de *Eerie*, *Creepy* e *Vampirella* —, não ficou muito satisfeito quando Lee, que supostamente prometera se manter fora da competição nos quadrinhos em preto e branco, lançou justamente um desses. Mas Warren não deve ter se surpreendido. A sobrevivência da marca estava em jogo, e Warren conhecia bem seu amigo/inimigo. Sabia que Stan faria o que fosse preciso para garantir o emprego.

Em 1974, Lee tinha dito à revista *Rolling Stone*, cheio de ironia: "Ele [Warren] me detesta. Se eu fosse mais sensato, contrataria um guarda-costas."

E continuou: "Sei que ele costuma dizer às pessoas que estamos tentando destruí-lo. Não é nada disso. (...) Eu acho que, se fizermos nosso trabalho bem, só vai ajudá-lo. (...) Considerando o jeito como se comporta, acho que ele é meio *doido*."[17]

Em entrevistas feitas em 1998 e 1999, Warren refletiu:

Eu odiava qualquer um que roubasse nossos conceitos, nossas ideias, e inundasse o mercado com cópias só porque tinham o aparato e o apoio de uma grande empresa como a Marvel.

Mas se eu realmente odeio Stan Lee? Quem poderia odiá-lo? Stan é um dos caras mais bacanas do mundo dos quadrinhos. Mas, se Stan Lee decidir me chamar para a briga (...) Bem, melhor arranjar um carro com fundo de vidro, para poder olhar a cara dele quando eu passar por cima.[18]

Nos *Bullpen Bulletins* dos quadrinhos de setembro de 1972, provavelmente escritos em maio, Lee declarou que aquele era o começo da "Fase Dois da Marvel". Ele escreveu que, com Thomas como editor:

Finalmente terei tempo (...) para me dedicar exclusivamente a sonhar com projetos novos e empolgantes para a casa, com novos campos para a Marvel conquistar no cinema, na TV, nos livros... em tudo o que você quiser!

Incansável em seus esforços para melhorar a imagem da indústria dos quadrinhos e, por consequência, as vendas da Marvel, Lee também se tornou ativo na ACBA, a Academy of Comic Book Arts [Academia de Artes dos Quadrinhos]. Sua visão da organização, como um grupo que funcionaria feito a Motion Picture Academy, distribuindo prêmios e espalhando boa vontade, era bem diferente do que buscavam alguns dos escritores e artistas participantes, como Neal Adams e Archie Goodwin, ansiosos por um tipo de grupo ou sindicato para defender seus direitos.

***

Após as promoções, não é nenhuma surpresa que o status de celebridade de Lee tenha continuado a crescer:

Em abril de 1972, por exemplo, ele e Kirby apareceram juntos no Cartoon Symposium [Simpósio de Cartunistas], da Universidade Vanderbilt, em Nashville, junto com Gahan Wilson, Garry Trudeau, Dave Berg e outros. Não houve nenhuma menção a Funky Flashman.

Em 3 de maio de 1974, Lee foi agraciado com o prêmio Popular Culture Award of Excellence for Distinguished Achievements in the Popular Arts [Prêmio Cultura Pop de Excelência por Realizações Distintas nas Artes Populares], durante a quarta Convenção Nacional da Popular Culture Association [Associação de Cultura Pop], em Milwaukee. Outros vencedores do prêmio foram Count Basie, James M. Cain, Agatha Christie, Howard Hawks e Irving Wallace.

Um folheto promocional de uma associação de palestrantes da época o colocava ao lado de figuras talentosas, como Richard Leakey, Norman Lear, Ramsey Lewis e Art Linkletter. O texto de apresentação o descrevia assim:

Rei dos Quadrinhos, editor da Marvel Comics (...) escritor, ilustrador e a mente por trás dos quadrinhos mais populares nos campi universitários da atualidade. Lee oferece uma visão de como um homem na casa dos cinquenta, mas atendendo a um mercado jovem, pode "revolucionar o sistema" para se tornar o escritor mais publicado dos Estados Unidos.

Mas, celebridade ou não, Lee ainda tinha que manter seu emprego e resolver as pendências diárias da vida de editor.

***

Apesar de Lee ser presidente e editor da Marvel Comics, Chip Goodman era presidente e editor da Magazine Management, empresa proprietária da Marvel. Então, tecnicamente, ainda era chefe de Lee.

E havia intrigas se espalhando quanto ao relacionamento de Lee e Chip. O antigo sócio comercial de Goodman, Albert Einstein Landau — afilhado do físico Einstein —, também se colocou no cargo de presidente da Magazine Management e, consequentemente, da Marvel. Lee, então, passou a ser editor da Marvel *e* da Magazine Management, com Landau como chefe de Stan e de Chip. Em 1974, ao fim do contrato de Chip, não houve renovação. Ou seja: nem Chip nem Martin eram empregados da Cadence.

Embora seja difícil de acreditar que um homem de negócios tão experiente quanto Martin Goodman não tivesse feito os acordos e contratos necessários para garantir a permanência do filho em um cargo executivo por mais do que apenas alguns anos, parece que foi isso mesmo o que aconteceu. Martin, enfurecido com o tratamento dedicado ao filho, começou a planejar vingança. Estava determinado a prejudicar a Cadence — e Lee, por consequência —, certo de que ele e Chip triunfariam. O relacionamento entre Stan Lee e Martin Goodman lembrava cada vez mais uma das histórias em quadrinhos da Marvel.

***

Durante esse período de brigas corporativas e familiares, a Marvel passava pelas dores e — poucas — delícias do crescimento. Uma geração inteira de novos artistas e escritores estava entrando em campo, trazendo para as editoras a consciência criativa da geração dos *baby boomers*, em oposição direta ao lado mais mercadológico dos quadrinhos. Muitos dos novos quadrinistas tinham nascido entre os fãs das revistas, como Len Wein, Marv Wolfman, Steve Gerber, Mary Skrenes, Steve Englehart, Frank Brunner, Jim Starlin, Mike Friedrich, Linda Fite, Mimi Gold e muitos outros, que cada vez mais acrescentavam suas visões de mundo e ampliavam a ideia de como deveria ser uma história em quadrinhos. Claro que as histórias de super-heróis da Marvel continuaram, mas a editora também passou a publicar títulos de terror, fantasia histórica, romance e ficção científica. A natureza do mercado e a mudança crescente no modelo de venda dos quadrinhos significavam que muitos dos experimentos fracassariam. Ainda assim, permanecia a sensação de que a Marvel estava disposta a tentar de tudo, e que Stan de fato faria o que se propusera a fazer naquela Soapbox: "Sonhar com projetos novos e empolgantes para a casa." A verdade é que Stan não tinha escolha quanto à sobrevivência da empresa. Era uma época animada, porém assustadora, para a Marvel e para toda a indústria dos quadrinhos.

* * *

Embora a Marvel estivesse testando gêneros, imagens e roteiros que nunca tinham ousado — ou que não teriam permissão do Código para — publicar apenas alguns anos antes, foi só quando mexeram com seus amados super-heróis que, como se pode imaginar, todos se intrometeram.

Em uma tentativa de aumentar as vendas de *O Espetacular Homem-Aranha*, alguém — a maioria acredita que tenha sido o diretor de arte John Romita Sr. — teve a ideia de matar um querido personagem coadjuvante, assim como o ídolo Milton Caniff fizera anos antes, matando Raven Sherman, na tirinha de jornal *Terry and the Pirates*. Após discussões entre Lee, Thomas, Romita e o escritor da série, Gerry Conway, foi decidido que Gwen Stacy, namorada de Peter Parker, seria assassinada. Isso aconteceu na edição n.º 121, lançada em março de 1973.

A reação dos fãs ao assassinato, sobretudo o que se falava nas aparições de Lee nas universidades, foi muito negativa. E não ajudou em nada o fato de o crime ter sido apresentado de maneira que dava a entender que o assassino poderia ter sido o próprio Homem-Aranha, que a matara inadvertidamente enquanto tentava salvá-la do Duende Verde. Lee dizia ao público — e talvez de fato acreditasse nessa versão — que a decisão tinha sido tomada sem seu conhecimento, enquanto ele estava em uma viagem de negócios. E Lee afirmava isso mesmo que todos os outros envolvidos negassem que fosse possível, alegando que, mesmo que Lee tivesse se ausentado por alguns dias, ele supervisionava tudo, de modo que certamente sabia e aprovara essa guinada crucial na vida dos personagens.[19]

Por outro lado, Lee assumiu a responsabilidade e se posicionou com firmeza na questão dos anúncios exibidos nos quadrinhos, o que de muitas maneiras foi mais significativo para o cerne e a identidade da empresa. Nos arquivos de Lee na Universidade de Wyoming, há uma carta datada de 3 de julho de 1974, escrita para Roy Thomas por um leitor indignado:

Chegou à minha atenção algo que me levou a considerar seriamente o boicote à Marvel por motivos morais. Estou me referindo especificamente aos anúncios neonazistas exibidos na sua seção de classificados. São propagandas para uma empresa chamada "Adolf's", que vende decalques nazistas, enígnias [sic] etc.

Thomas acrescentara uma nota para Lee na carta: "Podemos insistir [ao pessoal da publicidade] que se recusem a aceitar esse tipo de anúncio no futuro?"

Em 11 de julho, Lee enviou um memorando para a empresa que lidava com os classificados da Marvel:

A partir do presente momento, não se deve aceitar mais nenhum tipo de anúncio que possa ser considerado neonazista. Como exem-

plo, o referido na carta em anexo, de um leitor ofendido com o anúncio veiculado por uma empresa chamada Adolf's.[20]

Esses anúncios pararam de ser exibidos.

***

Além do trabalho no escritório e nas palestras, Lee também trabalhava no livro *Origins of Marvel Comics* [As origens da Marvel Comics], para a Simon & Schuster. Embora em grande parte fosse composto de reimpressões das histórias de origem e aventuras do Homem-Aranha, do Quarteto Fantástico, do Hulk e de outros heróis, o livro também continha as versões oficiais de Lee — e, portanto, da Marvel — de como os personagens tinham sido criados. Essas histórias foram escritas para serem mais divertidas do que factuais, e, ao que parece, com a intenção de tornar Lee a figura mais central e importante da criação dos personagens — o que não é de surpreender, já que os outros dois colaboradores mais relevantes tinham abandonado a empresa e o deixado sozinho.

No livro, assim como em muitos dos textos que vieram depois, Lee dedicou elogios decididamente efusivos para Kirby e Ditko, mas a narrativa deixava claro que Stan Lee era a principal força criativa por trás da Marvel e de seus personagens. É de se imaginar que, além de querer consagrar a lenda de Lee, a Marvel preferiria que a história oficial fosse de um contratado da empresa, em vez de alguém que estivesse trabalhando para outras editoras e que poderia até acabar abrindo um processo por propriedade intelectual.

***

Quaisquer que fossem, as obrigações contratuais que impediam Martin Goodman de abrir competição contra a Marvel e a Magazine Management devem ter expirado em meados de 1974. Naquele verão, Martin e Chip deram início a um novo empreendimento editorial, localizado literalmente na esquina da Madison Avenue, onde ficavam os escritórios da Marvel. A empresa publicava uma variedade de revistas, além de quadrinhos coloridos e em preto e branco, e a linha de quadrinhos competia diretamente com a Marvel, a DC e todas as outras editoras. Apropriando-se do nome da distribuidora que criara nos anos 1950, Martin deu à empresa o nome de Atlas Comics — também conhecida como Atlas/Seaboard.

No entanto, aquele meio do ano de 1974 não se configurava um bom momento para abrir uma editora de quadrinhos. Era como se Martin Goodman, o empresário astuto, que vendera sua empresa na hora mais do que certeira, tivesse começado a dar alguns tropeços, como se tivesse perdido seu tino para os negócios ou estivesse apenas cego de raiva.

No meio de uma crise de circulação de quadrinhos e de um momento questionável na economia nacional, o homem que entrara de cabeça e vencera guerras de circulação e distribuição que vinham desde os anos 1930, o empresário responsável pela criação do espírito da indústria dos quadrinhos junto com Stan Lee (e, antes disso, da Funnies Inc. e de Simon e Kirby), que parecia sempre saber o que e quando fazer, que soubera o momento certo de vender a Marvel...

Foi nessa hora que o antigo Martin Goodman decidiu tirar uma soneca.

O Martin Goodman que decidira abrir uma editora de quadrinhos agora, na verdade, parecia muito mais o sujeito que tomara aquela decisão incrivelmente errada em 1957, quando resolvera parar com a própria distribuição e assinara um contrato com a American News, já prestes a falir. Uma decisão que quase o levara a encerrar a própria empresa.

O Martin Goodman que abria aquela editora de quadrinhos para gerir junto com Chip parecia descuidado, movido apenas pelo ódio, querendo vingança por algo do qual ele mesmo falhara em prever e tomar medidas para se proteger.

A nova Atlas oferecia um pagamento significativamente mais alto para os escritores e artistas, além de vantagens como participação nas vendas e a devolução da arte original a seus criadores. Uma estratégia que de fato atraiu muitos profissionais proeminentes para a empresa, mas que não tinha como aumentar o público dos quadrinhos.

Vários fatores, nenhum deles relacionado à qualidade do conteúdo (muitos fãs se lembram com carinho da produção da Atlas), pareciam quase garantir que a Atlas Comics não fosse bem-sucedida. A questão não era se a nova editora dos Goodman fracassaria ou não. A questão era se, quando isso acontecesse, levaria o resto da indústria ladeira abaixo.

16 O CAOS E O REI

> É COMO A ALEMANHA NAZISTA E OS ALIADOS NA SEGUNDA GUERRA MUNDIAL.
> — CARTA DE STAN LEE AOS FUNCIONÁRIOS FREELANCERS DA MARVEL, 1974

Logo no começo da era das editoras de quadrinhos, foi estabelecido que as empresas teriam todo o direito de propriedade intelectual sobre as histórias e as obras de arte produzidas por suas equipes de criação — incluindo a propriedade das artes originais. Alguns criadores conseguiam manter certo grau de participação de suas obras, sendo os mais famosos Bob Kane, com Batman, e William Moulton Marston, com a Mulher-Maravilha. Mas, como os contratos eram mantidos em sigilo, nunca ficou claro quais eram exatamente esses acordos e se de fato eram exceções, não a regra.

Jerry Siegel e Joe Shuster, conhecidos por terem vendido todos os direitos sobre sua criação, o Super-Homem, por 130 dólares, a princípio foram bem pagos para produzir mais histórias com o personagem, mas, em pouco tempo, passaram a ser excluídos de qualquer parte da receita maciça de sua criação. Essa história se transformou em uma espécie de advertência aos criadores de quadrinhos:

Não deixe que o que aconteceu com Jerry e Joe aconteça com você!

No entanto, quase todos os escritores de quadrinhos e artistas da época de Jerry e Joe continuaram vendendo os direitos autorais de seus personagens e de suas histórias para os editores, sem muita tentativa de negociação. Os criadores eram jovens da era da Depressão; para eles, o que importava era receber dinheiro *na hora*. Pensar em um possível pagamento mais robusto para versões de seus trabalhos em outras mídias era quase um delírio, em comparação com o dinheiro que poderiam receber *naquele instante* pelo trabalho apressado da noite anterior. Mas, como Stan Lee lembrara, no evento da Sociedade Nacional de Cartunistas, em 1971, essas convenções de a editora deter a propriedade intelectual, sem participação dos criadores, eram no mínimo problemáticas — um termo mais apropriado talvez fosse "onerosas".

Na década de 1970, entraram no mercado alguns escritores e artistas mais jovens, os *baby boomers*. Embora também concordassem com as condições de propriedade intelectual, já que queriam os trabalhos, eram um pouco mais cautelosos, e muitos procuravam maneiras de contorná-las. Esses artistas já tinham visto o destino de seus antecessores no negócio: quando não era a morte precoce, era uma vida de disputas por mais trabalhos, sujeita aos caprichos e exigências editoriais. Esses artistas viam o exemplo do movimento *underground comix*, em que os criadores detinham a propriedade intelectual do material, como um modelo para uma abordagem alternativa. É verdade que não havia uma taxa de páginas tão boa quanto a oferecida pelas editoras mais famosas da cultura pop, o que era muito útil para alguém que precisava comer e pagar aluguel, mas a vantagem potencial de deter os direitos autorais era muito maior. Os cartunistas das publicações alternativas detinham os direitos autorais de suas criações e obras de arte e ganhavam dinheiro com a reimpressão e a fabricação de itens licenciados com base em suas criações. Não havia outro dono do Mr. Natural a não ser seu criador, Robert Crumb. Já o Senhor Milagre, inegavelmente criação de Jack Kirby, era propriedade da DC Comics, mesmo enquanto a empresa fazia questão de divulgar a presença de Kirby em seu editorial.

Um dos editores que causavam mais receio aos quadrinistas da geração *boomer* era, é claro, Martin Goodman, que, embora capaz de certa generosidade quando era dono da Marvel — emprestando dinheiro aos artistas que tinham alguma emergência médica, mesmo sabendo que não havia chance de receber o pagamento de volta; concedendo grandes bônus de férias; e permitindo que os funcionários fixos também aceitassem trabalhos freelancers para a editora —, também protegera com unhas e dentes sua propriedade sobre os personagens da Marvel, antes de vender a empresa. Nem mesmo seu primo, Stan Lee, cocriador de muitos desses personagens, detinha direitos autorais ou contava com participação nos lucros.

Portanto, era um tanto irônico que esse mesmo Goodman passasse, com a nova Atlas, a oferecer várias vantagens aos artistas que queria roubar da Marvel e da DC — incluindo a participação nos lucros em produtos licenciados de qualquer personagem que criassem. Goodman estava se posicionando como amigo dos freelancers. E era mesmo, pelo menos enquanto o dinheiro continuava caindo na conta.

✱✱✱

Stan Lee já se correspondia com o escritor, artista e editor alternativo Denis Kitchen desde 1969. Lee tinha tentado convencê-lo a editar quadrinhos com estilo alternativo para a Marvel, mas só em 1974 — afetado pela economia fraca e pela necessidade de dinheiro, além de uma decisão da Suprema Corte que comprometia a distribuição de editoras alternativas — Kitchen topou uma cocriação com a Marvel: o livro *Comix Book*.

Na verdade uma antologia em formato de revista — portanto, não estava sujeito ao Código dos Quadrinhos —, o *Comix Book* foi lançado no final de 1974 e teve apenas três edições publicadas pela Marvel, sendo que o próprio Kitchen publicou as edições n.º 4 e 5. Lee teve sentimentos conflitantes quanto ao conteúdo, que não era tão extremo quanto os quadrinhos alternativos mais avançados — mas, ainda assim, era mais ousado do que as revistas aprovadas pelo Código. No entanto, estava ansioso por aproveitar um pouco da moda alternativa e assumir os créditos de "provocador". ("Podem dizer que sou um 'provocador'. Assim, se a publicação tiver problemas, posso dizer: 'Não sou responsável, tudo o que fiz foi provocar.'

Mas, se for um sucesso, posso dizer: 'Opa, eu que *provoquei* isso aí!'")
Embora não tenha conseguido trazer o maior ícone dos quadrinhos alternativos — Robert Crumb — para a editora, Kitchen reuniu muitas das principais obras da contracultura, como os quadrinhos de Art Spiegelman, Justin Green, Trina Robbins e Kim Deitch, todos ansiando pela exposição que conseguiriam com uma publicação da Marvel, além do pagamento de cem dólares por página — 300% a mais do que a taxa padrão de editoras alternativas. Além disso, Kitchen negociara um acordo um pouco incomum no mercado: os artistas receberiam a arte original de volta — e poderiam, mais tarde, vendê-la, já que estava surgindo um mercado interessado na arte original dos quadrinhos — e reteriam a propriedade intelectual do material publicado.

Lee cancelou o experimento depois de três edições. As vendas não eram muito expressivas, mas outro motivo muito relevante para o corte, segundo Kitchen, foi o sentimento que a mera existência do *Comix Book* fez se espalhar entre os artistas regulares da Marvel, que não detinham nenhum direito autoral nem recebiam o original do material que publicavam. Ainda assim, estava plantada a ideia de que a Marvel — e, por extensão, as outras editoras — poderia, se quisesse, fazer acordos fora dos contratos de trabalho habituais.[1]

Então, quando os Goodman abriram a nova Atlas/Seaboard, em 1974, já pairava no ar a possibilidade de, além de receber *mais* dinheiro, reter a propriedade ou ter participação nas receitas do material produzido. Goodman se aproveitou disso. Inúmeros criadores de destaque, como Howard Chaykin, Archie Goodwin, Neal Adams e até Steve Ditko, decidiram dar uma chance à nova editora.

Martin e Chip dirigiam a Atlas como executivos, mas contrataram um ex-editor da Warren, Jeff Rovin, e, curiosamente, o irmão de Lee, Larry — que, é claro, também era primo dos Goodman —, para editar os títulos, que incluíam de gibis coloridos aprovados pelo Código a quadrinhos de terror em preto e branco que nada tinham a ver com o Código, além de uma revista de palavras cruzadas e outras publicações. A intenção era criar uma versão menor da Magazine Management.

A resposta de Carmine Infantino a esse ataque da Atlas foi oferecer muitas das mesmas vantagens que os Goodman, mas apenas aos criadores que concordassem em manter o trabalho *exclusivo* para a DC.

※※※

Stan Lee, por sua vez, decidiu bater de frente com a nova editora. Em uma carta aos artistas freelancers da Marvel, escreveu:

> *Infelizmente, o fato de sermos uma empresa grande, com finanças sólidas e responsabilidade ética, agora age contra nós. É como a Alemanha Nazista e os Aliados, na Segunda Guerra Mundial. Hitler, que era um ditador e não precisava responder a ninguém, poderia fazer como quisesse sempre que tivesse vontade; com isso, conseguia fazer as promessas mais extravagantes ao seu público cativo enquanto se mantinha completamente indiferente às consequências. (...) A Marvel, como os Aliados, simplesmente não pode reagir com ofertas e promessas impetuosas.*

Depois de comparar a editora do primo à Alemanha Nazista, Lee lembrou aos freelancers que a Marvel fornecia plano de saúde e seguro de vida aos criadores que se dedicavam à editora, e que ele estava trabalhando para aumentar as taxas de páginas e os planos de bônus. Também observou que "anos atrás, quando eu quis começar a devolver os originais aos artistas, foi justamente uma dessas pessoas que agora faz ofertas tão extravagantes que se recusou a permitir!".

E concluiu dizendo:

> *A Marvel nunca mentiu para vocês. Nem nunca vai mentir. Fiquem com a gente, vocês não vão se arrepender.*[2]

Goodman instruíra os editores a imitarem a aparência e o estilo da Marvel nos quadrinhos, e, de fato, havia uma semelhança superficial. Mesmo assim, não dava para esperar que aquele mesmo raio da sorte caísse em outro lugar. Apesar do trabalho duro de Lieber, Rovin e suas equipes criativas, The Brute [O Bruto] não tinha como competir com o Hulk, e Wulf, the Barbarian [Wulf, o Bárbaro], não era páreo para Conan. Em meados de 1975, a Atlas já havia fechado as portas. E Lee parece ter perdoado toda essa competição — pelo menos no que diz respeito aos funcionários e artistas freelancers que tinham migrado para a Atlas, incluindo o irmão, Lieber, que não demorou a conseguir emprego como editor da Marvel.

Martin Goodman se aposentou e foi morar na Flórida. Qualquer contato entre ele e Lee foi muito raro, se é que houve algum. Chip Goodman, por sua vez, comprou a revista masculina *Swank*; com a publicação e diversas outras revistas, estabeleceu uma editora de sucesso que durou até sua morte prematura aos 55 anos, por pneumonia, em 1996.[3] Joseph Calamari, antigo executivo da Marvel e da Cadence, observou que Chip já estava preparando a série de revistas antes mesmo da criação da Atlas.[4] Portanto, é provável que a Atlas Comics tenha sido apenas parte de um plano maior e de longo prazo dos Goodman, um insulto simbólico para Lee e a Cadence, mas sem representar seu verdadeiro plano de continuar a dinastia editorial.

***

Como se não houvesse problemas o suficiente na indústria e especificamente com a Marvel, a natureza pequena e incestuosa do mercado dos quadrinhos causou outro problema sério. Em meados de 1974, quando o conflito com os Goodman estava apenas começando, Lee descobriu que um artista freelancer mentira sobre a taxa que recebia da DC apenas para negociar pagamentos mais altos com a Marvel. Depois disso, Lee marcou outro almoço com Infantino, e os dois concordaram em compartilhar informações sobre os pagamentos dos freelancers.

Roy Thomas, que na época já trabalhava como editor havia dois anos, estressado com o trabalho — e irritado com Lee, que tinha quebrado (ou simplesmente esquecido) a promessa de um emprego para sua então esposa —, ficou horrorizado ao saber desse acordo entre os diretores da Marvel e da DC, e acusou Lee de conluio. Thomas pediu as contas, e a Marvel ficou sem editor. Nos três anos seguintes, quatro outras pessoas passaram pelo cargo.[5]

***

As vendas de quadrinhos de super-heróis estavam diminuindo, mas, paradoxalmente, a ideia do super-herói como ícone da cultura pop norte-americana nunca deixara de despertar certo interesse em Hollywood. Provas do interesse do público nesse tipo de personagem foram os sucessos da série de TV *Batman*, de 1966 a 1968, o telefilme *Mulher-Maravilha*, de 1974, assim como a série da heroína, de 1975, o primeiro com Cathy Lee Crosby e a segunda com Lynda Carter no papel principal da amazona da DC. Os super-heróis têm muito em comum com os filmes de protagonistas com qualidades exacerbadas, como James Bond e O Homem de Seis Milhões de Dólares, que nunca saíram de moda. A série televisiva *Shazam!* — novo nome do Capitão Marvel original, escrito pela editora Fawcett Comics — era um sucesso com o público infantil nas manhãs de sábado.

Inclusive, George Lucas, na época conhecido apenas por dirigir o filme *Loucuras de verão*, estava tentando convencer a Marvel a publicar um prelúdio de quadrinhos para sua nova série de filmes — ainda em planejamento — do subgênero de ficção científica conhecido como ópera espacial, com protagonistas com essas mesmas características heroicas: *Star Wars*. Segundo Lucas, o filme teria estética e temática muito semelhantes aos quadrinhos da Marvel e da DC, sobretudo os de Jack Kirby. Era sabido no mercado que quadrinhos de ficção científica não vendiam bem, e Lee recusou a oferta. Ainda assim, Hollywood parecia sempre ter algum interesse nos super-heróis.

E, na primeira metade de 1975, dois antigos colegas de trabalho de Lee estavam empenhados na produção de documentos que aumentariam esse interesse e causariam grande impacto na vida e na carreira de Stan.

Para começar, Mario Puzo — em nome dos produtores Alexander e Ilya Salkind, que já tinham testado outros escritores, sem sucesso — estava escrevendo o protótipo de um roteiro para um filme de ação do Super-Homem. Puzo escrevia com regularidade para as revistas masculinas de Martin Goodman; ele tinha tentado escrever quadrinhos para Lee, mas achou que não valia a pena, por ser muito trabalho para pouco dinheiro. Porém, depois de lançar o romance best-seller *O Poderoso Chefão*, de 1969, e mais dois filmes de grande sucesso derivados do livro, Puzo havia se tornado um grande nome da indústria, e os produtores acreditavam que seu sucesso ajudaria muito na realização do filme.[6]

Enquanto isso, o antigo revisor da Marvel e cocriador do Super-Homem, Jerry Siegel, trabalhava em um longo comunicado para a imprensa, que começava assim:

> *Eu, Jerry Siegel, cocriador do Super-Homem, amaldiçoo o filme Super-Homem! Espero que seja um superfracasso. Espero que os fãs leais se recusem a assistir. Espero que o mundo inteiro, ao ficar sabendo da podridão que cerca Super-Homem, evite o filme como a praga que é.*
>
> *E por que amaldiçoaria um filme baseado no Super-Homem, uma criação minha?*
>
> *Porque eu e o cartunista Joe Shuster, cocriador do Super-Homem, não receberemos um centavo do contrato desse superfilme (...)*
>
> *Joe está parcialmente cego. Minha saúde não está boa. Nós dois temos 61 anos. E, apesar do grande sucesso do Super-Homem, nossas vidas foram bem difíceis.*

Com o apoio de Neal Adams, muito popular na época, e do antigo artista do Batman (e da Timely), Jerry Robinson — dois nomes comerciais de peso e que não dependiam dos ganhos com quadrinhos para levar a vida —, Siegel e Shuster lançaram uma ofensiva contra a DC e sua empresa-mãe, a Warner Communications, em busca de justiça — ou seja: de dinheiro, é claro, mas também de crédito como criadores.[7]

Apesar de serem documentos distintos e independentes, as publicações de Puzo e de Siegel sobre o Super-Homem tiveram consequências gigantescas para o futuro dos criadores de quadrinhos e de super-heróis — e, indiretamente, para Stan Lee.

***

Em 1974, Jack Kirby já estava bastante insatisfeito.

As vendas do Quarto Mundo, embora razoavelmente boas, não tinham sido tão espetaculares quanto a DC esperava. Depois de menos de um ano de publicações, Infantino decidira cancelar todas as séries da saga, exceto *Senhor Milagre*. Era o fim do plano de Kirby de uma saga extensa, que durasse anos. Sua ideia era lançar séries e mais séries, que depois seriam repassadas para outros artistas, enquanto ele supervisionava os títulos e criava novos. Em vez disso, estava relegado a fazer justamente o que o motivara a sair da Marvel: trabalhos menores. É verdade que ele ainda editava os próprios títulos, mas o sonho da autonomia que imaginara ter na DC — na verdade, a marca com seu nome que ele esperava dirigir — claramente não se tornaria realidade.

Infantino disse a Kirby para criar títulos sem relação com o Quarto Mundo para substituir as séries cortadas e mantê-lo em dia com as obrigações contratuais. Kirby criou *OMAC*; *Etrigan, o Demônio* e *Kamandi*, quadrinhos com conceitos interessantes e feitos com esmero — e até com aparente entusiasmo. Mas não era o que Kirby imaginara que estaria fazendo. Se só quisesse criar quadrinhos a pedido de outros editores, poderia ter ficado na Marvel, onde, perto de sua saída, Stan Lee já lhe dava muita autonomia — e crédito.

Jack Kirby não estava feliz, e o contrato com a DC expiraria em breve. Parecia haver apenas um lugar para onde ir, mas o artista praticamente extinguira seus contatos com essa outra editora. E, no entanto, talvez a situação não fosse tão terminal quanto parecia. Stan Lee supostamente já dissera que: "Se Jack não tivesse me largado falando sozinho, tenho certeza de que teríamos chegado a algum acordo."[8]

***

Nos *Bullpen Bulletins* de agosto de 1975, havia um aviso que parecia praticamente colado já com a página pronta:

> EXTRA! *Trouxemos este aviso discreto para avisar que mês que vem chega às bancas o mais novo trabalho avassalador do nosso rei JACK KIRBY! E traremos um belo resumo do nosso mais recente sucesso no próximo* Bulletin*!*

Ao que parece, os dois conseguiram mesmo chegar a algum acordo, ou pelo menos estavam começando a forjar um. De acordo com Mark Evanier, Kirby se mostrara muito relutante em voltar à Marvel e passara um tempo esperando que as coisas melhorassem na DC. O artista talvez até tenha encorajado Lee a anunciar seu retorno antecipadamente. Como Evanier lembrou: "A Marvel vazou [as notícias de que Kirby concordara em voltar] (...) e Kirby esperava que isso pressionasse a DC a oferecer um contrato melhor. Mas, quando ficou claro que isso não aconteceria, ele de fato voltou."[q]

Portanto, só em *dezembro* que os *Bulletins* retomaram o assunto, explicando o retorno de Kirby. E só neles é que o anúncio recebeu a devida atenção, sendo o único assunto de uma longa coluna da Soapbox:

> *Este mês, trazemos notícias tão impactantes que não dá para adiar falar delas nem por mais um minuto! Jack Kirby está de volta! Isso mesmo, você leu certo! O rei Kirby (não se esqueçam de que foi na Marvel que ele conquistou o apelido) voltou ao seio da família do nosso editorial!*

Depois de listar as primeiras tarefas definidas para Kirby — uma história única de adaptação do filme *2001: Uma odisseia no espaço* e assumir a série *Capitão América* —, Lee falou mais sobre esse segundo trabalho:

Jack vai escrever e desenhar a série inteira sozinho. (...) Mas assim que tivermos um tempinho para respirar, quando você menos esperar... Verá uma incrível edição especial do — isso mesmo! — SURFISTA PRATEADO!

A coluna então discutia a primavera anterior, quando a Marvel realizou sua própria convenção no hotel Commodore, em Manhattan. Lee relatou um acontecimento do dia 24 de março de 1975, o último dos três dias de evento:

Na ocasião, mencionei que tinha um anúncio especial. (...) Quando comecei a falar sobre o retorno de Jack (...) todos se viraram, olhando em volta, enquanto Kirby em pessoa avançava alegremente pelo corredor para se juntar a nós no palco! Dá para imaginar como é bom poder retomar os momentos de diversão com o cocriador de quase todas as melhores séries da Marvel?

Naquele painel, depois de aplausos de pé, Kirby assegurou à plateia que "independentemente do trabalho que eu assumir na Marvel, posso garantir que será eletrizante!".[10]

***

Além da incerteza de Kirby, talvez Lee tenha desistido de explicar melhor aquele primeiro anúncio de seu retorno logo no mês seguinte porque estava envolvido com outros projetos, como a revista *Nostalgia Illustrated* [Cenas de nostalgia], da Magazine Management, e a sequência de *Origins of Marvel Comics* que estava escrevendo para a Simon & Schuster. Lee pode inclusive ter se distraído por estar ocupado com duas publicações conjuntas com a DC de Infantino — a primeira empreitada do tipo para as empresas rivais. Uma era uma adaptação para quadrinhos do filme clássico de 1939, *O mágico de Oz*. A outra era a revista *Super-Homem contra o incrível Homem-Aranha*. Eram duas revistas grossas, com páginas maiores do que o normal dos quadrinhos, e venderam muito bem.

Lee talvez estivesse distraído com a saída de Len Wein do cargo de editor depois de menos de um ano no ofício, e também quando o mesmo aconteceu com seu sucessor, Marv Wolfman. O sucessor de Wolfman, Gerry Conway — que estava escrevendo a revista do Super-Homem com o Homem-Aranha —, renunciou após apenas um mês. Claramente, o cargo era trabalho demais para uma só pessoa. Archie Goodwin, profissional já conhecido, tinha assumido o cargo — agora com o título de "editor-chefe" —, mas precisavam encontrar uma maneira de tornar a posição menos assustadora.

Talvez outro grande motivo para adiar o anúncio da volta de Kirby tenha sido um acontecimento interno da Marvel — não apenas desafiador, mas também com um potencial "eletrizante".

Acontece que o presidente da Marvel e da Magazine Management, Al Landau, tinha falsificado relatórios financeiros das empresas para fazer parecer que sua gestão era incrivelmente lucrativa. Na verdade, sua divisão da Cadence tivera um prejuízo de US$ 2 milhões só na primeira metade de 1975. Landau foi demitido quando o rombo financeiro foi descoberto, e substituído pelo editor veterano Jim Galton, cuja gestão estava concentrada em reverter a situação em dois anos — ou talvez não haveria mais Marvel Comics.[11]

Além de tentar aumentar as vendas onde podiam e cancelar títulos com desempenho baixo, Lee e Galton concluíram que a Marvel precisava se concentrar em Hollywood e em seu potencial para aumentar as receitas da empresa, licenciando as propriedades da Marvel para filmes e séries de TV e adquirindo licenças para fazer quadrinhos de filmes e séries populares. Seguindo essa nova tendência da editora, e em acordo com sua paixão pelo *show business*, Lee se envolveu bastante com outros dois novos títulos da Magazine Management: *Film International* (que era um pouco *risqué*) e *Celebrity*, que fez uma matéria bem volumosa sobre uma celebridade conhecida como Stan Lee.

E não era só por ego. O mercado dos quadrinhos enfrentava problemas mais uma vez. Era a hora de Lee voltar ao modo de sobrevivência, trabalhando para garantir o sucesso tanto da Marvel/Magazine Management quanto o próprio.

Para aumentar a urgência da questão, veio o fim repentino de qualquer chance de que Carmine Infantino daria um lugar para Lee na DC, como tinham discutido pelo menos uma vez, ou ao menos de que Lee teria essa possibilidade como moeda de barganha, caso visse sua posição na Marvel em perigo.[12]

Infantino foi demitido da DC em janeiro de 1976.

17 DEVOLUÇÕES E PARTIDAS

> HONESTAMENTE, ACHO QUE VOLTEI PORQUE EU QUERIA VOLTAR. ESTOU EM CASA. E A CASA QUE ABRIGA AS PESSOAS DA MARVEL FICA EM UM TERRENO FÉRTIL. O LUGAR É CHEIO DE BOAS PESSOAS.
> — JACK KIRBY, "KIRBY SPEAKS" [FALANDO COM KIRBY], FOOM N.º 11, SETEMBRO DE 1975

Para a sorte de Stan Lee, fosse lá o que a Marvel estivesse se tornando em 1976, parecia que a empresa ainda considerava crucial que ele se mantivesse como uma presença significativa.

Uma empresa que, além de Jack Kirby — que voltara à Marvel, onde jurara (duas vezes) que nunca mais poria os pés —, também incluía o cara que o seduzira em 1970. Sim: Carmine Infantino estava de volta às trincheiras como artista freelancer — e não na DC, onde, além de chefe, também fez seus trabalhos mais famosos, e sim na Marvel, onde trabalhara pela última vez na década de 1950.

Paralelamente, em 1976, avançava no Congresso um conjunto de medidas, reunidas na Lei de Direitos Autorais. O ato, que seria assinado pelo presidente Gerald Ford em 19 de outubro, potencialmente abriria as comportas para os criadores de histórias em quadrinhos (e de outros campos) reivindicarem a propriedade intelectual do trabalho freelancer que faziam para as empresas de mídia. Ainda assim, o ato só entraria em vigor em 1978, então, na época das assinaturas, ninguém pareceu se importar muito com a questão.

Stan Lee, que tinha Archie Goodwin, um funcionário de confiança, na posição de editor-chefe, pôde dar mais atenção à tarefa de promover a Marvel (e a si mesmo) — inclusive ampliando seu alcance em Hollywood, embora ainda aparecesse com frequência nos escritórios da empresa na Madison Avenue para tomar decisões mais globais quanto às edições e publicações.

Ele e o presidente da empresa, Jim Galton, tinham embarcado na missão de salvar a Marvel, licenciando personagens para filmes e programas de TV. E, de fato, conquistaram sucessos de mídia, sobretudo com a série *O Incrível Hulk*, estrelada por Lou Ferrigno/Bill Bixby. Também tiveram empreitadas menos bem-sucedidas, como a série *Homem-Aranha*, estrelada por Nicholas Hammond, e, em 1978, o desenho animado *Quarteto Fantástico*, com roteiros de Lee e de Roy Thomas e *storyboards* de Jack Kirby.

O panorama geral dos quadrinhos da Marvel mudou em meados dos anos 1970, mantendo o núcleo de super-heróis, mas acrescentando títulos de terror e de monstros, sem falar em histórias de artes marciais e uma série de revistas em preto e branco — que, por vários motivos, não se adequava ao Código dos Quadrinhos — que imitava os sucessos da editora Warren Publishing. E sempre havia espaço para histórias mais extravagantes, quase sempre com vínculos com Hollywood ou outras mídias famosas; especialmente adaptações de filmes e de séries de TV — remontando aos dias em que a Timely/Atlas publicava adaptações de programas de TV e de rádio. Em grande medida, essa profusão de adaptações se deu por conta de uma decisão na qual Lee estava convencido a voltar atrás: *Star Wars*.

Em 1975, Lee rejeitara a proposta de adaptar *Star Wars* para os quadrinhos, pois acreditava que o público simplesmente não recebia bem as histórias de ficção científica. Mas o criador, George Lucas, e o diretor de publicidade do filme, Charles Lippincott, não desistiram. Achavam que uma história em quadrinhos antes do lançamento seria ótimo para despertar interesse no filme. Os dois entraram em contato com Roy Thomas, na época apenas escritor e editor freelancer da Marvel, que, a princípio — considerando a recusa inicial de

Lee —, disse que não havia o que ele pudesse fazer. Mas, depois de ver o roteiro e as fotos da produção em andamento, Thomas percebeu que *Star Wars* não era aquele tipo de ficção científica difícil de compreender, e sim uma espécie de "ópera espacial" — uma história mais fundamentada na caracterização dos personagens, no humor e na emoção das cenas, tendo a ciência apenas como pano de fundo. Em outras palavras, era muito semelhante aos quadrinhos da Marvel. O entusiasmo de Thomas — e o fato de que Lucas cederia os direitos dos quadrinhos de graça, sem cobrar taxas de licenciamento — convenceu Lee e Galton a aprovar a adaptação, lançada vários meses antes da estreia do primeiro filme da saga *Star Wars*.[1]

Foram seis edições de Roy Thomas e Howard Chaykin adaptando o filme, e a saga continuou como série, com novas histórias aprovadas pela Lucasfilm, fazendo enorme sucesso. A série é frequentemente creditada por salvar a Marvel — se não da extinção, pelo menos de cortes nas publicações. Seu sucesso levou a empresa a adquirir muitas outras licenças, como *Shogun Warriors*, *Heróis da TV — os Micronautas* e muitos outros.

Uma das licenças mais famosas que Lee foi convencido a adquirir — pelo escritor Steve Gerber — foi a conversão da banda KISS, que acabara de surgir na época, em super-heróis, com seu próprio quadrinho. Na promoção, alegava-se que o sangue dos membros da banda fora misturado à tinta da impressora, para que todos que comprassem um exemplar recebessem pelo menos algumas moléculas do autêntico sangue do KISS — o que, obviamente, aconteceu bem antes da epidemia da AIDS. Embora a música não fosse seu estilo — para dizer o mínimo —, Lee assistiu a um show da banda e até acompanhou os integrantes à gráfica em Buffalo, Nova York, onde supostamente o sangue deles foi extraído e misturado à tinta usada na impressão. (Há o boato não confirmado de que a tal tinta misturada com sangue foi usada sem querer em uma edição da *Sports Illustrated*, em vez de nos quadrinhos.) As revistas foram um grande sucesso de vendas.[2]

A partir da edição n.º 11, publicada no início de 1978, os quadrinhos de *Star Wars* passaram a ser escritos por Archie Goodwin e desenhados por Infantino. O ex-editor da DC passara a ser um artista regular da Marvel, um trabalho que não fazia havia vinte anos. Apesar de alguns intervalos, Infantino continuou desenhando *Star Wars* até 1982, bem como várias outras séries da Marvel.

Em 1976, Lee e Romita Sr. começaram a trabalhar em uma tirinha de jornal do Homem-Aranha, que estreou em 3 de janeiro de 1977. Lee não tivera muito sucesso com suas outras tirinhas dos anos 1970, como a paródia de novela de 1976, *The Virtue of Vera Valiant* [As virtudes de Vera Valente] (lançada na época em que uma novela satírica, *Mary Hartman, Mary Hartman*, fazia sucesso) e *Says Who!* [Olha quem fala!], com suas fotos com legendas divertidas,³ mas a tirinha do Homem-Aranha se revelou popular e atemporal, sendo publicada até 2019. Foi o trabalho mais duradouro de Larry Lieber, que atuou como desenhista, letrista (e, muitas vezes, arte-finalista) dos episódios diários de 1986 até o final de 2018.

Antes de receber a tarefa, mas depois do imbróglio da Atlas/Seaboard, Lieber já havia retornado à Marvel, dessa vez como parte da equipe contratada, atuando como editor da divisão britânica da empresa, em Londres. Lieber supervisionava a reimpressão do material e era responsável pelas novas capas (preparadas em Nova York) para publicação no Reino Unido, mas também ficou a cargo da criação e do desenvolvimento de um novo personagem, com o curioso nome de Capitão Britânia. Curiosamente, Lee tinha muito interesse nas publicações da Marvel britânica, todas semanais. Talvez porque sua esposa era britânica, ou talvez porque, ao contrário de muitas das edições estrangeiras da Marvel, aquelas eram em *inglês* — sua língua materna. (Neil Tennant, que mais tarde se tornou membro da banda Pet Shop Boys, trabalhou como editor-assistente no escritório da Marvel em Londres durante esse período. Este que vos escreve fez o mesmo, só que no escritório de Nova York, apesar de ter iniciado a carreira de quadrinhos no departamento britânico, em julho de 1977.)

***

E havia Kirby.

Jack Kirby, de volta à Marvel, trabalhava em vários projetos; como condição de seu retorno à empresa, era deixado em paz, trabalhando por conta própria, escrevendo, desenhando e editando os próprios títulos, escolhendo os letristas e sem a obrigação de unir as histórias em sagas para manter a continuidade das narrativas do Universo Marvel — embora seus quadrinhos tecnicamente se passem no Universo Marvel.[4]

A série *Os eternos*, por exemplo, tratava de deuses espaciais alienígenas que tinham ido à Terra (na época, era grande a popularidade do livro *Eram os deuses astronautas?*, de Erich von Däniken, que trata de um assunto semelhante), o que já pressupunha interação mínima entre os novos personagens de Kirby e os antigos, criados junto com Lee, mas que supostamente habitavam o mesmo planeta. Os leitores acabavam tendo que fingir que os personagens de Kirby — que incluíam gigantes de armadura com mais de quinhentos metros de altura — não seriam notados por nenhum personagem do núcleo principal, exceto por alguns agentes da S.H.I.E.L.D. recém-criados. A série de Kirby, *Captain America and the Falcon* [Capitão América e o Falcão, publicado no Brasil nas edições de *Poderosos Vingadores*], não fazia menção às edições anteriores, e suas histórias de *Pantera Negra* também não tinham referências à série homônima lançada havia pouco tempo.

Era difícil dizer se as novas histórias de Kirby eram mesmo "eletrizantes", mas de fato tinham um bom número de fãs, sobretudo no crescente mercado de vendas diretas. Como na DC, Kirby fazia as coisas mais ou menos à sua maneira, porém, nem a equipe editorial nem o público pareciam saber o que pensar dessas obras poderosas, mas idiossincráticas. Havia rumores de que os funcionários reportavam uma proporção maior de cartas e críticas negativas sobre os títulos de Kirby do que a editora de fato recebia e que zombavam das publicações, espalhando páginas de seus quadrinhos com anotações cruéis pelas paredes do escritório. É difícil avaliar se isso era pior do que as provocações costumeiras daquele escritório cheio de gente espertinha. De acordo com Evanier, Kirby recebia provocações e cartas anônimas junto com o material distribuído pelo escritório, e sentia que era vítima de sabotagem por parte dos colegas. Na época, Lee foi um grande defensor da autonomia de Kirby. Como Evanier lembrou:

> Stan apoiou muito Jack como editor [de seus próprios quadrinhos]. Foi de grande importância para garantir que ele tivesse o controle editorial de seus títulos, e algumas vezes chegou a passar por cima [do pessoal da Marvel].[5]

O que poderia ter atraído uma boa quantidade de leitores era uma parceria entre Lee e Kirby em histórias de *Quarteto Fantástico* ou de *Thor*, mas não era do interesse de Kirby — que também não queria saber de mais ninguém além dele escrevendo o roteiro de suas histórias. Roy Thomas chegou a se oferecer, mas Kirby disse que só toparia se Thomas escrevesse um roteiro completo tradicional, em vez de mexer na história depois. Kirby não tinha a menor intenção de traçar quadrinhos para que outra pessoa inserisse os diálogos.[6] Lee promovia as revistas do antigo parceiro em seus *Bullpen Bulletins* e na Soapbox, mas a empolgação dos fãs pelo retorno de Kirby nunca chegou a se materializar tanto quanto o esperado.[7]

***

Lee continuava, é claro, construindo sua marca pessoal. Em 1976, estava tão famoso que acabou se tornando porta-voz de um produto, estrelando um comercial de TV para as lâminas de barbear Personna Double II. Parado de pé no escritório editorial da Marvel, ele informava aos espectadores, cheio de empolgação, que "o Personna é muito bem projetado. (...) É como me disseram: 'Não existe melhor produto de barbear!' Parece que vou acabar criando um novo personagem, o Personna Man!"[8]

Naquele mesmo ano, posando diante das provas finais do *Mighty Marvel Memory Album Calendar 1977* [Calendário Ilustrado de 1977 da Marvel], Lee informava aos leitores que "quando você cria super-heróis, as pessoas esperam que você se pareça com um. Por isso que eu uso camisas da Hathaway." O anúncio o identifica como "Stan Lee, Criador da Marvel Comics".

Também naquele ano, Lee apareceu em ensaios fotográficos nos quadrinhos do KISS e continuou a escrever a série de livros da *Marvel Origins* [Origens da Marvel] para a Simon & Schuster. Mas ele ainda era editor dos quadrinhos e dava muita atenção ao trabalho; ia ao escritório cinco dias por semana, depois de abrir mão do costume de passar três dias (e os fins de semana, é claro) trabalhando em casa.[9]

Segundo Jim Shooter, Lee continuava fazendo o mesmo: revisava os quadrinhos já impressos com Goodwin — e, mais tarde, com o próprio Shooter, editor-assistente de Goodwin —, apontando erros para garantir que não se repetiriam. E, quando Lee estava disponível para revisões antes da data de lançamento, nenhuma edição era impressa sem sua aprovação. Além de avaliar histórias e capas, Lee parecia fazer o possível para evitar o estresse da vida cotidiana nas trincheiras do editorial da Marvel. Intervir nas publicações era sempre uma situação complicada, porque ou arriscava parecer minimizar o papel de seu editor-chefe, ou poderia afastar um freelancer valioso. Pelo visto, a melhor estratégia era, de fato, ficar de fora.[10]

E havia muito estresse no editorial da Marvel. O processo de criação continuava com pouco controle dos editores-chefes, simplesmente porque não havia um número suficiente de funcionários com autoridade para revisar os quadrinhos em todas as fases criativas. (Além de Shooter, também havia vários editores-assistentes, mas eles não tinham autoridade para impor mudanças.) Mesmo assim, não parecia haver nenhum movimento para reconfigurar o sistema. Talvez isso refletisse a atitude da gerência da Cadence — e também de Lee —, que parecia crer que o futuro da empresa dependia menos dos quadrinhos do que de um possível sucesso em Hollywood. Segundo essa perspectiva, o conteúdo dos quadrinhos era menos importante do que a receita que poderia ser gerada com adaptações dos personagens para a TV e o cinema ou com adaptações do cinema e da TV para os quadrinhos. A menos que houvesse uma nova surpresa de vendas, como *Star Wars*, as receitas dos quadrinhos permaneceriam iguais ou continuariam em declínio. Para salvar a empresa e o emprego de todos, era preciso alcançar o sucesso em Hollywood.

***

No fim de 1977, Goodwin também percebeu que o trabalho do editor não era para ele. Bem, quem poderia culpá-lo? Certamente não Wolfman, Wein ou Conway, que também não conseguiram aguentar a gigantesca carga de supervisionar cerca de quarenta títulos, muitos editados por escritores sem a menor obrigação de tomar notas ou aceitar sugestões do editor-chefe da empresa ou de seus assistentes. Além disso, o cargo os fazia levar em conta uma infinidade de aspectos do mundo dos negócios em que nenhum sucessor de Lee tinha treinamento ou interesse em aprender a fazer.

Goodwin, considerado um dos melhores escritores e editores do setor, ficou mesmo incomodado com a parte mais gerencial e comercial do trabalho, bem como com a relutância da Cadence em expandir a equipe e ampliar sua autoridade ou tomar qualquer atitude que tornasse o trabalho na Marvel mais atrativo para artistas e escritores. Era a grande contradição da época: jovens quadrinistas — que se consideravam talentos únicos, não apenas engrenagens de uma máquina — insistiam em receber um tratamento melhor e mais liberdade criativa do que seus antecessores, apesar de as vendas estarem em declínio. Ainda assim, era o trabalho desses criadores mais jovens que mais despertava o interesse dos fãs mais antigos e dedicados, compradores regulares. Parecia um enigma que não tinha solução.

Goodwin pediu demissão no fim de 1977 — uma atitude que, segundo consta, não foi bem conduzida por Lee, que anunciou a mudança em um texto impulsivo, ainda que bem-intencionado —, um pouco antes do prometido. Goodwin passou a ser escritor e editor freelancer (embora tenha voltado à equipe em 1979).[11] Ele foi substituído por Shooter, que parecia prosperar tanto com as minúcias do aspecto mais gerencial do trabalho como editor-chefe quanto com assuntos relacionados às histórias e aos personagens. Shooter odiava o fato de que alguns escritores também editassem as próprias histórias e acreditava que a empresa estava muito desorganizada e precisava de um pulso editorial firme e centralizado. Ele persuadiu Lee e Galton sobre a necessidade de mais estrutura, e começou a reproduzir o sistema da DC, com múltiplos escritórios editoriais e um editor-chefe — no caso, ele — acima de todos.

Shooter tomou medidas drásticas para garantir a sobrevivência dos quadrinhos da Marvel. Com isso, mexeu em muitos vespeiros. Estruturou e regularizou as produções da Marvel, trazendo o fim daquela atmosfera caótica e livre, que se provara ser incapaz de aumentar as vendas — o que não quer dizer que era o fim da diversão. Quando Shooter fazia críticas duras aos veteranos da Marvel — por exemplo, ao antigo colega e parceiro criativo de Lee, Gene Colan —, Stan aparecia para acalmar os ânimos, mas sem anular as decisões do editor-chefe.[12]

Além disso, houve muito conflito quando os jovens quadrinistas começaram a se sentir perseguidos. Por exemplo, Steve Gerber, escritor dos quadrinhos do KISS, também foi cocriador de Howard, o Pato, que estrelava sua própria série de sucesso. Mas Gerber entrou em uma disputa com a Marvel sobre a propriedade intelectual do personagem e acabou pedindo as contas. Ironicamente, foi trabalhar com animações, onde acabou fazendo parceria com Kirby em vários projetos — inclusive *Destroyer Duck*, criado para financiar a batalha legal de Gerber contra a Marvel.

***

Além de Kirby, dois dos outros artistas favoritos e mais confiáveis de Lee, John Romita Sr. e John Buscema, continuavam ocupados. Ao contrário de Kirby e Ditko, os dois pareciam gostar da associação com o nome de Lee, além de admirá-lo e respeitá-lo, mesmo que volta e meia se queixassem de algumas de suas decisões. Junto com

Romita, que ajudara a aumentar as vendas de *Homem-Aranha* ao assumir a arte e o roteiro depois da saída de Ditko, Lee começara a criar os especiais de domingo e a tirinha diária do *Homem-Aranha*, que, no auge, era publicada em mais de quinhentos jornais e que durou muito mais do que outras tirinhas da Marvel como *Howard, o Pato*, e *Conan, o Bárbaro*.[13] Além disso, Romita atuava na equipe como diretor de arte, dividindo um escritório com a esposa, Virginia, sua assistente, que mais tarde se tornaria gerente de transporte logístico. O filho deles, John V. Romita — mais conhecido como John Romita Jr., ou apenas JR —, começou a desenhar para a Marvel em 1976; ele veio a se tornar um dos principais artistas da empresa.

Buscema, instalado em seu estúdio em Long Island, era um desenhista prolífico que, como Romita, parecia entender o que Lee (e seus editores-chefes) queriam. Desenhista regular de títulos como *Os Vingadores* e, especialmente, dos quadrinhos de *Conan, o Bárbaro*, Buscema dirigia uma escola de quadrinhos onde Lee volta e meia palestrava como convidado. O relacionamento dos dois era tão bom que, juntos, produziram o livro *Como desenhar quadrinhos no estilo Marvel*, publicado originalmente em inglês em 1978, seguido de um vídeo com o mesmo nome em 1986. (Embora o constrangimento perceptível no vídeo deixe claro que nem Lee nem Buscema eram atores profissionais, a rigidez com que apresentavam os tópicos é cativante.) O livro, que continua a ser publicado quarenta anos depois, é considerado um dos textos básicos sobre como desenhar super-heróis.

※※※

Durante esse período, Lee também atuava como consultor para as séries de TV do Homem-Aranha e do Hulk, ainda que ficasse frustrado pelo fato de os produtores não seguirem muitas de suas observações. Embora sentisse que a série *Hulk*, estrelada por Bill Bixby/Lou Ferrigno, adotava uma abordagem inteligente do personagem, não era muito fã da série *Homem-Aranha*. Como disse em uma entrevista de 1978 à revista *SunStorm*:

> *As pessoas que escrevem o programa* Homem-Aranha *não param de fazer roteiros ruins. Acaba que ou abandonamos o programa, ou seguimos com os roteiros ruins, e não sei o que é pior. Os roteiristas são todos uns picaretas — e estou falando dos melhores do grupo! —, todos acostumados a trabalhar em séries iguais. O problema é que nossos personagens precisam de roteiros mais especializados, já que são únicos.*[14]

Lee ainda morava em Nova York, mas estava passando cada vez mais tempo em Los Angeles. Desde 1961 até o fim de sua vida, em 2018, o nome de Stan Lee abria portas e gerava reuniões, e foi isso que ele passou a segunda metade dos anos 1970 fazendo.

***

Quando o contrato de Kirby estava chegando ao fim (expiraria em 1978), houve uma proposta de renovação, mas com a cláusula de que ele nunca reivindicaria a propriedade de nenhum dos personagens em que trabalhara.[15] Kirby considerou a proposta inaceitável e optou por deixar o contrato expirar — mas não sem antes ter uma última parceria com Lee.

Lee assinara um contrato com a Simon & Schuster para fazer um certo número de livros, e Kirby assinara um contrato com a Marvel para fazer um certo número de páginas. Para cumprir ambas as obrigações, foi decidido que os dois trabalhariam juntos, como Lee declarara em sua Soapbox de dezembro de 1975, em uma "edição especial e gigantesca de — isso mesmo — Surfista Prateado!".

Quando perguntado pela revista do fã-clube da Marvel, a *Foom* n.º 11 (à venda em setembro de 1975), se estava trabalhando no projeto Surfista, Kirby respondeu: "Não ouvi nada de Stan sobre isso. (...) Se surgir alguma coisa com o Surfista Prateado, tenho certeza de que Stan discutirá comigo e resolveremos a questão. Mas ainda não sei de nada." O próprio Lee mencionou o projeto mais uma vez em uma entrevista com David Anthony Kraft (provavelmente feita no fim de 1976), que foi impressa na *Foom* n.º 17 (publicada em março de 1977). E, em janeiro de 1977, a dupla voltou à ativa, assumindo o projeto do Surfista Prateado — e trabalhando na casa de Kirby, em Los Angeles. Aquela não seria só mais uma história de vinte páginas, ou mesmo de quarenta, como as edições anuais. Seria uma saga de *cem páginas*, publicada em formato de livro. Recebeu o título de capa *Surfista Prateado — A Experiência Cósmica Final*. Mas, desde que foi publicado, em 1978, no mesmo ano em que a inovadora *graphic novel Um contrato com Deus*, de Will Eisner, passou a ser conhecido como a *graphic novel* do Surfista Prateado.

No prefácio do livro, Lee escreveu:

> *Depois de todos esses anos, o Alegre Jack e eu conseguimos terminar o livro que sempre ameaçamos lançar sobre o público atordoado e surpreso. (...) O Surfista Prateado parece ter um significado especial para nós dois.*
>
> *Sempre ansioso por uma viagem para o oeste, tomei coragem e fui até o cenário idílico da casa de Jack, nas colinas do sul da Califórnia. Lá, durante uma visita fatídica, definimos os principais elementos da incrível parábola prestes a se desdobrar diante de seus olhos deslumbrados.*[16]

Na história, Galactus tenta convencer — na verdade, *forçar* — o Surfista Prateado a voltar a ser seu arauto. Como o restante do trabalho de Kirby nesse período, a história não tinha continuidade com o Universo Marvel. De fato, grande parte contava a chegada de Galactus na Terra, mas sem a presença do Quarteto Fantástico — tão proeminente no relato original de 1966. A parte mais estranha é que os direitos autorais do livro não são da Marvel, e sim de Stan Lee e Jack Kirby. Quanto a esses detalhes, Evanier lembrou:

> *O Surfista Prateado tinha sido sugerido para um filme, mas a proposta não incluía o Quarteto Fantástico, então não seria possível fazer a Trilogia Galactus. Com isso, [os produtores] tentaram inventar uma história para um filme do Surfista (...) mas não conseguiam criar um bom roteiro.*

> Então, o produtor Lee Kramer perguntou para Stan: "Por que você e Jack não criam um roteiro?" Stan consultou Jack, sugerindo que trabalhassem juntos. Mas Jack logo pensou: "Ei, os roteiristas de Hollywood são bem pagos. Por que não nos contratam para escrever o filme?"
>
> Stan, porém, não conseguiu esse contrato. Portanto, o compromisso acabou sendo — e isso foi ideia de Stan — que ele escreveria aqueles livros para a Simon & Schuster, e um dos editores tinha perguntado: "Ei, por que não fazemos uma história original?" Ele foi até Jack e sugeriu: "Olha, por que não fazemos uma graphic novel do Surfista Prateado, que poderia ser o enredo do filme? Vou dar um jeito para termos os direitos autorais (...) Então seremos pagos por escrever a história como graphic novel e, se quiserem a ideia para o filme, terão que comprar de nós pagando o preço da indústria cinematográfica."
>
> Jack achou a ideia boa, porque já estava querendo sair da Marvel, e, de qualquer forma, precisava preencher o total das páginas [da obrigação contratual] mesmo. (...) Jack escreveu um esboço, que registrou no Writer's Guild, uma espécie de sindicato de escritores. (...) Foi Jack que botou a ideia no papel (...) ele escreveu um esboço do roteiro, depois criou [em páginas datilografadas separadas] todas as anotações que teria feito nas margens [dos quadros]. Mas ninguém quis transformar a ideia em filme, e foi o fim da história.[17]

A correspondência sobre a *graphic novel* do Surfista Prateado, encontrada nos arquivos de Lee na Universidade de Wyoming, é provavelmente a visão mais completa que temos do processo de criação da dupla Lee-Kirby. Em uma carta a Kirby, poucas semanas após a reunião de janeiro, Lee escreveu:

> Só estou escrevendo para dizer o quanto gostei de encontrar com você em Los Angeles. Lamento não termos passado mais tempo juntos, mas pelo menos tivemos a chance de conversar um pouco. Espero que tudo o que discutimos esteja claro e seja do seu agrado e

que tudo dê certo. Vamos levando a ideia do SURFISTA — ele deve se tornar o "Todos os Homens do Presidente" de 1977![18]

A correspondência dá uma ideia dos detalhes de como a história foi construída. Depois da reunião na Califórnia, Kirby dividiu a narrativa em páginas e painéis, que enviou a Lee em lotes, junto com páginas de notas datilografadas — o equivalente às notas de margem que escrevia para Lee durante as colaborações anteriores. Era como se Kirby quisesse ter certeza de que seus pensamentos acerca das páginas não poderiam ser apagados.

Mas até mesmo essa documentação parece aberta à interpretação.

Por exemplo, em uma carta de 24 de janeiro de 1977, Kirby datilografou quatro páginas descrevendo a Lee uma visão geral do enredo para a *graphic novel*. A carta começava assim:

Stanley,

Só para o caso de precisarmos de uma breve reiteração depois da nossa discussão, acredito que os pontos principais da história sejam acerca do relacionamento do Galactus com o Surfista e da confusão que vivemos nesse universo. É uma história do Surfista, é claro, e sua experiência deve ser dominante na narrativa (sua história de amor, sua vida entre os povos da Terra, suas decisões). No entanto, acredito que o leitor ficará intrigado com a questão maior: a vulnerabilidade do Surfista no grande esquema das coisas.

O restante da carta discute imagens específicas e temas gerais. Mas será que são imagens e temas que Kirby inventou e está revelando para Lee, ou são parte da "reiteração depois de nossa discussão"?

O começo de outra carta de Kirby, enviada com mais um lote de páginas, datada de 14 de março de 1977, dizia:

Stanley,

Este é o segundo lote do livro do Surfista. Se ignorar os ocasionais erros de datilografia, verá que enviei páginas explicando o que considero ser a perspectiva adequada para um cenário realista e de valor dramático. Claro que tudo foi feito nos moldes do que discutimos, e espero que fique bem evidente. Também tentei atar todas as pontas soltas e preparar o cenário para apresentar a vida do Surfista entre os humanos.[19]

Pode-se interpretar as correspondências e notas arquivadas sobre o livro do Surfista de várias formas. Claramente, os dois homens concordavam que tinham discutido a história, até certo ponto, e certamente com mais detalhes do que pareciam ter discutido nos últimos dois anos de colaborações anteriores. No entanto, com base nas anotações de Kirby (e nas lembranças de Evanier), o artista parecia ter voltado a elaborar os detalhes da trama majoritariamente por conta própria. Kirby forneceu descrições de arte quadro a quadro, junto com algumas sugestões de diálogo. Mas, assim como nas colaborações dos anos 1960, não havia sugestões de diálogo para todos os quadros, e as que foram apresentadas não eram muito detalhadas e pareciam pressupor a necessidade de refinamento.

Por exemplo, as anotações de Kirby para os três quadros da página 6 diziam:

Página seis
Painel Um — O Surfista desliza entre os prédios altos. O barulho das ruas abaixo chega até lá em cima.
Painel Dois — Quando desce, o Surfista vê os humanos pela primeira vez. Há rostos nas janelas, todos mostrando alguma reação a esse estranho que surgiu entre eles.
Painel Três — Já no nível da rua, o Surfista acaba envolvido por toda a movimentação e o barulho da cidade.

O roteiro de Lee para a mesma página, acompanhando a arte, era o seguinte:

PÁGINA 6
1. SP [Surfista Prateado]: Este lugar tem estruturas primitivas, habitações simples e máquinas básicas de todo tipo!

SP: É uma cultura primitiva, avançando aos tropeços na direção da maturidade, que quase já posso sentir!
2. SP: No entanto, até O AR parece pulsar de tanta VIDA! Sinto ENERGIA neste lugar, um ESPÍRITO, uma VITALIDADE que eu nunca vi!
3. SP: Minha mera presença parece causar PÂNICO nas ruas!
SP: Eles ainda precisam aprender... Só os SELVAGENS temem o que não compreendem![20]

Ciente de que já estava com o pé na porta, Kirby manteve o tom amistoso na correspondência sobre o livro do Surfista (embora chamar Lee de "Stanley" possa ser visto como o tipo de apelido carinhoso que também é uma maneira de lembrar ao editor que ele já foi o *pisher* — não o "Stan" chefe de Kirby, e sim "Stanley", seu lacaio e parente do chefe).

Não se sabe se os criadores tinham ciência disso, mas não é preciso muito esforço para interpretar a história como uma metáfora para a última criação de Kirby na Marvel. A empresa — e talvez Lee — pode ser vista como Galactus, devorando o que quiser, incluindo o próprio Surfista (que pode ser visto como Kirby), uma personificação da inocência. E, como na história "Worlds Within Worlds" [Mundos dentro de mundos], uma série em quatro partes de *Quarteto Fantástico* em que o Surfista se juntava outra vez a Galactus, o mesmo acontece na *graphic novel*. Depois de se iludir, pensando que poderia estar livre de Galactus com a consciência limpa, o Surfista percebe que seu destino é ligado ao vilão, pelo menos se quiser proteger o universo das depredações de seu mestre. E, apesar de ter dito na entrevista à *Foom* que "voltei porque queria voltar", a verdade é que o retorno de Kirby à Marvel foi feito com grande relutância, como o retorno do Surfista aos braços de Galactus.

A história parecia dizer, essencialmente, que Galactus e o Surfista estão destinados a ficarem juntos — talvez como Kirby e Lee, com a Marvel. Mas seria de Lee a mensagem de que o Surfista é nobre por ter, por pragmatismo, se aliado outra vez ao gigante predador? E seria a mensagem de Kirby um aviso de um destino a ser evitado — um destino ao qual ele talvez tenha sucumbido, pelo menos temporariamente?

Será que Lee estava querendo alguma coisa, manipulando Kirby para criar uma história sobre o comprometimento entre o idealismo e o poder avassalador — um poder além do bem e do mal? Será que era a maneira de Lee de tentar fazer Kirby compreender que sua permanência junto dele e da Marvel era para um bem maior? *Você tentou a vida na DC, mas não deu muito certo, não foi?*

Uma coisa parece clara: os dois viram o Surfista Prateado como mais do que um veículo para histórias em quadrinhos cheias de ação, sem nenhuma mensagem que quisessem transmitir. Portanto, nessa declaração final do personagem, feita em conjunto, qual criador teria a mensagem — fosse qual fosse — dominante? Enquanto Lee, como escritor e editor, teria a palavra final literal, a narrativa visual de Kirby tinha um poder acima e além das palavras. No fim das contas, cabe a cada leitor determinar por si mesmo a mensagem que a história contém.

***

Já com o pé na porta, no ano seguinte (1978), Kirby ainda teve uma última chance de honrar e provocar Lee. Roy Thomas estava editando como freelancer uma série chamada *What If?*, cujo conceito era bem óbvio: a revista retratava resultados alternativos para histórias importantes da Marvel. A premissa que Thomas deu a Kirby para a edição n.º 11, de outubro de 1978, era "What If... the Original Marvel Bullpen Had Become the Fantastic Four?" [Imagina só se (...) os editores originais da Marvel tivessem virado o Quarteto Fantástico?]

A história deveria mostrar Lee, Kirby, Thomas e Flo Steinberg nos papéis dos heróis do Quarteto Fantástico, vivendo sua história de origem. Porém, quando Kirby entrou com sua arte, decidiu substituir o Roy Thomas da história — que deveria se tornar o Tocha Humana — por Sol Brodsky (que, em 1978, era um vice-presidente da Marvel).[21] Apesar de irritado por ter sido excluído da história,

Thomas percebeu que realmente fazia mais sentido ter Brodsky, um dos integrantes originais do editorial, em vez dele.[22] Com isso, Thomas entregou o roteiro da história — de que originalmente pretendia fazer o diálogo — para Kirby.

Embora o diálogo e as legendas tenham sido razoavelmente elogiosos em relação a Lee — que, na história, se torna o líder da equipe, o Senhor Fantástico —, Kirby acreditava que Thomas ou alguma outra pessoa alterara seu diálogo original para que Sol, Flo e Stan soassem mais "naturais". Essa pessoa, no entanto, mudara as falas do Coisa — o avatar que Kirby assumira na história —, baixando o registro da linguagem, como uma pessoa sem instrução, fazendo-o parecer mais rude. Thomas não se lembra de ter mudado o roteiro de Kirby, embora se lembre de que Lee insistira para que todas as referências a ele como Stanley fossem alteradas para Stan.[23] Mesmo a última história de Kirby, que deveria ser uma lembrança nostálgica, não poderia passar sem conflito.

***

Depois da participação no *What If?* e sem o drama da sua demissão de 1970, Jack Kirby saiu da Marvel Comics para trabalhar com animação, inclusive fazendo *storyboards* para o desenho animado *Quarteto Fantástico* do estúdio DePatie-Freleng (do qual Lee era produtor).[24] A Marvel não era mais a empresa frágil e esfarrapada para onde Kirby retornara no fim dos anos 1950, não era nem mesmo o reino do caos a que voltara em 1975. A editora em que sua presença e sensibilidade tinham sido tão importantes se transformara em outra coisa. Em 1961, Kirby e Lee (e Ditko) eram as pessoas certas, no lugar e na hora certos. Agora, em 1978, eram parte das dezenas de criadores da Marvel, e, embora tivessem estabelecido as bases do sucesso da empresa no presente e no futuro, não eram vistos como artistas com grande presença comercial. A entidade que tinham criado os superara de muitas maneiras.

Mas o gosto do público pelo tipo de histórias que os dois faziam parecia se manter cada vez mais firme. O lucro da empresa vinha dos quadrinhos de *Star Wars* e das séries que a Marvel produzia a partir de outras propriedades intelectuais, como *Rom, o cavaleiro do espaço*; *Galactica, Astronave de Combate* [hoje em dia conhecida no Brasil pelo nome original, *Battlestar Galactica*]; *Os Micronautas* [publicadas no Brasil como parte de outro selo]; *Godzilla* e muitos outros. E, no fim de 1978, o grande sucesso do primeiro filme do Super-Homem provou que uma interpretação linear da sensibilidade dos quadrinhos poderia fazer muito sucesso com o público. (E houve até um final feliz para Jerry Siegel e Joe Shuster — ou pelo menos o fim dos processos judiciais. Com os esforços de Neal Adams, Jerry Robinson e outros, a DC acabou concedendo aos dois artistas idosos pensões modestas e créditos no filme como criadores do personagem.) O futuro para pessoas com habilidades e experiências como as de Kirby e Lee parecia residir na propriedade intelectual de filmes e da TV, especificamente em Hollywood. Kirby já tinha se mudado para o oeste. Lee logo estaria lá também.

Como disse ao repórter Ira Wolfman, em uma entrevista de 1978 para a revista *Circus*: "Eu devia ter saído do negócio [de quadrinhos] há vinte anos. Queria fazer filmes, ser diretor ou roteirista, ter um trabalho como o de Norman Lear [produtor de TV] ou o de Freddie Silverman [programador de rede]. Queria fazer o que faço aqui, mas para um público maior."[25]

Segundo Wolfman, a entrevista para a *Circus* partiu de Lee, que entrou em contato através de seu assessor de imprensa.[26] Então, talvez o editor da Marvel estivesse usando o jornalista para espalhar a notícia de que Stan Lee, mais do que nunca, estava interessado e disponível para oportunidades em Hollywood, fosse junto com a Marvel ou — como na parceria com Alain Resnais — em seu próprio nome.

Lee estava com 55 anos. Não havia tempo a perder.

18
ADEUS E OLÁ

> "JACK, EU TE AMO."
> "BEM, STAN, EU SINTO O MESMO."
> — CONVERSA ENTRE LEE E KIRBY
> NA RÁDIO WBAI-FM, EM 28 DE AGOSTO DE 1987

Não foi muito depois do adeus sem cerimônia de Kirby que alguém chegou — meio que de má vontade — à Marvel.

Steve Ditko estava de volta.

Por quê? Ora, quem sabe? Talvez tenha ouvido falar que Stan andava passando quase todo o tempo na Costa Oeste.

De qualquer forma, Lee fez um anúncio animado na Soapbox de abril de 1979:

Ditko está de volta ao ofício, e ainda por cima na Marvel! Muito em breve, você poderá ver seu toque artístico mágico em algumas de nossas maiores revistas! (...) É uma emoção incrível ver um dos nossos grandes nomes originais voltando a bordo, como a emoção de quando o Alegre Jack Kirby voltou às cenas de sua antiga glória!

(Tecnicamente, embora não tivesse renovado o contrato, Kirby ainda trabalhava para a Marvel na época, cumprindo algumas obrigações que restavam e a cargo dos *storyboards* para o desenho animado *Quarteto Fantástico* — o que logo acabaria. Estava na cara que Kirby não vinha trabalhando com a parte dos quadrinhos.)

E Ditko voltou *para valer* com a revista *Machine Man* n.º 10, publicada em agosto de 1979. (O personagem tinha sido criado por Kirby em 1977.) Ditko passou um ano trabalhando para a Marvel — sempre se recusando a desenhar o Homem-Aranha ou o Doutor Estranho, mesmo que fizessem uma aparição extra em algum outro título —, depois desapareceu da empresa por um tempo, até que voltou de novo e teve um trabalho mais ou menos contínuo até 1996. Nesse período, participou da cocriação da Garota Esquilo (que, nos anos 2000, tornou-se uma estrela improvável dos quadrinhos) e do Speedball, um Homem-Aranha dos anos 1980. Ditko até chegou perto de trabalhar com Lee outra vez no início dos anos 1990.

***

Embora Lee sem dúvida estivesse genuinamente satisfeito por ter Ditko de volta aos quadrinhos, estava cada vez mais interessado em outras áreas, ocupado em solidificar a marca da Marvel — e, por consequência, a própria.

Por exemplo, mais ou menos na mesma época em que o anúncio de "Ditko está de volta" apareceu na Soapbox, a edição de 29 de janeiro de 1979 da revista *People* publicou uma matéria de Barbara Rowes sobre Lee e sua família. O artigo era intitulado: "Stan Lee, Creator of Spider-Man and the Incredible Hulk, is America's Biggest Mythmaker" [Stan Lee, criador do Homem-Aranha e do Incrível Hulk, é o maior criador de mitos dos Estados Unidos].[1]

O artigo era o sonho de todo assessor de imprensa, uma dedicatória de amor para Lee e para a fantasia de viver na glamorosa Nova York, que, em 1979 — nas profundezas do declínio econômico que a cidade sofreu na década de 1970, apenas alguns anos após a quase falência e a infame manchete do *Daily News:* Ford to City: Drop Dead [O presidente Ford sobre a cidade: "Morram de uma vez"] —, era a narrativa de uma realidade alternativa em que Lee estava perfeitamente preparado para assumir o papel principal.

Depois de descrever Lee ditando ideias para um minigravador em casa, à meia-noite, a matéria o acompanhava na manhã seguinte:

[Lee] segue pela Terceira Avenida, repleta de butiques. Seu rosto masculino e viril apresenta um leve bronzeado e relativamente poucas rugas para seus 56 anos. Ele inclusive se gaba do abdome liso e "duro como ferro".

Como a mídia costumava fazer com Lee, o artigo ignorava o humor de suas declarações, como dizer que tinha o abdome "duro como ferro", o que, para quem não o conhecia, o retratava mais como um egocêntrico do que um adepto do humor autodepreciativo.

Depois de descrever Lee como uma espécie de figura mítica (na reportagem, Jenette Kahn, editora da DC, se refere a ele como "o super-herói de carne e osso da indústria dos quadrinhos dos Estados Unidos"), a autora, Rowes, estabelece os louros da Marvel:

Com mais de US$ 25 milhões por ano em vendas, [a Marvel] é a maior e mais bem-sucedida empresa do gênero no mundo (...)

Então, ela observou que Lee passava grande parte do tempo "supervisionando a transição de seus personagens para outras mídias".

Em outra simplificação costumeira, mas que sempre rendia críticas ao quadrinista, Rowes se referiu ao Homem-Aranha e ao Hulk (e, por implicação, a todos os personagens da Marvel) como "personagens de Lee", ignorando a existência de artistas colaboradores.

E então, como se aquele sujeito, o cara mais legal do mundo, já não tivesse o emprego mais legal da história, o artigo continuava:

Com tantas bandas famosas fascinadas pelos heróis dos quadrinhos, Stan se tornou o Werner Erhard do mundo do rock.

Erhard foi o fundador do Erhard Seminars Training (EST), um treinamento popular na época que visava ensinar as pessoas a melhorarem a própria vida. Werner era muito conhecido no início de 1979, ainda que fosse uma figura controversa. Mesmo assim, a comparação era muito benéfica para Lee.

Em seguida, o texto abordava um pouco da dura realidade do mercado dos quadrinhos:

Um dos motivos para a lealdade de quarenta anos à Marvel pode ser porque (...) Lee não detém os direitos sobre nenhum de seus heróis. São todos da empresa. Pedir demissão seria o mesmo que abandonar suas criações.

Enquanto descreve como Lee, já no escritório da Marvel, atendia ao pedido urgente de John Romita (descrito como "a pessoa que desenha o Homem-Aranha") para que ele esclarecesse um detalhe da história, Rowes acrescenta uma adorável observação:

[Lee] pega um lenço de papel e assoa o nariz. "Estou sempre resfriado", reclama. "E, mesmo quando não estou resfriado, pareço estar."

Claro que ninguém esperava que a revista *People* fizesse uma exposição abrasadora sobre Lee ou os quadrinhos. Mas a matéria dava continuidade à narrativa que tanto irritara alguns dos colaboradores da Marvel: a ideia de que Lee criara aqueles famosos personagens por conta própria, sem nenhuma ajuda.

Ao mencionar Romita várias vezes, o artigo reconhecia que, em pelo menos um caso, não era Lee quem desenhava os quadrinhos. Mas não seria culpa do leitor se terminasse a matéria pensando que Lee criara todos os personagens sozinho.

Será que Stan tentara deixar claro para a repórter — que, por sua vez, é culpada por não ter tomado nota — que todo o seu trabalho nos quadrinhos era feito com colaboradores de criação? Se tentou ou não, não é difícil imaginar alguns de seus parceiros artísticos ou outros funcionários da Marvel um pouco irritados com o artigo.

***

Conforme o editor-chefe Jim Shooter consolidava seu poder e gerava controvérsia, os quadrinhos da Marvel foram começando a sair dentro do cronograma, e a qualidade geral melhorou — talvez tenha eliminado alguns momentos de alegria e exaltação, mas pelo menos diminuiu a frequência de gritos e desespero. A gerência de Shooter teve muitos adeptos leais, mas também uma boa parcela de detratores. Apesar de se manter firmemente agarrado às suas funções administrativas, Shooter fez uma campanha intensa em prol dos direitos dos criadores, inclusive fazendo com que a Marvel instituísse um programa de incentivos (nunca chamado de "royalties") para os artistas. Isso, é claro, dava sequência à tradição da Marvel de seus editores terem um pé no mundo da administração e outro no mundo da criação freelance, tentando sempre servir a dois mestres. E qual era o problema? Se os super-heróis podem ter dupla identidade, por que os criadores de quadrinhos não podem? Seu programa de incentivos acabaria tendo consequências importantíssimas, ainda que não intencionais.

Shooter defendia com firmeza a crença de que os escritores não deveriam ser editores das próprias revistas. Embora permitisse e até incentivasse a lista cada vez maior de editores a fazer trabalho de escrita freelance após o expediente, nenhum editor tinha permissão de atribuir trabalho a si próprio. Jack Kirby, um dos poucos escritores/editores que restavam, já saíra da editora e passara a trabalhar com animações. Com isso, as únicas pessoas ainda autorizadas por contrato a supervisionar seu próprio material eram Wolfman e Thomas. Suas personalidades e valores em geral iam ao encontro dos de Shooter, mas, quando havia conflito, Lee apoiava o editor-chefe.

Shooter era acolhedor e ajudou a cultivar e desenvolver novos talentos — gente como Frank Miller e Bill Sienkiewicz —, além de dar liberdade e oportunidade a talentos já estabelecidos, como Tom DeFalco e J.M. De-Matteis. Mas as pessoas que caíam em suas graças logo o desagradavam, muitas vezes sem entender o motivo da mudança brusca. Os escritórios da Marvel eram uma estranha mistura de regras rígidas, com o equilíbrio mantido por riscos calculados. Os quadrinhos produzidos eram fáceis de ler, mesmo que não fossem sempre geniais, saíam dentro do prazo prometido e vendiam bem.

O reinado de Shooter coincidiu com a expansão contínua do mercado de vendas diretas e a evolução do perfil demográfico do público consumidor que se seguiu a essa expansão. Em resumo, o que acontecia era que as lojas especializadas em quadrinhos atendidas pelas vendas diretas recebiam mais descontos do que as tradicionais bancas de jornais e mercadinhos. Em troca desse preço mais baixo, renunciaram aos privilégios de devolução — o que era bom, já que também lucravam com a venda de edições passadas. Nessa época, o público consumidor era mais velho — muitos com cerca de vinte ou trinta anos — e estava mais interessado do que os leitores das décadas anteriores em quadrinhos com assuntos e temas relativamente mais sofisticados. Os editores estavam menos hesitantes em correr riscos com as publicações, pois sabiam que tudo que imprimiam e enviavam — um cronograma organizado com base em pedidos feitos com antecedência e especificados — não podia ser devolvido.

Claro que as lojas estavam ansiosas para vender os grandes sucessos, mas tinham passado a também poder vender material incomum, como *graphic novels* mais literárias de editoras de todos os tamanhos ou até autopublicações, que não visavam lucrar tanto quanto as corporações multinacionais. Mais do que nunca, talentos específicos vendiam tanto quanto personagens conhecidos do grande público — o que se tornaria cada vez mais relevante para a indústria dos quadrinhos, especificamente para Stan Lee.

***

Aumentando os fatores desconhecidos daquele mercado em constante mudança, as disposições da Lei de Direitos Autorais de 1976 entraram em vigor em 1.º de janeiro de 1978. A Marvel emitiu um acordo de uma só página, exigindo a assinatura de seus freelancers. O contrato afirmava que todo trabalho que fizessem pela Marvel era um contrato específico cujos direitos pertenceriam para sempre à empresa. Neal Adams, à época empenhado na briga pelos direitos de Jerry Siegel e Joe Shuster, escreveu no tal acordo um aviso para que ninguém o assinasse, e divulgou sua versão entre os outros criadores. Ele convocou uma reunião do que esperava que se tornasse uma espécie de sindicato dos criadores de quadrinhos. Escritores, artistas e alguns editores compareceram à reunião de 7 de maio, que pareceu começar bem. Só que a ideia de sindicalizar não levou a lugar algum. Muitos tiveram que assinar o acordo — uma exigência tanto da Marvel quanto da DC —, sob o risco de não receberem mais trabalho.

Em 22 de junho, a DC Comics passou pelo que viria a ser lembrado como "a implosão da DC". Muitos títulos foram cancelados, muitos freelancers de repente se viram sem trabalho, e vários editores foram dispensados. As pessoas correram para a Marvel, dispostas a assinar o acordo.

Shooter se aproveitou do argumento de que quase todos os freelancers tinham assinado o documento para instituir vários planos de incentivos (embora a DC tenha começado com a iniciativa, forçando a Marvel a fazer o mesmo), até que optou por um plano em que os incentivos eram pagos com base em um conjunto de parâmetros de vendas. Pela primeira vez na história, quando um quadrinho vendesse bem o suficiente, o escritor, o desenhista e o colorista ganhariam uma quantia significativa acima e além das taxas de página. Chris Claremont, escritor de *X-Men*, por exemplo, usou os pagamentos de incentivo para comprar uma casa para si e um avião de pequeno porte para a mãe, que era piloto. Esse sistema de incentivos causou mudanças mais significativas do que qualquer um poderia imaginar.

∗ ∗ ∗

A vida seguia seu fluxo nos escritórios de Nova York, e Lee passou boa parte de 1978 e 1979 na Califórnia, trabalhando em projetos como o desenho animado do Quarteto Fantástico e o da Mulher-Aranha (baseado em um personagem que Archie Goodwin e Marie Severin criaram em 1976). Ambas as séries foram produzidas por DePatie-Freleng. Durante esse período, Lee chegou a encontrar tempo — e motivação — para tirar o comentarista social da caixinha onde estivera guardado.

Nos quadrinhos de outubro de 1978, Lee anunciou, em sua Soapbox, que, em um discurso que fizera recentemente na "boa e velha Universidade James Madison, em Harrisonburg, Virgínia (...) [um aluno] me lembrou de uma promessa que fiz uma década atrás! Ele disse que prometi que, no final dos anos 1960, criaria uma coluna intitulada 'What is a Bigot?' [O que é fanatismo?]". Lee então apresentou sua definição:

> *Do meu ponto de vista, fanatismo é uma das muitas manchas na honra da humanidade, algo que deve ser erradicado antes que possamos nos considerar verdadeiramente civilizados. (...) É mais fácil de ser reconhecido nas generalizações mais cruéis e irracionais. (...) [E] os papagaios que repetem essas coisas (...) são pura e simplesmente fanáticos!*

E, nos *Bulletins* de março de 1980, depois de anunciar a segunda temporada da série de TV do Capitão América ("Dei uma olhada no roteiro e posso dizer que será uma das histórias mais emocionantes, adultas, cheias de suspense e superespetaculares que a Marvel já teve o prazer de lhe mostrar!") e seu novo livro sem relação com a Marvel, *The Best of the Worst* [Os melhores entre os piores] — um apanhado de pequenos fatos e pensamentos —, ele anunciou: "Andei recebendo muitas cartas querendo saber minha opinião sobre religião. Embora eu ache que não deva usar este pequeno palanque desajeitado para expor minhas opiniões sobre um assunto tão pessoal, gostaria de mencionar um ponto de vista mais geral e sem nenhuma relação religiosa específica." E continuou:

> *Acho muito difícil acreditar que o milagre deste universo em constante desenvolvimento (...) tenha acontecido por acaso! Acredito que exista alguma entidade muito mais sábia e mais poderosa que nós. Sinto que deve haver algum propósito (...) por trás do tecido místico da existência mortal.*

Fora essas notáveis exceções, o Stan Lee filósofo ficaria cada vez menos em evidência, já que sua carreira e sua vida pessoal passaram a se concentrar cada vez mais em Hollywood. Além de passar mais tempo por lá, nos *Bulletins* de janeiro de 1980, Lee anunciou:

> *A poderosa Marvel está tão envolvida com o* show business *que tive que me mudar para Los Angeles por um tempo para montar uma sede de produção de filmes aqui na Costa Oeste!*

O desejo de Lee de sair de Nova York só aumentou quando seu apartamento no Upper East Side foi assaltado enquanto ele e Joan viajavam pela Costa Oeste. Como escreveu em uma carta a Alain Resnais, de 23 de maio de 1979:

> *Tentamos não pensar muito nisso, mas é a coisa mais deprimente e estressante que se pode imaginar. É um dos motivos por que estamos considerando juntar as malas e vir definitivamente para Los Angeles, se pudermos.*[2]

E, embora em breve fosse de fato se mudar para Los Angeles pelo resto da vida, o trabalho por lá implicava em um aprendizado longo e frustrante enquanto ele se reunia com os figurões de Hollywood para "apresentar as maravilhas da Marvel". E, embora o mundo do cinema tenha permanecido fechado para a Marvel — apesar do sucesso da série *Hulk* e, em menor grau, da série *Homem-Aranha* —, o mundo dos desenhos animados das manhãs de sábado, sempre ansioso por material, parecia acolher os personagens e Lee. A Marvel de fato acabou criando o próprio estúdio de animação.

A empresa comprou o estúdio DePatie-Freleng, que produzia *O Quarteto Fantástico* e *Mulher-Aranha*, e começou a criar várias séries de desenhos animados. E só alguns com personagens conhecidos da Marvel, como *Homem-Aranha e seus incríveis amigos* e *O Incrível Hulk*. (Inclusive, era Lee quem narrava os episódios da série *Homem-Aranha*.) A principal produção do estúdio foi com propriedades de outras empresas, como *Comandos em ação* e *Transformers*, que foram muito lucrativos, mas não ajudaram a solidificar a marca Marvel.

Apesar de ter se estabelecido em um apartamento em Los Angeles, Lee viajava de um lado para o outro, ainda trabalhando como editor da Marvel na Costa Leste enquanto tentava abrir mais espaço para os personagens da empresa na Costa Oeste. Lee estava ansioso para delegar todos os aspectos da produção de quadrinhos para Shooter, mas as controvérsias geradas pelas ações do editor-chefe exigiam sua atenção, sobretudo nas questões relativas a Roy Thomas e Marv Wolfman, que logo partiriam para a DC, sentindo que não tinham escolha, considerando as exigências de Shooter — apoiado por Lee e Jim Galton.

No fim de 1979, os conflitos internos na Marvel eram tão famosos que acabaram em um artigo de N.R. Kleinfield na edição de 13 de outubro do *New York Times*. O artigo, intitulado "Superheroes' Creators Wrangle" [Disputa entre criadores de super-heróis], contava da insatisfação de Thomas e Wolfman com o *status quo*, para então afirmar:

> *Dois outros funcionários da Marvel escreveram ao presidente da Cadence Industries, empresa-mãe da Marvel, desabafando que os quadrinhos estavam perdendo prioridade dentro da empresa. Stan Lee, editor da Marvel, convocou uma reunião de equipe em que, entre outras coisas, enfatizou que os quadrinhos ainda eram o carro-chefe da empresa.*[3]

A ironia era que, para o próprio Lee, os quadrinhos passavam a ser cada vez menos "o carro-chefe", embora ainda escrevesse muitos.

Em 1979, Lee escreveu o roteiro da primeira edição do quadrinho *The Savage She-Hulk*, apresentando a Mulher-Hulk, que no Brasil só figurou em edições especiais. A história, um spin-off da revista *O Incrível Hulk*, foi pensada tanto para capitalizar a popularidade da série de TV do Hulk quanto para impedir que a produtora da série criasse (e, por consequência, tivesse propriedade intelectual sobre) uma versão feminina do personagem. Durante esse período, Lee também escreveu uma história curta do Surfista Prateado, desenhada por John Buscema e Rudy Nebres, que figurou na primeira edição da *Epic Illustrated*, editada pelo recém-*re*contratado Archie Goodwin, uma resposta da Marvel à artisticamente ambiciosa revista *Heavy Metal*.

Em geral, Lee continuaria escrevendo histórias para a Marvel periodicamente, embora sua produção nos quadrinhos estivesse focada na popular tirinha *Homem-Aranha*.

***

A Marvel Productions — novo nome do estúdio DePatie-Freleng — produziu desenhos animados de sucesso sem relação com os quadrinhos da Marvel, o que não impediu Lee de gastar seu tempo tentando vender ideias para outras produtoras. O produtor Chuck Lorre, uma força criativa por trás de séries de sucesso como *The Big Bang Theory* e *Two and a Half Men*, relembrou, em um pequeno ensaio chamado "Remembrance" [Memorial], escrito logo após a morte de Lee, em 2018, a época em que trabalhava com ele na Marvel Productions. Sobre Stan, ele relatou:

> *Saía do escritório, dia após dia, carregando roteiros (...) determinado a convencer algum estúdio de cinema, qualquer que fosse, a levar os personagens de quadrinhos da Marvel (...) para a telona. E ninguém estava interessado. Ninguém mesmo. Mas Stan continuou tentando. (...)*
> *Você mostrou a eles, Stan!*[4]

A Marvel Productions, sobretudo depois da contratação da influente executiva de criação Margaret Loesch, veio a se tornar um dos estúdios de animação mais bem-sucedidos de Hollywood, mas o envolvimento de Lee com suas várias séries — sobretudo as que não eram de propriedade intelectual da Marvel — foi bem limitado. Ainda assim — ou talvez por causa disso —, Lee parecia estar sempre ocupado, tentando vender os personagens da Marvel, mesmo que com pouco sucesso.

Como observou John Semper Jr., colega de Lee na Marvel Productions:

> [Stan] era um cara com muita energia e uma vontade incrível de fazer as coisas, mas não havia nada para ele fazer. (...) Ninguém queria comprar nada dele, que não passava de uma celebridade antiga. (...) Nenhum estúdio de cinema queria mexer com as coisas da Marvel, que eram só histórias em quadrinhos bobas, nada dignas de estúdios de cinema sérios. Ninguém queria fazer filmes bobos de quadrinhos. (...) Stan podia ainda ser reverenciado no mundo dos quadrinhos, mas, no mundo do entretenimento, não era nada.[5]

Depois que Loesch foi para a Marvel Productions, a empresa virou um ímã de talento criativo. Loesch acreditava muito em Lee e na Marvel, mas nem mesmo ela conseguiu vender uma série com os famosos personagens dos quadrinhos. Claro que a história mudou drasticamente em 1991, mas, na década anterior, Lee ainda estava à procura de um nicho em Hollywood, pois certamente não queria voltar à rotina de publicar histórias em quadrinhos. Semper relata uma reunião com Lee, nos anos 1980:

> Tivemos um momento a sós [durante uma reunião com o editorial da Marvel em Nova York], e ele disse que realmente não gostava de voltar para lá e de estar na Marvel. (...) Aquilo o deprimia. (...) Disse que não era onde queria estar. Lee não queria voltar a Nova York. (...) Não queria fazer nada relacionado aos quadrinhos, e ponto final.[6]

E, de fato, em 1980, Lee só era editor no papel. Michael Z. Hobson tinha sido contratado como vice-presidente do setor de publicação e estava cuidando dessa parte de negócios, enquanto Jim Shooter gerenciava o editorial. O currículo de Lee desse período apresenta uma grande variedade de projetos. Para citar alguns exemplos:

Em 1982, escreveu o roteiro de uma história do Surfista Prateado que foi desenhada por John Byrne, com arte-final de Tom Palmer.

Ele fez o roteiro da revista anual *Amazing Spider-Man* de 1984, que contou com desenho de DeFalco e arte de Ron Frenz, Bob Layton e Butch Guice — a edição apresentava o casamento de J. Jonah Jameson. Lee foi consultor e narrador da série animada *Homem-Aranha e seus incríveis amigos*. Ele escreveu pelo menos uma versão cinematográfica de *Homem-Aranha* para o produtor Roger Corman e uma de *Surfista Prateado* para o produtor Lee Kramer, sugerindo estrelar a então namorada de Kramer, Olivia Newton-John. E Lee de fato foi a incontáveis reuniões para tentar vender seus projetos.

***

Enquanto Lee se ocupava com seus muitos projetos, o conflito ia se instaurando entre Jack Kirby e a Marvel. A editora de quadrinhos havia pouco tempo passara a devolver os originais aos artistas que as criaram, e, depois de um tempo, começou a devolver os originais que tinham sido armazenados desde a década de 1960 aos coloristas e arte-finalistas que tinham trabalhado no material. Quase todos os artistas eram obrigados a assinar um documento bastante simples que, essencialmente, reiterava que a Marvel detinha os direitos de propriedade sobre os personagens e todo o material. No entanto, o documento que pediram que Kirby assinasse era muito mais longo e complexo, projetado para garantir que ele nunca tentaria reivindicar os direitos de propriedade intelectual sobre os personagens que criara com Lee.

Como tinha assinado vários desses documentos ao longo dos anos, Kirby considerava aquele novo acordo uma mera redundância. Mas, mais do que isso, o artista julgou que aquela era uma medida ofensiva e punitiva. A empresa já devolvera os originais de seus trabalhos da década de 1970 sem que ele assinasse aquela renúncia especial, mas queria garantias extras em relação aos quadrinhos que tinham apresentado e estabelecido os personagens que vieram a construir o fenômeno Marvel. Além disso, das milhares de páginas que Kirby escrevera para a empresa nos anos 1960, a Marvel prometia devolver menos de cem. Mesmo que certa porcentagem de páginas fosse para o colorista de cada história, o número oferecido ainda era apenas uma fração de seu trabalho. A Marvel alegava que o restante das páginas tinha sido perdido, roubado, destruído ou doado.

Esse conflito sobre a arte se tornou um assunto muito polêmico e controverso nas comunidades de fãs e profissionais. Muitos se perguntaram por que Lee não intervinha para fazer justiça por Kirby. Lee, por sua vez, alegava que não tinha controle nenhum sobre a situação, que era tudo resultado de decisões corporativas e requisitos dos advogados para que a empresa se sentisse segura com a propriedade e o controle dos personagens. As negociações com Kirby foram interrompidas, sem nenhum dos lados disposto a ceder.[7]

***

Em 1986, apresentando-se com Shooter em um painel de convenções de quadrinhos em Chicago, Lee prometeu que o Homem-Aranha das tirinhas de jornal se casaria com Mary Jane Watson, um relacionamento de longa data. Shooter também concordou em fazer com que o casal se casasse nos quadrinhos. Ambos os casamentos aconteceriam no ano seguinte. Para comemorar, em 5 de junho de 1987, Lee foi a Nova York oficializar o falso casamento de atores vestidos como Homem-Aranha e Mary Jane, realizado antes de um jogo do New York Mets, em um Shea Stadium lotado. Vale lembrar que o estádio fica no Queens, distrito natal de Peter Parker.

No ano anterior, em 1.º de agosto de 1986, estreara o filme *Howard, o super-herói*. Depois de anos tentando lançar um filme da Marvel nas telas de todo o país, parecia que aquela produção — do próprio George Lucas — poderia finalmente ser o veículo para levar a Marvel a seu lugar de direito em Hollywood.

Infelizmente, a película foi um desastre de crítica e público, chegando às listas dos piores filmes de todos os tempos. Lee não estava muito envolvido na produção, mas aquilo certamente não o ajudou a inspirar a crença no potencial comercial dos personagens da Marvel para longas-metragens.

Também em 1986, a Marvel comemorou o 25.º aniversário do Quarteto Fantástico — e, portanto, da Marvel moderna — com capas especiais nas revistas de novembro (O *Quarteto Fantástico* n.º 1 foi lançado em novembro de 1961), que deram uma aparência muito distinta aos quadrinhos daquele mês. Outra medida da editora para celebrar o aniversário foi criar o Novo Universo, uma linha de quadrinhos ambientada em uma realidade alternativa à que continha os personagens já conhecidos. O Novo Universo foi um experimento fracassado, pois muitos o consideraram uma maneira estranha de comemorar aquele marco da Marvel, já que basicamente ignorava o fato de que o universo principal estava completando um quarto de século. De qualquer forma, Lee quase não se envolveu nessas comemorações, a não ser por escrever o roteiro de uma das páginas da história de *Quarteto Fantástico* daquele mês.

Naquele verão, Shooter relatou ter visto Lee e Kirby apertando as mãos e conversando amigavelmente na festa do 25.º aniversário do Quarteto Fantástico, na Comic-Con de San Diego, apesar de Lee ter cortado a mão pouco antes do encontro e do corte estar sangrando muito por baixo do curativo improvisado.

Como Shooter descreveu:

Foi o ápice de Stan Lee. (...) Ele ofereceu a mão, que Jack apertou... E aí teve que limpar o sangue na mão de Jack com o lenço. (...) Depois, Stan disse: "Eu queria, uma última vez... Não me importo com quem vai ser o dono ou quem ficar com o crédito, mas eu queria fazer uma história com você." (...) E Jack disse que também queria... Então, Roz [a esposa de Kirby] interveio, dizendo: "Pode ir parando por aí."[8]

Quando Lee oficializou o casamento do Homem-Aranha, um ano depois, a Marvel tinha sido comprada pela New World Entertainment, que, após uma série de conflitos, demitiu Shooter e o substituiu por Tom DeFalco. DeFalco e Galton conseguiram entrar em acordo com Kirby — e também deram um jeito de encontrar milhares de outras páginas da arte original do quadrinista — e a crise chegou ao fim.[9]

***

Em 28 de agosto daquele mesmo ano, foi o aniversário de setenta anos de Jack Kirby. Naquele dia, o artista — por telefone, já que estava na Califórnia — era homenageado no programa *Earthwatch*, da rádio WBAI, organizado por Robert Knight, Max Schmid e o anfitrião convidado — e ex-funcionário da Marvel — Warren Reece. Lee, que estava em Nova York, foi chamado como convidado surpresa por telefone. Quando Knight perguntou como era trabalhar com Stan Lee na animada editora, que Lee apelidara de Merry Marvel Marching Society, Kirby, que não parecia saber do convite, respondeu: "Não achei nada animado. (...) Eu dava minhas ideias, recebia meu dinheiro e voltava para casa." Quando discutiram o processo de criação das histórias, Kirby relatou: "Eu criava as situações [das histórias] (...) tudo era meu, exceto as falas nos balões."

Quando Reece pediu que Kirby contasse das "lendárias reuniões sobre as histórias" que tivera com Stan, "com gente pulando nas mesas e essas coisas", Kirby respondeu: "Não era nada disso. Talvez fosse assim depois que eu saía pela porta e ia para casa." Enquanto Kirby dava essas respostas amargas, Lee estava na linha, esperando para entrar no ar.

Knight então declarou: "E chegou a hora de anunciar o convidado muito especial que temos para o programa de hoje, seu velho amigo de guerra, Stan Lee."

Tentando ser educado, Kirby disse: "Ora, Stanley, quero agradecer por ter ligado, e espero que esteja bem de saúde e continue assim."

Depois de alguns momentos de conversa constrangedora, Lee arrematou com um elogio um tanto duvidoso: "Na minha opinião, ninguém sabia transmitir a emoção e o drama como você fazia. Eu não me importava com o desenho todo estranho, porque não era relevante. A arte transmitia muito bem seu ponto de vista, e ninguém nunca conseguiu desenhar um herói como você."

Lee continuou: "O que quer que a gente fizesse junto, não importa quem fazia o quê — e acho que isso será tema de debate para sempre —, acho que alguma mágica acontecia quando trabalhávamos juntos."

Kirby respondeu com seu próprio elogio duvidoso, dizendo a Lee: "Foi uma ótima experiência para mim, e o produto final com certeza era de qualidade, o que me deixava muito satisfeito. (...) Uma das principais razões para o meu grande respeito por você é o seu imenso profissionalismo e o fato de que você sem sombra de dúvida sabe apreciar um material de qualidade."

Não era uma afirmação muito elogiosa, mas pelo menos Kirby se esforçou para se manter educado.

Poucos minutos depois, no entanto, quando parecia que a conversa continuaria razoavelmente agradável, Reece comentou: "Seria interessante saber se o discurso de saída de Galactus na edição n.º 50 de *Quarteto Fantástico* era um exemplo do diálogo criado por Jack ou por Stan, mas vocês..."

Lee interveio: "Ah, posso dizer o seguinte: todas as palavras de diálogo nesses roteiros eram minhas."

A isso, seguiu-se uma discussão acalorada:

KIRBY: *Eu não tinha permissão para escrever...*
LEE: *Você chegou a ler alguma das histórias depois de pronta? Eu acho que não. Acho que você nunca leu nenhuma das minhas histórias. (...) Você nunca lia as revistas depois de prontas.*
KIRBY: *Eu escrevia o diálogo na minha prova. (...) Então, o que quer que fosse escrito depois era, bem... Ah, você sabe, era na ação que eu estava interessado.*
LEE: *Na minha opinião, você nunca achou que o diálogo fosse importante. Acho que você pensava: "Ah, não importa, qualquer um pode inserir o diálogo, o que eu estou desenhando é que importa." (...) E eu discordo, mas talvez você esteja certo.*
KIRBY: *Só estou tentando dizer que... se a pessoa escreve, desenha e faz os quadrinhos... Acho que deveria ter a oportunidade de fazer a coisa toda.*

Knight, Schmid e Reece fizeram o possível para salvar o programa, depois que Lee encerrou assim:

LEE: *Só quero dizer que acho que Jack fez o que, na minha opinião, foi um tremendo marco da cultura dos Estados Unidos, se não da*

cultura mundial, e espero, daqui a dez anos, ouvir uma homenagem ao seu aniversário de oitenta anos. E espero também poder ligar (...) e lhe desejar tudo de bom. Jack, amo você.
KIRBY: *Bem, Stan, eu sinto o mesmo. Muito obrigado, Stan.*
[Aqui, Lee desligou.]
KIRBY: *Agora dá para entender como as coisas eram.*[10]

Apesar de os conflitos de Kirby com a Marvel e Lee não serem nenhum segredo, Knight e Reece — e talvez até o próprio Lee — pareciam querer manter nos fãs a esperança de que em uma analogia a como alguns filhos se sentem a respeito dos pais divorciados, os dois se reconciliariam e voltariam a se reunir, ou que pelo menos conseguiriam se comportar em um aniversário. Em vez disso, como com qualquer casal separado em que um dos parceiros quer a reconciliação, mas o outro, não, o "Jack, amo você" de Lee foi recebido com uma resposta bem menos que apaixonada: "Bem, Stan, eu sinto o mesmo." Ainda assim, a declaração de Lee *não foi rejeitada* por Kirby — mais do que isso: foi correspondida, ainda que com um pouco de hesitação. Mais uma vez, o relacionamento dos dois se revelava realmente complexo.

Ficou claro pelo desenrolar do espetáculo que, não importava o quanto Lee tentasse mergulhar em Hollywood e deixar o passado para trás: o passado tinha suas próprias ideias de como deveria ser tratado.

E a pergunta que implorava por resposta era: será que Lee poderia usar o passado a seu favor e criar um futuro positivo, ou será que o passado voltaria para consumi-lo?

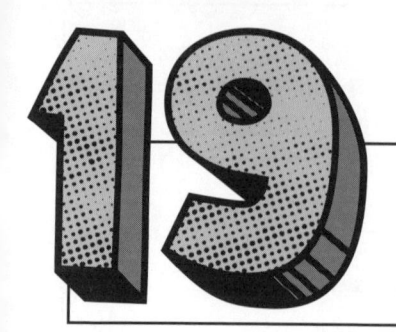

19 CALIFORNIA DREAMIN'

> AMAR STAN NÃO É O MESMO QUE
> DAR CARTA BRANCA PARA ELE.
> — DON KOPALOFF, AGENTE DE FILMES DA MARVEL
> EM MEADOS DA DÉCADA DE 1980[1]

Em novembro de 1987, um romance sensual chamado *The Pleasure Palace* [O palácio do prazer], publicado pela Dell, apareceu nas livrarias dos Estados Unidos. Parecia um dos livros de autores best-sellers como Harold Robbins ou Judith Krantz, a amiga dos Lee e esposa do produtor Steve. Mas esse romance, que teve vendas razoavelmente boas, foi escrito por uma autora de primeira viagem:

Joan Lee.

Segundo o marido, Joan escreveu o livro mais ou menos sem esforço e pediu que ele o levasse ao agente, Jonathan Dolger. O agente conseguiu vender o material, que foi publicado, tornando Joan a primeira (e única) da família Lee a publicar um romance em prosa. A capa da edição promocional, publicada apenas em brochura, dizia (e, por algum motivo, cada palavra começava com uma letra maiúscula): "Opulento, Sensual, Traiçoeiro e Sedutor: Bem-Vindo a Bordo do Transatlântico Mais Luxuoso do Mundo."

O livro era dedicado, em parte:

> A minha filha, Joan, que me deu o primeiro empurrão, e a meu marido, Stan, que me apoiou por todo o caminho.

Uma das personagens principais tinha o mesmo nome da falecida filha de Stan e Joan: Jan.

Joan escreveu mais dois romances, mas decidiu não publicá-los, alegando que "foi porque eu não tinha aquela fome. (...) Com Stan, eu nunca tinha aquela fome".[2]

Pelo menos alguém da família publicara um livro.

***

Quanto ao próprio Stan Lee, parecia que sua vida e sua carreira tinham encontrado um ritmo estável, nada desinteressante — e nem um pouco livre de conflitos, como veremos —, que parecia poder durar o resto de sua vida. Com Mike Hobson e Tom DeFalco mantendo a parte de publicações da Marvel funcionando sem problemas — e quase completamente livre do drama dos anos de gerenciamento de Shooter —, Lee se deu a liberdade de participar apenas o quanto quisesse da criação dos quadrinhos. Ele continuava promovendo e dando consultoria nos projetos de mídia da Marvel, viajando regularmente para convenções e outros eventos para divulgar a editora, e, em geral, atuava como embaixador da boa vontade da empresa.

A New World Entertainment parecia satisfeita com esse arranjo, mesmo que não levassem Lee tão a sério. "Stan não fica sabendo das decisões envolvendo as jogadas porque não é jogador", explicou um executivo da New World. "Ele não era um parceiro, não tinha voto no conselho. Mas era como um pitbull. Simplesmente não queria largar o osso."[3]

Será que Lee teria novas criações capazes de alterar o *status quo*, como aquelas das quais fizera parte nos anos 1960 e 1970? Talvez, mas talvez não. De qualquer forma, Stan estivera à frente de muitas criações, mais do que a maioria das pessoas, mesmo as mais motivadas e talentosas. Em 1987, estava com 64 anos e não parecia nem pensar em se aposentar. Era bem remunerado pelo que fazia e desfrutava de um estilo de vida agradável, com colegas interessantes e bons amigos, e ainda havia a possibilidade de que seu próximo trabalho fosse *o sucesso* que mais uma vez mudaria o mundo! As coisas poderiam ser bem piores, e com certeza piorariam. Mas ainda não.

***

Em 1988, Lee e Moebius, pseudônimo de Jean Giraud, um ícone francês dos quadrinhos, lançaram uma história do Surfista Prateado em duas partes, chamada "Parábola". O quadrinho ganhou o prêmio Eisner de Melhor Série Limitada. Feito no estilo Marvel, desenhado a partir de um roteiro de seis páginas de Lee, era de fato uma parábola, aberta à interpretação dos leitores.

Na história, vagamente ligada à continuidade do Universo Marvel, Galactus volta à Terra e, embora cumpra a promessa de não consumir o planeta, se declara uma divindade e começa a causar estragos com a proclamação de que anulava todas as regras e leis, e que os humanos poderiam agir pensando apenas em si mesmos, sem restrições. Como o vilão planejara, o planeta entra em caos. Como tinha jurado que não consumiria a Terra, Galactus fez aquilo por pura *malícia*, querendo tornar a vida no planeta miserável.

(Era uma inovação interessante para Lee, cujos vilões geralmente tinham um objetivo específico em mente, como dinheiro, poder, amor ou a garantia da própria sobrevivência. A ideia de que Galactus poderia agir apenas por malícia era uma abordagem muito mais niilista do que ele escrevera para a maioria de seus vilões.)

O Surfista entra na história para revelar que Galactus é muito menos que um deus, frustrando os planos de seu antigo mestre. A resposta dos humanos é simplesmente declarar *o próprio* Surfista um deus que devem adorar. Parece que Lee deixou transparecer na história muitos de seus sentimentos conflitantes em relação à religião. Ao incluir o personagem de um televangelista corrupto — ou talvez iludido — que tenta explorar os dogmas niilistas de Galactus, Lee parece querer condenar a religião como, na melhor das hipóteses, pura tolice. Louvado como uma divindade, o Surfista lamenta:

É loucura. Eles têm sede de liderança como uma criança tem sede de leite materno. Com certeza é por isso que muitas vezes são vítimas de tiranos e déspotas.

Por que não conseguem perceber que a fé mais verdadeira é a fé em si mesmo? O que os deixou tão desesperados para que outros lhes mostrassem o caminho?

Rejeitando o papel que os humanos lhe atribuíam, o Surfista sobe aos céus — apesar de ainda preso à atmosfera da Terra, por um decreto muito antigo de Galactus — e, como a divindade do poema de Lee, "God Woke", lamenta a falta de visão da humanidade, abrindo mão da perspectiva de se tornar um suposto deus para dar à humanidade a chance de resolver seus próprios problemas, livre de lealdade servil a qualquer divindade, mesmo que seja ele. O Surfista é visto pela última vez em sua prancha, tristonho, lamentando:

Vivi a empolgação inebriante da vitória. Vivi a dor constante da derrota. Mas nunca deixarei de procurar um oásis de sanidade no deserto da loucura que a humanidade chama de Terra. Porque o pior destino de todos, em meio a incontáveis mundos e infinitas estrelas...

É ser para sempre sozinho.

Lee não estava sozinho em Los Angeles, mas "Parábola" pode ser interpretada como um lamento sobre o fato de que, depois de quase uma década na cidade, ele ainda não conquistara o grande sucesso da Marvel — ou dele próprio. Ainda estava procurando por um "oásis de sanidade" no "deserto da loucura" que a humanidade chama de Hollywood.

Relatos do tempo de Lee no mundo do entretenimento nos anos 1980 parecem versar sobre um homem em uma missão solitária, incapaz de convencer qualquer um a se interessar pelos heróis da Marvel ou por suas ideias. Deve ter sido duplamente frustrante a Marvel pertencer a uma produtora de filmes e de TV, mas ainda assim não ter nenhuma criação significativa com seus personagens. De fato, por mais que Lee gostasse de escrever as histórias do Surfista e por mais que tenha apreciado a chance de trabalhar com o lendário Moebius, é provável que teria ficado mais feliz trabalhando também em um filme de grande orçamento — não importava se fosse da Marvel ou não.

※ ※ ※

Em janeiro de 1989, logo após o lançamento de "Parábola", o grupo MacAndrews & Forbes, do magnata Ronald Perelman, comprou a Marvel da New World, que estava com problemas financeiros. Perelman declarou que queria fazer da Marvel "a próxima Disney". Sem que Lee sequer pedisse, seu salário foi triplicado. Finalmente a empresa parecia ser propriedade de alguém que pensava como ele.[4]

Em 23 de junho, houve a estreia do primeiro filme do Batman, com Michael Keaton no papel do Cavaleiro das Trevas. O filme teve ainda mais impacto do que a adaptação de *Super-Homem* para as telonas, em 1978 (e a sequência de 1980), e sua popularidade aumentou a potência de vendas de histórias dos personagens da Marvel e da DC. Além disso, catalisou a venda de mercadorias licenciadas para ambas as empresas. O mercado de artigos relacionados aos quadrinhos explodiu![5]

Uma das poucas propriedades da Marvel que tinha conseguido navegar com sucesso pelo labirinto de Hollywood, o Incrível Hulk, foi o foco do filme para a televisão de 1989 da NBC, *O julgamento do Incrível Hulk*. No filme, Lee fez a primeira de suas participações especiais em filmes da Marvel, um jurado sem falas na cena de tribunal imaginário. Em 1990, ele também apareceu em um pequeno papel de editor de quadrinhos em *A ambulância*, filme dirigido por seu amigo e diretor de filmes *cults* Larry Cohen.

Naquele mesmo ano, o *Comics Journal* publicou uma infame entrevista com Jack Kirby. Nela, o artista basicamente afirmou que tinha criado sozinho os personagens da Marvel e que Lee era pouco mais que um estagiário glorificado, levando recados para Martin Goodman. Até os mais fiéis apoiadores de Kirby acharam que a entrevista foi exagerada; o artista insultara Lee de uma forma nunca vista pelo público.

***

Mas, enquanto as paixões dos mais fanáticos estavam inflamadas pelo que se via na batalha de palavras (e às vezes de advogados) ocorrida nos bastidores, entre Kirby e a Marvel, o público geral dos quadrinhos parecia não se perturbar nem um pouco com as disputas internas, quaisquer que fossem suas opiniões ou o nível de preocupação em definir quem tinha feito o que trinta anos antes. Os quadrinhos da Marvel começavam a alçar níveis históricos de circulação. Alimentadas pelos trabalhos de artistas jovens e populares, como Todd McFarlane, Jim Lee e Rob Liefeld, e pela especulação de que as histórias em quadrinhos poderiam virar valiosos artigos de colecionador, as vendas da Marvel aumentavam em porcentagens de dois dígitos a cada ano. Tendo passado a receber uma pequena porcentagem dos lucros dos títulos em que trabalhavam, os editores também conseguiam uma renda extra significativa com base nas vendas de seus títulos.[6] E havia contratos para prendê-los à empresa, uma insistência de DeFalco de que editores talentosos eram tão valiosos para a empresa quanto os criadores dos personagens.

No verão de 1991, a organização de Perelman tornou pública a aquisição da Marvel, e as ações dispararam. O anúncio de que o diretor mais badalado de Hollywood, James Cameron, famoso pelo *Exterminador do futuro*, assinara um contrato para dirigir um filme do Homem-Aranha — estrelando o igualmente badalado Arnold Schwarzenegger como um dos vilões — só alimentou a fogueira. Finalmente o público reconhecia o valor da Marvel e dos personagens que Lee já tentava emplacar como sucesso havia tanto tempo.[7]

Também em 1991, depois de uma disputa editorial com DeFalco (e o autor que vos escreve, que na época era diretor editorial dos quadrinhos do Homem-Aranha), McFarlane deixou a Marvel, o que acabou gerando um êxodo dos criadores com mais sucesso de vendas da empresa. Essas pessoas logo abririam a própria empresa — a Image Comics —, investindo o dinheiro que tinham acumulado com suas participações nos lucros das vendas na casa dos milhões das revistas em que trabalhavam. O fenômeno abalou a Marvel e toda a indústria dos quadrinhos.

Naquele ano, Lee tinha aberto uma produtora de filmes à parte do seu trabalho na Marvel, em parceria com Peter Bierstedt, agente de cartunistas e ex-executivo da New World.[8] Seu primeiro projeto, *The Comic Book Greats* [Os gigantes dos quadrinhos], foi uma série de entrevistas em vídeo que Lee fez com figurões do passado e do presente da indústria; o produto foi vendido diretamente ao público, sem passar pela TV ou pelo cinema. Entre os entrevistados estavam amigos de Lee como Will Eisner, que parecia ter um bom relacionamento com Stan; Bob Kane, cocriador do Batman; e Harvey Kurtzman, com a saúde deteriorada, que apareceu junto com o lendário Jack Davis, com quem escrevia a *Mad*. Embora tivesse saído da Marvel, McFarlane apareceu em um dos episódios junto com Liefeld. John Romita Sr. e o filho, John Romita Jr., também apareceram em um episódio.

As entrevistas eram bem reveladoras e perspicazes, e, em cada episódio, os artistas tiravam um tempo para desenhar enquanto Lee mantinha uma conversa bem informativa, muitas vezes zombando da própria reputação e brincando que, como entrevistador, deveria ter direito à parte da propriedade intelectual dos personagens que estavam sendo desenhados.

Embora não fosse um excelente moderador de debates e entrevistador, Lee certamente estava bem melhor diante das câmeras do que na produção de *How To Draw Characters The Marvel Way*, com John Buscema. Ele expôs suas habilidades como editor, diretor de arte e escritor enquanto fazia perguntas perspicazes, com base no conhecimento acumulado depois de anos de experiência.

✴✴✴

O ano de 1992 trouxe aos quadrinhos da DC um fenômeno: a "Morte do Super-Homem", sucesso que foi absorvido pela grande mídia e fez os quadrinhos atingirem números de vendas espetaculares. Os leitores menos assíduos compraram vários exemplares da edição que apresentava a morte do Homem de Aço (que depois se mostrou temporária), convencidos de que o herói de fato estaria morto para sempre, e — ignorando a lei da oferta e da demanda — acreditando que, se mantivessem os exemplares guardados por alguns anos, conseguiriam revender as revistas com tanto lucro que poderiam pagar a faculdade dos filhos.

Nesse período, o fenômeno também aconteceu na indústria dos quadrinhos como um todo, com outras edições que traziam histórias "especiais". A percepção errada do público sobre o valor a longo prazo de certas revistas com "eventos especiais" foi decisiva no planejamento das publicações dos próximos anos, causando um rombo do qual o mercado dos quadrinhos nunca se recuperou completamente. Editoras e varejistas desapareceram; muitas pessoas perderam seu ganha-pão.

Lee, sem querer, teve uma participação nesse ciclo de investimentos. O ano de 1992 marcou o aniversário de trinta anos da estreia do Homem-Aranha na *Amazing Fantasy* n.º 15, de 1962. A revista *Amazing Spider-Man* n.º 365 (editada pelo autor deste livro), foi lançada em agosto, mês em que a *Amazing Fantasy* n.º 15 fora colocada à venda, três décadas antes. A história principal envolvia o suposto retorno dos pais mortos de Peter Parker. A edição também continha várias histórias extras, incluindo "I Remember Gwen" [Eu me lembro de Gwen], com traços de Tom DeFalco, roteiro de Lee e arte de Romita Sr. Essa união de Lee e Romita em uma história do Homem-Aranha era um grande atrativo da edição. Foi decidido que, como edição especial de aniversário, os quadrinhos teriam um holograma na capa, com uma imagem em 3D do Homem-Aranha, desenvolvida a partir de um desenho de Romita. O plano era criar um item especial e comemorativo. Acompanhando a ideia, "I Remember Gwen" era uma história tocante, nostálgica e muito bem elaborada que tornou a edição ainda mais especial, o que caía bem em um aniversário tão importante.

Mas, considerando a moda de comprar quadrinhos para guardar até que se tornassem artigo de colecionador, foi tomada a estratégia de marketing de fazer com que os quatro principais títulos de *Homem-Aranha* daquele mês tivessem capas com holograma. O sucesso de vendas dessas edições com capas especiais foi prova o suficiente para alguns executivos de marketing e de vendas de que as revistas da Marvel dos próximos anos só precisariam de uma leve desculpa para adicionar um toque extra e, com isso, aumentar significativamente o preço da edição em questão. A tática se tornou onipresente na indústria. Essa abordagem acabou sendo um dos fatores que geraram várias crises no mercado dos quadrinhos — crises que afetaram Lee diretamente.

***

Outra morte significativa — esta no mundo real — ocorreu em 1992. Em 6 de junho, Martin Goodman faleceu aos 84 anos, na Flórida, onde passara a morar. Fazia vinte anos que deixara a Marvel. Em 2006, Lee disse, sobre o antigo chefe: "Acho que Martin teria sido um dos maiores editores de todos os tempos se fosse um pouco mais ambicioso. (...) Mas ele não queria ser Bennett Cerf. Ou Hugh Hefner."[9]

***

No início daquele ano, o desenho animado *X-Men* começava a ser desenvolvido para a Fox Kids, durante a administração da New World, previsto para estrear no outono. O programa tinha sido encomendado por Margaret Loesch, presidente da Fox Kids e amiga e apoiadora de longa data de Lee. A emissora também abrigava o muito admirado desenho *Batman: A série animada*.

Eric Lewald, *showrunner* do desenho, descreveu, em seu livro *Previously on X-Men: The Making of an Animated Series* [Anteriormente, em X-Men: A criação de uma série animada], publicado em 2017, que sua intenção foi criar uma série que igualasse ou superasse a qualidade e a sofisticação do desenho animado *Batman*.[10] E, em teoria, Lee queria o mesmo. Em seu livro, *Excelsior!*, Lee descreveu uma reunião em 1981, logo no início de sua temporada em Hollywood, com uma executiva para quem tentava vender ideias de animação. A mulher perguntou o que ele achava dos desenhos da televisão. Lee alega ter respondido que achava, no geral, os diálogos pouco naturais e muito "caricatos". A mulher respondeu: "Não queremos uma série só de conversas entre os personagens."

Lee respondeu que também não queria isso, só que esperava que "os diálogos, não importava quais, fossem bem escritos".

A resposta da executiva foi reiterar que "não queria blá-blá--blá". Ficaram discutindo isso por mais um tempo, até que Lee percebeu que a executiva tinha uma ideia muito intransigente sobre o que definia um bom desenho animado e que ou não estava interessada, ou não tinha a capacidade de entender o que ele estava tentando dizer. Seus apelos por uma abordagem mais sofisticada aos desenhos foram ignorados.[11]

No entanto, 11 anos depois, quando Lee se tornou produtor executivo do desenho animado *X-Men*, alguns de seus subordinados o viam como obstáculo para animações melhores. De acordo com Lewald:

> Eu não tinha noção da teimosia de Stan. Desde o início, ele quis mudar completamente o tom e a narrativa do desenho. (...) Stan, que não escrevia os quadrinhos dos X-Men desde 1964, queria muito dirigir o programa.[12]

Lee queria ele próprio apresentar e narrar cada episódio, como fizera em *Homem-Aranha e seus incríveis amigos*. Lewald, por sua vez, achava que a série atual precisava de uma abordagem diferente. Ele passou a ignorar as copiosas anotações de Lee nos *storyboards*, o que gerou um acesso de raiva.

Depois de um tempo, a paz entre os dois foi mediada por Will Meugniot, amigo de Lee e artista da série animada. Lewald descreveu a atmosfera depois do acordo de paz como "um festival de amor". E relatou que, finalmente, "depois de uma estreia bem-sucedida, nunca mais ouvi uma palavra de Stan [sobre quaisquer problemas que ele pudesse ter com a animação]". Chegou até a dizer que "Stan e eu trabalhamos juntos e felizes em alguns outros projetos depois da série *X-Men*, e sempre apreciei seus instintos de contador de histórias, todos muito bem-vindos em reuniões que podem ser carregadas de papo comercial e de marketing".[13]

Lee, por sua vez, deu a seguinte versão a Tom DeFalco, para o livro *Comics Creators on X-Men* [Criadores dos quadrinhos falam sobre os X-Men]:

> *Lembro-me de conversar com Eric Lewald, o editor da história. Discutimos o primeiro roteiro que ele tinha escrito. Eu não tinha gostado de algumas coisas. Acabamos brigando, até que, finalmente, chegamos a uma solução. Mais tarde, Eric e eu nos tornamos bons amigos, até trabalhamos juntos em outros projetos, anos depois.*[14]

No mesmo ano, a Fox Kids desenvolveu um desenho animado do Homem-Aranha (que seria lançado em 1994), contando com John Semper Jr. como produtor, roteirista principal e editor. Lee se viu outra vez envolvido em um impasse com pessoas que, cada uma à sua maneira, queriam fazer justiça ao personagem. Lewald relatou em seu livro o que observara ao trabalhar em um *crossover* entre os desenhos dos X-Men e do Homem-Aranha:

> *Se houve uma luta para que o pessoal da série animada dos X-Men pudesse se concentrar e avançar na direção certa, o que aconteceu na série do Homem-Aranha foi uma verdadeira guerra mundial. (...) [John] Semper tinha estabelecido um método para lidar com as partes em conflito — Avi Arad e Stan Lee, da Marvel, Bob Richardson, o diretor, e Sidney Iwanter, da Fox — que tentavam dirigir o programa. Ele colocava todos em um escritório e lia uma linha do roteiro, com diálogo ou ação. A linha teria que ser aceita por todos ou modificada até que todos a aceitassem.*[15]

No entanto, como Semper lembrou, o filme do Homem-Aranha de Cameron estava se tornando uma possibilidade real, tirando o interesse de Lee pela série animada:

> Stan estava muito mais envolvido com a produção de Eric. Quando chegou a hora da minha série animada, já estavam planejando um filme de Jim Cameron, e havia coisas maiores em andamento. E Stan [com quem eu já tinha trabalhado em projetos bem-sucedidos] confiava muito em mim. (...)
>
> Acho que parte da razão para Stan me indicar [para a série animada do Homem-Aranha] foi porque sabia [depois de nosso trabalho juntos na Marvel Productions] que eu me sairia bem, sabia que eu entendia o personagem. (...) Acho que Stan se envolveu mais porque Avi requisitava sua atenção do que por ele de fato querer se envolver, já que estava recebendo um pouco mais de atenção do mundo do cinema, com toda a questão de Cameron, e (...) acho que essa parte de animação não era mais tão importante para ele como teria sido dez anos antes. (...) Ele chegou a me dizer certo dia: "Olha, realmente não quero me envolver na animação. Por isso contratei você. Contratei alguém que acredito que possa fazer a coisa funcionar." (...)
>
> Lee esteve muito envolvido na primeira temporada [do desenho animado do Homem-Aranha]. Envolvia-se bastante na parte do roteiro, e deixou marcas por toda a primeira temporada. Mas, quando ela terminou, ele também se afastou; não queria mais se envolver.
>
> Avi queria que Stan participasse, porque havia aquela certeza geral de que Stan é o cara. (...) De que Stan é que ia deixar a história boa. (...) Por isso, tínhamos essas leituras dos roteiros. Stan tinha que estar lá. Um dia ainda escrevo uma peça que será apenas com uma das nossas reuniões de leituras do roteiro. (...) Eram as reuniões mais incríveis que já se viu![16]

E então, como se já não tivesse acontecido coisa o bastante em 1992, Lee teve uma participação significativa na área dos quadrinhos, além de "I Remember Gwen".

Pelo menos desde o roteiro de *The Monster Maker*, que escrevera para Resnais, Lee tinha muito interesse em questões relacionadas à poluição. Em 1992, concluiu que aquela era uma questão tão premente que faria uma história em quadrinhos (e talvez até uma linha inteira) sobre um futuro distópico de uma Terra dominada pela poluição, onde os coletores de lixo eram cruciais para a sobrevivência da sociedade. Lee queria uma ambientação mais sombria, ao estilo do *Juiz Dredd*. O projeto levou o nome de *Ravage*. Jim Salicrup, editor da Marvel na época, concordou em ajudar Lee a encontrar o artista certo para o quadrinho. Tom DeFalco, então editor-chefe, comprometido (como Shooter, antes dele) em manter os artistas de longa data ocupados, sugeriu Steve Ditko.

Surpreendentemente, Ditko aceitou participar de uma reunião para discutir o projeto durante uma das visitas de Lee aos escritórios da Marvel em Nova York. Salicrup relatou:

> *Eu tinha trabalhado com Steve (...) então liguei para ele. Marcamos uma reunião [eu, ele, Tom e Stan]. Nós nos encontramos no escritório do então presidente da Marvel, Terry Stewart, e foi muito divertido.*
>
> *Os dois homens claramente ainda tinham muito respeito um pelo outro, e acho que, se eu não estivesse planejando deixar a Marvel em breve, teria conseguido fazer com que voltassem a trabalhar juntos. Steve explicou a Stan por que não queria fazer Ravage, dizendo que não queria desenhar uma versão negativa do futuro; queria algo com uma visão mais positiva, como a série de TV* Star Trek.
>
> *Stan então fez a proposta de os dois trabalharem juntos em uma graphic novel do Homem-Aranha (...) e o pedido também foi recusado, com Steve dizendo que nunca mais conseguiria se importar tanto com o personagem quanto na época em que o criou. Stan ficou bastante desapontado, e acho que Steve estaria disposto a trabalhar em algum outro projeto com ele, mas infelizmente não aconteceu.*[17]

DeFalco lembrou que, na reunião, Lee e Ditko

> *estavam muito felizes em se encontrar. Quando se viram, seus rostos se iluminaram (...) e Stan abraçou Steve, que retribuiu o abraço. Stan explicou o conceito da história, e Steve pensou um pouco, até*

decidir que a ideia não era muito de seu interesse, não parecia nada muito "heroico". Os dois apertaram as mãos e disseram: "Talvez a gente possa trabalhar juntos de novo no futuro", ambos deixando essa porta bem aberta.

Então Steve foi embora, e vivi um daqueles momentos surreais. Enquanto eu andava pelo corredor com Stan, ele me perguntou: "Sabe, Tommy, sempre tive curiosidade de saber... Você sabe por que Steve se demitiu?"

E respondi: "Stan, acho que eu ainda estava no ensino médio quando isso aconteceu. Realmente não tenho ideia."[18]

Mark Evanier, que estava visitando os escritórios da Marvel naquele dia, lembrou-se de ter ouvido falar da reunião logo após o ocorrido:

Ditko chegou dizendo que estava disposto a considerar trabalhar outra vez com Stan. (...) Stan resumiu a ideia (...) mas Ditko achou que era uma visão muito feia da humanidade, e não parava de sugerir: "Vamos mudar isso. Vamos mudar aquilo." E parece que, depois de um tempo, Stan disse: "Não, não. Eu sou o escritor. É assim que eu quero fazer. Se não quiser desenhar, tudo bem, mas não comece a falar como se eu fosse um novato." E fim.[19]

(Preciso abandonar minha voz autoral para dizer que testemunhei o que eu viria a descobrir ter sido a segunda parte da reunião, após uma pausa para o almoço, quando Ditko entrou nos escritórios da Marvel e foi até a sala de Salicrup, onde Lee estava sentado de frente para a porta. Apesar de os dois já terem passado a manhã juntos, quando Lee viu Ditko, abriu um sorriso enorme, como se estivesse encontrando um velho amigo que não via havia muito tempo.)

A série *Ravage*, que estreou no final de 1992, acabou sendo chamada de *Ravage 2099* e foi incorporada ao Universo 2099 da Marvel, ambientada no futuro. As outras séries da linha traziam histórias de versões futuras do Homem-Aranha, dos X-Men e assim por diante. Desenhada por Paul Ryan e Danny Bulanadi, *Ravage*

2099 durou quase dois anos, embora Lee tenha escrito apenas as oito primeiras edições.

Apesar do que pareceu ter sido uma reconciliação cordial, Lee e Ditko nunca voltaram a trabalhar juntos, e seu relacionamento, conduzido pela mídia, tornou-se dolorosamente litigioso.

***

Lee continuou com as inúmeras funções de executivo da Marvel, além de trabalhar em projetos freelancers. Graças às vendas dos quadrinhos da Marvel e ao interesse que Cameron fez despertar pela empresa, assim como o interesse derivado dos desenhos animados bem-sucedidos, parecia que as coisas poderiam ficar estáveis por um tempo.

Mas essa estabilidade acabou tendo vida curta. A Marvel estava prestes a se tornar vítima de seu próprio sucesso, e Stan Lee seria atacado justamente pelo tipo de maquinação do mundo dos negócios da qual tanto tentara se isolar.

20 NO RASTRO DO DINHEIRO

> VOCÊ SENTE QUE ESTÁ SENDO PASSADO PARA TRÁS?
> — BOB SIMON, CORRESPONDENTE DO PROGRAMA *60 MINUTES II*, PARA STAN LEE, EM OUTUBRO DE 2002

Em 1993, as coisas pareciam razoavelmente estáveis no mundo dos quadrinhos e no nicho da Marvel de Stan Lee, já com setenta anos. As revistas vendiam bem. As ações estavam em alta. O que havia para reclamar?

Afinal, embora a Marvel não parecesse estar tão bem em Hollywood, era apenas questão de tempo até James Cameron começar as filmagens de *Homem-Aranha* — só precisavam resolver algumas questões contratuais chatinhas com alguns outros detentores de direitos de propriedade intelectual. Além disso, os personagens da Marvel estavam ou em breve estariam aparecendo em várias séries animadas com as quais Lee estava envolvido em maior ou menor grau.

Lee ainda parecia capaz de escrever o máximo de roteiros de quadrinhos que seu cronograma permitia (sem mencionar a tirinha de jornal do Homem-Aranha). Talvez não tivesse como os quadrinhos continuarem vendendo daquela maneira por muito mais tempo, mas, mesmo que as vendas caíssem pela metade, ainda seriam de milhões e milhões a cada mês, e o mercado direto era um mecanismo eficiente. A política de não devolução significava que a empresa não perderia com vendas por atacado, e as lojas de quadrinhos poderiam vender o excedente em promoções. Todos estavam satisfeitos enquanto o fluxo do mercado, de criadores a editores, de varejistas a consumidores, permanecesse saudável.

Ronald Perelman certamente fizera valer o investimento de US$ 82 milhões na Marvel. Além disso, estava comprando outras editoras e empresas relacionadas aos quadrinhos, como fabricantes de adesivos e de figurinhas colecionáveis. Estava pagando caro, mas era tudo parte de um grande esquema. Só que acabou não sendo o esquema que todos imaginavam.

***

Sempre inquieto — e sempre preocupado com a possibilidade de desastre no mundo dos quadrinhos, não importava o quanto as coisas parecessem boas —, Lee se mantinha, como sempre, aberto a acordos paralelos.

O editor e empreendedor Byron Preiss era amigo de Lee havia anos. Nascido em 1953 (o mesmo ano de Jan, a falecida filha dos Lee), Preiss era um fã que acabara se tornando editor de livros e que decidira não apenas *conhecer* seus ídolos de infância dos quadrinhos e da ficção científica, mas também *fazer negócios* com alguns deles. Preiss entrara em projetos com Will Eisner, Jim Steranko, Isaac Asimov e muitos outros.

Em 1993, trabalhou com Lee em dois projetos. Preiss comprara a licença para publicar, pela editora Berkley Books, uma série de romances e coletâneas de contos baseados nos personagens da Marvel. Ele fez de Lee o editor titular da série de coletâneas — a linha Ultimate (que gerou *Ultimate Homem-Aranha*, *Ultimate Surfista Prateado* etc.) — para a qual Lee escreveria o prefácio e parte da ficção.

Preiss também discutira com Lee sobre uma série de romances, desconectados da Marvel, sob o título *Stan Lee's Riftworld*. O primeiro romance desse *Riftworld* foi lançado em 1993, seguido por outros dois. Escritos pelo romancista veterano Bill McCay, com ilustrações especiais de Dave Gibbons, artista de *Watchmen*, a série *Riftworld* contava a história do editor de quadrinhos Harry Sturdley, que dirigia uma empresa de gibis, a Fantasy Factory, e de como ele lidou com uma série de acontecimentos desencadeados a partir de seu encontro com super-heróis — e vilões — de verdade, trazidos para a Terra através de uma fenda interdimensional.

Preiss também começou uma série de quadrinhos com a premissa de serem produzidos por escritores e artistas da Fantasy Factory. Por fim, houve a produção de uma versão em quadrinhos de *Riftworld*, editada pelo autor deste livro (que migrou da Marvel para a Preiss em 1995), com roteiro de Lee e arte de Dan Jurgens, famoso pelo trabalho em *Super-Homem*.

Com Avi Arad assumindo cada vez mais as funções de produtor de cinema e de TV para seus projetos e com a linha de quadrinhos futurísticos que ele criara repaginada como a Marvel 2099 — da qual ele só trabalhava em um título, *Ravage* —, Lee embarcou no projeto de uma nova linha de quadrinhos, a Excelsior. Em seu escritório em Los Angeles, contando com ajuda de colegas de confiança na criação — como Roy Thomas e o artista Sal Buscema (irmão de John) —, Lee voltara a editar uma linha de quadrinhos. De acordo com Thomas, ele se envolvia em todos os aspectos das revistas.[1] Era um *revival* dos anos 1960 —, fosse isso bom ou ruim.

***

Mas, em 6 de fevereiro de 1994, veio outro lembrete dos anos 1960: Jack Kirby faleceu.

Segundo Lee, ele e Kirby tinham se reconciliado pouco antes da morte do artista. Como ele contou:

Encontrei Jack em uma convenção de quadrinhos, então fui até ele, que disse: "Stan, você não tem nada do que se envergonhar." Ele sorriu, e nós apertamos as mãos. Depois, cada um foi para seu lado.[2]

Sobre o funeral de Kirby, segundo Raphael e Spurgeon:

Com o consentimento de Roz [Kirby], Stan Lee participou do enterro de Jack Kirby. "Fiquei mais afastado", conta Lee. "Não queria que ninguém me visse (...) e começasse a falar sobre meu relacionamento com Jack."[3]

E, de acordo com Evanier:

Stan Lee ficou (...) sentado no fundo, quieto, durante os discursos, depois partiu sem falar muito com ninguém. Roz queria abraçá-lo bem na frente de todos, para mostrar que (...) não restava nenhuma amargura. Mas Stan, rápido como sempre, foi embora antes que ela pudesse sequer se aproximar.[4]

Raphael e Spurgeon observaram:

Uma ou duas semanas após o funeral, Evanier organizou uma conversa por telefone entre Stan e Roz. Mais tarde, Lee foi fundamental em garantir que a Marvel pagasse uma pensão razoável para Roz.[5]

Como em muitos relacionamentos complicados, os problemas entre Lee e Kirby não acabaram simplesmente porque um deles tinha morrido. De fato, as coisas só se complicariam *mais* com o passar dos anos.

***

O ano de 1994 trouxe a estreia de um programa de desenhos animados exibido em diversas emissoras chamado *Marvel Action Hour* [Hora de ação da Marvel]. Lee era produtor executivo e fazia os roteiros e algumas dublagens. *Marvel Action Hour* contava com desenhos animados do Homem de Ferro e do Quarteto Fantástico. No verão daquele ano, Lee foi eleito para figurar no Hall da Fama de Will Eisner, na Comic-Con de San Diego.

Nesse meio-tempo, alguns dos antigos contratos assinados pela Marvel tinham voltado para assombrar os planos de filmes para o cinema. Levaria mais oito anos para resolver os conflitos de direitos autorais do Homem-Aranha, que tinham sido cedidos. Inclusive, o que foi lançado em 1994 foi o filme do Quarteto Fantástico, uma produção barata e cafona do estúdio de Roger Corman, feita apenas para manter os direitos em vigor, nunca lançada oficialmente.

No campo das adaptações em *live-action*, Lee disse ao repórter Frank Lovece, em 1994:

> *No passado, nós [a Marvel] éramos muito mais ingênuos em relação aos filmes [e aos programas de TV]. Alguém nos procurava dizendo: "Ei, queremos fazer um filme com um de seus personagens", e nós respondíamos: "Maravilha! Ah, que ótimo!" Ficávamos lisonjeados e cedíamos os direitos, sem manter nenhum controle sobre o que era feito. Mas, agora que crescemos, qualquer filme que seja produzido... Eu tenho um parceiro, o Avi Arad (...) um cara incrivelmente criativo, é um prazer trabalhar com ele... De qualquer maneira, a partir de agora, para qualquer filme que seja feito, Avi e eu somos coprodutores executivos, o que significa que a empresa não pode simplesmente fazer o que quiser. Temos que aprovar a história, o roteiro, o elenco... isso tudo. Portanto, agora a coisa é completamente diferente.*[6]

Lee também disse a Lovece que assinara um contrato vitalício com a Marvel. Ele certamente tinha percorrido um longo caminho desde que agira apenas como "chama piloto humana", nos dias sombrios da década de 1950 pós-Wertham.

✳ ✳ ✳

Em meados de 1994, a enorme expansão do mercado dos quadrinhos dos últimos anos começou a perder força depressa. A Marvel, sofrendo o peso da instabilidade das inúmeras empresas que adquirira havia pouco e com as maquinações financeiras da organização de Perelman, sofria uma pressão sem precedentes para maximizar os lucros.[7]

Talvez a decisão mais imprudente da empresa tenha sido a compra do distribuidor de quadrinhos Heroes World, com a intenção de torná-lo o único fornecedor de quadrinhos da Marvel. Com o aumento repentino e maciço dos pedidos, a Heroes World não conseguiu fazer o trabalho direito, e muitos varejistas ficaram sem os quadrinhos que tinham pedido, o que por sua vez deixou os consumidores sem as revistas, livres para gastar o dinheiro com outras editoras ou com o que mais quisessem. Essa falha da Heroes World desestabilizou um sistema de distribuição de quadrinhos que já sofria com a superexpansão.

Com o mercado em crise e a Marvel com um incrível aumento de gastos decorrente da compra de empresas supervalorizadas, o alto nível da corporação estabeleceu uma demanda urgente para cortar custos. A Marvel foi reestruturada. A equipe foi reorganizada, revirada e seriamente reduzida com demissões em massa. Como parte do pacote de corte de custos, a linha de quadrinhos Excelsior foi interrompida e até hoje não chegou ao conhecimento do público.

No início de 1995, me pareceu, na época, com base em conversas pessoais com Stan e Joan Lee, que Lee sentia estar sendo deixado de lado pela empresa, achando que a Marvel poderia tentar renegar o tratamento generoso que dedicara a ele. Joan Lee volta e meia ficava com medo de que o dono da Marvel, fosse quem fosse, pensasse em economizar um pouco demitindo ou tratando mal seu marido. Quando os Lee contrataram advogados agressivos para proteger seus interesses, deram a entender que aquele parecia ser um dos momentos em que esses temores de Joan afloravam.

Em maio daquele ano, eu já tinha me demitido de uma Marvel caótica — o que não foi uma decisão fácil — para me tornar chefe da linha Virtual Comics, de Byron Preiss, uma série de quadrinhos projetados para serem consumidos na internet em expansão — área em que Preiss era pioneiro —, pelo menos a princípio, com possibilidade de um dia serem impressos. Naquele verão, na Comic-Con de San Diego, além de promover a Marvel, Lee também divulgou a versão em quadrinhos dos romances do *Riftworld*, primeira leva de títulos da Virtual Comics.

Também em 1995 — depois de ostentar a barba, como se estivesse de luto pela decadência da glória da Marvel —, Lee apareceu no filme *Barrados no shopping*, de Kevin Smith. Interpretou uma versão ficcional de si mesmo, e seu papel era muito mais que apenas uma participação especial. No filme, enquanto vagava sem rumo — e de alguma forma sem atrair atenção — em um shopping de Nova Jersey, depois de uma sessão de autógrafos em alguma loja, Lee cruzou com o protagonista da história, Brodie, interpretado por Jason Lee (sem parentesco). Vendo que Brodie estava angustiado com o término de um relacionamento, "Stan Lee" deu início a um monólogo sobre um amor ficcional perdido havia muito tempo, e terminou aconselhando o jovem: "Faça um favor a si mesmo, Brodie. Não espere. Porque nem todo o dinheiro, todas as mulheres ou mesmo todas as histórias em quadrinhos do mundo podem substituir uma pessoa especial."

***

A Marvel enfrentou uma forte turbulência financeira durante os anos seguintes, culminando, em 1998, em uma batalha de proporções sobre-humanas entre os investidores Carl Icahn e Perelman. Antes disso, porém, em 23 de fevereiro de 1996, Chip Goodman morreu inesperadamente de pneumonia, com apenas 55 anos. Lee diria, mais tarde, que "Chip, na verdade, era um cara legal".[8] O jovem Goodman teve uma carreira de sucesso como editor de revistas de praticamente todos os assuntos, menos histórias em quadrinhos.

No fim de 1996, Perelman levou a Marvel à falência, e a crença geral era de que ele tinha feito isso tentando proteger a empresa das garras de Icahn. A isso se seguiu um período surreal, em que, dependendo de diversas decisões judiciais, o controle da empresa mudou de mãos várias vezes, com diferentes equipes de executivos entrando e saindo do comando, em uma dança das cadeiras bizarra.[9]

Também naquele ano, a Marvel — que em 1994 dividira o departamento editorial em setores relacionados a cada personagem — restaurou o sistema de editor-chefe único, contratando para o cargo Bob Harras, que tinha liderado a divisão editorial dos X-Men. Harras fez o que pôde com a empresa ainda se recuperando do caos financeiro.

Em 1997, depois de mais uma reestruturação e outra rodada de demissões, a Marvel decidiu que realmente queria que Lee representasse a empresa diante do mundo, e o departamento editorial trabalhou para que todos os quadrinhos de julho daquele ano se encaixassem no "mês de *flashback*", com histórias dos personagens antes do início de suas carreiras de super-heróis. Cada história teria a apresentação de uma versão cômica de Lee, imaginada pelos escritores e artistas daquela revista. Inclusive, Lee escreveu sua própria aparição na edição "Flashback" de *X-Men*.

Depois de tantas tentativas de marginalizá-lo, a empresa — pelo menos na divisão de quadrinhos —, quando se viu sob pressão, compreendeu o valor de ter sua essência incorporada no rosto e no nome mais famoso do meio. Gostando ou não, as identidades da Marvel e de Stan Lee estavam intrinsecamente conectadas.

***

Em setembro de 1998, o tribunal de falências tomou a decisão inesperada de conceder a propriedade da Marvel à empresa Toy Biz, de Avi Arad e Isaac Perlmutter, que milagrosamente conseguira vencer a disputa tanto contra Perelman quanto contra Icahn. Os dois começaram o trabalho de resgatar a empresa do estado de destruição em que caíra. Ainda assim, consta que Perelman lucrou algo entre US$ 50 milhões e US$ 250 milhões com a venda de suas ações da Marvel.

Parte da repercussão da falência da Marvel envolvia uma revisão do contrato vitalício de Lee. A falência teve o efeito de anular quaisquer contratos outrora firmados pela empresa, incluindo o de Lee. Quando Perlmutter lhe ofereceu um contrato de dois anos com um salário bastante reduzido, Lee se recusou a assinar, e seu advogado entrou em ação. Como Sean Howe contou:

> *Sem contrato, Lee podia contestar a propriedade intelectual sobre alguns dos personagens pelos quais a Marvel, em inúmeras ocasiões ao longo de três décadas, o creditara como criador. E, mesmo que o*

caso não fosse muito resistente à análise judicial, o dano à imagem pública da Marvel seria devastador.[10]

Diante dessa realidade, a empresa negociou outro contrato vitalício com Lee, garantindo — em troca de uma pequena fração de seu tempo de trabalho semanal — um aumento anual de salário, além de pensões para a esposa e para a filha caso Lee falecesse antes delas.

A mudança mais significativa era que o contrato também garantia a ele uma porcentagem dos lucros de qualquer filme ou programa de TV da Marvel (o que, naquele momento, era uma quantia insignificante), e também lhe concedia a liberdade de se envolver em qualquer outro trabalho que escolhesse, incluindo projetos que poderiam competir diretamente com a Marvel.[11]

Ali estava Lee, vinculado à Marvel pelo resto da vida, mas livre para fazer o que quisesse. Era parte da empresa, mas ao mesmo tempo não era.

E o que faria, então?

***

Apesar de toda essa agitação, e depois de décadas incapaz de conquistar o sucesso no cinema, a Marvel finalmente conseguiu uma bilheteria considerável com a adaptação de *Blade, o caçador de vampiros*, que estreou em 21 de agosto de 1998, com foco em um personagem coadjuvante de *Drácula*, uma série de quadrinhos da mesma editora. (O filme *Homens de preto* — abreviado como *MIB*, acrônimo do original, *Men in Black* —, lançado no ano anterior, tecnicamente também foi um sucesso da Marvel, já que era de propriedade da Malibu Comics, que a Marvel comprara vários anos antes. Mas o público não associava o *MIB* à Marvel, portanto o sucesso não acrescentou peso à marca.)

Assim, não foi nem o Homem-Aranha nem os X-Men que colocaram a Marvel no topo de Hollywood, e sim Blade, interpretado por Wesley Snipes, um personagem do qual ninguém, exceto os fãs mais dedicados, tinha ouvido falar. Foi o sucesso de *Blade* que fundamentou as bases para os próximos filmes de grande bilheteria, *X-Men* e *Homem-Aranha*.

Lee filmou uma participação especial em *Blade*, mas a cena não foi incluída na versão final. Só que, a essa altura, Lee tinha uma visão para o futuro que não incluía a Marvel como parte essencial. Estava se aproveitando das cláusulas contratuais que lhe permitiam entrar em projetos concorrentes da empresa. Ia entrar no mercado por si mesmo.

Bem, mais ou menos.

Naquele ano, mesmo antes de a Marvel ser entregue à Toy Biz, Lee, um parceiro de negócios chamado Peter Paul e mais algumas pessoas tinham fundado uma empresa batizada de Stan Lee Media. No papel, Lee era presidente. Paul trouxera uma lista impressionante de nomes de Hollywood aos quais estava associado por meio da American Spirit Foundation (ASF), que ele administrava. A ASF tinha sido criada pelo ator Jimmy Stewart com o propósito de investir em educação pública de qualidade. Com Paul no comando, a empresa concedera prêmios anuais do Spirit of America a figuras como Ronald Reagan, Gene Roddenberry, Bob Hope... e Stan Lee.

Paul chamara Lee para se tornar presidente da ASF e chefiar o comitê de Entertainers for Education [Celebridades em prol da educação]. Paul o apresentou a figuras como Muhammad Ali, Bill e Hillary Clinton e Tony Curtis; além disso, propôs a Lee a ideia de abrir uma empresa de desenvolvimento de propriedade intelectual que se concentrasse na internet, um ímã para investimentos na época.

No entanto, Paul tinha um passado complicado, e inclusive cumprira pena por um esquema envolvendo tentativa de fraude ao governo cubano em mais de US$ 8 milhões. Ele alegou a Lee que tinha sido injustamente incriminado (o verdadeiro culpado variava) e que na verdade agora trabalhava como parte de um plano secreto dos Estados Unidos para derrubar Fidel Castro. Nunca houve provas para confirmar suas alegações.[12]

Lee optou por acreditar nas explicações de Paul, decidindo se juntar àquele homem com quem só tivera experiências diretas positivas. Aos 75 anos, apesar de mais ou menos deixado de lado pela Marvel — mesmo ainda sendo a face da editora —, Lee continuava cheio de energia e ambição. Ansiava pela satisfação de criar uma nova empresa de entretenimento bem-sucedida, dessa vez na vanguarda das novas tecnologias.

Embora não pudesse ser considerado especialista em tecnologia, Lee foi um dos primeiros a adotar o e-mail — recebera uma conta especial da AOL como parte de um empreendimento com a Marvel —, e Byron Preiss lhe ensinara sobre as possibilidades da internet. Stan Lee e Peter Paul tinham a mesma chance de sucesso naquele empreendimento virtual que qualquer nova empresa. A Stan Lee Media logo se tornou pública, e Lee e outros executivos ficaram multimilionários — apenas no papel, já que estavam proibidos de vender suas ações da empresa por um longo período.

Para Lee, a SLM era uma chance de voltar às trincheiras, passando os dias com equipes de pessoas criativas — a empresa chegou a contratar 150 funcionários —, colaborando em novos personagens e histórias. Ninguém lhe diria que estrelar ou narrar um desenho ou quadrinho era "brega" ou "narcisista", muito pelo contrário. As ideias de Lee não eram apenas toleradas; eram *necessárias*. Os principais produtos da empresa eram as criações ou ideias aprovadas pelo famoso presidente. Como disse Evanier, que trabalhou por um curto período para a Stan Lee Media: "Peter jogou uma boia salva-vidas para Stan, que não estava pronto para se aposentar discretamente."[13]

De fato, de acordo com Evanier, Lee tinha pavor de se tornar uma lembrança nostálgica, como alguns de seus contemporâneos. Durante o período na Stan Lee Media, quando foi chamado para se apresentar em um painel da "velha guarda" que Evanier estava programado para moderar na Comic-Con de San Diego, Lee respondeu: "Mark, participo do painel que quiser, desde que seja sobre assuntos atuais. Não quero fazer nada sobre os velhos tempos, não importa o quê. Eu sou um produtor ativo, ainda produzo material, e é disso que quero falar."[14]

Mais do que qualquer incursão no território da internet organizado por Byron Preiss ou até pela própria Marvel, a SLM deu a Lee a chance de permanecer relevante na nova mídia do presente — e talvez até de se tornar incrivelmente rico. O editor veterano da Marvel, Jim Salicrup, que trabalhou por um tempo na SLM, relatou, sobre o envolvimento de Lee com os produtos da empresa: "[Stan] estava totalmente envolvido! Era o seu nome na empresa — o que acho que ele não curtia muito —, e Stan queria que tudo saísse da melhor forma possível."[15]

Mas, apesar de todo o entusiasmo e a atenção que Lee dedicou à empresa, a casa não demorou a cair. Evanier chegou a acreditar que, à exceção de Stan, os outros executivos não se importavam muito com os produtos lançados, que "o objetivo da empresa era ser vendida (...) era se fazer parecer tão bem-sucedida que o Yahoo!, a Amazon, a Sony ou alguma outra megacorporação a compraria por uma quantia enorme de dinheiro".[16]

Com ou sem a possibilidade de haver um comprador importante, Paul começou a discretamente cometer vários tipos de fraude com a empresa de capital aberto. A fraude foi descoberta pelas autoridades, e Paul, depois de fugir para o Brasil, acabou preso e deportado de volta aos Estados Unidos.[17]

A fortuna multimilionária que Lee tinha no papel desapareceu. A empresa fechou as portas em meados de dezembro de 2000, e Lee conseguiu evitar todas as acusações legais, mas foi forçado a passar por outra demissão em massa de seus funcionários. Deve ter sido como um *revival* das implosões da Timely de 1949 e 1957. Há relatos de que ele chegou a desmaiar quando as demissões foram anunciadas.[18]

Lee conseguiu emergir do fiasco relativamente incólume, embora tenha jurado "nunca mais confiar cegamente em ninguém".[19]

***

Em 3 de novembro de 1998, faleceu Bob Kane, amigo de Lee e cocriador do Batman. Lee disse sobre ele: "Era divertido. Eu me divertia muito com ele."[20] Apesar de amigos, os dois mantinham uma disputa jovial pela popularidade do Batman contra a do Homem-Aranha. Lee também lembrou posteriormente:

Tínhamos um certo acordo... Bob me disse, alguns anos antes de morrer: "Sabe, Stan, a gente devia fazer um filme juntos. Dá para imaginar uma criação de Bob Kane e Stan Lee?"

E eu respondi: "Sim, seria ótimo, uma criação de Stan Lee *e* Bob Kane."

Mas achei mesmo uma boa ideia, e disse: "Bem, então vamos fazer alguma coisa." E completei: "Sabe, tenho uma ideia para um personagem que podemos usar." E Bob retrucou: "Não, não! Não me diga." Quando perguntei por quê, ele respondeu: "Ah, é que tem que ser uma colaboração, algo em que nós dois pensamos juntos." E eu perguntei: "E como vamos pensar em uma coisa ao mesmo tempo?"

E nunca chegamos a fazer nada, porque Bob não queria usar uma ideia minha, mas também nunca me contou nenhuma das ideias dele, e era uma situação muito engraçada. Mas Bob sempre dizia: "A gente devia fazer algo juntos."[21]

Estranhamente, foi no funeral de Kane que Lee voltou a pensar em Ditko. Evanier, que também estava lá, recontou os acontecimentos, narrando uma cena digna de filme:

Stan amava Ditko. Estávamos no enterro de Bob Kane, e as únicas pessoas dos quadrinhos que apareceram foram Stan, eu, Paul Smith e Mike Barr. (...) Stan veio até mim antes do funeral, perguntando: "Vou ter que falar. O que eu digo?" E dei algumas ideias do que ele poderia dizer, e ele disse mesmo. Eu meio que escrevi o discurso para ele.

Depois, estávamos de pé junto ao local da sepultura, e os funcionários estavam com problemas [mecânicos] para abaixar o caixão. (...) Ficamos ali, esperando, esperando e esperando. Até que Stan se vira para mim, e... Juro que é verdade. Ele virou para mim e disse: "Sabe, Steve Ditko foi o melhor arte-finalista que Jack [Kirby] já teve." E eu meio que o encarei sem entender por que estávamos falando daquilo. E respondi: "Sim, ele fez um ótimo trabalho." E Lee disse: "Mas claro que não podíamos chamar Ditko [para fazer a arte-final de Kirby regularmente]. Ele era um arte-finalista muito valioso, porque era um grande artista." Então, Lee começou a contar o quanto adorava trabalhar com Ditko. E arrematou: *"Jack era mais criativo, era um artista melhor, mas eu adorava trabalhar com Ditko. Nós dois trazíamos muito para a história."*

Até aí, tudo bem. E Lee continuou: *"Eu mal podia esperar para escrever [um roteiro de] uma história do Ditko, até que a oportunidade apareceu."* E eu respondi: *"Bem (...) mas você deu o roteiro das duas últimas histórias do Doutor Estranho que Ditko desenhou para Roy Thomas e Denny O'Neil."* E Lee retrucou: *"Ah, não. Não entreguei. Eu jamais deixaria essa chance passar para outro. Ditko era muito especial, eu jamais ia querer deixá-lo com outro."* E eu tive que dizer: *"Não, Stan, o diálogo das últimas histórias do Doutor Estranho de Ditko foram feitos por Roy ou Denny."* E Lee perguntou: *"Sério?"* Quando eu disse que sim, ele retrucou: *"Ah, vou ter que verificar isso, mas acho que você está errado, porque eu adorava trabalhar com Ditko. Nada me fazia mais feliz do que escrever os diálogos e roteiros das coisas dele."* E Lee falou um pouco mais de Ditko. Fiquei me perguntando por que estávamos falando de Steve, pelo amor de Deus! Bob Kane estava morto bem ali na nossa frente.

Então, para continuar a conversa, comentei: *"Ali para aquele lado é onde enterraram o [comediante] Stan Laurel."* E Stan respondeu: *"Sério? Vamos dar uma olhada!"* (...) E ele levou umas oito pessoas para ver o túmulo de Stan Laurel. (...) E foi dizendo: *"Nossa, esse Stan Laurel era um cara incrível. Foi o homem mais engraçado que já existiu."* E eu perguntei: *"Não seria melhor voltarmos para o Bob? Esperar até que ele esteja no chão?"* Então voltamos e esperamos.[22]

Embora nos enterros as pessoas possam dizer ou fazer coisas estranhas para evitar confrontar a realidade da morte, Lee claramente tinha muito carinho por Ditko. E, embora Ditko talvez tivesse sentido algum afeto por Lee décadas antes, esse sentimento parecia ter evaporado em 1999. A edição de 16 de novembro da revista *Time* cobriu o funeral de Kane, incluindo o discurso de Lee, creditado ao "criador do Homem-Aranha". Ditko respondeu com uma carta, impressa na edição de 7 de dezembro:

> *Assunto: o discurso no funeral de Bob Kane, criador do Batman, feito por Stan Lee, a quem a revista descreveu como "criador do Homem-Aranha": a existência do Homem-Aranha dependia de uma identidade visual concreta. Sua criação foi uma colaboração entre o editor/escritor Stan Lee e o artista Steve Ditko.*

Foi nesse ano que os longos ataques de Ditko a Lee começaram a aparecer em várias revistas, publicadas pela editora Robin Snyder. Em uma delas, Ditko mencionou a omissão da *Time*, apontando que "fui o único que requisitou um esclarecimento impresso".[23]

Algo mudara para Ditko. Ele não era mais a pessoa de sete anos antes, que abraçara Stan Lee e se vira disposto a passar quase um dia todo discutindo a possibilidade de realizar novos projetos com ele.

De acordo com uma entrevista que deu para Jonathan Ross, no documentário *In Search of Steve Ditko*, de 2007, Lee ligou para Ditko depois que a carta da *Time* foi publicada. Ele descreveu a conversa:

> Steve disse: "Ter uma ideia não é nada, porque, até que se torne uma coisa física, é apenas uma ideia." E disse que precisou que ele desenhasse o quadrinho e desse vida ao personagem, por assim dizer, para torná-lo realmente tangível. Caso contrário, eu continuaria só com uma ideia. E eu respondi a ele: "Bem, acho que a pessoa que teve a ideia é o criador." E Steve retrucou: "Não, porque eu que desenhei." Bem, de qualquer forma, Steve definitivamente sentia que era o cocriador do Homem-Aranha. E (...) depois que ele disse isso, vi que a questão significava muito para ele. (...) Então respondi: "Tudo bem, Steve, vou dizer a todos que você é o cocriador." Mas ele não se deu por satisfeito. Então enviei uma carta.

Como vimos, em uma carta aberta escrita no papel timbrado da Stan Lee Media e datada de 18 de agosto de 1999, Lee escreveu uma mensagem que incluía a frase:

> *Sempre considerei Steve Ditko o cocriador do Homem-Aranha.*

E, como Lee contou a Ross: "Ditko logo apontou que *considerar* significa 'pensar, olhar com atenção, examinar' e tudo o mais, e que aquilo não era uma admissão, reivindicação ou afirmação de que Steve Ditko é o cocriador do Homem-Aranha.

"E foi aí", explicou Lee a Ross, "que eu desisti".

***

Das cinzas da Stan Lee Media, Lee, seu advogado de longa data, Arthur Lieberman, e seu colega Gill Champion formaram uma nova empresa gerenciadora de propriedade intelectual, que chamaram de POW! (acrônimo de Purveyors of Wonder [Fornecedores de Maravilhas]) Entertainment. Sem nenhuma intenção de expandir tão depressa — ou sequer na mesma escala — quanto a SLM, a POW! foi projetada para ser o principal meio pelo qual as ideias de Lee — que em geral apresentavam o próprio Lee de alguma forma — seriam transmitidas ao público e apresentadas a outras empresas. Isso incluiria conceitos de *reality shows* como *Who Wants to Be a Superhero?*, *Os Super-Humanos de Stan Lee* e o longa-metragem de animação *Mosaico*.

Lee ainda criava para a Marvel, fazendo trabalhos como a tirinha do Homem-Aranha, é claro (que Larry Lieber desenhava desde 1986), e, como sempre, atuando como a face amigável da marca. Mas, em teoria e por contrato, era obrigado a não dedicar mais de 10% de seu tempo à empresa.

No início dos anos 2000, o novo editor-chefe da Marvel, Joe Quesada, e seu chefe, o editor Bill Jemas — que parecia se divertir em lançar publicações controversas e dar declarações públicas polêmicas (uma ótima maneira de obter publicidade gratuita para uma empresa sem dinheiro) — estavam empenhados em colocar os quadrinhos da Marvel nas manchetes e retomar a glória da reputação da empresa. Estavam tentando recuperar o lugar da editora na corrida do mercado — como Lee tentara, décadas antes — com a pouca margem que tinham para trabalhar. Essa tomada de risco levou a conflitos com Arad, que liderava as iniciativas de mídia da

Marvel em Hollywood e queria que a empresa projetasse um ar de estabilidade e seriedade.

Só que isso não era uma batalha de Stan Lee.

A realidade parecia ser que Lee teria uma participação principalmente marginal e distante no futuro da Marvel, apesar do contrato vitalício com a empresa.

Então, Lee tratou de se ocupar com a POW!, desenvolvendo inúmeros projetos, muitos com empresas e celebridades importantes — incluindo Ringo Starr, Arnold Schwarzenegger e Pamela Anderson. Como a SLM, a POW! também era uma empresa de capital aberto, embora as ações nunca tenham atingido os números incríveis que a SLM experimentou por um breve período.

E, em 2001, graças à inspiração de Michael Uslan, seu amigo e produtor dos filmes do Batman, Lee escreveu uma série de quadrinhos para a DC chamada *Just Imagine Stan Lee Creating...* A premissa era simples, mas elegante: os personagens mais famosos da DC reimaginados por Lee — que só escrevera quadrinhos para a Marvel — junto com uma apresentação dos principais artistas de quadrinhos. Nas edições norte-americanas, os títulos eram uma combinação de "Imagine Stan Lee com [algum artista] criando [algum personagem]". Nas edições brasileiras, o título ficava "Imagine: [algum personagem] de Stan Lee". Os quadrinhos da série levaram títulos como:

- *Just Imagine Stan Lee with Joe Kubert Creating Batman* [no Brasil, *Imagine: Batman de Stan Lee*]
- *Just Imagine Stan Lee with Jim Lee Creating Wonder Woman* [no Brasil, *Imagine: Mulher-Maravilha de Stan Lee*]
- *Just Imagine Stan Lee with John Buscema Creating Superman* [no Brasil, *Imagine: o Superman de Stan Lee*]

Como Uslan recordou em uma conversa comigo:

Eu disse a Stan: "E se eu levasse você para a DC Comics, para trabalhar em um quadrinho reimaginando todos os super-heróis de lá à sua maneira? Seria de seu interesse? E se eu conseguisse juntar você aos melhores artistas que já viveram?"

Stan ficou extasiado com a ideia, e pude ver as engrenagens de seu cérebro já girando. Ele disse: "Ah, a DC nunca aceitaria isso." E eu respondi: "Deixa comigo."[24]

Outros nomes de artistas famosos envolvidos no projeto foram Gene Colan, John Byrne, Terry Austin, M.W. Kaluta, John Severin, Richard Corben, Dave Gibbons, Dick Giordano, Dan Jurgens e Tom Palmer. Uslan escreveu histórias de *backup* para as revistas, e Mike Carlin foi o editor da série.

Enquanto trabalhava em *Just Imagine*, Uslan teve uma experiência que, até então, só tinha imaginado.

Nunca me esquecerei de quando estava no escritório de Stan, em Los Angeles, e as obras de arte de [John] Buscema [para a Imagine: Superman de Stan Lee*] chegaram. (...) Stan estava falando sobre (...) como Buscema era um artista incrível, [mas] que não estava feliz com a interpretação do enredo em uma página ou outra. Estava tentando explicar a Buscema o que queria, mas não estava conseguindo se fazer entender.*

Depois que a conversa com o artista terminou, Lee colocou um pouco de papel vegetal sobre os quadros problemáticos e entregou um lápis a Uslan. E o relato continua:

E Stan disse: "Desenhe."

E ele se sentou em uma cadeira e fez uma pose, me explicando como deveria ser o primeiro quadro. Depois fez outra pose, dizendo: "Agora desenhe isso, dessa perspectiva" (...) E lá estava eu, sentado, com Stan Lee todo esticado em uma pose, me dizendo para desenhá-la. E eu pensava: "Minha nossa! Eu sou Jack Kirby! Não acredito que estou nesta sala com meu ídolo, Stan Lee, e ele está subindo nos móveis, me dizendo para desenhar isso ou aquilo." Foi um dos momentos mais mágicos da minha vida (...) e eu realmente senti como se estivesse vivendo em primeira mão o lendário processo criativo de Stan Lee como escritor, editor e gênio visual em termos de sua narrativa. E, cara, não tem como ser melhor que isso.[25]

A série *Just Imagine*, um projeto muito divulgado, colocou Lee definitivamente nos olhos do público de quadrinhos, com um projeto bacana que, em vez de relembrar os artistas que tinham alguma rivalidade com ele, concentrava-se nos artistas — tanto profissionais antigos e reverenciados quanto jovens estrelas da moda — que ficavam mais do que satisfeitos em fazer parceria com Lee. O projeto também serviu para mostrar à Marvel que Lee era mais do que capaz de competir com eles — e não só nos projetos da POW! de que ninguém nunca ouvira falar, mas também em quadrinhos de prestígio, em parceria com seus maiores concorrentes: o Super-Homem, o Batman, a Mulher-Maravilha e outros.

Embora continuasse determinado a não se aposentar, em 2002, Lee finalmente dedicou um tempo para — junto do coautor George Mair — escrever suas memórias, intituladas *Excelsior!*. Com uma capa de Romita Sr., que desenhou Lee cercado por suas criações da Marvel, o livro dá o ponto de vista de alguém que passou por muitas coisas, positivas e negativas, e que fez as pazes com a vida, com suas realizações e até mesmo com seus fracassos — e que passara dos quadrinhos para o mundo mais amplo dos contadores de histórias de Hollywood.

O livro não encarava o futuro como se estivesse se aproximando de um fim, mas de um início:

> *As coisas andam mais empolgantes do que nunca. Estou fazendo exatamente o que sempre gostei de fazer: criando personagens e conceitos para entreter o público. Mas agora faço isso no maior campo de jogo de todos.*[26]

De fato, Lee viveu — e trabalhou — por mais uma década e meia, e veio a se tornar mais conhecido e admirado do que nunca. Por mais ocupado que estivesse com a ampla variedade de projetos, a fama cresceu principalmente por causa de suas participações especiais — os papéis pequenos, mas memoráveis, em quase todos os filmes e programas de TV da Marvel. Mas essas participações demoraram um pouco para engrenar.

Depois da estreia como jurado no filme para a TV de 1989, *O julgamento do Incrível Hulk*, não houve muitos *live-actions* da Marvel para Lee participar. Ele acabou cortado da versão final de *Blade*, em 1998, e teve um papel muito curto e sem falas como vendedor de cachorro-quente no filme dos X-Men de 2000. Até que, por fim, no *Homem-Aranha* de 2002, que estreou em 3 de maio, Lee tornou-se um herói, salvando uma garotinha de detritos que caíam durante a batalha do Homem-Aranha com o Duende Verde. Esses pequenos trechos eram apenas o começo de uma carreira curiosa na telona, que traria Lee de volta ao seu sonho original de ser ator.

***

Mas, também em 2002, entre as participações especiais, haveria — como já se tornara padrão para Lee e a Marvel — uma controvérsia sobre direitos autorais e pagamentos prestes a tomar o centro do palco. Lee se envolveria outra vez nos dramas do mundo real, e isso graças, estranhamente, ao crescente sucesso da Marvel no mundo dos filmes.

Tanto os filmes dos X-Men quanto os do Homem-Aranha eram campeões de bilheteria e estabeleceram as propriedades da Marvel como donas de um potencial incrível, do qual ninguém havia se dado conta antes. Só em 2003, foram lançados filmes como *Demolidor – O Homem sem Medo*, *Hulk* e uma sequência para o filme dos X-Men. A Marvel tinha o potencial de atingir receitas que fariam o dinheiro de investimento na publicação parecer irrisório.

Só que havia um problema.

O contrato de Lee de 1998, negociado a partir das ruínas da empresa falida, garantia a ele 10% dos lucros da Marvel com o uso de seus personagens em filmes e programas de TV. E, como Lee disse a um repórter do *The Times of London*, no mês seguinte à estreia de *Homem-Aranha*: "Não ganhei um centavo com o Homem-Aranha."

No final de outubro de 2002, o famoso programa *60 Minutes II*, da CBS, informou que a Marvel, em violação ao contrato de 1998 — acordado quando ninguém esperava que os filmes da Marvel vissem a luz do dia, muito menos que gerassem enormes receitas —, ainda não pagara a Lee nada além de seu salário reconhecidamente generoso, e que ele estava pensando em processar a empresa.

"Você sente que está sendo passado para trás?", perguntou o correspondente Bob Simon.

"Não quero dizer isso", respondeu Lee. "Afinal, ainda faço parte da empresa. Amo o pessoal. Amo a empresa."[27]

Ainda assim, em 12 de novembro, Lee abriu uma ação contra a Marvel, citando a provisão em seu contrato que garantia

> *participação igual a 10% dos lucros obtidos pela Marvel durante sua vida (...) dos rendimentos de quaisquer produções de televisão, filme ou animação (...) utilizando personagens da Marvel.*

A parte mencionada ainda afirmava que:

> *A Marvel computará, contabilizará e pagará sua participação devida dos referidos lucros, se houver, pelo período anual que termina em 31 de março, anualmente ao longo de sua vida, dentro de um prazo razoável após o fim de cada período.*[28]

A Marvel não tinha pagado nada das participações nos lucros prometidas pelo contrato.

Stan Lee, o rosto da empresa, estava processando o local em que trabalhava havia mais de sessenta anos.

21 SOBRE O AMOR E AS LEIS

> POR ACASO DEUS ESTÁ FALANDO COM VOCÊ AGORA? ELE NOS MANDOU PARAR?
> — STAN LEE, AO AUTOR, EM UM PAINEL DE UMA CONVENÇÃO EM 2014

"O processo mais amigável que já se viu." Foi o que Stan Lee disse esperar da batalha judicial contra a Marvel, movida para forçar o pagamento da porcentagem dos lucros de filmes e programas de TV prevista em seu contrato com a editora.[1]

Inclusive, em 2003, com o processo já em andamento, Lee, então com oitenta anos, continuou trabalhando com a Marvel, fazendo a tirinha do Homem-Aranha e aparições nos filmes e nas séries de TV da Marvel (além, é claro, de seus muitos projetos com a POW! e outros).

No início de 2005, a justiça decidiu a favor de Lee,[2] e um acordo foi firmado em abril do mesmo ano. Acredita-se que ele tenha recebido um pagamento fixo de US$ 10 milhões por todos os lucros atuais e futuros do cinema e da TV, além do salário anual de US$ 1 milhão, mais US$ 125 mil por ano para manter a tirinha do Homem-Aranha. Embora US$ 10 milhões não sejam pouco dinheiro, não foi um grande negócio para Lee, considerando o sucesso financeiro que a Marvel havia conquistado nos cinemas e na TV nos anos seguintes. Ainda assim, resolveu o conflito entre ele e seu empregador de longa data.[3]

O conflito com a Marvel acerca dos *royalties* não foi o último processo envolvendo Lee. Pelo contrário: sua última década e meia de vida pareceu, muitas vezes, mais um turbilhão surreal de aparições em filmagens, apresentações em convenções e depoimentos.

***

Dois anos antes, em 2003, a Marvel já entrara em acordo depois de um processo aberto em 1999 acerca dos direitos do Capitão América. O processo foi aberto pelo cocriador do personagem, Joe Simon, quando mudanças legais promovidas pela empresa proporcionaram a possibilidade da tomada de ação legal. Assim como o acordo de 2005 com Lee, foi arquivado com pouca publicidade, e os detalhes foram mantidos em segredo, mas os dois lados parecem ter saído satisfeitos. Simon deu a entender que os direitos de propriedade de Kirby foram incluídos no acordo, mas os termos não foram divulgados.[4] Um artigo de 30 de setembro de 2003, do *New York Times*, afirmava que "o acordo abre para a Marvel a possibilidade de transformar o Capitão América em uma estrela do cinema, dos videogames e das atrações de parques temáticos".[5]

***

Dinheiro à parte, a recompensa de Lee por todo seu trabalho — e era, sim, trabalho, por mais que ele gostasse do que fazia — era voltar todos os dias para os braços de Joan. Como escreveu seu antigo assistente executivo, Michael Kelly, logo após a morte de Lee:

> *Stan também era um marido apaixonado, que ligava para a esposa do escritório pelo menos uma vez por dia, se não mais. E não importava quão importante fosse a reunião em que ele estivesse, eu deveria repassar a chamada na hora caso a esposa ligasse. Todos os anos, Stan escrevia lindos poemas de amor só para Joan, para celebrar o aniversário de casamento e o dia dos namorados. Por mais que fosse viciado em trabalho, todos os dias passando horas a fio sentado*

diante da máquina de escrever ou do computador, Stan sempre parecia ansioso para voltar para casa. E, quando chegava, sentava-se com a esposa para conversar sobre o dia, não importa se tivesse sido cheio de acontecimentos memoráveis ou só mais um dia normal.[6]

À medida que envelhecia, Lee parecia achar que as pessoas que amava eram tão importantes quanto o trabalho, se não mais. Seu livro de memórias *Excelsior!* é uma leitura bastante curta, abordando o que ele de fato achava relevante que os fãs soubessem a seu respeito. O livro tem cerca de quarenta mil palavras, sendo 25% delas a parte narrativa de George Mair, contando um resumo da vida de Lee, que acrescentou detalhes e comentários.

Grande parte de um capítulo intitulado "Friends Are Forever" [Amigos são para sempre], consiste em Lee e Mair tecendo elogios aos maravilhosos amigos de Stan e Joan. Dois nomes — Bob Kane, do Batman, e o artista Ken Bald — são conhecidos por fãs interessados na história dos quadrinhos. No entanto, a maioria é de pessoas sem a menor conexão com o mundo do entretenimento ou das publicações, gente que certamente não é celebridade. Mas, mesmo assim, Lee decidiu que era importante prestar homenagem a esses amigos, em vez de apenas citá-los de passagem em uma página de agradecimentos, como outros autores fariam. Lee escreveu parágrafos substanciais que, na verdade, não cumprem nenhum outro propósito além de agradar aos amigos. (Em outra parte do livro, há um espaço dedicado à família, é claro, incluindo a esposa, a filha e o irmão, além de Mel Stuart, seu primo, que dirigiu *A fantástica fábrica de chocolate*, de 1971.)

Uma das amigas mencionadas foi Edith Finck, cujo obituário do *New York Times*, publicado em 12 de março de 2017, declarava: "Por cinquenta anos, seus amigos mais próximos foram Joan e Stan Lee, que usaram Edith como inspiração para Sue Richards, do Quarteto Fantástico."[7] Isso deve ter sido uma baita novidade para qualquer fã de *Quarteto Fantástico* que possa ter lido o tal obituário.

Uma pesquisa no Google sobre os nomes que aparecem no capítulo mostra que muitos dos amigos mais próximos dos Lee acabaram falecendo antes do casal, nos anos desde a publicação de *Excelsior!*.

Além de perder amigos "civis" que considerava próximos o suficiente para eternizá-los até mesmo no livro de suas memórias que criou para os fãs de quadrinhos, Lee viveu o bastante para sobreviver a muitas das pessoas com quem criara seus quadrinhos mais conhecidos — muitos nomes que ele tornara famosos, e alguns deles seus amigos íntimos. Como, por exemplo:

- Joe Maneely, que faleceu jovem, aos 32 anos, uma fatalidade, em 1958.
- Bill Everett, que faleceu em 1973, aos 55 anos.
- Sol Brodsky, que morreu aos 61 anos, e Carl Burgos, com 67, ambos em 1984.
- O leal produtor do *Bullpen*, Morrie Kuramoto, que morreu aos 63 anos, e Danny Crespi, aos 59, ambos em 1985.
- Frank Giacoia faleceu em 1988, aos 63 anos.
- Vince Colletta passou desta para a melhor em 1991, aos 67 anos.
- Harvey Kurtzman morreu em 1993, aos 68 anos.
- Jack Kirby tinha 76 anos quando faleceu em 1994.
- Don Heck morreu no ano seguinte, aos 66 anos.
- Bob Kane morreu em 1998, aos 83 anos.
- A lanterna de Gil Kane se apagou no ano 2000, aos 73 anos; e a de Dan DeCarlo em 2001, aos 82.
- John Buscema morreu em 2002, com 74 anos.
- Seu colega da escola DeWitt Clinton, Will Eisner, morreu em 2005, aos 87 anos.

Quando começou a ficar velho, Lee optou por se cercar de pessoas mais novas nos eventos públicos, sem querer ser retratado com nostalgia, como um criador "dos velhos tempos". Aos oitenta anos, essa escolha começava a ser tirada de suas mãos, já que os outros poucos anciões restantes não podiam ou não se dispunham a fazer viagens regulares para comparecer a eventos.

***

Enquanto isso, como os zumbis das publicações de terror da Marvel, *Menace* — que não chegou ao Brasil — e *A essência do medo*, os proprietários dos restos mortais da Stan Lee Media periodicamente voltavam do mundo dos mortos para processar qualquer um que vissem, incluindo Lee, por direitos sobre vários personagens, até mesmo os da Marvel, ou pelas criações de Lee durante os anos da SLM.

A lógica desses processos era de que, durante o período de falência da Marvel, houve um momento em que a propriedade dos personagens da empresa poderia ter passado para Lee (se ele tivesse processado e vencido uma batalha judicial, o que não aconteceu). Então, naquele momento, Lee na verdade repassara os direitos desses personagens para a Stan Lee Media.

Segundo esse raciocínio, os proprietários do que restava da SLM deveriam, portanto, ter os direitos de propriedade sobre os personagens da Marvel e da Disney. A certa altura, o famoso advogado Martin Garbus — conhecido, entre outras coisas, por representar Lenny Bruce, Nelson Mandela e Daniel Ellsberg — chegou a se envolver na defesa da SLM, mas se afastou em menos de um ano, citando "impossibilidade de conciliação das diferenças entre seus clientes".[8]

Até o momento em que escrevo este livro, nenhum dos inúmeros processos da Stan Lee Media se saiu bem-sucedido.

***

Na parte criativa, Lee se manteve ocupado como sempre nos anos 2000, envolvendo-se em inúmeros projetos para a POW! e também entrando em projetos paralelos, como apresentações em convenções e eventos de autógrafos. Como Michael Kelly lembrou, Lee

> sempre gostou de se manter ocupado. Sempre gostou de ter o que fazer. Estava sempre muito envolvido [em seus projetos]. E sempre dizia — e acho mesmo que ele acreditava nisso — que, se estivesse fazendo algo que amava, não considerava trabalho. Ele adorava inventar ideias e personagens e criar formas de ganhar dinheiro com

suas ideias e personagens. (...) Era o que o mantinha animado, o que o fazia seguir em frente. O que o fazia feliz.[9]

E o jornalista Abraham Riesman observou:

Tem uma coisa crucial que você precisa saber sobre como Lee aborda esses produtos [os projetos da POW!]: ele não é um proprietário ausente. Está sempre envolvido nos projetos que levam seu nome, e em parte porque não fica feliz só em ser a face do produto ou projeto em questão; ele quer ter o crédito criativo desses projetos — coisa que, nas últimas décadas, foi muito questionado, graças a Ditko e Kirby. Então, como vemos a marca de Lee em tantos produtos, seria de se imaginar que, pagando bem, ele permite que qualquer coisa leve seu nome e o selo Stan Lee de aprovação, mas não é o caso.[10]

Alguns dos muitos empreendimentos de Lee nessa época foram:

- *Who Wants to Be a Superhero?*, um *reality show* do Sci-Fi Channel em que os participantes se apresentavam como um super-herói de sua criação, e Lee escolhia o melhor.
- O evento Stan Lee's Comikaze Convention (que mais tarde passou a ser chamado de Stan Lee's L.A. Comic Con).
- *Stan Lee's World of Heroes*, um canal de YouTube sobre cultura pop dos super-heróis.
- *Os Super-Humanos de Stan Lee*, um programa do History Channel que percorreu o mundo em busca de pessoas com habilidades únicas.
- *Lightspeed — Operação céus de fogo*, um filme de ficção científica.
- *Mosaico*, uma animação lançada direto em DVD sobre uma jovem que ganha poderes místicos.
- Uma linha de quadrinhos da marca Stan Lee para a BOOM! Studios (editada pelo proeminente quadrinista Mark Waid).
- *Stan Lee's Kids Universe*, uma série de livros para o público infantil feita com a 1821 Media.

- *Romeo & Juliet: The War* [Romeu e Julieta: A guerra], uma *graphic novel* de ficção científica (e possível filme da Lionsgate) baseada na famosa peça de Shakespeare.
- A série de livros *Stan Lee's How To*, em que Lee dá instruções sobre vários aspectos da criação de histórias em quadrinhos — produzida pela Dynamite Entertainment e publicada pela Watson-Guptill.
- Uma marca de roupas, joias e até perfume com o nome Stan Lee.
- *Ultimo*, um mangá lançado pela Viz Media.
- *Stan Lee's Mighty 7*, uma parceria de quadrinhos com a Archie Comics.
- Uma linha de super-heróis para as equipes da Liga Nacional de Hóquei dos Estados Unidos.

Esses foram apenas alguns dos muitos empreendimentos que Lee anunciou na época. Alguns se concretizaram; outros nunca saíram do papel. De tudo o que foi produzido, muita coisa foi razoavelmente bem-sucedida, mas nada atingiu o ápice do sucesso de público. Ainda assim, a quantidade de projetos por si só já indica que não havia escassez de pessoas e de empresas querendo se associar a Stan Lee.

***

Em 17 de novembro de 2008, Lee recebeu a Medalha Nacional das Artes do presidente George W. Bush, com quem teve um diálogo ágil e cheio de piadinhas durante a cerimônia.

E, em 2009, quando o presidente Barack Obama apareceu em uma edição da revista do Homem-Aranha, Lee disse ao repórter Michael Cavna, do *Washington Post*:

> Eu [recentemente] tinha lido que o presidente eleito era um grande fã do Homem-Aranha e do Conan. (...) E talvez ele ainda leia os quadrinhos, pelo menos é o que eu espero! Quando li isso, enviei para ele um pôster autografado do Homem-Aranha.[11]

Também em 2009, como se para cumprir o objetivo que Lee declarara anos antes, de tornar a Marvel "a próxima Disney", a Walt Disney Company comprou a Marvel Entertainment por US$ 4 bilhões, segundo consta nos autos.[12]

Naquele mesmo ano, a Disney também comprou uma participação de 10% na POW!.[13]

E, também em 2009, representantes de Jack Kirby, por meio do advogado Marc Toberoff, entraram com uma ação contra a Disney (e outras entidades corporativas associadas aos filmes da Marvel) pelos direitos de propriedade intelectual dos personagens em que Kirby estivera envolvido na criação. Muitos figurões da indústria foram intimados a testemunhar no caso, incluindo Lee.

Quase todo o depoimento de Lee, prestado em maio de 2010, é mantido em sigilo, mas uma parte foi divulgada. Seu testemunho, pelo menos a parte de acesso ao público, foi mais ou menos a história da criação dos personagens que ele conta no livro de 1974, *Origins of Marvel Comics*.

Embora faça grandes elogios a Kirby, o testemunho descreve o próprio Lee como fonte de todas as ideias que fizeram da Marvel a empresa que é, com Kirby retratado como talentoso intérprete dessas ideias, e não cocriador. Por exemplo, sobre a criação do Quarteto Fantástico, Lee afirmou:

> Nos anos 1960, as ideias para os novos personagens vinham de mim, porque essa era minha responsabilidade. (...) [Com o Quarteto Fantástico] tentei fazer tudo o que podia para transformar personagens superpoderosos em, de alguma forma, criaturas realistas e humanas, que reagissem como humanos normais, se homens normais tivessem poderes de super-herói. (...) Escrevi uma breve sinopse sobre isso e naturalmente liguei para Jack, que era nosso melhor artista, perguntando se ele topava fazer. Jack pareceu gostar da ideia. Ele pegou a sinopse e desenhou a história, colocando seus próprios toques, que foram brilhantes. (...) E pode-se dizer que esse foi o começo do sucesso da Marvel.[14]

Sobre a criação de Thor, Lee testemunhou:

Nessa hora, eu estava procurando por algo diferente e mais impressionante do que qualquer outra coisa [que já tivéssemos feito], e pensei: o que pode ser maior que um deus? (...) Achei que os deuses nórdicos caíam bem. Eu gostava da sonoridade de Thor e de Asgard e de toda a coisa de Ragnarok, Crepúsculo dos Deuses e tudo o mais. Jack gostou muito dessa mitologia, ainda mais do que eu, então, quando contei a ideia, ele ficou muito empolgado. Nós nos reunimos e fizemos o Thor da mesma maneira [que fizemos com os outros personagens].[15]

Parte da comunidade dos quadrinhos achou as palavras de Lee decepcionantes. Mark Evanier, por exemplo, achava que Lee tinha a responsabilidade de, pelo menos, reiterar o que dissera no passado, sobre Kirby ter sido fundamental na criação dos personagens.[16] Segundo Evanier:

Quando interrogado por Toberoff sobre as muitas vezes em que se referira a Jack como cocriador, como por exemplo nos prefácios das reimpressões de coleções, Lee respondeu: "Escrevi os prefácios sabendo que Jack os leria. Quis fazer parecer que nós dois tínhamos feito tudo juntos, para agradá-lo."[17]

Os Kirby perderam o caso, julgado pelo Tribunal Federal do Distrito Sul de Nova York em 2011, e perderam a apelação no Tribunal do Segundo Circuito de Apelações, em 2013.

Mesmo que Lee (chamado para testemunhar em nome da Marvel) tivesse sido mais generoso em seu testemunho — cujo objetivo era deixar claro que Lee apresentara as ideias para os personagens como funcionário da Marvel —, é pouco provável que o Tribunal de Apelações teria decidido a favor da família Kirby, de qualquer maneira. Como a juíza Colleen McMahon afirmara em seu discurso final, em 2011, não era uma questão de se era ou não justo [definir quem criara o quê], e sim de Kirby ter feito os quadrinhos em um trabalho contratado — o que o tribunal estava convencido de que era o caso.[18]

A família Kirby tentou recorrer do veredicto, chegando até a Suprema Corte, que já estava decidindo se deveria ou não ouvir o caso, quando, em 26 de setembro de 2014, a Disney/Marvel optou por firmar um acordo cujo valor não foi revelado. Parecia que manter intactas as atuais leis de direitos autorais, em vez de arriscar uma decisão da Suprema Corte que pudesse atrapalhá-las, era mais interessante para a Disney do que pagar aos representantes de Kirby o que, para eles, foi uma quantia relativamente modesta — as estimativas variam de US$ 40 milhões a até US$ 100 milhões.[19] Também foi significativo o acordo de que Kirby seria creditado oficialmente, junto com Lee e, quando apropriado, Lieber, como o cocriador dos personagens que ajudara a estabelecer.[20]

A Disney tinha pagado US$ 4 bilhões pela Marvel, e, em 2014, seus filmes com os personagens da empresa arrecadaram muitos bilhões — ou seja, em retrospecto, foi uma compra barata. Levando isso em conta, pagar até US$ 100 milhões para resolver um problema jurídico e de relações públicas — e pagar aos herdeiros de Kirby o que, por quase todos os padrões "normais", era uma quantia generosa — deve ter, de longe, parecido vantajoso para a Disney.

***

Porém, durante todo o processo até o acordo, a vida de Stan Lee não ficou livre de acontecimentos significativos.

Em 4 de janeiro de 2011, Lee foi premiado com uma estrela na Calçada da Fama de Hollywood. Entre os palestrantes daquele dia estava Todd McFarlane, que sempre mantivera boas relações com Lee, mesmo nos tempos em que ele e outros fundadores da Image estavam em disputa ferrenha com a Marvel.

Em maio de 2012, Arthur Lieberman morreu de câncer no pulmão. Para Lee, a perda de Lieberman não foi apenas a perda de um amigo e parceiro de negócios. Lee perdeu uma parte importante da equipe que o protegera dos aspectos mais desagradáveis do mundo dos negócios. Lieberman era um advogado agressivo, disposto a batalhar para proteger os interesses de Lee sempre que necessário. Era alguém em quem Lee sabia que podia confiar.

E, em setembro de 2012, Lee passou por uma cirurgia — bem-sucedida — para instalar um marca-passo, o que lhe permitiu realizar ainda mais projetos. Para Lee, isso significava manter aparições regulares nos escritórios da POW!, além de ser convidado para dezenas de convenções de quadrinhos por ano, além de várias premiações locais e outros eventos do mundo do entretenimento na área de Los Angeles.

Muitas das convenções em que Lee fazia aparições eram organizadas pela Wizard World, uma empresa de eventos de quadrinhos que surgiu a partir da popular revista de fãs *Wizard*, dos anos 1990. A Wizard World produzia cerca de 15 convenções por ano nos Estados Unidos, e Lee era um convidado regular de muitas.

O autor deste livro, que na época trabalhava como consultor de programação para a Wizard World, foi moderador regular dos grandes painéis de Lee, nas apresentações de 2014 a 2016. Foi incrível ver de perto o relacionamento entre o quadrinista e o público de milhares de pessoas das convenções. Em geral, essas multidões não conheciam — ou não se importavam com — as várias controvérsias que cercavam a vida de Lee. Também não se importavam muito com o fato de que ele era funcionário da Marvel. Com base nas perguntas que faziam e em como reagiam às histórias e piadas de Lee, parecia que Stan saltara por uma distorção do tempo, saindo direto dos escritórios da Marvel de 1965 — ou de uma tela de cinema com uma de suas participações especiais — para falar ali no palco.

Como Michael Kelly me disse:

> Stan praticamente decidiu [que o que os fãs mais queriam ouvir era sobre os primeiros anos da Marvel], e ele tinha respostas tão bem ensaiadas sobre os quadrinhos da Marvel que escrevera nos anos 1960 que a coisa toda era bem fácil para ele. Uma de suas frases favoritas era: "Já contei essa história tantas vezes que pode até ser verdade!" Lee genuinamente estava orgulhoso do que a Marvel conquistara durante a década sob sua orientação.

> *Sua única frustração era quando realmente queria promover um novo projeto da POW!, já que ninguém queria falar disso, só do tempo dele na Marvel. Mas Stan em geral conseguia, daquele jeito dele, com um papo tranquilo e interessante, promover bastante os projetos mais recentes.*[21]

Entre minhas aparições com Lee em convenções, uma das mais memoráveis foi quando a apresentação dele teve um dia de atraso, devido a uma reação adversa à vacina da gripe, que ele tomara antes de uma convenção da Wizard de 2014, em Sacramento, na Califórnia. Antes do nosso painel de 9 de março, o presidente da Wizard anunciou que Lee faria apenas uma entrevista de vinte minutos (em vez dos 45 habituais) devido à fraqueza resultante da reação. E, antes de ser apresentado, vi que Lee realmente estava com um passo mais lento.

Mas, depois que nós dois já estávamos acomodados no palco, percebi que ele ficou energizado pela adoração da multidão. Depois de responder a algumas perguntas minhas, abrimos para a participação da plateia. Vinte minutos depois, informei que o tempo prometido tinha terminado. Perguntei se Lee tinha alguma palavra final para o público antes de encerrarmos aquele painel reduzido. E Lee retrucou: "Por acaso Deus está falando com você agora? Ele nos mandou parar? Eu estou ótimo! Vamos continuar!"

Houve um pandemônio nos bastidores, enquanto o pessoal que acompanhava Lee e a equipe da Wizard tentavam lidar com a situação — e ainda me passar orientações sobre o que queriam que eu fizesse. Acabamos estendendo a conversa por mais dez minutos, mas, mesmo assim, Lee se mostrou relutante em deixar o palco.

O tempo e a mortalidade continuaram seguindo em frente.

- Jim Mooney, amigo íntimo e colega de trabalho de Lee, faleceu em 2008, aos 88 anos.
- Em 2011, passaram desta para a melhor Gene Colan, aos 84 anos, Jerry Robinson, aos 89, e Joe Simon, que contratara Lee na Timely, aos 98.

- Dick Ayers morreu em 2014, aos 90 anos, assim como Stan Goldberg, aos 82.

Mas Stan Lee continuou. Apesar das ordens do médico de não passar mais de duas horas em um voo, Lee com frequência atravessava o país e passeava pelo mundo.

***

Em 2 de fevereiro de 2014, entre aparições em convenções (uma em Portland e outra em Nova Orleans), Lee, aos 91 — nunca havendo demonstrado nenhum interesse particular por futebol americano —, apareceu, junto com o famoso criador de quadrinhos Todd McFarlane, no Super Bowl. McFarlane estava lá para uma sessão de autógrafos das *action figures* de futebol americano de sua empresa de brinquedos. E Lee? Lee tinha sido levado pela Doritos, para julgar uma promoção da marca, que fizera um concurso de criação de um comercial. (Lee também arranjou tempo para posar em uma foto com Paul McCartney.)

Era um cronograma de viagem cansativo para qualquer um, ainda mais um nonagenário. No entanto, quando nos encontramos em uma convenção da Wizard em Nova Orleans, em um painel que fizemos juntos, menos de uma semana depois do Super Bowl, Lee parecia mais animado que nunca. No painel, ele me contou melhor sobre a promoção do Super Bowl:

> STAN LEE: *Bem, tem essa pequena empresa chamada "Doritos" (...) que é um dos patrocinadores do Super Bowl. Eles fizeram um grande concurso (...) podia entrar gente de todas as partes do mundo, e o objetivo (...) era que criassem seu próprio (...) comercial de trinta segundos [para a Doritos]... Ou talvez fosse sessenta, não lembro.*
>
> *Os cinco melhores seriam enviados para julgamento no Super Bowl. E, desses cinco, dois seriam exibidos na programação. E, desses dois, um seria julgado o vencedor, e o criador ganharia um milhão de dólares e a chance de fazer um filme de verdade.*

> *Parece que receberam centenas de milhares de inscrições, reduzidas a algumas dezenas de ideias ótimas que eu tinha que olhar, porque queriam que eu fosse um dos juízes, óbvio, já que tenho um gosto excelente e sei muito sobre salgadinhos. (...)*
>
> *Fui lá [ao Super Bowl] e conheci as pessoas que tinham mandado as cinco melhores inscrições. Conheci a pessoa que ganhou, e tudo o mais. E essa deve ser a história mais chata que já contei. Por que você perguntou disso?*
>
> DANNY FINGEROTH: *Porque é o Super Bowl. O Super Bowl não é uma ocasião em que a gente imaginaria ver Stan Lee.*
>
> STAN LEE: *Pode me imaginar em* tudo.[22]

Como ficou evidente muitas vezes ao longo dos anos, e por mais improvável que possa parecer, Lee e McFarlane eram mesmo amigos. É de se imaginar que McFarlane, o rebelde supremo, e Lee, o cara sempre certinho e leal à empresa — inclusive sendo a personificação da empresa em que McFarlane jurou nunca mais trabalhar —, seriam tudo, menos amigos; que se alguém poderia se ressentir eternamente de Lee era McFarlane, em nome de Jack Kirby e Steve Ditko. Mas, obviamente, não era o caso.

Talvez a explicação para a boa vontade dele com Lee fosse por causa de algo que ocorreu quando McFarlane ainda era um garoto desconhecido de 16 anos que encontrou seu ídolo em uma convenção de quadrinhos. Como McFarlane lembrou:

> *Eu estava em um hotel onde acontecia uma convenção de quadrinhos. Lee também estava lá, e ele me deixou sentar ao seu lado o dia todo e respondeu minhas perguntas, porque eu estava pensando em entrar para o mundo dos quadrinhos. Eu tinha 16 anos, tinha acabado de começar minha coleção. E ele me aturou o dia inteiro. Aquele dia teve um impacto gigante na minha vida. Claro que Lee não se lembrava de nada, mas mesmo assim aquilo me marcou.*[23]

Com o passar do tempo, até os críticos mais ferrenhos da Marvel começaram a ficar empolgados com a perspectiva de serem vistos com Lee. Talvez fosse simplesmente por terem enfim compreendido que Lee — assim como eles — não viveria para sempre.

O que quer que fosse, fez com que pessoas como Frank Miller, por exemplo, que tinham atacado a Marvel tão intensamente em 1986 por causa do tratamento dedicado a Kirby, participassem de um encontro com Lee promovido pela Barnes & Noble de L.A. sobre Bob Kane, em fevereiro de 2016, e de um painel de bate-papo com Lee na convenção C2E2, de Chicago, em abril de 2017.

***

Em maio de 2017, a POW! Entertainment foi comprada pela chinesa Camsing International Holding, que colocou Shane Duffy, vice-presidente da Camsing USA, como CEO. Gill Champion permaneceu como presidente e Lee como diretor de criação. Os principais produtos da empresa ainda eram o nome e a fama de Stan Lee.

A partir dos noventa anos, suas aparições em convenções assumiram um ritmo frenético, como se ele estivesse desesperado para terminar as apresentações o mais rápido possível — o que era o caso. Lee chegava à cidade, dormia, fazia alguns painéis no dia seguinte e embarcava em um avião de volta para casa. Por mais que adorasse aparecer para os fãs e receber elogios — e ainda por cima sendo muito bem pago, já que a preocupação constante adquirida durante a Depressão nunca havia desaparecido completamente —, Lee sempre queria voltar para casa o mais rápido possível. Queria estar junto com a esposa, ainda mais depois que a saúde dela começou a se deteriorar.

Como Michael Kelly lembrou:

A perda da esposa levou mais de um ano. Joan ficou de cama em algum momento de 2016, uma complicação que foi aumentando aos poucos. (...) Eu sabia, pelas interações que via entre os dois, que Joan era a luz da vida dele. (...) Ambos tinham um ótimo senso de humor e davam muitas risadas sempre que estavam juntos.[24]

Joan Lee morreu em 6 de julho de 2017, aos 95 anos, vítima de complicações de um derrame. Ela e Stan estavam casados havia 69 anos.

* * *

Menos de duas semanas depois, em 15 de julho, Lee e Kirby receberam o prêmio Disney Legends, entregue por Robert Iger, presidente da empresa, na D23 Expo (D de Disney, e 23 de 1923, ano em que Walt Disney fundou a corporação), no Centro de Convenções de Anaheim.

Ambos os prêmios foram precedidos de um breve vídeo de retrospectiva, contando a carreira de cada homem. O prêmio de Kirby foi o primeiro a ser concedido, recebido por seu filho, Neal, que, antes de iniciar o discurso de aceitação, expressou condolências a Lee pela perda de Joan.

No discurso de aceitação de seu próprio prêmio, Lee estava segurando as lágrimas e, com a voz embargada, disse: "Fiquei emocionado ao ver esse vídeo em homenagem a Jack Kirby. É muito merecido."

Ainda profundamente emocionado, Lee falou de si mesmo quando menino:

> *Um dia, em uma livraria, vi (...) um livro caro (...) The Art of Walt Disney [A arte de Walt Disney]. (...) Eu não tinha como pagar, o que me deixou louco, porque eu queria muito aquele livro. Economizei cada centavo e, depois de alguns meses, comprei. Amei tanto o livro. Eu amava Walt Disney. Ele era mais que um homem; era uma inspiração.*
>
> *E pensar que, hoje, estou aqui, na casa que a Disney construiu, e prestamos homenagem a Jack... É um momento tão emocionante que me faltam palavras para explicar.*[25]

Dois dias depois, Jillian, filha de Neal Kirby (neta de Jack e Roz), postou uma mensagem de seu pai na página do Facebook *Kirby4Heros*:

> *Na última sexta-feira, tive a honra de aceitar o prêmio Disney Legends em nome de meu pai. (...) Stan Lee, que também recebeu um prêmio, prestou uma linda homenagem, muito emocionante, ao meu pai. (...)*
>
> *Falo isso porque, nos últimos dois dias, vi (...) comentários muito mesquinhos sobre Stan Lee. (...) Independentemente do que cada um aqui sente a respeito de acontecimentos que ocorreram há tantos anos, agora já chega. (...) O mais importante é que meu pai está enfim recebendo o reconhecimento que realmente merece.*[26]

Enquanto lamentava a perda da esposa, Lee praticamente dobrou as aparições em convenções. Ele parecia estar em toda parte.

Mas, embora isso o mantivesse ocupado e distraído, problemas sérios estavam prestes a surgir, tornando o ato final de Stan Lee mais estranho do que qualquer um poderia imaginar.

22
O PAÍS INEXPLORADO

> ELES NÃO QUEREM QUE VOCÊ MORRA.
> — TODD MCFARLANE, EM 29 DE OUTUBRO DE 2017
> NEM EU!
> — STAN LEE, EM 29 DE OUTUBRO DE 2017

O período antes e logo após a morte da esposa foi um estranho turbilhão de circunstâncias para Stan Lee. Tanto para os fãs quanto para os observadores casuais, a vida dele se desenrolava em acontecimentos absurdos, uma montanha-russa de emoções. Lee era uma espécie de pai ou de tio querido dos *baby boomers*, quando eram crianças, mas agora passara a representar outro arquétipo: o do pai idoso. E o dilema que o cercava se tornou um desafio familiar:

O que fazer com papai?

Já havia uma estranheza antes da morte de Joan, mas depois, com certeza, ficava a dúvida de quem tomava as decisões sobre a vida de Stan Lee. Assim como acontecia com tantos idosos nos Estados Unidos — pessoas que tinham sobrevivido à Grande Depressão, servido na Segunda Guerra, vivido carreiras longas, estavam cada vez mais desamparadas (mas, se tivessem sorte, ainda tinham suas faculdades físicas e mentais razoavelmente intactas) —, surgiram muitas perguntas sobre como Lee passaria o tempo que lhe restava na Terra. Seu principal apoio emocional tinha sido a esposa. Mas, mesmo enquanto Joan estava viva (e certamente perto de sua morte), não estava claro quem administrava a vida do casal.

Embora fossem próximos da filha, não era evidente que papel ela estaria assumindo na supervisão da vida dos pais. Apesar de manter contato regular com Lee, Larry Lieber, que morava na Costa Leste, não estava envolvido nos cuidados ou nas decisões de vida do casal. Os parceiros e funcionários de Lee na POW! tinham a responsabilidade de ajudá-lo com alguns aspectos de sua vida, tanto no escritório quanto em casa, e o mesmo pode ser dito de Max Anderson, agente dele, que organizava suas viagens. Volta e meia o colecionador Keya Morgan era mencionado na história dos últimos anos dos Lee, assumindo vários papéis. O mesmo vale para uma lista de advogados, todos sempre mudando. Mas, após a morte de Joan, surgiram perguntas cujas respostas não eram muito claras. Quem decidia se Lee continuava ou não participando de convenções, mesmo após sua "turnê de despedida" de 2016? Quem gerenciava os empregados em sua casa? Alguém estaria abusando física ou psicologicamente de Lee? Ou roubando seu dinheiro? Não seria melhor se ele vivesse em alguma instituição de idosos, ou pelo menos com assistência de enfermagem? O estado da Califórnia deveria nomear algum tipo de guardião? Era frequente que as celebridades idosas de Hollywood — exemplos famosos eram Mickey Rooney e Groucho Marx — fossem exploradas pelos responsáveis por protegê-las. Por que Stan Lee estaria imune a esse perigo?

Até uma idade muito avançada, Lee conseguia subir nos palcos das convenções e entreter muito bem as multidões de fãs. Parecia ter boa memória, e dava respostas bem pensadas, espontâneas e espirituosas. Podia às vezes parecer um velho meio confuso, com problemas para ver e ouvir antes de subir ao palco e depois que saía, mas, *no palco*, era uma presença explosiva. Até mesmo na primavera de 2017, quando me deu duas entrevistas por telefone para este livro, apesar de talvez ter errado alguns detalhes do passado, Lee no geral manteve uma conversa espontânea, perspicaz e, é claro, engraçada.

E, como alguém que conhecia e trabalhara com Lee por décadas, que era visto com regularidade ao lado dele, em seus últimos anos nos palcos das convenções, sempre me perguntavam se eu achava que ele sofria algum abuso, no mínimo por se arrastar (ou ser arrastado) de convenção em convenção, sem descanso. Ele de fato gostava das aparições? Ou estava sendo usado, fosse por razões financeiras ou mesmo por pessoas que talvez até estivessem sendo bem-intencionadas? Como nós dois não conversávamos muito sobre nossas vidas pessoais, tudo o que eu podia fazer era retrucar: "Pelo que você conhece de Stan Lee, acha mesmo que ele prefere morrer em casa, sozinho, dormindo, ou sendo ovacionado por cinco mil pessoas no auditório de alguma convenção?"

***

Em 23 de julho de 2017 — 17 dias após a morte de Joan Lee (e no mesmo fim de semana em que Lee se apresentava na Comic-Con de San Diego) —, Flo Steinberg, sua funcionária de 1960, morreu, aos 78 anos, em Nova York.

Embora não mantivessem contato regular, os dois gostavam muito um do outro e sempre ficavam felizes em se ver. "Ah, Flo... Que garota!", dizia Lee, quando perguntado sobre ela. E, em entrevistas ao longo dos anos, quando perguntavam sobre Stan, Steinberg era só elogios.[1]

Steinberg veio a publicar seus próprios quadrinhos e trabalhou no editorial e em outras funções para a Arts Magazine e a Warren Publishing. Na década de 1990 e até alguns anos antes de sua morte, Flo voltou a trabalhar para a Marvel como revisora e foi a verdadeira mãe de algumas gerações de funcionários da empresa.

Lee teve vários assistentes ao longo dos anos, mas Steinberg foi a única que ele incluiu regularmente no imaginário da Marvel, traduzido nas colunas de cartas e nos *Bullpen Bulletins*. Os fãs a colocavam no mesmo pedestal de Kirby, Ditko, Heck, Lieber, Brodsky e até do próprio Lee, os funcionários lendários da Marvel. E, como guardiã da editora, Flo provavelmente era a única personalidade dos *Bulletins* que as crianças que tentavam entrar nos escritórios de fato chegavam a conhecer.

Em sua página oficial do Facebook, Lee (ou alguém falando por ele) escreveu, após a morte de Steinberg:

> Eu a apelidei de "Fabulous Flo" por um motivo. Não havia ninguém mais dedicada ao trabalho ou às pessoas com quem trabalhava. Flo definiu um padrão inatingível para minhas futuras secretárias. Para a maioria, a vida na Marvel era apenas mais um trabalho; para Flo, era o trabalho de sua vida. Toda a indústria dos quadrinhos conhecia e amava a "Fabulous Flo", e sua morte é realmente uma grande perda.[2]

O falecimento, logo após a perda de Joan Lee, foi muito simbólico e significativo, era o desaparecimento de mais uma parte daquela era. Mas a partida de alguém que já protegera tanto Lee, infelizmente, foi um prenúncio do que estava por vir.

Stan continuou aparecendo em convenções depois do falecimento de Joan. Na maioria, seus painéis passaram a ser moderados por Max Anderson. Embora a energia de Stan variasse, ele costumava se animar bastante com as aparições em grandes salões, abertos a toda a convenção. Embora a voz tenha ficado rouca, as respostas ao moderador ou à plateia continuavam inteligentes, espontâneas e apropriadas. Lee não era um velho senil dando respostas automáticas a perguntas e comentários — o que não quer dizer que ele não saísse em tangentes estranhas, embora divertidas. Jim Salicrup, antigo funcionário da Marvel, lembrou-se de um painel de setembro de 2017, na convenção da Wizard World em Madison, da qual participei junto com Lee:

> Stan foi levado ao palco para uma entrevista e algumas perguntas do público. Deu ótimas respostas, muito engraçadas e divertidas, e o público estava amando. (...)
>
> [Um membro da plateia, sem motivo aparente] perguntou: "Qual é sua madeira favorita?" E Stan retrucou: "É isso mesmo? Eu viajei centenas de quilômetros até aqui para você me perguntar qual é minha madeira favorita?" Então, depois de pensar um pouco, completou: "Espere, espere! Acabei de me lembrar qual é minha madeira favorita! É madeira do estilo Biedermeier! Temos alguns móveis desse período, são ótimos! Muito caros. É minha madeira favorita!" (...)

E o mais surpreendente foi que, quando perguntado sobre sua pasta de dentes favorita, Stan revelou que não usava pasta de dentes! [Nota: ele usava apenas escova de dentes e água.] Sim, Smiling Stan, famoso pelo sorriso, confessou que, quando o dentista pediu que usasse certo tipo de creme dental, não usou. Assim como não usou nenhum outro! E, na consulta de retorno, quando perguntaram se ele estava usando a tal pasta, ele mentiu dizendo que sim! O dentista disse que dava para ver a mudança, porque os dentes de Stan estavam ótimos.

Depois de responder a perguntas sobre os primeiros dias da Marvel e alguns encontros com o antigo chefe, o editor Martin Goodman, Stan ficou melancólico, dizendo algo como: "Uau. Não é incrível?" E depois explicou que não tinha sido uma piadinha, ele só estava refletindo sobre como nunca sonhou que um dia estaria em um lugar como aquele, em um salão enorme, com tantas pessoas ali só para vê-lo. E pensou: "Uau. Não é incrível?"[3]

E no domingo de 29 de outubro de 2017, na Stan Lee's Comic Con de Los Angeles (anteriormente conhecida como Comikaze Comic Con, mas Lee acabou emprestando seu nome ao encontro anual), em uma entrevista pública moderada por Todd McFarlane, entrevistado e entrevistador entraram em um bate e volta animado, salpicado de informações e lembranças. Quando surgiu o assunto das participações especiais de Lee nos filmes da Marvel, McFarlane sugeriu uma participação especial em que o personagem de Lee estaria assistindo a um filme de Alfred Hitchcock na TV, e uma batalha de super-heróis irrompia pela porta do apartamento. Quando os super-humanos da luta saíssem, na imaginação de McFarlane, o filme da TV estaria — ironicamente — na parte em que Hitchcock aparecia (o diretor era famoso pelas breves aparições em seus filmes), e Lee comentaria, zombeteiro: "A pessoa tem que ser muito egocêntrica para fazer questão de participar de todos os seus filmes, não é?"

"Será como uma participação especial contra as participações especiais", brincou McFarlane.

Lee respondeu: "Não quero ver você zombando do Alfred Hitchcock. O Hitchcock era um grande homem."

Então, falando de McFarlane, Lee acrescentou: "Daí ele pensa: 'Muito bem, vou zombar de Stan Lee.' Este homem está incontrolável. Tirem ele do palco!"

E, respondendo à bronca brincalhona de Lee, McFarlane retrucou, com uma fala chocante (embora sem sentido): "Stan, eu faço [essa cena] depois que você morrer. Não se preocupe. A gente faz isso depois que você morrer."

O público interveio, respondendo com vaias espirituosas.

LEE: *Eles não querem que você faça isso depois que eu morrer.*
McFARLANE: *Eles não querem que você* morra.
LEE: *Nem eu!*[4]

Lee e McFarlane compartilhariam outro palco na ACE Comic Con, em Glendale, no Arizona, em 14 de janeiro de 2018. Lee, embora ainda bastante alerta, parecia ter menos energia. Durante a entrevista, ele elogiou os novos proprietários da POW!, a Camsing, e prometeu que, dali a oito meses, lançariam juntos quadrinhos com "novas ideias para os super-heróis" que estava desenvolvendo.[5]

McFarlane agregou aos dois eventos uma energia incrível e contagiante, o que fez Lee, durante o evento no Arizona, elogiar efusivamente suas habilidades de moderação e entrevista. (De fato, embora ninguém possa duplicar a carreira única de Lee, é fácil imaginar McFarlane — um artista nato — herdando o papel de Lee como rosto amistoso e animado dos quadrinhos.)

McFarlane refletiu, um tempo depois:

Sobretudo depois de velho, [Stan] me ligava, dizendo: "Olha, estou ansioso pela convenção deste fim de semana. Vai ser muito divertido, Todd." E aquilo era meio como um energético para ele. Quando voltava para casa, Lee se sentia dez anos mais novo. Porque absorvia energia dos fãs, guardando tudo para si mesmo. Eu o via depois das convenções. Ele passava uns dias cheio de energia.[6]

No início de 2018, pouco depois do painel com McFarlane no Arizona, Lee contraiu pneumonia. No início de fevereiro, já tinha se recuperado o suficiente para me conceder uma entrevista nos escritórios da POW!, onde faríamos um vídeo relacionado à exposição *Marvel: Universe of Super Heroes*. Embora frágil e fraco, suas respostas foram apropriadas, espirituosas e pontuais, assim como nos painéis de McFarlane. No entanto, com sua audição e visão já falhando, Lee precisava de ajuda dos funcionários da POW! para ir de sala em sala.

Nos meses depois da morte de Joan, houve vários processos movidos por Lee e contra ele. Havia relatos de grandes somas de dinheiro faltando em várias de suas contas, algumas descontadas de cheques que ele não se lembrava de ter assinado. Várias pessoas alegaram representá-lo, e Lee acabou gravando vídeos, postados em suas redes sociais, com o objetivo de esclarecer quem de fato representava a ele e a seus interesses, mas os vídeos se contradiziam. Em maio, um processo contra a POW! pedindo US$ 1 bilhão — assim mesmo, um número redondo — foi aberto no nome dele. O processo foi retirado em julho.

Enfermeiras responsáveis por seus cuidados fizeram acusações de assédio sexual. Lee deu uma declaração dizendo que prometia combater as acusações, que parecem ter desaparecido. Anderson foi banido de seu círculo de amigos, assim como Morgan, que parecia ter administrado a vida de Lee por algum tempo não muito bem definido. Um agente — que logo foi demitido — colheu sangue de Lee e misturou com a tinta usada para autografar quadrinhos, anunciados à venda como contendo o autêntico DNA de Stan Lee. Na internet, surgiram vídeos constrangedores de Lee dando autógrafos na Comic Con de abril, no Vale do Silício, claramente exausto e confuso, aparentemente recebendo instruções sobre como soletrar o próprio nome.[7]

Longos artigos sobre a estranha situação de Lee surgiram em jornais como *The New York Times*, *The Hollywood Reporter*, *Daily Beast*, além de outras publicações e sites. Não era claro quem estava no controle de sua vida e de seus bens. Embora não houvesse suspeita de abuso físico, parecia evidente que Lee vivia um período de saúde instável. No início de abril, também ficou aparente que uma coalizão que incluía sua filha, JC, estava cuidando dele.[8]

***

Enquanto as batalhas pelo controle de sua vida eram travadas, partes do passado de Lee continuavam desaparecendo.

Em setembro de 2017, Len Wein, cocriador do Wolverine e ex-editor-chefe da Marvel, faleceu aos 69 anos. Wein teve sérios problemas de saúde a vida inteira, mas sua morte foi uma indicação de que a geração de fãs que entrara no mercado dos quadrinhos nos anos 1960 também estava envelhecendo.

O ano de 2018 trouxe quatro mortes que foram verdadeiros golpes na história da Marvel, de Lee e dos quadrinhos.

Em 29 de junho, a polícia de Nova York encontrou Steve Ditko morto em seu apartamento em Manhattan, aos noventa anos. Como Ditko morava sozinho, o momento exato de sua morte não é claro. Lee gravou um breve tributo ao quadrinista:

> *Não posso deixar esta semana passar sem comentar sobre Steve Ditko. Steve foi um dos criadores mais importantes do mundo dos quadrinhos. (...) Ele contava histórias tão bem quanto um bom diretor de cinema. (...) [Steve], você deixou sua marca no mundo.*[9]

Russ Heath, parceiro de Lee em histórias de comédia e de guerra, faleceu em 23 de agosto. Tinha 91 anos.

E então, no fim de agosto, dois dos últimos membros do editorial clássico da Marvel dos anos 1960 — e que de fato trabalhavam *nos escritórios* — partiram: Marie Severin, no dia 29, e Gary Friedrich, no dia 30.

Severin tinha sido indispensável para Lee como artista, colorista, diretora de arte e faz-tudo. Ela faleceu aos 89 anos. Um ano antes, tinha conversado comigo sobre os velhos tempos, falando com carinho sobre o quanto gostava de trabalhar com Lee. "Ele era muito divertido. Um doido. Maravilhoso", contou.[10]

O escritor e editor Friedrich — um dos primeiros contratados quando a Marvel começou a expandir, em meados da década de 1960 — faleceu aos 75 anos. Foi Friedrich que levara Country Joe and the Fish para conhecer Stan Lee.

Durante esse período, Larry Lieber decidiu se aposentar da tirinha do Homem-Aranha, querendo se dedicar ao seu crescente interesse em escrever ficção em prosa. Os irmãos se falavam sempre ao telefone, e Stan perguntava como o trabalho estava progredindo, incentivando Larry a continuar.

***

Em 8 de outubro, Lee e a filha, junto com o advogado dela, Kirk Schenck, foram entrevistados — a pedido de Schenck — por Mark Ebner, do site *Daily Beast*. O portal já publicara matérias sobre como a vida de Lee parecia fora de controle, e a entrevista foi uma tentativa de estabelecer que JC estava — aparentemente com o apoio voluntário do pai — administrando a vida de Lee, mantendo afastada qualquer presença danosa.[11]

Na entrevista, realizada na casa de Lee, Schenck disse que JC era "uma vingadora; a protetora deste homem [Lee]".

Sobre o relacionamento com a filha, Lee disse a Ebner:

Temos uma vida maravilhosa. Sou um homem de muita sorte. Amo minha filha, e espero que ela me ame. (...) Volta e meia nós discutimos, mas eu volta e meia discuto com todo mundo. É capaz até de discutir com você, afirmando que "Eu não disse isso!". Mas é a vida.

Quando perguntada sobre os boatos de que tinha gritado com o pai, JC respondeu:

Ele não ouve bem, entende? Nunca ficamos sozinhos [em casa], sempre há outras pessoas e influências, e acaba que, sim, faz anos que eu tenho levantado a voz. E tivemos umas pessoas horríveis aqui em casa. (...) Elas colocavam meu pai contra mim de tal maneira que ele não sabia mais que tinha uma filha.

Perguntada sobre o boato de que já "pusera as mãos" nos pais, JC respondeu:

Nunca na minha vida encostei um dedo na minha mãe ou no meu pai, nunca encostei um dedo sequer em um cachorro.

Quando o repórter perguntou: "Você concorda com a maneira como o dinheiro é administrado na família?", Lee respondeu:

Esse dinheiro será deixado [para minha filha] e, em vez de esperar até eu morrer, dou o máximo que puder para que ela possa aproveitar agora.

Se a intenção da entrevista era garantir a alguém — fossem fãs, amigos ou as autoridades locais — de que tudo estava bem na casa dos Lee, é pouco provável que esse objetivo tenha sido alcançado. Cada resposta parecia suscitar uma nova pergunta, mesmo que pelo menos parte disso possa ser atribuída aos questionamentos provocativos de Ebner.

Porém, um resultado importante que a entrevista pareceu alcançar foi deixar claro que a pessoa de quem se espera que cuide de um idoso no fim da vida — a filha adulta dele — estava de fato exercendo esse papel.

***

Em 10 de novembro, Roy Thomas e seu gerente, John Cimino, visitaram Lee. A visita, de acordo com um artigo de Joshua Hartwig publicado em 15 de novembro no *Southeast Missourian*, foi parte de um presente de aniversário que Thomas ganhou de Cimino.[12]

Na matéria, Thomas disse: "[Lee] não parece muito disposto a receber visitas, mas ficou sabendo que eu queria visitá-lo, que eu estava disposto a atravessar o país de avião para uma visita de meia hora. E disse: 'Sim, quero ver o Roy.' O que me deixou muito lisonjeado."

O artigo continuou:

Durante a visita, Thomas disse que a primeira coisa que ouviu de Lee foi: "Sabe, essa coisa de viver até os cem anos não é tão divertida quanto imaginei" (...) [Thomas acrescentou:] "Acho que o animei um pouco, durante a meia hora em que estive lá. Sinto que devia aquilo a ele (...) tanto no aspecto pessoal quanto profissional."

Lee sempre falava sobre como Thomas "salvara sua vida", lembrou Thomas, aceitando "escrever as coisas quando ele já estava se cansando de ter que escrever tudo".

Thomas, então, observou:

Mas a verdade é que aquilo foi ainda mais importante para mim. Ele teria encontrado outra pessoa, mas eu nunca teria encontrado outro Stan Lee.

Discutindo a reunião na página de Cimino no Facebook, Thomas escreveu:

[Lee] não tinha muito de sua velha energia (...) mas, quando perguntei sobre futuras participações especiais, ele expressou interesse genuíno (...)

Nesse comentário, Thomas também observou:

[Lee] ficou muito animado enquanto falava de suas brigas com o editor Martin Goodman sobre o Homem-Aranha. Sugeri que talvez a única decisão criativa importante de Goodman tenha sido quando mandou Stan criar um grupo de super-heróis, em 1961. Stan pareceu adorar o comentário.[13]

E Cimino disse ao site do canal SYFY:

Contei [a Stan] sobre como me sinto a respeito de Roy e afirmei que sempre estarei ao lado dele, não importa o que aconteça. Stan pegou minha mão e disse: "Que Deus te abençoe. Cuide do meu garoto, Roy."[4]

Dois dias depois da visita de Thomas e de Cimino, Lee foi levado de ambulância para a emergência do Centro Médico Cedars-Sinai, em Los Angeles.

Foi lá, às 21h17, em 12 de novembro de 2018, que Stan Lee partiu para o "país inexplorado" de seu autor favorito, William Shakespeare.

***

O atestado de óbito lista insuficiência cardíaca e insuficiência respiratória como causas da morte. Também observa que Lee sofreu de pneumonia por aspiração, causada por alimentos inalados, ácido estomacal ou saliva.[15]

Os restos mortais de Lee foram cremados. A POW! Entertainment fez um pronunciamento, afirmando que "Stan sempre foi inflexível na decisão de não querer um funeral público, de modo que a família realizou uma cerimônia privada, respeitando seus últimos desejos. Estaremos com eles em pensamentos e orações".[16]

O assistente executivo de Lee de longa data, Michael Kelly, apontou:

Embora a morte seja triste, ainda mais durante os anos que a antecederam (...) não ficaram muitos assuntos inacabados, pelo menos não comigo, nem com a maioria das pessoas que o acompanhavam. Nos últimos dois meses, Lee estava praticamente em paz. Dava para ver como ele ficava sentado, olhando a paisagem, falando sobre estar bastante satisfeito, relaxado, confortável. Lee não estava sofrendo.[17]

Stan Lee faleceu após uma série quase inacreditável de acontecimentos, alguns surrealmente bizarros, outros inspiradores e adoráveis. No último ano, sua vida foi revirada várias vezes, como se o próprio destino estivesse conspirando para garantir que seus últimos dias não fossem nem um pouco entediantes. Até o fim, a história de vida de Stan Lee entreteve e envolveu aqueles que a acompanhavam. De fato, mesmo após seu falecimento, apareciam notícias relacionadas a esses meses finais tumultuosos. Por exemplo:

Keya Morgan, que administrou as propriedades de Lee por um tempo, foi presa em maio de 2019, com acusações de abuso de idosos relacionadas a Lee, inclusive por "aprisionamento em cárcere privado" por ter, depois da morte de Joan, transferido Stan de sua casa para um condomínio onde, como alegava uma queixa de 2018, teria "mais controle sobre Lee".[18] Em junho, Morgan alegou inocência a todas as acusações.[19]

E, no mesmo mês, JC Lee, por meio de seu advogado, Schenck, entrou com um processo contra o ex-gerente de Lee, Max Anderson, por "abuso de idosos, quebra de contrato e roubo".[20]

Até a data de divulgação deste livro, não foi marcado o julgamento de Morgan nem houve resposta pública de Anderson.

***

A Era Stan Lee acabou oficialmente no dia em que ele morreu.

Mas a Era Marvel, que Lee proclamara em 1963, continuava mais viva do que nunca. De fato, logo após sua morte, houve uma série de acontecimentos marcantes.

23 LEGADO

> SEU LEGADO É IMENSO — TANTO QUE TALVEZ A GENTE PRECISE DE UMA NOVA PALAVRA PARA DEFINIR ESSA MAGNITUDE. (...) STAN LEE INICIOU UM MOVIMENTO QUE NÃO PARA MAIS, QUE SÓ VAI SEGUIR EM FRENTE.
> — TODD MCFARLANE

Os personagens que Stan Lee inventou junto com seus parceiros, principalmente Jack Kirby e Steve Ditko, estão mais conhecidos do que nunca, mesmo meio século depois de sua criação.

Em 21 de janeiro de 2019, foi anunciado que o filme *Pantera Negra* recebera sete indicações do Oscar, incluindo Melhor Filme. Era a primeira vez que um filme de super-herói concorria ao prêmio dessa categoria, e, embora não tenha ganhado essa, foi o vencedor de três outras.

E em 27 de janeiro, o filme *ganhou* o maior prêmio do Screen Actors Guild, na categoria Melhor Elenco.

Stan Lee e Jack Kirby criaram o Pantera Negra em 1966, como participação na revista *Quarteto Fantástico* n.º 5, pouco depois de terem inventado Galactus, o Surfista Prateado, os Inumanos e muitos outros personagens que também passaram a compor os fundamentos do Universo Marvel. O Pantera Negra, o primeiro super-herói negro que ocupava um papel principal, é só mais um entre as dezenas de personagens agora mundialmente famosos que os dois inventaram. Mais de cinquenta anos depois, o protagonista do filme de super-herói solo de maior sucesso é claramente reconhecível na figura que estreou na edição n.º 52 de *Quarteto Fantástico*.

Até o momento em que este livro foi escrito, *Vingadores: Ultimato*, trazendo vários personagens criados ou apresentados por Lee e Kirby, o filme que apresenta o final de uma década de história da Marvel, ultrapassou a marca de US$ 2,6 bilhões de bilheteria, e as vendas mundiais não mostram sinais de estarem desacelerando.

Em qualquer noite de 2019, pode-se ir a qualquer cinema, assistir a qualquer filme, e, mesmo que a película não seja baseada no Universo Marvel, provavelmente haverá mais de um trailer de um próximo lançamento da empresa.

Na TV, há programas baseados no estilo da Marvel; e, no nosso mundo de entretenimento por *streaming*, pode-se passar centenas de horas consumindo séries derivadas da Marvel.

Verdade seja dita: mesmo trabalhos que não têm relação direta com a Marvel ou com Stan Lee podem seguir a fórmula muito reconhecível e altamente adaptável que Lee e a empresa colocaram em prática: a história de uma pessoa ou um grupo de pessoas que têm falhas profundas, mas que tentam fazer a coisa certa, desafiando probabilidades quase impossíveis e apesar de suas piores tendências autodestrutivas. São histórias de "heróis com pés de barro".

Stan Lee não inventou essa fórmula. O modelo já existia desde sempre na grande literatura, no teatro e no cinema. Mas não estava na cultura pop, voltada principalmente para crianças. E certamente não estava nos quadrinhos.

Pode-se afirmar que foi graças às inovações de Stan Lee que agora vivemos em um mundo em que esse gênero de mídia faz tanto sucesso. Lee de fato foi como uma crise de meia-idade do mundo inteiro.

Claro que ele precisava de seus colaboradores criativos para conseguir tudo o que fez. Sem Kirby e Ditko, não haveria Marvel Comics. Mas foi Lee quem uniu tudo dentro de cada história individual, cada série individual e dentro do chamado Universo Marvel — que funciona exatamente como no Universo Cinematográfico Marvel de hoje.

O mais incrível é como essa fórmula de contar histórias comerciais foi ampliada, saindo das revistinhas de dez centavos, com 32 páginas e margens de lucro reduzidas, até se tornar a franquia multibilionária de entretenimento que é hoje. A declaração bombástica que Stan Lee deu em 1963, de que estava começando a Era Marvel, de fato se tornou realidade — e hoje mais do que nunca.

***

Após a morte de Lee, houve inúmeras homenagens. Alguns eram louvores sinceros (palavra que aprendi com os quadrinhos de Lee) dos associados aos triunfos de mídia da Marvel:

Nunca haverá outro Stan Lee. Durante décadas, ele proporcionou, a jovens e adultos, momentos de aventura, fuga, conforto, confiança, inspiração, força, amizade e alegria.
— Chris Evans (Capitão América)[1]

Obrigado, @TheRealStanLee, por me permitir escapar um pouco desta realidade e pela grande alegria natural dos mundos que você criou!!
— Samuel L. Jackson (Nick Fury)[2]

Stan Lee, Dr. Seuss e Ray Bradbury. Para mim, é aí que começa e que termina. (...) Descanse em paz, meu querido Stan. Você ajudou a melhorar nosso tempo aqui.
— Josh Brolin (Thanos)[3]

Um dia muito triste. Descanse no poder, tio Stan. Você fez do mundo um lugar melhor com o poder da mitologia moderna e do seu amor por essa coisa confusa que é a humanidade...
— Mark Ruffalo (o Hulk)[4]

Para o alto e avante, em busca de glória! Excelsior, meu bom homem! Excelsior!
— Angela Bassett (Ramonda)[5]

Ícones da cultura fora do universo da Marvel também prestaram suas homenagens.

> *Um adeus para Stan Lee, da Marvel Comics. Ele fará muita falta. Tive a sorte de conhecê-lo. (...) E ficamos um tempo conversando sobre quadrinhos, contei de minha admiração por seu trabalho. Lee inclusive sugeriu criar um super-herói que portasse um baixo Hofner (...) e devo dizer que a ideia de virar um super-herói empunhando um baixo (...) era muito atraente.*
> *Envio amor para a família e os amigos e sempre guardarei lembranças felizes desse grande homem. Amo você, Stan! — Paul*
> — Paul McCartney
> (compositor de "Magneto and Titanium Man")[6]

> *Já havia peças antes de Shakespeare, mas o trabalho do bardo revolucionou o teatro. (...) E Stan Lee fez o mesmo pelos quadrinhos. Não, claro que ele não fez tudo sozinho. A genialidade dos artistas da Marvel, especialmente de Jack Kirby e Steve Ditko, não pode nunca ser minimizada. (...) Mas Lee estava no centro de tudo (...).*
> — George R. R. Martin
> (criador da série Guerra dos Tronos
> que, na infância, escrevia cartas para a Marvel)[7]

> *Ele viverá para sempre através de seu trabalho. Um gigante. Com grande poder vem a imortalidade.*
> — Lin-Manuel Miranda
> (criador e astro de Hamilton e celebridade
> que também veio de Washington Heights)[8]

> *É impossível quantificar a enormidade de sua contribuição para a Cultura Pop. (...) Eu amava esse homem, sentirei sua falta para sempre. Dizem que nunca se deve conhecer um ídolo de infância. Mas estão errados. #RIPStanTheMan*
> — Mark Hamill (Luke Skywalker de Star Wars)[9]

Duas homenagens emocionantes vieram da família Kirby:

Sua morte traz grande tristeza, mas me consolo em saber que as criações de meu avô, de Stan e de tantos outros como eles continuarão inspirando jovens e adultos do mundo todo! Descanse em paz, Stan.

— Jeremy Kirby (neto de Jack Kirby)[10]

Minha mãe, Connie, meu pai, Neal, e eu enviamos nossas sinceras condolências à família de Stan Lee. (...) As colaborações de Stan com meu avô e muitos outros grandes talentos criativos foram o Big Bang do Universo Marvel.

— Jillian Kirby (neta de Jack Kirby)[11]

E, é claro, muitos representantes da indústria dos quadrinhos e da animação escreveram memoriais:

Todd McFarlane observou:

Acho que o legado de Stan só continuará a crescer. (...) Acho que seu legado é imenso — tanto que talvez a gente precise de uma nova palavra para definir essa magnitude. Daqui a vinte anos, todos teremos uma boa conversa, falando sobre como o subestimamos.[12]

O roteirista de *live-action* e animação Tony Puryear, que trabalhou com Lee em Hollywood, escreveu lembranças empolgantes no Facebook:

Eu adorava aquele velho maluco. Adorei cada segundo do trabalho com ele. Stan era puro improviso louco; o rei do improviso, não havia quem competisse com ele na loucura, um Mozart do improviso. E digo isso com total admiração, como alguém que construiu uma boa vida improvisando loucuras ao longo dos anos. A alegria de Stan pelo trabalho era contagiosa.[13]

O escritor e quadrinista Frank Miller afirmou:

Devastado com a morte de meu amigo Stan. Ele foi uma inspiração de infância, um instrutor de quando eu estava apenas começando e um homem genuinamente doce. Sentirei muito sua falta.[14]

Neil Gaiman (escritor da série *Sandman*) lembrou:

Ele era uma potência de energia e entusiasmo, e sua morte encerra uma era em que gigantes andavam na Terra e inventavam novos tipos de histórias.[15]

Algumas personalidades proeminentes preferiram encarar o problema de frente, abordando diretamente os conflitos sempre presentes na vida de Stan sobre o seu relacionamento com os colaboradores. Michael Chabon (autor de *As incríveis aventuras de Kavalier e Clay*) opinou:

Basta olhar para o trabalho solo de #JackKirby para ver o que Stan trouxe à parceria: uma humanidade inabalável, uma fé na capacidade humana de altruísmo e de sacrifício e no consequente triunfo da racionalidade sobre o irracional, do amor sobre o ódio; um contrapeso perfeito ao quase niilismo sombrio e suado de Kirby. (...) Foi a visão de Stan que predominou e que continua a moldar minha maneira de ver o mundo. (...) #olevhasholem[16]

E Paul Levitz, escritor e editor de quadrinhos e ex-presidente e editor da DC Comics, afirmou, em sua página no Facebook:

Stan deixa um legado complexo, em que sua imensa criatividade às vezes é encoberta por debates impossíveis de resolver sobre o valor das contribuições e ações dos colaboradores e sobre as atitudes que ele poderia ter tomado, em um mundo ideal, para ajudá-los a obter mais ganhos financeiros, além de suas declarações sobre o processo colaborativo. Mas como alguém que conhecia e trabalhava com pra-

ticamente todos os envolvidos, acredito que Stan foi um catalisador insubstituível, sem o qual a mágica da primeira década da Marvel Comics nunca teria acontecido e talvez nem as mudanças que esse fenômeno espalhou pelo mundo dos quadrinhos.[17]

Seria impossível discutir o legado de Stan Lee sem falar sobre qual foi, para muitos, o seu trabalho mais conhecido: as famosas aparições nos filmes e nas séries.

Lee apareceu em quase todos os projetos de filmes e TV da Marvel, até nos videogames da empresa, em geral com papel de algumas falas curtas. No contexto de sua vida, essas aparições fazem todo o sentido para um cara cuja ambição de adolescente era ser ator.

Tecnicamente, a primeira participação especial de Lee em um *live-action* foi no filme para a TV de 1989, *O julgamento do Incrível Hulk*, quando interpretou um jurado envolvido no drama do tribunal. Um papel sem falas.

Pode-se dizer também que sua primeira participação especial em um filme "de verdade" foi no primeiro longa dos X-Men, em 2000, quando interpretou um vendedor de cachorro-quente que fica chocado ao ver um mutante.

Mas Lee também deu voz à sua aparição no episódio final de 1998 do desenho animado *Homem-Aranha*. Nesta participação, o herói leva seu cocriador por um passeio no estilo Homem-Aranha por Nova York, balançando nas teias de prédio em prédio. "Sabe, teioso", diz Lee, "sempre quis experimentar o *verdadeiro* passeio de teia".

Mas, *tecnicamente*, a primeira participação de Lee foi na revista *All Winners Comics* n.º 2 de 1942, que traz uma história em prosa em que um dos personagens é chamado de "o editor de *All Winners*". Claro que o tal editor era Stan Lee, então com 19 anos, que tinha acabado de ser elevado ao cargo após a partida de Simon e de Kirby. Na história, "o editor" interage com os membros do *Esquadrão All Winners* (também traduzido como Esquadrão Vitorioso), incluindo o Capitão América, o Príncipe Submarino, o Tocha Humana, o Destruidor e o Whizzer.

Seguindo essa lógica, ao longo dos anos, tornou-se uma tradição os criadores de quadrinhos se inserirem nas histórias com certa regularidade, e Stan Lee e seus colaboradores fizeram isso. Fosse em histórias de super-heróis, como a de *Quarteto Fantástico* n.º 10, de 1962, em que Lee e Kirby eram usados pelo Doutor Destino contra o Quarteto Fantástico; ou em histórias de comédia, como a *Chili* n.º 3, de 1969, quando Stan Lee e o artista Stan Goldberg foram visitados por Millie, de *Millie, the Model*, e sua amiga/inimiga Chili, que invadiram os escritórios da Marvel para discutir sobre como os dois Stans estavam retratando as personagens nos quadrinhos.

Mas a maioria só pensa nas aparições de Stan Lee como, é claro, nas dos filmes de ação e dos seriados de TV da Marvel, começando com *X-Men*.

Lee adorava fazer essas participações especiais. Dois dias antes de falecer, ele disse a Roy Thomas que adoraria fazer mais delas, apesar de não ter mais tanta energia. Porém, de acordo com Tom DeSanto, produtor e roteirista dos dois primeiros filmes dos X-Men, as aparições quase foram interrompidas antes de virarem um costume sério. Como DeSanto relatou, *X-Men* estava sendo filmado logo após o fiasco da Stan Lee Media, e alguns executivos da Marvel hesitavam em colocar Lee nos filmes, considerando a publicidade negativa e as disputas jurídicas que a situação estava gerando. No podcast *Fatman Beyond*, de Kevin Smith (como relatado por Joshua M. Patton no Medium), DeSanto discutiu o ocorrido. Parece que ele

> *e os outros cineastas insistiram para que o filme tivesse uma participação especial de Stan Lee...*
>
> *... o pessoal do filme foi avisado para não discutir nada da produção [com Stan], por causa dos possíveis problemas jurídicos. Uma diretiva que ninguém obedeceu. DeSanto disse que a chegada de Stan no set foi como "Jesus" descendo dos céus. (...) [E] que, após as filmagens, Stan conversou com cada funcionário da equipe e com qualquer pessoa que viesse cumprimentá-lo ou pedir uma foto.*[18]

Sam Raimi, que dirigiu o filme do Homem-Aranha de 2002, bem como as duas sequências, e que genuinamente admirava e gostava de Lee, lembrou como foi criada a participação de Stan naquele filme, em que resgatava uma garotinha de detritos lançados pelo ataque do Duende Verde:

> [O executivo de cinema da Marvel] Avi Arad disse: "Quero que você ponha Stan no filme."
> (...) [Raimi respondeu:] "Não. Eu conheço Stan, e ele não sabe atuar."
> "Eu quero ele no filme."
> Agora imagine que você é um diretor de um pequeno teatro da Inglaterra, fazendo Macbeth, e lhe digam: "Ponha o dramaturgo na peça." Parece absurdo. "Tudo bem, então querem Shakespeare na peça? Pois vou colocar Shakespeare na peça." E agora é uma das minhas partes favoritas do filme.[19]

O assistente executivo de longa data de Lee, Michael Kelly, me contou, por e-mail, como as participações aconteciam:

> Até onde eu sei, não havia nenhum contrato.
> Os produtores e diretores dos vários projetos, começando com X-Men, é claro, convidavam Stan para aparecer, e em geral ofereciam transporte, acomodações e tudo o mais.
> No entanto, o pagamento era mínimo. Como membro do SAG/AFTRA, Stan recebia o pagamento diário por participações. Ele as fazia mais porque amava aquilo do que por dinheiro.
> Os diretores diziam o que tinham em mente para o papel e a fala de Stan, que seguia as orientações, talvez dando uma ou outra sugestão.
> As aparições não eram consideradas parte das responsabilidades de Stan para com a Marvel, embora Kevin Feige tenha começado a garantir que ele aparecesse regularmente em suas produções da Marvel Studios.
> Os herdeiros de Lee continuam arrecadando os lucros de suas muitas aparições.[20]

Quanto a *Barrados no shopping*, de 1995 — um filme de Kevin Smith no qual Lee interpretou um papel bastante longo —, Kelly lembrou:

> *Havia um "personagem" com o papel já escrito, com orientações para interpretar "Stan Lee". E ele praticamente recitou as falas que estavam escritas, com apenas algumas conversas nos estúdios, em que ofereceu a Kevin algumas sugestões de ajustes. Lee não escreveu uma única fala para Kevin Smith.*[21]

Em um momento bastante transcendente, mesmo para o padrão cômico de suas aparições, no filme *Capitã Marvel*, de 2019, que se passa em 1995, mesmo ano em que foi lançado *Barrados no shopping*, Lee é visto em um trem, isolado do filme em si, ensaiando suas falas do filme de Kevin Smith. (Também é digno de nota o fato de que, em *Capitã Marvel*, o primeiro filme da Marvel lançado após a morte de Lee, a montagem dos créditos de abertura, em geral baseada em imagens do personagem principal do filme em questão, foi substituída por uma montagem com as participações especiais de Lee, seguidas por um letreiro que dizia: "Obrigado, Stan.")

Em 2014, Lee se pronunciou sobre as participações especiais:

> *O que mais gostei de fazer deve ter sido o do filme* Quarteto Fantástico, *em que não tinha sido convidado para o casamento de Sue e Reed, e não me deixavam entrar. Eu reclamei: "Mas eu sou Stan Lee!", e o segurança me empurrou para o lado.*[22]

Mas, em outras entrevistas, ele citou outras aparições como favoritas, então não parece que Lee tivesse de fato definido qual era sua predileta. O que muitos desses papéis parecem ter em comum era o fato de exigirem vários níveis de interpretação. Seus papéis transmitiriam pontos de enredo de graus variados de importância, mas também reconheciam que o público sabia que aquele figurante em particular não era só mais um ator iniciante que passara em um teste e conseguira papéis em vários filmes. Muitos espectadores estavam cientes de que aquele era Stan Lee — quem quer que achassem que Stan Lee fosse.

Então, assim como interpretara uma versão de si mesmo que é barrada no casamento de Reed e Sue (como aconteceu com ele e Kirby nos quadrinhos que retratavam esse ocorrido, na edição anual n.º 3 de *Quarteto Fantástico*), Lee aparece em *Guardiões da Galáxia Vol. 2* interpretando um personagem que *parecia ser* "Stan Lee", contando a um grupo de seres cósmicos que tudo vê, os *Vigias*, uma longa história — na verdade, era essencialmente a trama de vários filmes (e quadrinhos) da Marvel. O personagem de Lee esgota a paciência ilimitada das criaturas a ponto de elas se afastarem, enquanto ele, em uma tirada cômica, pede que esperem para ouvir mais, e depois se repreende por afastá-las.

Quando mencionei esse papel para Lee, parecia que ele (assim como o público) não estava completamente certo do significado da cena:

STAN LEE: *Isso prova que na verdade eu sou o Vigia.*
DANNY FINGEROTH: *Você é o Vigia ou estava passando informações ao grupo de Vigias?*
STAN LEE: *Bem, eu mesmo não tenho certeza. Vou ter que ver o filme de novo.*[23]

Uma rara aparição *não* cômica de Lee foi em *X-Men: Apocalipse*, em que Lee e a esposa, Joan, interpretam um casal de idosos apavorado quando numerosas armas nucleares são lançadas. A atuação deles para essa cena curta transmitiu a angústia necessária para o momento sem que nenhuma palavra fosse dita.

Um amigo e colega de Lee, o escritor Jim McLaughlin, expressou alguns descontentamentos com todo o conceito das participações especiais:

Entendo que essas participações especiais sejam divertidas e tudo mais, um momento voltado para o público, mas na minha opinião (...) eram apenas um pouco de salsinha na borda de um enorme prato de realizações de carreira (...) e me parece incongruente Lee sentir que precisava fazer essas participações minúsculas nos filmes pequeninos para validar o trabalho de sua vida.[24]

Ainda assim, não há como negar que Lee gostava de aparecer no cinema e que uma porcentagem significativa das pessoas que sabem quem é Stan Lee só o conhece por causa de suas participações especiais. Foi uma carreira secundária estranha e inesperada, mas que o fez completar o ciclo, iniciado em seus dias de atuação no Tabernáculo Hebraico de Washington Heights e no WPA Federal Theatre Project.

***

Em 1957, havia três homens que não tinham nada a perder.

Stan Lee testemunhara o quase desaparecimento da empresa em que trabalhara por toda a vida adulta. Ele nunca se recuperou completamente da insegurança gerada por esse trauma.

Jack Kirby recentemente passara pela dissolução de sua parceria de longa data com Joe Simon. Os sonhos de Kirby de atingir um sucesso criativo e financeiro contínuo foram substituídos por uma realidade de histórias sem graça, desenhadas em troca de pagamentos baixos espalhados por várias empresas. Seu sonho de atingir a glória com uma tirinha de jornal foi frustrado pelo editor da DC, Jack Schiff, que tinha o poder de tornar sua vida miserável e não hesitou em fazê-lo.

Steve Ditko entrara no ramo de quadrinhos no pior momento possível: exatamente quando a indústria estava prestes a desaparecer. Logo depois, contraiu tuberculose, o que interrompeu sua carreira por um ano.

Lee, Kirby e Ditko, em sua autobiografia coletiva e ainda em andamento conhecida como "O Universo Marvel", capturaram elementos de suas personalidades e origens e os enxertaram em uma construção fictícia diferente de tudo o que já havia sido criado antes deles. Os três conceberam uma espécie de mensagem no seu trabalho, de uma maneira que poucos criadores de quadrinhos tinham conseguido estabelecer desde Jerry Siegel e Joe Shuster, com a criação do herói guerreiro do New Deal, o Super-Homem, em 1938.

Eram as pessoas certas, no lugar certo, na hora certa.

Ainda assim, Lee teve uma epifania muito importante, que Kirby e Ditko não tiveram. Ele percebeu que, no início dos anos 1960, havia uma audiência de fãs adultos que liam quadrinhos quando crianças e que ainda estavam interessados nas publicações. Se estavam perdendo o público *infantil* da época para a TV, talvez houvesse uma maneira de recuperar alguns dos leitores mais velhos, agora na faculdade ou no mercado de trabalho, para fazê-los ajudar a espalhar a ideia de que quadrinhos eram legais, ou mesmo relevantes, sem perder o público maior de crianças. Para isso, era preciso criar quadrinhos que pudessem agradar vários níveis de leitores.

Kirby e Ditko eram parceiros perfeitos para Lee nesse empreendimento. Os personagens objetivistas de Ditko — os derradeiros homens de fronteira contra a comunidade —, somados à visão de Kirby de um mundo cão, extremamente competitivo, onde cada pessoa só poderia confiar — talvez — na própria mãe, eram o ingrediente-chave para aquela receita estranha, mas saborosa, que às vezes ficava crua, às vezes passava do ponto. E o ponto de vista humanista de Stan Lee, ao mesmo tempo cínico e idealista, pontilhado de humor, era o tempero secreto que combinava tudo.

Lee já vivera sua parcela de tragédia e melodrama, e parecia compartilhar de algumas das visões sombrias de Kirby e de Ditko sobre a humanidade, mas ainda assim conseguiu imprimir uma atitude em geral otimista que acreditava no potencial de cada ser humano (se não de toda a humanidade) para alcançar a felicidade em um mundo tão cheio de imperfeições.

Essa combinação de impulsos contraditórios poderia ter criado quadrinhos confusos, com protagonistas sem apelo ao público. Mas, como editor, Lee sempre teve a palavra final nas mensagens da Marvel, que deixava aberta e subliminar, e sempre se permitiu seguir seus instintos. Como ele mesmo disse:

> *Sempre escrevi para mim mesmo. Imagino que não seja tão diferente assim das outras pessoas. Quando gosto muito de uma história, sei que deve haver outras pessoas com gostos semelhantes.*[25]

Como Ted Anthony, da Associated Press, escreveu sobre os personagens da Marvel:

> *Alguns ricos, outros da classe trabalhadora, mas todos neuróticos e com poderes conquistados através do infortúnio ou de escolhas questionáveis. (...) E às vezes era difícil diferenciar os heróis dos vilões. Mais ou menos como na vida real.*
>   *Isso foi, em grande parte, graças a Lee. (...) Ele deu personalidade, ambiguidade e uma narrativa a personagens que não demoraram a conquistar o coração do público.*[26]

A epifania de Lee, catalisada pelo trabalho de seus colaboradores, impulsionou uma mudança pessoal e profissional que permitiu que ele desencadeasse algo até então inexplorado. Lee afirmou nunca ter estudado muito da psicoterapia ("Nunca tive tempo", revelou a David Hochman em 2014), mas parece quase o tipo de epifania que se pode ter depois de um período de psicanálise.[27]

Lee tinha a autoridade de um proprietário, mas a insegurança financeira de um freelancer. Ainda estava à mercê do chefe, embora a maioria de seus colegas o visse como o chefe. Podia escrever — e de fato escreveu — histórias nas quais assumia ao mesmo tempo as identidades de oprimido e opressor, rei e vassalo, chefe e lacaio, líder e seguidor, sempre expressando com muita eloquência como se sentia nessas posições.

Como editor, diretor de arte, coescritor e roteirista — e parente do dono —, Lee estava em uma posição única entre seus colegas, funcionários e toda a indústria. De certa forma, isso lhe permitiu virar um verdadeiro autor, alguém que de fato — com a contribuição indispensável do chefe e dos cocriadores — produzia quadrinhos que faziam jus às ideias que ele realmente planejava passar. Podiam até ser ideias que ele criava apenas em parte, ou que às vezes distorciam as intenções de seus parceiros. Mas, no fim das contas, os quadrinhos retratavam *suas* ideias.

Como Anthony, da AP, observou:

> *Muitos sentiam que Lee não compartilhava crédito suficiente com pioneiros dos quadrinhos, como Jack Kirby e Steve Ditko. (...) O que é justo dizer. Mas parte da genialidade de Lee era sua capacidade de ser um mestre da montagem.*
>
> *Como Bob Dylan ou Gene Roddenberry, Lee juntava impulsos culturais, elementos já em andamento na sociedade, e construía sua própria colcha de retalhos.*[28]

Lee costumava escolher o Surfista Prateado para representar seu avatar nos quadrinhos. Era no Surfista que canalizava seus sentimentos sobre a falta de apreço da humanidade pela beleza e generosidade na Terra.

Ainda assim, as aventuras solo que escreveu para o Surfista nunca venderam muito, apesar da bela arte de John Buscema, Moebius e outros. O personagem a quem Lee deu voz era um messias espacial que lamentava a loucura da humanidade. Mas, apesar de sincera, fora da Trilogia Galactus, essa voz nunca soou como o verdadeiro Stan Lee. Talvez o aspirante a romancista Stanley Martin Lieber é que escrevesse essas falas. O Surfista de Lee era *sério demais* para ser levado a sério.

Por outro lado, é nas palavras e nos pensamentos que ele escrevia para Peter Parker, Ben Grimm e Nick Fury — crianças pobres que, com talento e determinação, melhoraram de vida — que mais aparecia o dom de Lee para canalizar os pensamentos e as emoções das pessoas comuns.

Na primeira história da S.H.I.E.L.D., publicada na edição n.º 135 de *Strange Tales*, de 1965, de autoria de Lee e de Kirby, Nick Fury — então com cerca de 45 anos, mais ou menos a idade de Lee — se torna a estrela de sua própria série "moderna" (em oposição ao seu papel principal em outra história em quadrinhos, que se passa nos tempos da Segunda Guerra Mundial). Embora seja frequente identificar Fury com Jack Kirby, também há bastante de Stan Lee no personagem. Na história, Fury acaba de ser escolhido como diretor da agência de espionagem e super-heróis. Sua resposta à oferta é: "De onde vocês tiraram que *eu* tenho o que é preciso para um cargo desses? Eu vou estragar tudo!"

O charmoso e sofisticado Tony Stark, membro do círculo interno da S.H.I.E.L.D. (além de secretamente ser o Homem de Ferro), o tranquiliza: "Você se subestima, Fury! Sua *vida inteira* preparou você para este trabalho!"

A vida inteira de Stan Lee foi o que o preparou para o trabalho de dar uma voz autêntica aos personagens e quadrinhos da Marvel.

Seu dom de saber o que os leitores queriam ouvir nos anos iniciais da Marvel é que tornou possível que ele mantivesse uma eterna conexão com o público. Sua lealdade à visão que tinha de um "cara normal" foi um dos elementos principais da mágica dos quadrinhos da Marvel.

Essa visão, somada a inúmeros elementos tangíveis e intangíveis fornecidos por Kirby, Ditko e outros artistas, é o legado de Stan Lee.

POSFÁCIO:
ÚLTIMAS NOTAS SOBRE STAN LEE

Meu pai não me considerava bem-sucedido, nem mesmo quando eu estava ganhando bem. Ele em geral se concentrava nas coisas dele. E acho que um pouco disso passou para mim. Eu sempre olhava para as pessoas que estavam se saindo melhor que eu e ficava querendo fazer o que elas faziam — gente como Steven Spielberg, ou um escritor como Harlan Ellison, ou até mesmo o Hugh Hefner. Parte de mim sempre ficava achando que eu ainda não tinha chegado lá.

— Stan Lee, em entrevista
para a Playboy, abril de 2014

Vou contar dois segredos.

O primeiro é:

Embora eu não devesse dizer, a verdade é que o que tornou os quadrinhos da Marvel tão diferentes, mais do que os personagens coloridos fazendo estripulias, as cenas de ação crua e o universo unificado, foi que esses personagens eram infelizes, às vezes até pessoas desagradáveis — e eram os *heróis*! Eram pessoas problemáticas.

Um bom resumo — e muito usado pelos jornais — foi chamá-los de *neuróticos*, de pessoas cheias de neuroses, que o dictionary.com define, em inglês, como "um distúrbio de personalidade relativamente leve, caracterizado por ansiedade ou indecisão excessiva e certo grau de desajuste social ou interpessoal". Uma definição que cai como uma luva para os super-heróis da Marvel.

Logo na revista *Amazing Spider-Man* n.º 4, publicada em 1963, Lee faz um transeunte declarar que o Homem-Aranha "deve ser um *neurótico*!". Até a música-tema do desenho animado de 1966, *Marvel Super-Heróis*, usava a palavra "neurótico" para descrever um dos personagens (o Príncipe Submarino, caso você queira saber, que foi descrito como "exótico e neurótico"). Não é uma palavra muito usada nas músicas de desenhos animados para crianças.

Dá para chamar essa exploração do estado psicológico dos heróis de *neurose*, de *ansiedade*, de *coisa de novela*, ou ainda de *melancolia* ou *depressão*. O crítico Greg Hunter chamou *angústia*. Como ele escreveu para a revista *The Comics Journal*:

> *Se existe algo em comum entre Kirby e Ditko, além de terem vivido algumas das mesmas circunstâncias históricas, deve ser a angústia — o dom de transmiti-la, uma sintonia com os personagens que sofrem desse mal.*[1]

E o executivo de marketing David Sable (quando nós dois tínhamos 12 anos, à época colegas de escola, fizemos uma visita ao prédio da Marvel; chegamos até a recepção, onde fomos barrados pela Fabulosa Flo Steinberg) observou que, lendo quando criança:

> *Nós não sabíamos o que é a angústia, mas víamos isso na Marvel.*[2]

Stan Lee também tinha esse dom de retratar a angústia. Não me atrevo a definir se ele era ou não "feliz". Ele parecia gostar dessa coisa toda de ser *o Stan Lee*, e parecia ser o tipo de pessoa que, no geral, gostava da vida. E disse ao repórter David Hochman, em 2014: "Não sofri muitos momentos de angústia. (...) Tive uma vida feliz."[3]

Mas não acho possível escrever sobre esses personagens cheios de angústias — ou melhor, *neuroses* — sem ter pelo menos um pouco de contato com o lado triste da vida. Pelo menos nos momentos em que estava criando, Lee precisava estar em contato com a tristeza e o desespero. E acho que certamente conseguiu acessar a parte dele, qualquer que fosse, que ressoasse com o medo do fracasso que passou a carregar depois de encarar a vida conturbada do próprio pai.

Lee conhecia bem o *arrependimento* e parecia não ter nenhum medo de expressá-lo. Em *Excelsior!*, ele se mostra arrependido de todo tipo de coisa, como não sair da indústria dos quadrinhos, não enfrentar Martin Goodman, não ter sido mais próximo de Larry... E disse em várias entrevistas, como as que deu a Ira Wolfman, para o *Circus*, que queria ter tentado a sorte em Hollywood vinte anos mais cedo.

O que ele conhecia de angústia e de tristeza pode ter vindo de várias fontes: o pai problemático; as dificuldades da família com dinheiro; a alternância de tédio e terror por trabalhar em um mercado que seguia as tendências da moda; a alternância de terror e tédio de trabalhar para Martin Goodman; o medo de que a esposa concordasse com o que ele pensava, que não era bom o bastante para ela; o medo de que uma bomba atômica — ou talvez até uma bomba *gama* — pudesse destruir tudo e todos que ele amava.

E adivinhe só *quem mais* teve contato com essa angústia?

Eu.

***

Esse é o segundo segredo:

Stan Lee fez tudo o que fez apenas por *mim*.

Sim, claro que havia centenas, milhares, milhões de outras pessoas lendo os mesmos quadrinhos. Mas, para mim, era como se aqueles quadrinhos falassem *diretamente comigo*, como se criassem um mundo *para mim* — coisa que um filme ou programa de TV não conseguiam fazer. Ler uma história da Marvel era, *ao mesmo tempo*, uma experiência individual e pessoal e uma experiência compartilhada e comunitária.

Todos os leitores — pelo menos os que voltavam a cada edição — sentiam que Stan Lee estava fazendo aquilo *para eles*. Apesar de todas as contribuições para criar as histórias e os personagens, que poderiam ter vindo de Kirby ou Ditko, a voz que se juntava a nós, que nos cativava, era de Stan Lee. (Talvez por isso, as participações especiais nos filmes não pareçam tão absurdas para os leitores de quadrinhos. Nós sempre soubemos que ele estava lá.) Algo naquela "bagagem emocional" que os personagens da Marvel carregavam de um lado para o outro os conectava a nós. Seja qual fosse a razão — e tenho certeza de que cada um tinha seus próprios motivos, conscientes ou não —, aqueles super-heróis neuróticos e o mundo em que habitavam, mas onde não se encaixavam, eram muito cativantes.

Claro que a Marvel e aquela voz que a acompanhava não eram para todos. Algumas pessoas preferiram ter outro tipo de relacionamento com a ficção em quadrinhos — optando pela voz da DC ou a da Dell, por exemplo. Das cinquenta crianças da minha turma do ensino fundamental, talvez só quatro gostassem tão intensamente de quadrinhos, ou no mínimo só essas estavam dispostas a admitir. Portanto, apenas 8% estavam em sintonia com a voz da Marvel. Eu não me lembro de ser excluído ou censurado por ler quadrinhos; as pessoas reagiam mais com apatia do que com escárnio. Mas, para esses 8%, a Marvel criou um mundo incrível, um mundo que achávamos melhor que o da DC. (Gosto de pensar que, mesmo com os filmes da Marvel tão populares, os personagens ainda ressoam mais com esses 8%. Mas seria mentira, claro.)

Os quadrinhos criados por Lee e seus colaboradores tiveram um efeito profundo na minha vida. Eu tinha família, tinha amigos, tinha vários interesses. Mas havia algo de especial naqueles quadrinhos, algo que era muito como voltar para casa — só que melhor. Lee conseguia incorporar alguns dos aspectos mais agradáveis de um parente ou amigo, sem trazer o incômodo das partes menos interessantes. Além do mais, ele sabia conversar sobre os quadrinhos — falar tanto das histórias quanto sobre o que acontecia nos bastidores —, e não havia nenhum outro adulto que pudesse manter esse tipo de conversa. Lee de fato era um avatar da empresa, e ele fazia os leitores — eu, em particular — se sentirem especiais.

Embora eu tenha conhecido um pouco sua vida de adulto, de profissional da indústria de quadrinhos, embora tenha tido vislumbres da pessoa "de verdade" por trás da máscara (uma pessoa que, no geral, me tratou muito bem), realmente acho que a melhor e mais verdadeira versão de Stan Lee — pelo menos para alguém que não se encontrava em seu círculo pessoal íntimo — estava nas histórias em quadrinhos, sobretudo nas páginas de texto. *Aquele* Stan Lee era uma pessoa incrivelmente fascinante. Nas histórias, ele e seus amigos — e nossos também — contavam aventuras emocionantes, cheias de epifanias (sempre carregadas de angústia). As páginas de cartas e os *Bullpen Bulletins* eram envolventes, contavam a história *interna* dos personagens e dos criadores, dando a sensação de que o leitor também estava ali, no editorial que na verdade não existia.

Ele era *melhor* que um amigo ou parente. Ele era *Stan Lee*.

O Stan Lee dos quadrinhos da Marvel da década de 1960 era um incrível companheiro imaginário dos leitores — uma presença tão intensa que essa versão de Stan Lee foi transmitida através de gerações, de pai para filho (o que teve ajuda de sua presença onipresente com as participações especiais). Crianças de dez anos dos anos 2000, acompanhando os pais ou avós nostálgicos aos painéis de convenções de que Lee participava, faziam perguntas que poderiam ter sido feitas por crianças de dez anos de 1963. (É preciso acrescentar que Lee tratava as perguntas com muito respeito e consideração, geralmente respondendo com uma ou duas piadas.) A ideia daquele Stan Lee perfeito se perpetuou, e ainda resiste após sua morte.

Claro que Stan Lee *não era* perfeito. Ele era um ser humano de carne e osso que sobreviveu por mais de 75 anos como uma força criativa e sensível *e* como executivo de mídia do alto escalão. Com tudo o que ele fez por nós — cada um de nós individualmente, desde que estivesse em sintonia com a voz da Marvel —, ninguém quer acreditar que Stan Lee não era o ideal (ou um super-herói, se preferir), que ele não era a versão de si mesmo que queríamos que fosse.

Ninguém estava interessado no fato de que Stan Lee era uma pessoa real, habitando em um mundo real, com um emprego e falhas de verdade. Não queríamos saber que ele também tinha pés de barro.

Eu costumava dizer que o "problema" de Stan Lee era que as pessoas não o comparavam com outros editores de quadrinhos, como Julius Schwartz, ou com outros produtores, como George Lucas. Lee foi comparado ao Capitão América; não há como vencer essa disputa.

Mas agora penso que o verdadeiro problema de Stan Lee, seu maior desafio, era que as pessoas invariavelmente o comparavam com... *Stan Lee*. Uma disputa ainda mais difícil.

Entenderam?

AGRADECIMENTOS

Espero que, ao contar a história de Stan Lee, eu tenha passado uma noção do contexto — das pessoas e da época — em que ele e sua geração de criadores de quadrinhos viveram e trabalharam. Para contar essa história, julguei importante descrever, da perspectiva de Lee, como ele e os colegas reagiram às mudanças dos tempos e ao alargamento repentino do pequeno nicho de entretenimento com que trabalhavam, que se tornou a porta de entrada para algo muito maior. Se eu obtive sucesso em pelo menos parte dessa empreitada, é graças à ajuda inestimável de várias pessoas e instituições. Certamente vou me esquecer de mencionar algum nome, e de antemão peço desculpas por isso. Mas aqui estão ao menos alguns nomes a quem devo este livro:

***

Primeiro, agradeço a Stan Lee, por ter uma vida sobre a qual vale a pena escrever.

Muito obrigado a Larry Lieber, por ser tão franco em suas entrevistas e por me contratar como assistente cerca de um milhão de anos atrás.

Agradeço ao meu superagente, Kevin Moran, que acreditou neste projeto.

Meus agradecimentos a Peter Joseph, meu editor original na Thomas Dunne/St. Martin's Press, que entendeu o que eu queria fazer, e a Peter Wolverton, que começou de onde Peter J. parou e manteve a fé em mim. Agradeço também às assistentes Hannah O'Grady e Jennifer Donovan. Obrigado, Rafal Gibek e a equipe da Macmillan, pela preparação de texto inestimável.

Devo um agradecimento aos estudos incríveis, minuciosos e perspicazes do dr. Michael J. Vassallo, Barry Pearl e Nick Caputo, também conhecidos como a *Gangue da rua Yancy*. E um obrigado especial ao Doc V, que me guiou por seu arquivo formidável sobre a Magazine Management. Também sou grato pela pesquisa meticulosa de Ger Apeldoorn, John Morrow, Peter Sanderson, Roy Thomas, Carol Tilley e Ken Wong. Agradeço também pela pesquisa de J.L. Mast, que está escrevendo e desenhando a próxima biografia gráfica de Stan Lee e Martin Goodman.

Aos seguintes, agradeço pelas entrevistas, tanto pessoalmente quanto por telefone ou por e-mail:

Neal Adams, Dick Ayers, Ken Bald, Allen Bellman, Sal Buscema, Joseph Calamari, David Bennett Cohen, Gerry Conway, Judith Crist, Tom DeFalco, Victoria Dollon, Scott Edelman, Mike Esposito, Mark Evanier, Gary Friedrich, Linda Fite, Bruce Jay Friedman, Pauline Mirsky Goldberg, Stan Goldberg, Robin Green, Michael Z. Hobson, Sidney Iwanter, Al Jaffee, Isabelle Kamishlian, Michael Kelly, Stan Lee, Paul Levitz, Larry Lieber, Todd McFarlane, Barry Melton, Jim Mooney, Dennis O'Neil, Tony Puryear, Jerry Robinson, John Romita Sr., John Romita Jr., David Sable, John Semper, Marie Severin, Joe Sinnott, Flo Steinberg, Roy Thomas, Michael Uslan, Irene Vartanoff e Marv Wolfman.

***

Obrigado pelas fotos fornecidas por Ken Bald, John Benson, Victoria Dollon, Rick Dollon, Jackie Estrada, Pauline Mirsky Goldberg, Stephen Goldberg, Alex Grand, James Van Hise, Larry Lieber, Robin Platzer e Scott Saternye.

***

E, por coisas numerosas demais para listar, um muito obrigado a David Kasakove, que deu a cara a tapa sem medo.

Além disso, também agradeço a:

- Jenny Robb, Caitlin McGurik, Susan Liberator e o restante da equipe incrível da biblioteca de pesquisa de quadrinhos Billy Ireland Cartoon Library and Museum, da Universidade Estadual de Ohio, em Columbus.
- Ginny Kilander, John R. Waggener, o falecido Mark A. Greene e o restante das pessoas incríveis do repositório de manuscritos, livros raros e arquivos American Heritage Center, da Universidade de Wyoming, que abriga os arquivos de Stan Lee.
- Evander Lomke, que começou tudo isso.
- o falecido Bob Silverstein, por importantes conselhos e orientações.
- Jim Amash, Ger Apeldoorn, Bob Batchelor, Robert Beerbohm, Blake Bell, Al Bigley, Jon B. Cooke, Tom DeFalco, Mark Evanier, Jules Feiffer, David Hajdu, Sean Howe, Will Jacobs, Gerard Jones, Arie Kaplan, Tom Lammers, Jeff McLaughlin, Charlie Meyerson, Will Murray, John Morrow, Jordan Raphael, Bill Schelly, Tom Spurgeon, Roy Thomas, Steven Thompson, Maggie Thompson e Craig Yoe, pelas aulas e conselhos.
- Ryan Ball, Mike Bourne, Neal Conan, Ann Marie Cunningham, Rick Dollon, Gary Dunaier, Jackie Estrada, Roger Ebert, Barry Farber, Daniel Friedman, Drew Friedman, Carl Gropper, Nancy Gropper, Christopher Jansen, Michael Kelly, Frank Lovece, Joe Lovece, Mike Lynch, Russ Maheras, Country Joe McDonald, Patrick A. Reed, Christoph Scholtz, Lisa Arbisser

Shapanka, Sam Shapanka, Mark Sinnott, Suzanne Soliman, Richard Weingroff e Ira Wolfman, pela ajuda inestimável em várias instâncias.
- Steven Tice, pela excelência nas transcrições. Salvou minha vida!

E, em um âmbito mais pessoal:

Agradeço a Jim e Pat Fingeroth, pelo compromisso com este projeto.

Obrigado ao falecido Blanche S. Fingeroth, por sempre acreditar em mim.

Obrigado ao meu filho Ethan, pela preocupação constante com "como vai o livro" e pelo amor inspirador por super-heróis, mesmo que prefira vê-los no cinema ou na quadra de basquete.

Obrigado ao meu filho Jacob pela admiração interminável e por sempre ficar de olho nos créditos.

E obrigado a Varda, por criar um espaço no qual eu pudesse pesquisar e escrever, e pelas sugestões inestimáveis sobre o manuscrito. Eu te amo.

— D.F.

NOTAS

CAPÍTULO 1: JFK, OS BEATLES... E STAN LEE

1 Artigo anônimo, "Appreciation: Stan Lee's Superheroes Changed Comic Book Industry", publicado na edição de 13 de novembro de 2018 do *Boston Herald*, https://www.bostonherald.com/2018/11/13/appreciation-stan-lees-superheroes-changed-comic-book-industry/.
2 Stan Lee e George Mair, *Excelsior!: The Amazing Life of Stan Lee* (Nova York: Fireside, 2002), pp. 109-110.
3 Ibidem.
4 Bill Schelly, "'Fabulous Flo' & the First New York Comicons", *Alter Ego* n.º 153, julho de 2018, pp. 9-10.
5 Danny Fingeroth e Roy Thomas, orgs., *The Stan Lee Universe* (Raleigh, NC: TwoMorrows, 2011), entrevista com o autor de 17 de janeiro de 2008, p. 52.
6 *Bullpen Bulletins* da Marvel, agosto de 1966.
7 *Quarteto Fantástico* n.º 28, coluna de cartas.

CAPÍTULO 2: O FILHO DO COSTUREIRO

1 Stan Lee, entrevista com o autor, 7 de março de 2017.

2 Stan Lee e George Mair, *Excelsior!: The Amazing Life of Stan Lee* (Nova York: Fireside, 2002), p. 19.
3 Pesquisa de J.L. Mast e Bob Batchelor, *Stan Lee: The Man Behind Marvel* (Londres: Rowman & Littlefield, 2017).
4 Pesquisa de J.L. Mast.
5 Lee e Mair, *Excelsior!*, pp. 10-11.
6 Lee, entrevista com o autor, 7 de março de 2017.
7 Pesquisa de J.L. Mast.
8 Lee e Mair, *Excelsior!*, p. 7; Larry Lieber, entrevista com o autor, 28 de dezembro de 2018.
9 Lee, entrevista com o autor, 7 de março de 2017.
10 Jordan Raphael e Tom Spurgeon, *Stan Lee and the Rise and Fall of the American Comic Book* (Chicago: Chicago Review Press, 2003), p. 4.
11 Lee, entrevista com o autor, 7 de março de 2017.
12 Larry Lieber, entrevista com o autor, 16 de dezembro de 2016.
13 Stan Lee, entrevista ao Yesterdayland.com (site encerrado).
14 Ibidem.
15 Pesquisa de J.L. Mast.
16 Lee, entrevista com o autor, 7 de março de 2017.
17 Ibidem.
18 Ibidem.
19 Lee, entrevista ao Yesterdayland.
20 Lee e Mair, *Excelsior!*, p. 12.
21 Mike Bourne, "Stan Lee: The Marvel Bard", *Changes*, 15 de abril de 1970.
22 Stan Lee, entrevista com Barbara Bogaev para o programa *Fresh Air*, da rádio NPR, em 4 de junho de 2002.
23 Lee, entrevista ao Yesterdayland.
24 Lee, entrevista com o autor, 7 de março de 2017.
25 Lee e Mair, *Excelsior!*, p. 12.
26 Ibidem, p. 13.
27 Ibidem, p. 19.
28 Ibidem.
29 Lieber, entrevista, 28 de dezembro de 2018.

30 Lee, entrevista com o autor, 10 de abril de 2006.
31 Lee, entrevista com o autor, 7 de março de 2017.
32 Lee e Mair, *Excelsior!*, p. 10.
33 Gerard J. Pellison e James A. Garvey III, *The Castle on the Parkway: The Story of New York City's DeWitt Clinton High School and Its Extraordinary Influence on American Life* (Scardale, NY: Hutch Press, 2009).
34 Anuário de 1939 da DeWitt Clinton High School.
35 Batchelor, *Stan Lee: The Man Behind Marvel*, p. 12.
36 *FOOM* n.º 17, março de 1977, entrevista com David Anthony Kraft, pp. 7-8.
37 Lee, entrevista com o autor, 7 de março de 2017.
38 Ibidem.
39 Raphael e Spurgeon, *Stan Lee*, p. 6.
40 Lee e Mair, *Excelsior!*, p. 15.
41 *FOOM*.
42 Lee e Mair, *Excelsior!*, pp. 18-19.
43 Lee, entrevista com o autor, 7 de março de 2017.
44 *FOOM*, p. 8.
45 Pesquisa de J.L. Mast.
46 Lee, entrevista com o autor, 7 de março de 2017.
47 Ibidem.
48 *FOOM*, p. 8.
49 Sean Howe, *Marvel Comics: The Untold Story* (Nova York: Harper, 2013), p. 19.

CAPÍTULO 3: O FLAUTISTA DA WEST 42ND STREET

1 Jim Amash, "A Long Glance at Dave Gantz", *Alter Ego*, v. 3, n.º 13, março de 2002.
2 Jordan Raphael e Tom Spurgeon, *Stan Lee and the Rise and Fall of the American Comic Book* (Chicago: Chicago Review Press, 2003), pp. 18-19.
3 Ibidem.
4 Joe Simon, *My Life in Comics* (Londres: Titan Books, 2011), p. 108.

5 Stan Lee e George Mair, *Excelsior!: The Amazing Life of Stan Lee* (Nova York: Fireside, 2002), p. 25.

6 Simon, *My Life in Comics*, p. 108.

7 Joe Simon e Jim Simon, *The Comic Book Makers* (Lakewood, NJ: Vanguard, 2003), p. 54.

8 *FOOM* n.º 17, março de 1977, p. 9.

9 "Stan Lee (1922–2018) — The Timely Years", Timely-Atlas-Comics, 8 de dezembro de 2018, http://timely-atlas-comics.blogspot.com/2018/12/stan-lee-1922-2018-timely-years.html.

10 Simon, *My Life in Comics*, p. 110.

11 Simon e Simon, *The Comic Book Makers*, pp. 62-63.

12 Ibidem, p. 63.

13 Simon, *My Life in Comics*, pp. 113-114.

14 "Stan Lee (1922–2018) — The Timely Years", Timely-Atlas-Comics.

15 Lee e Mair, *Excelsior!*, p. 30.

16 Raphael e Spurgeon, *Stan Lee*, p. 24.

17 Al Jaffee, entrevista com o autor, 5 de dezembro de 2016.

18 *The Comics Journal* n.º 181, outubro de 1995.

19 Mary-Lou Weisman, *Al Jaffee's Mad Life* (Nova York: It Books, 2010), p. 148.

20 Danny Fingeroth e Roy Thomas, orgs., *The Stan Lee Universe* (Raleigh, NC: TwoMorrows, 2011), entrevista com o autor, 28 de janeiro de 2008, p. 28.

21 David Gantz, "Jews and the Graphic Novel", JBooks.com, http://jbooks.com/firstchapters/index/FC_Gantz.htm.

22 "Allen Bellman — The Interview", Timely-Atlas-Comics, 25 de março de 2012, http://timely-atlas-comics.blogspot.com/2012/03/allen-bellman-interview.html.

23 Fingeroth e Thomas, *The Stan Lee Universe*, entrevista com o autor, janeiro de 2008, p. 25.

24 Chris Knowles, "Jim Mooney Over Marvel", artigo da *Comic Book Artist* n.º 7, março de 2013.

25 Stan Lee, entrevista com o autor, 7 de março de 2017.

26 "Stan Lee (1922–2018) — The Timely Years", Timely-Atlas-Comics.

27 Lee, entrevista com o autor, 7 de março de 2017.
28 *FOOM* n.º 17, pp. 10-11.
29 Lee, entrevista com o autor, 7 de março de 2017.
30 Lee e Mair, *Excelsior!*, p. 46.
31 Knowles, "Jim Mooney Over Marvel".
32 Raphael e Spurgeon, *Stan Lee*, p. 32.
33 Jim Amash, "I Did Better on *Bulletman* Than I Did on *Millie, the Model*", revista *Alter Ego* n.º 55, 2005.
34 Ibidem.
35 Lee e Mair, *Excelsior!*, p. 50.
36 Gillian Telling, "Stan and Joan Lee's Amazing 69-Year Love Story: 'She Was the Girl I Had Been Drawing All My Life'", revista *People*, 12 de novembro de 2018, https://people.com/movies/stan-joan-lee-69-year-love-story/.
37 "Joan Lee, Wife of Comics Legend Stan Lee, Is Dead at 93", *CBS News*, 6 de julho de 2017, https://www.cbsnews.com/news/joan-lee-wife-of-marvel-comics-legend-stan-lee-is-dead-at-93/.
38 Rowes, Barbara, "Stan Lee, Creator of Spider-Man and the Incredible Hulk, Is America's Biggest Mythmaker", *People*, 29 de janeiro de 1979, p. 52.
39 Ibidem.
40 Lee e Mair, *Excelsior!*, pp. 67-69.
41 "Stan Lee (1922–2018) — The Timely Years", Timely-Atlas-Comics.
42 Larry Lieber, entrevista com o autor, 16 de dezembro de 2016.
43 Lee e Mair, *Excelsior!*, p. 71.
44 Larry Lieber, entrevista com o autor, 16 de dezembro de 2016.
45 Larry Lieber, entrevista com o autor, 28 de dezembro de 2018.
46 Ibidem.
47 Ibidem.
48 Ibidem.
49 Ibidem.
50 Ibidem.
51 Fingeroth e Thomas, *The Stan Lee Universe*, p. 129.

52 Raphael e Spurgeon, *Stan Lee*, p. 34.
53 Ibidem, p. 38.
54 Lieber, entrevista com o autor, 28 de dezembro de 2018.
55 Lee, entrevista com o autor, 2 de maio de 2017.
56 Victoria Dollon, entrevista com o autor, 4 de fevereiro de 2019.
57 Knowles, "Jim Mooney Over Marvel".
58 Lee, entrevista com o autor, 2 de maio de 2017.
59 Fingeroth e Thomas, *The Stan Lee Universe*, entrevista com o autor, 23 de janeiro de 2008, pp. 23-24.
60 Denis Kitchen e Paul Buhle, *The Art of Harvey Kurtzman: The Mad Genius of Comics* (Nova York: Harry N. Abrams, 2009), p. 30.

CAPÍTULO 4: A PSICOPATOLOGIA DOS QUADRINHOS

1 Jordan Raphael e Tom Spurgeon, *Stan Lee and the Rise and Fall of the American Comic Book* (Chicago: Chicago Review Press, 2003), p. 55.
2 "We Wish You a Fago Christmas and a Happy New Year!", Timely-Atlas-Comics, 24 de dezembro de 2018, http://timely-atlas-comics.blogspot.com/2018/12/.
3 Raphael e Spurgeon, *Stan Lee*, p. 55.
4 Ibidem, pp. 57-58.
5 Carol L. Tilley, "Seducing the Innocent: Fredric Wertham and the Falsifications That Helped Condemn Comics", *Information & Culture: A Journal of History* 47, n.º 4 (2012): pp. 383-413, DOI: 10.1353/lac.2012.0024.
6 Judith Crist, entrevista com o autor, 23 de fevereiro de 2008.
7 "The People vs. Medea", Judith Crist, edição de janeiro de 1948 da *Harper's Bazaar*.
8 Stan Lee, entrevista com o autor, 2 de maio de 2017.
9 Crist, entrevista.
10 "The Comics… Very Funny", revista *Saturday Review of Literature*, 29 de maio de 1948.
11 Crist, entrevista.
12 Judith Crist, "Horror in the Nursery", revista *Collier's*, 27 de

março de 1948, http://www.lostsoti.org/ColliersArticleHorrorInTheNursery.htm.
13 Ibidem.
14 Bradford C. Wright, *Comic Book Nation* (Baltimore: Johns Hopkins University Press, 2011), p. 98.
15 "Part 1: Fredric Wertham, Censorship & the Timely Anti-Wertham Editorials", Timely-Atlas-Comics, 6 de fevereiro de 2011, http://timely-atlas-comics.blogspot.com/2011/02/frederic-wertham-censorship-anti.html.
16 Danny Fingeroth e Roy Thomas, orgs., *The Stan Lee Universe* (Raleigh, NC: TwoMorrows, 2011), entrevista com o autor, 25 de dezembro de 2008, p. 32.
17 Stan Lee e George Mair, *Excelsior!: The Amazing Life of Stan Lee* (Nova York: Fireside, 2002), p. 81.
18 Raphael e Spurgeon, *Stan Lee*, pp. 60-61.
19 Fingeroth e Thomas, orgs., *The Stan Lee Universe*, entrevista com o autor, 29 de janeiro de 2008, p. 31.
20 Pauline Goldberg, entrevista com o autor, 25 de janeiro de 2019.
21 Joe Sinnott, entrevista com o autor, 8 de dezembro de 2016.
22 Paul Gravett, "Bernie Krigstein: The Right to Silence", 8 de junho de 2008, http://www.paulgravett.com/articles/article/bernie_krigstein.
23 Lee, entrevista com o autor, 2 de maio de 2017.
24 Blake Bell, *I Have to Live with This Guy!* (Raleigh, NC: TwoMorrows, 2002), p. 82.
25 Raphael e Spurgeon, *Stan Lee*, pp. 37-38.
26 Stan e Joan Lee, conversa pessoal com o autor, janeiro de 1995.
27 Bell, *I Have to Live with This Guy!*, p. 61.
28 Lee e Mair, *Excelsior!*, pp. 74-75.
29 Joe Simon, *My Life in Comics* (Londres: Titan Books, 2011), pp. 184-185.
30 "Testimony of Mr. Monroe Froehlich, Jr.", TheComicbooks.com, http://www.thecomicbooks.com/froehlich.html.
31 Sean Howe, *Marvel Comics: The Untold Story* (Nova York: Harper, 2013), p. 30.

32 Larry Lieber, entrevista com o autor, 16 de dezembro de 2016.
33 Raphael e Spurgeon, *Stan Lee*, pp. 60-61.
34 Ibidem.
35 Howe, *Marvel Comics*, p. 32.
36 Raphael e Spurgeon, *Stan Lee*, p. 61.
37 "John Romita Interview: Spidey's Man", revista *Comic Book Artist* n.º 6, outono de 1999.

CAPÍTULO 5: DESLANCHAR E FICAR

1 Stan Lee e George Mair, *Excelsior!: The Amazing Life of Stan Lee* (Nova York: Fireside, 2002), p. 94.
2 Bruce Jay Friedman, entrevista com o autor, 20 de janeiro de 2017.
3 Stan Lee, entrevista com o autor, 7 de março de 2017.
4 Carta de Edward Tabibian, arquivos de Toni Mendez, Billy Ireland Cartoon Library and Museum, Universidade Estadual de Ohio, Columbus, OH.
5 Prêmio "Cub Scouts' Strip Rates Eagle Award", *Editor & Publisher*, dezembro de 1957.
6 Jay Maeder, "Stan Lee: 1974", *Comics Feature*, 1974.
7 Arquivos de Toni Mendez.
8 Lee, entrevista com o autor, 7 de março de 2017.
9 Lee e Mair, *Excelsior!*, p. 86.
10 *FOOM* n.º 17, março de 1977, entrevista com David Anthony Kraft, pp. 16-17.

CAPÍTULO 6: REUNINDO FORÇAS

1 Jeff McLaughlin, ed., *Stan Lee: Conversations* (Jackson: University of Mississippi Press, 2007).
2 Sean Howe, *Marvel Comics: The Untold Story* (Nova York: Harper, 2013), p. 33.
3 *Comics Journal* n.º 134, fevereiro de 1990.
4 Larry Lieber, entrevista com o autor, 16 de dezembro de 2016.
5 Ibidem.
6 "A Conversation with Artist-Writer Larry Lieber", revista *Alter Ego* v. 3, n.º 2, outubro de 1999.

7 Fingeroth e Thomas, eds., *The Stan Lee Universe*, entrevista com o autor, 28 a 29 de janeiro de 2008, p. 22.

8 Larry Lieber, entrevista com o autor, 16 de dezembro de 2016.

9 John Coates, *Don Heck: A Work of Art* (Raleigh, NC: TwoMorrows, 2014).

10 Ibidem.

11 Arquivos de Toni Mendez, Billy Ireland Museum, Universidade Estadual de Ohio, Columbus, OH.

12 Ger Apeldoorn, "Get Me Out of Here!", *Alter Ego* n.º 150, outubro de 2017.

13 *FOOM* n.º 17, março de 1977, p. 15.

14 Arquivos Mendez, Billy Ireland Museum.

15 Ibidem.

16 *FOOM*, p. 15.

17 Stan Lee e George Mair, *Excelsior!: The Amazing Life of Stan Lee* (Nova York: Fireside, 2002), p. 104.

18 Steve Ditko, ensaio sobre o Homem-Aranha, *Avenging World* (Robin Snyder e Steve Ditko, 2002), p. 57.

19 Mark Evanier, *Kirby: King of Comics* (Nova York: Abrams Comic Arts, 2017), p. 111.

20 Will Murray, "Stan Lee Looks Back", revista *Comics Scene*, v. 3, n.º 1, 2000.

CAPÍTULO 7: RESSURGINDO DAS CINZAS

1 "Stan the Man and Roy the Boy", revista *Comic Book Artist*, verão de 1998.

2 Stan Lee e George Mair, *Excelsior!: The Amazing Life of Stan Lee* (Nova York: Fireside, 2002), pp. 114-115.

3 Stan Lee, deposição em vídeo, 13 de maio de 2010, *Marvel Worldwide Inc. versus Kirby et al.*

4 Mark Seifert, "The Stan Lee Deposition on the Origins of the Marvel Universe for Kirby Family Vs. Marvel Lawsuit", Bleeding Cool, 9 de março de 2011, https://www.bleedingcool.com/2011/03/09/the-stan-lee-deposition-on-the-origins-of-the-marvel-universe-for-kirby-family-vs-marvel-lawsuit/.

5 Will Eisner, *Will Eisner's Shop Talk* (Milwaukie, OR: Dark Horse, 2001), p. 217.
6 Mark Evanier, *Kirby: King of Comics* (Nova York: Abrams Comic Arts, 2017), p. 122.
7 Jordan Raphael e Tom Spurgeon, *Stan Lee and the Rise and Fall of the American Comic Books* (Chicago Review Press, 2003), p. 94.
8 Roy Thomas e Bill Schelly, *Best of Alter Ego*, v. 1 (Ellettsville, IN: Hamster Press, 1997).
9 Ibidem.
10 Raphael e Spurgeon, *Stan Lee*, p. 98.
11 Danny Fingeroth e Roy Thomas, orgs., *The Stan Lee Universe* (Raleigh, NC: TwoMorrows, 2011), p. 35.
12 David Hajdu, entrevista inédita com Stan Lee feita para *The Ten-Cent Plague: The Great Comic-Book Scare and How It Changed America* (Nova York: Picador, 2009).

CAPÍTULO 8: HISTÓRIAS ENTRELAÇADAS
1 Kurt Vonnegut, *Kurt Vonnegut: Letters*, ed. Dan Wakefield (Nova York: Delacorte, 2012).
2 Mark Alexander, *Lee and Kirby: The Wonder Years*, ed. John Morrow (Raleigh, NC: TwoMorrows, 2012).
3 Greg Rowland, "Steve Ditko", HiLobrow, 2 de novembro de 2009, http://www.hilobrow.com/2009/11/02/hilo-hero-steve-ditko/.
4 Stan Lee, entrevista com o autor, 24 de outubro de 2006.
5 Blake Bell, *Strange and Stranger: The World of Steve Ditko* (Seattle: Fantagraphics, 2008), p. 15.
6 Craig Yoe, ed., *The Art of Ditko*, com introdução de Stan Lee (San Diego: IDW, 2013), p. 54.
7 Stan Lee, entrevista com o autor, 7 de março de 2017.
8 Ibidem.
9 Stan Lee e George Mair, *Excelsior!: The Amazing Life of Stan Lee* (Nova York: Fireside, 2002) pp. 10, 17.
10 "Stan Lee on Realism in the World of Comic Heroes", NPR, *Morning Edition*, 27 de dezembro de 2006, https://www.npr.org/templates/story/story.php?StoryId=6684820.

11 Ibidem.
12 Steve Chapman, "Who Is the Newest, Most Breath-Taking, Most Sensational Super-Hero of All...?", *Harvard Crimson*, 3 de dezembro de 1975, https://www.thecrimson.com/article/1975/12/3/who-is-the-newest-most-breath-taking/.
13 Larry Lieber, entrevista com o autor, 16 de dezembro de 2016.
14 Steve Ditko, "The Silent Self-Deceivers", *The Comics*, 2012.
15 Stan Lee, *Origins of Marvel Comics* (Nova York: Simon & Schuster, 1974), p. 133.
16 Ibidem, p. 135.
17 Jordan Raphael e Tom Spurgeon, *Stan Lee and the Rise and Fall of the American Comic Book* (Chicago: Chicago Review Press, 2003), pp. 100-101.
18 Ditko, "The Silent Self-Deceivers".
19 Steve Ditko, "Tsk!Tsk!", *The Comics!*, julho de 1999.
20 Steve Ditko, "A Mini-History Part 2 — Amazing Fantasy n.º 15", *The Comics!*, v. 2, n.º 10, 2001.
21 Lee e Mair, *Excelsior!*.
22 Tom DeFalco, *Comic Creators on Spider-Man* (Londres: Titan Books, 2004), pp. 13-14.
23 Mark Evanier, entrevista com o autor, 19 de outubro de 2017.
24 Steve Ditko, "Roislecxe", em *The Avenging Mind* (Bellingham, WA: SD Publishing, 2008), pp. 8-9.
25 Ditko, *Avenging Mind*, pp. 8-27; A refutação de Ditko às lembranças e opiniões de Lee em *Excelsior!* e outros lugares.
26 Raphael e Spurgeon, *Stan Lee*, p. 101.
27 Ira Wolfman, "Stan Lee's New Marvels", *Circus*, julho de 1978.
28 Tom DeFalco, conversas pessoais com o autor.

CAPÍTULO 9: A CRIAÇÃO DE PERSONAGENS
1 Gerry Conway, entrevista com o autor, 2 de maio de 2017.
2 "Bob Dylan — Nobel Lecture", palestra dada na ocasião do Prêmio Nobel, https://www.nobelprize.org/prizes/literature/2016/dylan/lecture/.
3 "Tripwire at 25: Will Eisner", *Tripwire Magazine*, 26 de fevereiro

de 2017, http://www.tripwiremagazine.co.uk/feature/tripwire-25-will-eisner/.
4. https://themarvelageofcomics.tumblr.com/post/16306907460/a-letter-written-by-stan-lee-to-super-fan-dr
5. Steve Ditko, "He Giveth and He Taketh Away", em *The Avenging Mind* (Bellingham, WA: SD Publishing, 2008), pp. 18-19.
6. Mark Alexander, "Wah-hoo!! Sgt. Fury and His Howling Commandos", *The Jack Kirby Collector* n.º 24, abril de 1999.
7. *Daily Californian*, 29 de março de 1966.
8. Neal Adams, entrevista com o autor, 3 de maio de 2017.
9. Ibidem.
10. Norman Abbott, "The 'Spirit' of '41", artigo da *Philadelphia Record*, 13 de outubro de 1941.
11. Jordan Raphael e Tom Spurgeon, *Stan Lee and the Rise and Fall of the American Comic Book* (Chicago: Chicago Review Press, 2003), pp. 104-105.
12. Ibidem, p. 109.
13. Stan Lee, entrevista com o autor, 7 de março de 2017.

CAPÍTULO 10: OS LAÇOS QUE UNEM

1. Roy Thomas e Jim Amash, *John Romita, and All That Jazz* (Raleigh, Carolina do Norte: TwoMorrows, 2007), pp. 77-78.
2. Roslyn Davis, *South Shore Record*, coluna Roslyn Reports de 4 de julho de 1963, Stan Lee Collection, na Universidade de Wyoming, Laramie, WY.
3. Jim Amash, "'I Wrote Over 800 Comic Book Stories'", *Alter Ego* n.º 90, dezembro de 2009.
4. Jordan Raphael e Tom Spurgeon, *Stan Lee and the Rise and Fall of the American Comic Book* (Chicago: Chicago Review Press, 2003), p. 125.
5. J. Ballman, "25 Facts That Made Flo 'Fabulous'", *Alter Ego* n.º 153, julho de 2018.
6. Cory Sedlmeier, ed., *Marvel Masterworks: Atlas Era Menace*, v. 1, introdução de Michael Vassallo (Nova York: Marvel, 2009).
7. Geoffrey Magnus e Isabelle Kamishlian, carta para Stan Lee, 24 de

março de 1964, Stan Lee Collection, American Heritage Center, Universidade de Wyoming, Laramie, WY.

8 Isabelle Kamishlian, entrevista com o autor.

9 "Stan Lee at Princeton, 1966: Steve Ditko's Departure Announced", vídeo do YouTube, minutagem 20:20, postado por Sean Howe, 28 de dezembro de 2013, https://www.youtube.com/watch?v=A73KehrmpOU.

10 Stan Lee e George Mair, *Excelsior!: The Amazing Life of Stan Lee* (Nova York: Fireside, 2002).

11 Roy Thomas, entrevista com o autor, 8 e 22 de fevereiro de 2017.

12 Jim Amash, "Roy Thomas Interview", *Jack Kirby Collector* n.º 18, janeiro de 1998.

13 Entrevista do autor com Bruce Jay Friedman, 20 de janeiro de 2017.

14 Dwight Jon Zimmerman e Jim Salicrup, "'It Was My First Job in the City'—An Interview with Flo Steinberg", *David Anthony Kraft's Comics Interview* n.º 17, novembro de 1984.

15 Jim Amash, "'Roy the Boy' in the Marvel Age of Comics", *Alter Ego*, julho de 2005.

16 Roy Thomas, "Fifty Years On The 'A' List", *Alter Ego*, julho de 2001.

17 Zimmerman e Salicrup, "'It Was My First Job'".

18 *Esquire*, setembro de 1966.

19 Ibidem.

20 Danny Fingeroth e Roy Thomas, orgs., *The Stan Lee Universe* (Raleigh, NC: TwoMorrows, 2011), p. 95.

21 Stan Lee, ed., *Ultimate Silver Surfer* (Nova York: Boulevard Books, 1995).

22 Revista *Alter Ego* n.º 148, setembro de 2017, entrevista com Gil Kane, p. 45.

23 "Happy 100th Birthday to Carl Burgos", Timely-Atlas-Comics, 8 de abril de 2016, http://timely-atlas-comics.blogspot.com/2016/04/happy-100th-birthday-to-carl-burgos.html.

24 Jim Amash, "The Privacy Act of Carl Burgos", *Alter Ego* n.º 49, junho de 2005.

25 *Marvel Characters Inc. v. Simon 02-7221*, Tribunal Distrital dos Estados Unidos para o Distrito Sul de Nova York; Joe Simon, *My Life in Comics* (Londres: Titan Books, 2011), pp. 226-228.
26 Amash, "Roy the Boy", p. 23.
27 Blake Bell, *Fire and Water: Bill Everett, the Sub-Mariner and the Birth of Marvel Comics* (Seattle: Fantagraphics, 2010).

CAPÍTULO 11: BOOM BOOM BOOM
1 "Country Joe McDonald: The Aquarium Drunkard Interview", *Aquarium Drunkard*, 16 de agosto de 2018, https://aquariumdrunkard.com/2018/08/16/country-joe-mcdonald-the-aquarium-drunkard-interview/.
2 Correspondência entre Stan Lee e Country Joe and the Fish, 1967, Stan Lee Collection, caixa 14, pasta 8, American Heritage Center, Universidade de Wyoming, Laramie, WY.
3 Ibidem.
4 Danny Fingeroth e Roy Thomas, orgs., *The Stan Lee Universe* (Raleigh, NC: TwoMorrows, 2011), entrevista do autor com David Bennett Cohen, p. 86.
5 Fingeroth e Thomas, *The Stan Lee Universe*, artigo de Gary Friedrich, p. 85.
6 Fingeroth e Thomas, *The Stan Lee Universe*, entrevista com Cohen, p. 86.
7 Fingeroth e Thomas, *The Stan Lee Universe*, entrevista do autor com Barry Melton, pp. 86-87.
8 Fingeroth e Thomas, *The Stan Lee Universe*, p. 46.
9 Jordan Raphael e Tom Spurgeon, *Stan Lee and the Rise and Fall of the American Comic Book* (Chicago: Chicago Review Press, 2003), p. 125.

CAPÍTULO 12: A REVOLUÇÃO NO AR
1 Stan Lee, entrevista ao Yesterdayland.com.
2 Danny Fingeroth e Roy Thomas, orgs., *The Stan Lee Universe* (Raleigh, NC: TwoMorrows, 2011). Entrevista de Mike Hodel à WBAI-FM com Stan Lee e Jack Kirby, 3 de março de 1967, trans-

crita e editada a partir da fita cassete de entrevista na Stan Lee Collection, caixa 69, American Heritage Center, Universidade de Wyoming, Laramie, WY.

3 Entrevista de Stan Lee ao WRSU-FM, abril de 1967, transcrita e editada a partir da fita cassete da entrevista, Stan Lee Collection, American Heritage Center, Universidade de Wyoming, Laramie, WY.

4 Fingeroth e Thomas, *The Stan Lee Universe*, entrevista de Stan Lee, Hilde Mosse, et al. ao *Barry Farber Show* na rádio WOR-AM, 12 de novembro de 1968, transcrita e editada a partir da fita cassete da entrevista, Stan Lee Collection, caixa 71, American Heritage Center, Universidade de Wyoming, Laramie, WY.

5 Leonard Rifas, "Especially Dr. Hilde L. Mosse: Wertham's Research Collaborator", *International Journal of Comic Art* 8, n.º 1 (2006), pp. 17-44.

6 Carol L. Tilley, "Seducing the Innocent: Fredric Wertham and the Falsifications That Helped Condemn Comics", *Information & Culture* 47, n.º 7 (2012), pp. 383-413, https://www.utexaspress-journals.org/doi/abs/10.7560/IC47401.

CAPÍTULO 13: NA CRISTA DA ONDA

1 Stan Lee e George Mair, *Excelsior!: The Amazing Life of Stan Lee* (Nova York: Fireside, 2002), p. 175.

2 Danny Fingeroth e Roy Thomas, orgs., *The Stan Lee Universe* (Raleigh, NC: TwoMorrows, 2011), p. 45.

3 Ibidem, p. 41.

4 Mike Bourne, *Changes*, 15 de abril de 1970.

5 Ibidem.

6 Ibidem.

7 Jordan Raphael e Tom Spurgeon, *Stan Lee and the Rise and Fall of the American Comic Book* (Chicago: Chicago Review Press, 2003), p. 123.

8 Mark Evanier, entrevista com o autor, agosto de 2018.

9 Ibidem.

10 Sean Howe, *Marvel Comics: The Untold Story* (Nova York: Harper, 2013), p. 91.

11 Mark Evanier, *Kirby: King of Comics* (Nova York: Abrams Comic Arts, 2017), p. 145.

12 Lee e Mair, *Excelsior!*, p. 180.

13 Robin Green, "Face Front. Clap Your Hands! You're On The Winning Team!", revista *Rolling Stone*, 16 de setembro de 1971.

14 Roy Thomas, *The Marvel Age of Comics: 1961–1978* (Colônia: Taschen, 2017), pp. 120-124.

15 "Stan Lee Talkshow 1968-Part 1", vídeo do YouTube, minutagem 16:48, publicado por "misterX1964", 7 de setembro de 2015, https://www.youtube.com/watch?v=RV5NEU-l9bM.

16 Stan Lee, entrevista com o autor, 7 de março de 2017.

CAPÍTULO 14: TENSÃO NAS TRANSIÇÕES

1 Stan Lee, a partir de transcrição de gravação em áudio fornecida pelo autor Sean Howe.

2 Stan Lee, entrevista com o autor, 2 de maio de 2017.

3 Jordan Raphael e Tom Spurgeon, *Stan Lee and the Rise and Fall of the American Comic Book* (Chicago: Chicago Review Press, 2003), pp. 188-189.

4 Roy Thomas, "Fifty Years on the 'A' List", *Alter Ego*, v. 3, n.º 9, julho de 2001.

5 *The Comics Journal Library, Volume 1: Jack Kirby* (Seattle: Fantagraphics, 2002), p. 15.

6 Joe Sergi, "Tales from the Code: Spidey Fights Drugs and the Comics Code Authority", do Comic Book Legal Defense Fund [Fundo de Defesa Legal dos Quadrinhos], 18 de julho de 2012, http://cbldf.org/2012/07/tales-from-the-code-spidey-fights-drugs-and-the-comics-code-authority/.

7 Gary Groth, ed., *Sparring with Gil Kane: Colloquies on Comic Art and Aesthetics* (Seattle: Fantagraphics, 2018).

8 Gerard Jones e Will Jacobs, *The Comic Book Heroes* (Roseville, CA: Prima Lifestyle, 1996), p. 158.

9 Sean Howe, *Marvel Comics: The Untold Story* (Nova York: Harper, 2013), p. 118.

10 Saul Braun, "Shazam! Here Comes Captain Relevant", *The New York Times*, 2 de maio de 1971.
11 Robin Green, "Face Front. Clap Your Hands! You're On The Winning Team!", *Rolling Stone*, 16 de setembro de 1971.

CAPÍTULO 15: POLÍTICA DO PODER
1 Roy Thomas Appreciation Board, comunidade do Facebook, 27 de agosto de 2018, https://www.facebook.com/groups/664083247096026/permalink/1003487153155632/?tn=K-R.
2 Jim Amash, entrevista com Roy Thomas, *Jack Kirby Collector* n.º 18, janeiro de 1998.
3 Mark Evanier, entrevista com o autor, 18 de janeiro de 2017.
4 Dean Latimer, "A Marvel-Lous Evening with Stan Lee", *Monster Times*, n.º 3, 1.º de março de 1972.
5 Peter Ainslie, "57th Street's Answer to Disney World", *Women's Wear Daily*, janeiro de 1972.
6 Jordan Raphael e Tom Spurgeon, *Stan Lee and the Rise and Fall of the American Comic Book* (Chicago: Chicago Review Press, 2003), p. 132.
7 Ibidem, p. 133.
8 Scott Edelman, entrevista com o autor, 6 de fevereiro de 2019.
9 Jeff McLaughlin, ed., *Stan Lee: Conversations* (Jackson: University of Mississippi Press, 2007), p. 210.
10 Thomas Mick, conversa pessoal com o autor.
11 Stan Lee, entrevista com o autor, 2 de maio de 2017.
12 Raphael e Spurgeon, *Stan Lee*, p. 140.
13 Stan Lee Collection, American Heritage Center, Universidade de Wyoming, Laramie, WY.
14 Sean Howe, *Marvel Comics: The Untold Story* (Nova York: Harper, 2013), pp. 121-122.
15 Ibidem, pp. 123-125.
16 Michael Schumacher, *Will Eisner: A Dreamer's Life in Comics* (Nova York: Bloomsbury, 2010), p. 182.
17 "Citizen Pain, the Publisher Who Built a Vampire Empire", *Rolling Stone*, 25 de abril de 1974.

18 Jon B. Cooke, entrevista com James Warren, *Comic Book Artist*, primavera de 1999.

19 Howe, *Marvel Comics*, pp. 136-137.

20 Stan Lee Collection, American Heritage Center.

CAPÍTULO 16: O CAOS E O REI

1 John Lind, ed., *The Best of Comix Book*, prefácio de Denis Kitchen (Milwaukee, OR: Kitchen Sink Books, 2013), p. 11.

2 Jordan Raphael e Tom Spurgeon, *Stan Lee and the Rise and Fall of the American Comic Book* (Chicago: Chicago Review Press, 2003), pp. 148-149.

3 "Martin Goodman", Comic Vine, https://comicvine.gamespot.com/martin-goodman/4040-43801/.

4 Joseph Calamari, entrevista com o autor, 20 de junho de 2018.

5 Rob Gustavson, "Fifteen Years at Marvel: An Interview with Roy Thomas", revista *Comics Journal*, dezembro de 1980; Jim Amash, "Writing Comics Turned Out to Be What I Really Wanted to Do with My Life", *Alter Ego* n.º 70, julho de 2007, p. 25.

6 Danny Fingeroth e Roy Thomas, orgs., *The Stan Lee Universe* (Raleigh, NC: TwoMorrows, 2011), inserção de cores 2, i.

7 "'A Curse on the Superman Movie!'—A Look Back at Jerry Siegel's 1975 Press Release", blog *20th Century Danny Boy*, 8 de julho de 2012, https://ohdannyboy.blogspot.com/2012/07/curse-on-superman-movie-look-back-at.html.

8 Mike Gartland e John Morrow, "You Can't Go Home Again", revista *Jack Kirby Collector* n.º 29, agosto de 2000.

9 Mark Evanier, entrevista com o autor, 18 de janeiro de 2017.

10 Nicholas Caputo, "Uma História Chocante", *Jack Kirby Collector* n.º 10, abril de 1996.

11 Sean Howe, *Marvel Comics: The Untold Story* (Nova York: Harper, 2013), p. 170.

12 Reed Tucker, *Slugfest*: Inside the Epic 50-Year Battle Between Marvel and DC (Nova York: Da Capo Press, 2017), p. 72.

CAPÍTULO 17: DEVOLUÇÕES E PARTIDAS

1 "*Star Wars*: The Comic Book That Saved Marvel!", revista *Alter Ego* n.º 68, maio de 2007.
2 Sean Howe, *Marvel Comics: The Untold Story* (Nova York: Harper, 2013), pp. 190-192.
3 "Vera Valiant, Vera Valiant", blog *Fabulous Fifties*, 19 de outubro de 2014, http://allthingsger.blogspot.com/2014/10/vera-valiant-vera-valiant.html; Derf Backderf, "Stan Lee failed comic strip 'Says Who!'", blog *Derfblog*, 23 de novembro de 2015, 2015, http://derfcity.blogspot.com/2015/11/stan-lees-failed-comic-strip-says-who.html.
4 Mark Evanier, *Kirby: King of Comics* (Nova York: Abrams Comic Arts, 2017), p. 195.
5 Mark Evanier, entrevista com o autor, 18 de janeiro de 2017.
6 Jim Amash, "Writing Comics Turned Out to Be What I Really Wanted to Do with My Life", *Alter Ego* n.º 70, julho de 2007.
7 Evanier, *Kirby*, p. 199.
8 Stan Lee Collection, American Heritage Center, Universidade de Wyoming, Laramie, WY.
9 Amash, "Writing Comics".
10 Jim Shooter, "The Secret Origin of Jim Shooter, Editor in Chief—Part 1", site JimShooter.com, 23 de junho de 2011, http://jimshooter.com/2011/06/secret-origin-of-jim-shooter-editor-in.html.
11 Howe, *Marvel Comics*, pp. 200-202.
12 Ibidem, pp. 218, 238.
13 Jordan Raphael e Tom Spurgeon, *Stan Lee and the Rise and Fall of the American Comic Book* (Chicago: Chicago Review Press, 2003), p. 178.
14 Victor Forbes, "Presenting, the Man Behind Spider-Man, Stan Lee!", *SunStorm*, fevereiro de 1978.
15 Evanier, entrevista com o autor, 18 de janeiro de 2017.
16 Stan Lee e Jack Kirby, *The Silver Surfer: The Ultimate Cosmic Experience!* (Nova York: Fireside, 1978).

17 Evanier, entrevista com o autor, 19 de outubro de 2017.
18 Stan Lee Collection, Universidade de Wyoming.
19 Stan Lee Collection, caixa n.º 55, pasta n.º 4, Universidade de Wyoming.
20 Stan Lee Collection, caixa n.º 55, pastas n.º 1, 2 e 4, Universidade de Wyoming.
21 Amash, "Writing Comics".
22 Ken Quattro, "Roy Thomas: More Corrections & Suggestions", *Comics Detective*, 15 de dezembro de 2012, http://thecomicsdetective.blogspot.com/2012/.
23 Amash, "Writing Comics".
24 Evanier, *Kirby*, 203.
25 Ira Wolfman, "Stan Lee's New Marvels", *Circus*, julho de 1978.
26 Ira Wolfman, conversa pessoal com o autor.

CAPÍTULO 18: ADEUS E OLÁ

1 Barbara Rowes, "Stan Lee, Creator of Spider-Man and the Incredible Hulk, Is America's Biggest Mythmaker", revista *People*, 29 de janeiro de 1979, https://people.com/archive/stan-lee-creator-of-spider-man-and-the-incredible-hulk-is-americas-biggest-mythmaker-vol-11-no-4/.
2 Stan Lee Collection, caixa 14, American Heritage Center, Universidade de Wyoming, Laramie, WY.
3 N.R. Kleinfield, "Superheroes' Creators Wrangle", *The New York Times*, 13 de outubro de 1979.
4 "Remembrance", Chuck Lorre Productions, 29 de novembro de 2018, http://www.chucklorre.com/index-mom.php?p=603.
5 John Semper Jr., entrevista com o autor, 18 de outubro de 2018.
6 Ibidem.
7 Mark Evanier, *Kirby: King of Comics* (Nova York: Abrams Comic Arts, 2017), p. 213.
8 Jim Shooter, "Reminiscing About Jack Kirby", JimShooter.com, 31 de março de 2011, http://jimshooter.com/2011/03/reminiscing-about-jack-kirby.html.

9 Tom DeFalco, entrevista com o autor, 12 de dezembro de 2017.

10 Transcrição da conversa de Lee-Kirby em 28 de agosto de 1987, na rádio WBAI do site de Barry Pearl, *Comic Book Collectors Club*: https://comicbookcollectorsclub.com/jack-kirby-and-stan-lee-radio-interview-earth-watch-wbai-1987/.

CAPÍTULO 19: *CALIFORNIA DREAMIN'*

1 Jordan Raphael e Tom Spurgeon, *Stan Lee and the Rise and Fall of the American Comic Book* (Chicago: Chicago Review Press, 2003), p. 193.

2 Blake Bell, *I Have to Live with This Guy!* (Raleigh, NC: TwoMorrows, 2002), p. 63.

3 Sean Howe, *Marvel Comics: The Untold Story* (Nova York: Harper, 2013), p. 311.

4 Stan Lee e George Mair, *Excelsior!: The Amazing Life of Stan Lee* (Nova York: Fireside, 2002), p. 215.

5 Joseph Calamari, entrevista com o autor, 20 de junho de 2018.

6 Howe, *Marvel Comics*, 307.

7 "James Cameron Spider-Man Treatment", Third Millennium Entertainment, http://www.teako170.com/cameron.html.

8 Howe, *Marvel Comics*, p. 335.

9 Stan Lee, entrevista com o autor, 24 de outubro de 2006.

10 Eric Lewald, *Previously on X-Men: The Making of an Animated Series* (San Diego: Jacobs Brown Press, 2017), p. 2.

11 Lee e Mair, *Excelsior!*, pp. 207-208.

12 Lewald, *Previously on X-Men*, p. 70.

13 Ibidem, pp. 70, 74.

14 Tom DeFalco, *Comic Creators on X-Men* (Londres: Titan, 2006).

15 Lewald, *Previously on X-Men*, p. 115.

16 John Semper Jr., entrevista com o autor, 18 de outubro de 2018.

17 Jim Salicrup, entrevista com o autor, 12 de dezembro de 2018.

18 Tom DeFalco, entrevista com o autor, 12 de dezembro de 2017.

19 Mark Evanier, entrevista com o autor, 19 de outubro de 2017.

CAPÍTULO 20: NO RASTRO DO DINHEIRO

1 Jim Amash, "Conan, Cthulhu, Cross Plains, Kryptonians, & Cadillacs", *Alter Ego*, maio de 2016, pp. 31-32.
2 "#63-Stan Lee Interview | The Tomorrow Show", vídeo do YouTube, minutagem 49:28, publicado por Tomorrow Show, 19 de outubro de 2016, https://www.youtube.com/watch?time_continue=11&v=ftU8Ii2LjwI.
3 Jordan Raphael e Tom Spurgeon, *Stan Lee and the Rise and Fall of the American Comic Book* (Chicago: Chicago Review Press, 2003), p. 224.
4 Mark Evanier, *Kirby: King of Comics* (Nova York: Abrams Comic Arts, 2017), p. 211.
5 Raphael e Spurgeon, *Stan Lee*, pp. 224-225.
6 Segmento não publicado de entrevista com Frank Lovece, 17 de maio de 1994.
7 Dan Raviv, *Comic Wars: Marvel's Battle For Survival* (Nova York: Marvel, 2004).
8 Stan Lee e George Mair, *Excelsior!: The Amazing Life of Stan Lee* (Nova York: Fireside, 2002), p. 182.
9 Raviv, *Comic Wars*.
10 Sean Howe, *Marvel Comics: The Untold Story* (Nova York: Harper, 2013), p. 398.
11 "Stan Lee Employment Agreement", Comissão de Títulos e Câmbios dos EUA, https://www.sec.gov/Archives/edgar/data/933730/000093373002000013/ex10-110q902.txt.
12 Raphael e Spurgeon, *Stan Lee*, p. 250.
13 Mark Evanier, entrevista com o autor, 19 de outubro de 2017.
14 Ibidem.
15 Jim Salicrup, entrevista com o autor, 22 de setembro de 2017.
16 Evanier, entrevista, 19 de outubro de 2017.
17 https://www.politico.com/blogs/under-the-radar/2009/07/after-4-years-clintons-accuser-sentenced-to-10-020086.
18 Howe, *Marvel Comics*, p. 409.
19 Lee e Mair, *Excelsior!*, p. 233.
20 Stan Lee, entrevista com o autor, 24 de outubro de 2006.

21 Ibidem.
22 Evanier, entrevista, 19 de outubro de 2017.
23 Steve Ditko, *The Comics*, agosto de 1999.
24 Danny Fingeroth e Roy Thomas, orgs., *The Stan Lee Universe* (Raleigh, NC: TwoMorrows, 2011), entrevista do autor com Michael Uslan, p. 139.
25 Ibidem.
26 Lee e Mair, *Excelsior!*, p. 233.
27 David Kohn, "Superhero Creator Fighting Back", *60 minutes*, 30 de outubro de 2002, https://www.cbsnews.com/news/superhero-creator-fights-back/.
28 "Stan Lee Employment Agreement", Comissão de Títulos e Câmbios dos EUA.

CAPÍTULO 21: SOBRE O AMOR E AS LEIS

1 Robert Wilonsky, "Still Smilin'?", *SF Weekly*, 9 de julho de 2003.
2 ICV2.com "Stan Lee, Gets, Spidey Cents", 19 de janeiro de 2005, http://icv2.com/articles/news/view/6308/stan.lee-gets-spidey-cents.
3 Nat Ives, "Marvel Settles With a Spider-Man Creator", *The New York Times*, 29 de abril de 2005.
4 Joe Simon, *My Life in Comics* (Londres: Titan Books, 2011), pp. 241-243.
5 Bloomberg News, "Dispute Over Captain America Is Settled", jornal *New York Times*, 30 de setembro de 2003.
6 Mike Kelly, "The 'Adorable' Stan Lee", Real Stan Lee, 26 de novembro de 2018, https://therealstanlee.com/blogs/the-adorable-stan-lee/.
7 "Edith Finck Obituary", site Legacy.com, 12 de março de 2017, https://www.legacy.com/obituaries/nytimes/obituary.aspx?n=edith-finck&pid=184461106.
8 Brian Baxter, "Chadbourne, Giuliani Lawyer Join Marvel Litigation", *Am Law Daily*, 8 de setembro de 2009.
9 Michael Kelly, entrevista com o autor, 7 de janeiro de 2019.

10 Abraham Reisman, "It's Stan Lee's Universe", *Vulture*, 23 de fevereiro de 2016, https://www.vulture.com/2016/02/stan-lees-universe-c-v-r.html.

11 Michael Cavna, "Obama the Comic Superstar: Stan Lee Explains All...", *The Washington Post*, 14 de janeiro de 2009, http://voices.washingtonpost.com/comic-riffs/2009/01/obama_the_superhero_stan_lee_e.html.

12 Brooks Barnes e Michael Cieply, "Disney Swoops Into Action, Buying Marvel for $4 Billion", *The New York Times*, 31 de agosto de 2009.

13 Jon Parkin, "Stan Lee's POW! Entertainment Expands Ties with Disney", CBR.com, 31 de dezembro de 2009, https://www.cbr.com/stan-lees-pow-entertainment-expands-ties-with-disney/.

14 "Stan Lee, Jack Kirby et al... The Birth of the Marvel Universe", *20th Century Danny Boy*, 28 de setembro de 2011, https://ohdannyboy.blogspot.com/2011/09/stan-lee-jack-kirby-et-althe-birth-of.html.

15 Ibidem.

16 Mark Evanier, entrevista com o autor, 19 de outubro de 2017.

17 Mark Evanier, *Kirby: King of Comics* (Nova York: Abrams Comic Arts, 2017), pp. 228-231.

18 Dominic Patten, "Marvel Scores Another Win in Jack Kirby Copyright Case", *Deadline*, 8 de agosto de 2013, https://deadline.com/2013/08/marvel-scores-another-win-in-jack-kirby-copyright-case-560313/.

19 Rob Salkowitz, "Marvel Universe Co-Creator Jack Kirby Is Having a Moment", revista *Forbes*, 18 de janeiro de 2016, https://www.forbes.com/sites/robsalkowitz/2016/01/18/marvel-universe-co-creator-jack-kirby-is-having-a-moment/#240775377f42.

20 Brooks Barnes, "Marvel Settles with Family of Comics Artist Jack Kirby", *New York Times*, 27 de setembro de 2014, https://www.nytimes.com/2014/09/27/business/media/marvel-settles-with-family-of-comic-book-artist-jack-kirby.html.

21 Michael Kelly, e-mail para o autor, 14 de janeiro de 2019.

22 Robert Perkins, "NOCC: Stan the Man at Wizard World-Part I", Game Vortex, http://www.gamevortex.com/gamevortex/news.php/1673.
23 Mike Avila, "Todd McFarlane Remembers Stan Lee, His Friend and Mentor", SYFY, 13 de novembro de 2018, https://www.syfy.com/syfywire/todd-mcfarlane-remembers-stan-lee-his-friend-and-mentor.
24 Kelly, entrevista.
25 Jim Korkis, "Remembering Stan Lee and His Disney Connections", MousePlanet, 16 de novembro de 2018, https://www.mouseplanet.com/12235/Remembering_Stan_Lee_and_His_Disney_Connections.
26 Página do Facebook Kirby4Heroes Campaign, Facebook, 16 de julho de 2017, https://tinyurl.com/yxqf3ob2.

CAPÍTULO 22: O PAÍS INEXPLORADO

1 Danny Fingeroth e Roy Thomas, org., *The Stan Lee Universe* (Raleigh, NC: TwoMorrows, 2011), entrevista dos autores com Flo Steinberg, 11 de fevereiro de 2008, p. 34.
2 Perfil do Facebook de Stan Lee, 24 de julho de 2017, https://www.facebook.com/realstanlee/photos/flo-steinberg-was-my-first-secretary-at-marvel-which-was-then-called-timely-comics/10155599658141543/.
3 John Trumbull, "Memories of Stan Lee (1922–2018)", *Atomic Junk Shop*, 24 de novembro de 2018, http://atomicjunkshop.com/memories-of-stan-lee-1922-2018/.
4 "Stan Lee's LA Comic Con 2017: Stan Lee Sunday Panel", vídeo do YouTube, minutagem 29:28, publicado por "steven alvarez", 31 de outubro de 2017, https://www.youtube.com/watch?v=b2rCTLsUikE.
5 "Stan Lee in Conversation with Todd McFarlane at ACE Comic Con Arizona", vídeo do YouTube, minutagem 37:49, publicado por ACE Universe, 14 de janeiro de 2018, https://www.youtube.com/watch?v=b9Gz9KAPcHA.

6 Ed Masley, "Stan Lee Remembered: Todd McFarlane Shares His Favorite Memories", *Arizona Republic*, 12 de novembro de 2018, https://www.azcentral.com/story/entertainment/people/2018/11/12/stan-lee-todd-mcfarlane-shares-his-favorite-memories-legendary-marvel-comics-creator/1983943002/.

7 Mark Ebner, "'Picked Apart by Vultures': The Last Days of Stan Lee", *Daily Beast*, 10 de março de 2018, https://www.thedailybeast.com/picked-apart-by-vultures-the-last-days-of-stan-lee.

8 Ben Widdicome, "Spidey's Creator in a Web of Strife", *The New York Times*, 15 de abril de 2018.

9 Stan Lee (@TheRealStanLee), perfil do Twitter, 13 de julho de 2018, https://twitter.com/therealstanlee/status/1017862839623708672?lang=en.

10 Marie Severin, entrevista com o autor, 8 de julho de 2017.

11 Mark Ebner, "Stan Lee Breaks His Silence: Those I Trusted Betrayed Me", *Daily Beast*, 8 de outubro de 2018, https://www.thedailybeast.com/stan-lee-would-like-to-set-the-record-straight-will-anyone-let-him?ref=scroll.

12 Joshua Hartwig, "Comic Book Writer and Editor from Jackson Spent Time with Stan Lee 48 Hours Before His Death", *Southeast Missourian*, 15 de novembro de 2018, https://www.semissourian.com/story/2566769.html.

13 John Cimino, perfil do Facebook, 12 de novembro de 2018, https://www.facebook.com/john.cimino.73/posts/2385287848168040.

14 Dana Forsythe, "Marvel Legend Roy Thomas Visited Stan Lee Days Before His Death. Here's What Happened", SYFY, 15 de novembro de 2018, https://www.syfy.com/syfywire/marvel-legend-roy-thomas-visited-stan-lee-days-before-his-death-heres-what-happened.

15 Gary Trock e Liz Walters, "Stan Lee's Death Certificate Touts Marvel Co-Creator's 80 Year Career", *Blast*, 27 de novembro de 2018, https://theblast.com/stan-lee-cause-of-death-cardiac-arrest/.

16 Stan Lee (@TheRealStanLee), perfil do Twitter, 16 de novembro de 2018, https://tinyurl.com/y4glyj9b.
17 Michael Kelly, entrevista com o autor, 7 de janeiro de 2019.
18 https://www.nbcnews.com/news/us-news/marvel-comics-mogul-stan-lee-s-former-manager-keya-morgan-n1010326.
19 https://www.apnews.com/b8930a7715ce4f268399269d15d-63cf2.
20 https://www.nydailynews.com/entertainment/ny-stan-lee-estate-sues-former-manager-and-nurse-20190604-2upsauk6jzbrtixnkeb636akby-story.html.

CAPÍTULO 23: LEGADO

1 Chris Evans (@ChrisEvans), perfil do Twitter, 12 de novembro de 2018, https://tinyurl.com/y6pb47uu.
2 Samuel L. Jackson (@SamuelLJackson), perfil do Twitter, 12 de novembro de 2018, https://tinyurl.com/y5attj4h.
3 Josh Brolin (@joshbrolin), perfil do Instagram, 12 de novembro de 2018, https://tinyurl.com/y45q4kou.
4 Mark Ruffalo (@MarkRuffalo), perfil do Twitter, 12 de novembro de 2018, https://tinyurl.com/y6bg3pg4.
5 Angela Bassett (@ImAngelaBassett), perfil do Twitter, 12 de novembro de 2018, https://tinyurl.com/y5jw6cu9.
6 "Paul Pays Tribute to Stan Lee", site de Paul McCartney, 13 de novembro de 2018, https://tinyurl.com/y2rfbwl5.
7 George R.R. Martin, "Farewell to a Marvel", *Not a Blog*, 15 de novembro de 2018, https://tinyurl.com/y7j6rrne.
8 Lin-Manuel Miranda (@Lin_Manuel), perfil do Twitter, 12 de novembro de 2018, https://tinyurl.com/y6q4whdf.
9 Mark Hamill (@HamillHimself), perfil do Twitter, 12 de novembro de 2018, https://tinyurl.com/y6q4whdf.
10 Jeremy Kirby (@JackKirbyComics), perfil do Twitter, 12 de novembro de 2018, https://tinyurl.com/y3lv4zu6.
11 Kirby4Heroes Campaign, página do Facebook, 12 de novembro de 2018, https://tinyurl.com/yxe9s4vr.

12 Mike Avila, "Todd McFarlane Remembers Stan Lee, His Friend And Mentor", SYFY, 13 de novembro de 2018, https://tinyurl.com/yyeu5qu7.

13 Tony Puryear, perfil do Facebook, 12 de novembro de 2018, https://tinyurl.com/y4fao4bd.

14 Frank Miller (@FrankMillerInk), perfil do Twitter, 12 de novembro de 2018, https://tinyurl.com/yxngmggk.

15 Neil Gaiman (@neilhimself), perfil do Instagram, 12 de novembro de 2018, https://tinyurl.com/y3ykc99r.

16 Michael Chabon (@michael.chabon), perfil do Instagram, 12 de novembro de 2018, https://tinyurl.com/y4qreaww.

17 Paul Levitz, perfil do Facebook, 12 de novembro de 2018, https://tinyurl.com/yyvuqe29.

18 Joshua M. Patton, "How We Almost Didn't Have the 'Stan Lee Cameo' in Modern Marvel Films", perfil no Medium, 14 de novembro de 2018, https://tinyurl.com/yxdvpnnm.

19 Sam Raimi, "Sam Raimi on Pitching a 'Thor' Movie with Stan Lee—and Getting Rejected", *Hollywood Reporter*, 14 de novembro de 2018.

20 Michael Kelly, e-mail para o autor, 10 de janeiro de 2019.

21 Ibidem.

22 David Hochman, "The Playboy Interview: Stan Lee on Superheroes, Marvel and Being Just Another Pretty Face", *Playboy*, 31 de março de 2014, https://tinyurl.com/y6hbwoon.

23 Stan Lee, entrevista com o autor, 2 de maio de 2017.

24 Jim McLauchlin, "12 Things You Learn Over Two Decades of Lunches with Stan Lee", *Wired*, 12 de novembro de 2018, https://www.wired.com/story/stan-lee-rip-12-things/.

25 Andy Lewis, "Stan Lee Reflects on His Successes and Regrets: 'I Should Have Been Greedier'", *Hollywood Reporter*, 21 de julho de 2016, https://tinyurl.com/yxvncq6f.

26 Ted Anthony, "A Universe of Flawed Heroes: Stan Lee Was Ahead of His Time", AP, 13 de novembro de 2018, https://tinyurl.com/y78g8c7y.

27 Hochman, "The Playboy Interview: Stan Lee on Superheroes".
28 Anthony, "Universe of Flawed Heroes".

POSFÁCIO
1 Greg Hunter, "Machine Man by Kirby & Ditko: The Complete Collection", *Comics Journal*, 16 de novembro de 2016, https://tinyurl.com/hx7azlz.
2 David Sable, entrevista com o autor, 26 de julho de 2017.
3 David Hochman, "The Playboy Interview: Stan Lee on Superheroes, Marvel and Being Just Another Pretty Face", *Playboy*, 31 de março de 2014, https://tinyurl.com/y6hbwoon.

DIREÇÃO EDITORIAL
Daniele Cajueiro

EDITORA RESPONSÁVEL
Ana Carla Sousa

PRODUÇÃO EDITORIAL
Adriana Torres
Mariana Bard
Júlia Ribeiro

REVISÃO DE TRADUÇÃO
Isabela Sampaio

REVISÃO
Luíza Côrtes
Mariana Oliveira
Pedro Staite

PROJETO GRÁFICO
Anderson Junqueira

DIAGRAMAÇÃO
DTPhoenix Editorial

Este livro foi impresso em 2021
para a Agir.